기술, 인간, 문화

이지연 · 홍길표 · 윤민우
하피터 · 한창균 · 최유찬

연세대학교 대학출판문화원

21세기 연세 인문학 Ⅳ

기술, 인간, 문화

지은이 이지연·홍길표·윤민우·하피터·한창균·최유찬
펴낸곳 연세대학교 대학출판문화원
주 소 서울시 서대문구 연세로 50
전 화 02)2123-3380~2
팩 스 02)2123-8673
http://press.yonsei.ac.kr
ysup@yonsei.ac.kr
등 록 1955년 10월 13일 제9-60호
인 쇄 네오프린텍(주)

2016년 12월 30일 1판 1쇄
ISBN 978-89-6850-179-1(93800)

값 20,000원

발간사

〈21세기 연세 인문학〉을 발행하며

지식의 대통합을 지향하는 학문의 통섭 혹은 융·복합에 대한 요구가 거세지고 있다. 그 요구의 핵심은 학문들 사이의 소통 단절 내지는 소통 부재를 극복하자는 데 있다. 근대 이전에는 보편적인 학문이 가능했다면, 세계의 탈주술화가 시작된 근대 이후 학문이 더욱 세부적으로 분화되고 전문적인 경향을 띠게 되었음은 부인할 수 없는 사실이다. 이제 그와 같은 개별화와 전문화에 대한 비판적 성찰의 목소리가 높아지면서 넓게는 인문학과 자연과학 간의 소통이 시도되고 있는 상황이다.

그러나 인문학이 사회과학, 자연과학, 예술분야 등과 소통해야 한다는 요구에 부응하는 것보다 더욱 시급한 문제가 있다. 그것은 바로 인문학 자체 내의 대화 부재를 극복하는 일이다. 서로간의 대화가 불가능할 정도로 전공이 세분화되고 그로 인한 소통 단절의 경향은 넓게는 어학과 문학 간의 상호 낯섦에서뿐만 아니라 국문학, 중문학, 일문학 같은 동아시아 관련 학문들 사이의 소원한 관계에서도 드러난다. 이런 현상은 영문학, 독문학, 불문학, 노문학 같은 국가 단위의 외국문학 분야에서는 물론 사학과 철학에서도 마찬가지다. 정약용, 이광수, 공자, 루쉰, 플라톤, 촘스키, 소쉬르, 칸트, 하이데거, 셰익스피어, 괴테, 보들레르, 도스토옙스키 등은 오래 전부터 개개 전공자만이 탐구하고 향유하는 지식의 대상으로 여겨지고 있을 뿐이다. 이렇듯 인문학 내에서 개별 학문이 전문화되는 경향은 한편으로 연구 분야의 심오한 과학적 탐구라는 뜻에서 반가운 일로 여겨졌지만 다른 한편으로 인문학 자체 내의 소통 부재라는 결과를 낳고 말았는데, 이러한 양면성은 인문학 자체가 안고 있는 불편한 진실이 아닐 수 없다.

이제 인문학이 걸어 나가야하는 길이 무엇인지를 모색하지 않을 수 없으며, 그 새로운 전환의 일환으로 〈21세기 연세 인문학〉을 발행하고자 한다. 〈21세기 연세 인문학〉이 여러 상이한 학문이 함께 모여 사유의 일치와 불일치를 주고받는 실험적 대화 공간으로 정착될 것임을 우리는 기대한다.

연세대학교 문과대학
100주년 기념사업
〈21세기 연세 인문학〉 편집위원회

목차

정보이용자 연구의 패러다임 전환

이지연(문헌정보학과)

정보이용자 연구는 정보학 영역의 주요 핵심 분야로 서구에서 1900년대 초기에 연구 분야로 태동하여 정보이용행태 이해의 근간이 되는 연구결과를 생산하였다. 1940년대에 이미 리뷰논문이 생산될 만큼 정보학 분야 연구의 개척자 역할을 수행하였고, 시대 요구에 적응하며 연구의 형태가 진화, 발전하였다.

정보의 정의가 수백 개 이상으로 다양하게 내려지는 상황을 고려한다면 정보이용자의 행태를 이해하는 방법도 상황 의존적이고 유연성이 있어야 함을 짐작할 수 있다. 1940년대 이후 세계대전 시기를 지나면서 국방, 안보에 대한 중요성이 국가마다 높아지게 되었고 이를 위한 연구, 특히 과학기술 분야를 중심으로 연구가 급격히 확산되었다. 연구를 지원하는 정보의 중요성이 같이 증가하게 되었고 정보이용자 연구는 이러한 시대적 필요성에 영향을 받으며 과학기술 분야 정보자원을 중심으로 진행되었다. 정보이용자 연구 패턴은 정보물의 증가, 정보이용 환경의 다변화를 겪으며 다시 한 번 전환을 맞이하게 되는데, 사람 중심 그리고 사람을 둘러싼 맥락의 중요성이 부각하게 되었다. 이용자와 정황중심 연구

방식의 패러다임 전환은 정보이용자 연구 영역의 이해에 핵심적인 내용이며, 초기 60년 이상의 연구 방식에 많은 변화를 가져왔다.

본 논고는 정보이용자 연구의 주요 개념 및 연구 동향을 분석함으로써 서구에 비하여 상대적으로 늦게 출발한 국내 정보이용자 연구의 방향성을 살펴보고자 한다.

I. 정보이용자 연구 개요

정보추구행태의 기원은 도서관의 이용자 연구와 독자 연구 일반에서 발견할 수 있다. 1948년 개최된 Royal Society Conference는 과학과 기술 분야에서 연구자들이 자신의 연구와 관련된 정보를 어떻게 이용하는지 이에 영향을 미치고, 일상에서의 정보원 사용 방식에 영향을 주는 개인, 사회, 문화적 요인과 그 역할을 설명하였다. 우리가 어떻게 세상의 정보를 인지하는지, 각자가 일상생활에서 정보를 받아들이거나 받아들이지 않는 기준은 무엇인지에 대한 것으로, 성별과 나이, 사회경제적 지위, 문화배경, 교육 수준 등이 일상생활 정보추구에 영향을 미친다. 즉, 일상에서의 정보원 사용 방식에 영향을 주는 사회문화적 요인의 역할을 명시하였다.

정보이용자 연구의 핵심 개념은 크게 두 가지로 요약된다. 하나는 정보를 찾고자 하는 출발점인 정보요구이고 다른 하나는 이러한 출발점에서 진행되어 나가는 정보추구이다. 정보추구란 이용자가 정보요구를 인식하고 획득하고자 하는 정보를 인식하고 접근하고자 하는 노력을 뜻하며 이는 다시 공식적이고 목적추구적인 행위의 성격을 보이거나 아니면 일상적이거나 수동적인 형태를 보일 수 있다. 공식적이든 비공식적이든 정보이용자는 적절한 정보원을 선정하고 적합한 정보를 획득하고자 노력하며 획득한 정보원에 대한 평가를 수행하는 일련의 과정을 거치게 되고 이러한 과정의 단위마다 개입되는 개념, 모형, 이론 등의 집합체로서 정보이용자 연구는 이해될 수 있다.

정보요구에 대한 정의는 조금씩 다르게 나타나는데, 개인이 어떠한 목표를 가지거나 자신이 현재 가지고 있는 정보가 불확실하다고 판단되는 경우에 발생하며 본인이 처한 상황에서 지식이나 이해의 부족함을 느끼고 정보의 필요성을 인식하여 정보를 찾고자 하는 의지가 발동하는 과정이 수반된다. 정보요구에 대한 모형을 제안한 대표적 학자는 Taylor, Belkin, Atkin, Dervin 정도를 들 수 있으며, 이들의 연구는 정보요구를 발생시키는 원인으로 불확실성(uncertainty), 모호함, 불안감과 같은 감정적 요인들을 언급한 점에서 유사성을 보인다(Case 2012).

정보이용자 연구 영역에서의 정보행태는 대부분 정보추구행태(informatio seeking behavior)에 집중되었다. 그러나 정보의 필요성이 개인과 사회 전반에 걸쳐 중요하게 부각되고 웹정보이용이 활성화되면서 정보를 추구하는 행태의 양상도 다양하게 나타나게 되었다. 특히 일상생활에서의 정보추구가 그 대표적인 예이다. 직업이나 학업에서의 과제를 수행하기 위한 목적이 아니더라도, 취미나 서핑 등을 목적으로 정보원에 접근하고자 하는 시도가 늘게 되었다. 또한 정보를 추구하는 범주에 정보과잉에서 비롯된 정보회피(information avoidance)도 포함되었다.

위에서 언급한 정보요구와 정보행태의 큰 범주 안에 정보추구와 관련된 행위들에 대한 연구가 진행되었고, 의사결정(decision making), 문제해결(problem solving), 적합성(relevance), 불확실성(uncertainty), 정보의 우연한 발견(serendipity), 브라우징, 정보회피 등의 개념이 정보이용자 연구의 주요 개념으로 다루어졌다.

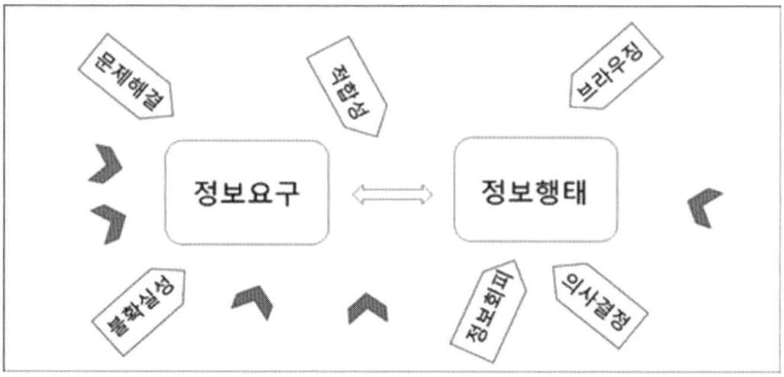

[그림 1] 정보이용자 연구 분야 연구개념

1. 정보추구행태와 관련된 개념 정의

인간의 정보요구와 정보추구에 대한 과정은 한 가지로 정의할 수 없으며 상호 간의 복잡한 연관성을 띄고 있다. 따라서 이를 연구하는 학자들은 정보요구, 정보추구, 정보행태에 대한 용어들을 서로 상이하게 정의하고 있으며 다양한 의미와 문맥 상에서 혼용하고 있어, 각 개념들에 대한 정의가 선행되어야 한다. Wilson(2000)은 정보행태, 정보추구행태, 정보검색행태, 정보요구에 대한 개념을 아래와 같이 정의하였다.

- 정보행태(information behavior): 정보원과 정보접근채널 사이에서 일어날 수 있는 총체적인 정보행위를 의미하며 능동적이거나 수동적인 정보추구, 정보이용행위를 모두 포괄하는 개념이다.
- 정보추구행태(information seeking behavior): 목적을 달성하기 위한 요구의 결과로서 목적지향적인 정보추구행태를 의미하며, 이 과정에서 개인은 시스템과 상호작용한다.
- 정보탐색행태(information searching behavior): 정보시스템과의 상호작용

과정과 연관된 모든 미시적 수준의 행태를 의미하는 것으로, HCI, 적합성판단과 같은 행위를 포함한다.

• 정보이용행태(information use behavior): 개인의 지식수준을 포함한 물리적, 정신적 행위를 의미한다. 중요한 요점을 표시하는 행위로서의 물리적 행위나 기존의 지식과 새로운 정보를 비교하는 행위로서의 정신적 행위를 그 예로 들 수 있다.

2. 정보행태 모형

정보이용자 연구의 대다수는 모형을 개발하는 유형이다. 특정 이용자군을 대상으로 특정한 정보이용환경을 설정하여 정보요구, 정보접근전략, 정보자원, 시스템을 총체적으로 이해하고자 하는 연구가 진행된다. 예를 들어, 정보빈곤층의 정보이용행태를 이해하기 위하여 빈곤가에 거주하는 사람들의 생활, 환경, 정보가 필요한 상황 등을 관찰 · 분석하는 경우이다. 그 결과, Chatman(1999)은 정보빈곤층은 개인이 속한 작은 세계(small world)에서의 사회적 규범 등에 기반하여 일상생활 속에서 일어나는 정보추구행태가 달라진다고 보았다. 다시 말해, 정보소외계층은 자신들의 일상의 문제와 관심사에 따라 선별적으로 정보를 이용하고자 하며, 방어기제로 인해 자신이 처한 문제 상황을 숨기려 하는 심리 때문에 외부로부터 유용한 정보를 획득하는 데에 어려움이 있다고 주장하였다. 그래서 그는 사회적 관점을 가지고 소외계층의 정보행태를 분석하는 것이 필요하다고 하였다. 윤정옥(1993)의 상대적 정보소외계층인 미국 내 한인들의 정보요구와 정보행태에 관한 연구가 있다. 이 논문에서 한인들이 일상생활에서 갖게 되는 정보요구와 그 요구를 충족시키기 위해 정보를 추구하는 행태를 살펴보고 그 특징이 미국 내 한인의 삶의 질에 어떤 영향을 미치는지 살펴보았다. 소수민족의 정보행태에 관한 연구 중에서 대표적인 것은 Dervin의 연구를 꼽을 수 있다. Dervin은 민족 혹은 인종이 처한 상황적 차이가 정보행태의 차이를 유발하는 주요한 요인이라고 이야기 하며, 의미형성(sense-making)이론을 제시하면서 일상의 개인 정보행태에 접근하기 위한 토대를 마련하였다. Wicks(2004)의 연구는 Savolainen의 삶의 방식(way of life)의 개념에서 발전된 연구로서, 환경적, 맥락적 접근을 통해 일상생활에서의 정보추구행태를 알아보고자 하였다.

모형 연구의 이해를 위해 초기의 일반적 모형인 Wilson 모형, 공식적이고 적극적인 정보추구행태를 보여주는 Leckie의 모형과 Ellis 모형, 인지적 모형의 사례인 자기효능감 모형 및 일상생활에서의 정보추구행태 모형과 우연한 정보의 발견 모형에 대해 살펴보고자 한다.

1.1 Wilson의 모형

첫 번째 모형

Wilson은 1981년에 정보행태 모형을 처음으로 제시하였다. 이는 정보탐색행위에 영향을 주는 요인들에 대해 초점이 맞춰져 있다. 정보행태의 구성요인을 제안하였고 이들간의 상호관계를 설명하기 위한 선형적 과정을 제안했다.

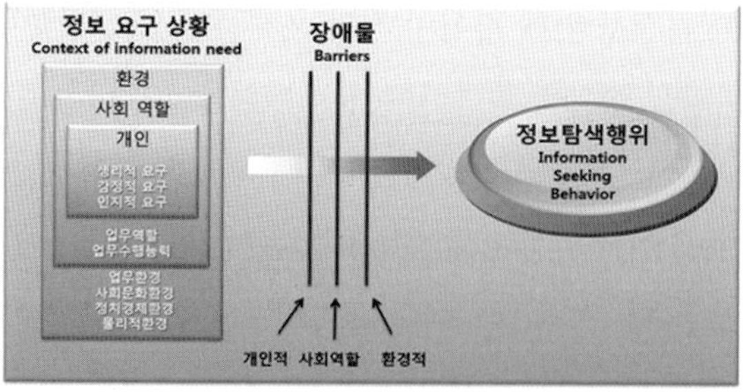

[그림 2] Wilson의 정보추구행태 모형(1981)

그림에서 정보탐색 행위는 개인적 상황, 사회역할적 상황, 환경적 상황에서 비롯된 정보요구로 시작되며 정보탐색을 방해하는 장애물들이 정보 요구와 같은 맥락으로 존재한다고 보았다. 즉, 개인적 상황, 사회역할적 상황, 환경적 상황이 정보요구 형성에도 기여하며, 정보탐색행위를 방해하는 장애물 역할을 한다고 하였다. 이용자가 요구를 충족시켜줄 정보를 탐색하는 과정에서 다양한 종류의 장애물을 접한다는 점을 모형의 기본전제로 하였다. 특히, 이 모형은 정보탐색행위가 개인의 인지적 목적에 의해서만 유발되는 것이 아니라, 감정적 요구까지 만족시키기 위한 동기를 부여하는 사회환경에서 시작된다고 보았다. 따라서 이용자 연구는 정보원과 시스템에만 초점을 맞추기 보다는 업무환경, 사회환경과 같은 이용자를 둘러싼 일상생활에서의 정보역할에 대해 연구할 필요성을 강조하였다.

두 번째 모형

또한 Wilson은 1996년에 1981년의 모형에서 '요구'와 '정보추구행태' 부분에 초점을 맞추어 정보학, 의사결정, 심리학, 혁신이론, 건강, 커뮤니케이션, 소비자 연구 분야의 학제적 관점에서 정보행위의 일반모형을 제시하였다. 정보추구는 생리적, 정서적, 인지적 요구에 의해 비롯된다고 보았다. 또한 정보탐색을 방해하는 장애를 개입변수로 표현하였다. 이는 이들 변수의 영향이 정보이용을 방해할 수도 있지만 정보이용을 지원할 수도 있음을 의미했다. 또한 이 모형에서는 관련정보에의 단순한 노출과 같은 수동적 주의, 수동적 탐색, 능동적 탐색, 그리고 계속 탐색 등 상이한 유형의 탐색행태를 인식하였다. 더불어 정보추구의 세 가지 측면을 설명해 줄 수 있는 이론들을 다음과 같이 제시했다.

- 왜 어떤 요구는 다른 것들보다 정보추구를 더 유발하게 되는가? (심리학의 스트레스 대처이론)

- 왜 어떤 정보원은 다른 것들보다 더 많이 이용되는가? (위험/보상이론)
- 왜 사람들은 자기 자신의 효능에 대한 인식을 근거로 하여 목표를 성공적으로 추구할 수도 있고, 그렇지 않을 수도 있는가? (사회 학습이론)

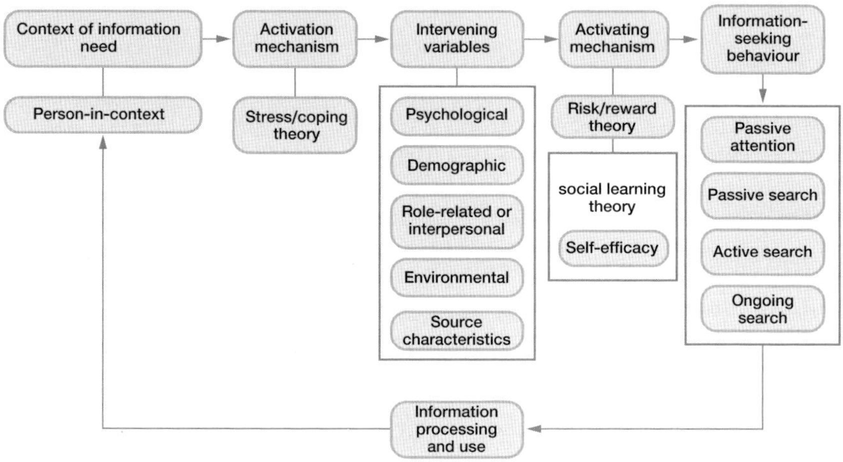

[그림 3] Wilson의 정보추구행태 모형(1999)

Wilson의 정보행태 모형은 많은 요소로 구성되어 있으며 복잡한 구조를 띤다. 이론적 행태 모형을 포함하고 확장하여 풍부한 가설을 제시할 수 있으며, 가설 검증을 위한 여러 측면에서 후속연구가 가능하다는 의의를 지닌다.

1.2 Leckie의 모형

Leckie, Pettigrew와 Sylvain(1996)는 전문가 정보추구 모형의 최초 모형으로 의사, 변호사 등 전문가 집단의 정보추구행태에 관한 경험적 연구결과에 의해 전문가들의 정보추구행태에 적용할 수 있는 일반적 모형을 구축하였다.

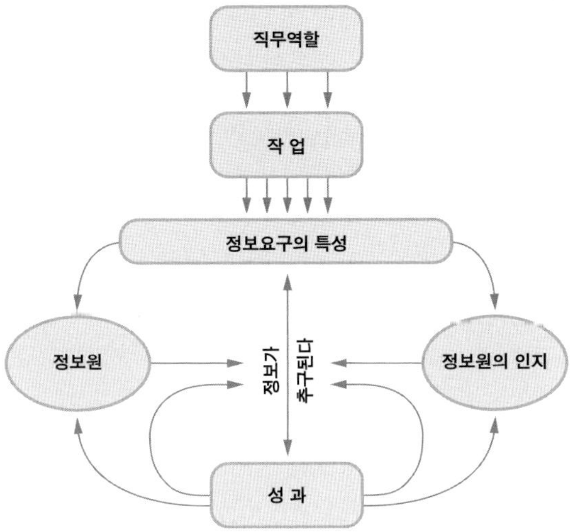

[그림 4] Leckie의 정보추구행태 모형

모형에는 6개의 요인들이 화살표로 연결된다. '정보요구의 특성'과 '성과'는 상호간에 영향을 미치지만, 나머지 요인들의 인과관계는 한 방향으로 영향을 미친다. Leckie의 모형은 위에서 아래로 흐름이 진행된다. 인과과정은 '직무역할'에서 시작하고, '직무역할'은 '작업'에 영향을 미친다. 전문가들은 일상 업무 중에 맡게 되는 역할과 그와 관련된 작업에 의해 특정 정보요구를 유발하게 되고 이를 통해 정보추구과정에 돌입하게 된다. 정보추구는 다수의 상호작용을 하는 변수들에 의해 영향을 받는데 이들은 궁극적으로 성과에 영향을 미친다.

정보요구는 다수의 개입요소에 의해 영향을 받을 수 있다. 개인의 인구통계학적 특성(나이, 직업, 전문분야, 경력 단계와 지리적 위치)을 비롯하여 정보요구의 보다 일반적인 특성으로서 상황, 빈도, 예측성, 중요성과 복잡성이 정보 요구에 영향을 끼치거나 구체화하는 변수들이라고 말할 수 있다.

정보추구행태 자체는 '정보가 추구된다'는 표지가 붙은 양 화살표로 표현된다. 정보추구과정의 최종 결과인 '성과'는 요구가 만족되고 작업이 수행되어서

이 모형의 종착점이 될 수 있으며, 만약 아닐 경우 '정보원', '정보원의 인지' 및 '정보가 추구된다'로 피드백되면서 모형의 다른 부분에 영향을 미친다. 정보추구 행위는 상호작용하는 두 주요 요인인 정보원과 정보원의 인지에 달려있으며 두 요인은 많은 뚜렷한 변수들로 구성되어서 정보추구행위와 성과에 역동적인 성격을 부여한다.

1.3 자기효능감

<그림 5>는 Bandura에 의해 제안된 사회 인지 이론으로 사회적 상황에서의 학습은 환경, 개인, 행동의 삼원적인 상호작용에 의해 이루어진다고 본다. 이때 학습에서 중요한 것은 사회적 상황에서 발생하는 모형과 학습자의 신념인 자기효능감이라고 강조했다(Bandura 1977).

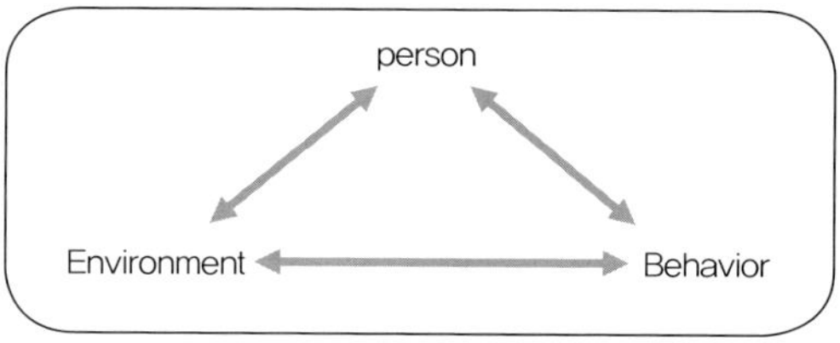

[그림 5] Bandura의 사회 인지 이론

자기효능감의 근원은 성공경험, 대리적 경험, 언어적 설득, 생리적 상태와 정서적 상태로 나타낼 수 있다(Bandura 1997). 자기효능감이 높다는 것은 어떠한 결과발생을 통제할 수 있는 자신의 능력을 높게 판단하며 주어진 상황에 얼마나 대처 능력이 있는지와 연관성을 보이므로 자기효능감이 높은 사람은 어려운 상황에서도 자신이 유능하다고 믿기에 일을 성공적으로 수행하여 성과를 달성할 것이라고 신뢰감을 갖게 된다(박영희 2010). 즉, 자기효능감은 인간의 행위와 성과에 중요한 영향요인으로 높은 자기효능감을 지닌 사람들은 자신을 위해 설정하는 목표가 더 높게 되고, 그 목표들에 대한 실행도 더욱 높게 나타날 것이다. Schunk(1984)는 인식된 자기효능감이 행동을 성취할 때 이해할 수 있는 중요한 요인이라는 점을 실험을 통해 확인하였다. 자기효능감, 대리경험, 언어적 설득, 생리적인 요소의 정도에 대한 정보를 가지고 성취 행위에 대한 관계를 파악하였다.

이러한 자기효능감에 대한 연구는 심리학, 교육학, 경영학 등 학문을 망라하여 다양한 방향으로 연구되고 있으며 특히 자기효능감과 특정 업무 및 학습 성과에 관한 연구가 수행되었다. Compeau & Higgins(1995)는 컴퓨터를 활용할 수 있다고 믿는 신념인 컴퓨터 자기효능감에 대해 연구하였고 심미정과 오효숙(2012)은 간호학생의 학업적 자기효능감 및 학습동기와 자기주도적 학습태도가 문제해결능력에 미치는 영향에 대해 연구하였다. 연구 결과 문제해결능력을 높이기 위해서 학업적 자기효능감, 학습동기 및 자기주도적 학습태도가 문제해결능력을 설명하는 요인으로 확인되었다.

차동욱 외(2008)는 변혁적 리더십이 조직구성원들의 자기효능감과 성과에 미치는 영향에 대해 조사하였다. 구조방정식 모형(structural equation modeling; SEM)을 통해 가설들을 검증하였고 연구결과 변혁적 리더십이 조직구성원들의 자기효능감에 영향을 미치는 것으로 나타났으며 조직구성원들의 자기효능감은 자신들의 성과에 긍정적인 영향을 미친다고 제시하였다. 또한 김문성과 박성철(2011)은 공무원을 대상으로 공무원의 자기효능감이 업무성과에 영향을 미친다는 점을 경험적으로 분석하였다. 분석결과로 업무성과에 영향을 미치는 요인은 자기효능감이며, 업무스트레스와 동기는 통계적으로 유의미한 영향을 끼치고 있지 않은 것으로 나타났다. 이를 통해 업무성과 향상을 위해 공무원의 자기효능감을 높이는 노력이 필요하다는 점을 시사하였다. 또한 학습성과에 자기효능감이 미치는 영향에 대해 연구한 박성열, 남민우, 임종훈(2012)의 연구는 사이버대학생과 컨소시엄사이버대학생의 이러닝 실재감과 자기효능감이 학습만족도와 지속의향의 학습성과에 미치는 영향을 분석하였다. 이처럼 자기효능감은 조직의 행동 연구에서 개인의 성과를 예측하는 변수로 널리 활용되고 있다.

1.4 Ellis 모형

Ellis는 1990년대까지 여러 연구자집단 대상의 인터뷰를 통해 각 연구자집단에서 나타나는 정보추구행태의 공통적인 특징들을 찾아내고 모형을 개발하였다(Ellis 1989a; 1989b; Ellis, Cox, & Hall, 1993; Ellis & Haugan 1997). 1989년 사회과학자들을 대상으로 한 정보추구행태에 관한 연구를 기반으로 하여, 시작(starting), 연결(chaining), 탐색(browsing), 차별화(differentiating), 검토(monitoring), 추출(extracting)의 6가지 특성들을 찾아냈다. Ellis(1989)에 의하면, 정보추구에 관련된 요소들은 일련의 과정이 아니며(non-sequential), 주어진 목적을 달성하기 위해 각 행동과 특징들이 동시에 관찰될 수 있다. 즉, 그 경로가 선형적인 일련의 과정이라기보다는 비선형적 행동에 기반을 두고 있다는 것이다. 이 연구를 바탕으로 1997년 공학자들을 대상으로 한 연구에서는 확인(verifying)과 종료(ending)의 2가지의 특징들이 추가되었고, 그 결과 다음의 8가지 특징들을 정의하였다.

- 시작(starting/surveying): 주변 동료에게 질문하는 것과 같은 정보추구의 시작을 의미하는 것으로 관심주제영역에 대한 참고정보원을 찾는 단계이다. 시작단계의 정보원들은 연구자들에게 핵심아이디어나 핵심연구물을 알려주고, 주제영역에 대한 개관을 제공하는 기능을 한다.
- 연쇄/연결(chaining): 이미 찾은 정보자료에 나와 있는 인용정보를 이용해 정보를 계속해서 탐색해가는 과정을 말한다. 이 단계에서는 주로 후방연결방식(backward chaining)과 전방연결방식(forward chaining)이 있는데, 후

방연결은 참조한 자료 내에서 인용된 참고문헌을 추적해 가는 방법이고, 전방연결은 참고하거나 알고 있는 자료에 대한 인용을 찾아가는 방법이다. 전방연결방식은 주로 자연과학자들 사이에서 사용되고 있다.

• 탐색(browsing): 반구조적(semi-structured)이고 반방향적(semi-directed) 탐색행위로, 최근 출판된 학술지의 목차나 최근 수서된 단행본들을 살펴보면서 관심영역에 대한 최근 연구동향을 파악하는 과정을 말한다. 이 단계에서는 친밀화와 차별화라는 두 가지 측면이 있는데, 친밀화는 연구자들로 하여금 관련 분야의 정보원에 대해 알게 하도록하는 측면과, 차별화는 정보원 간의 차이에 대한 지식을 제공하는 측면이 있다.

• 차별화(differentiating): 연구주제, 연구방법론 및 연구의 질이나, 수준, 형태 등에 따라 사용하고자 하는 정보원 간의 차이를 비교함으로써 자료의 적절성을 평가하고 선별하는 과정이다(Ellis, Cox, & Hall 1993). Ellis는 후속연구에서 'differentiating'을 'distinguishing'과 'filtering'과는 다른 개념으로 구분하였는데, 두 가지가 'differentiating'의 보다 구체화된 행위로 정의하였다(Ellis & Haugan 1997).

– Distinguishing: 이용자의 주관에 따라 관련 있는 중요한 정보원의 순위를 매기는것

– Filtering: 정보검색을 할 때 정보의 연관성이나 정확성을 높이기 위해 특정 기준이나 매커니즘을 사용하는 것

• 검토(monitoring): 연구 분야의 발전동향이나 연구전선에 대해 지속적으로 검토하는 과정으로 주로 비공식 접촉이나 대표적인 학술지, 목록 등을 검토함으로써 특정관심 분야의 연구동향에 대한 정보를 계속 유지한다.

• 추출(extracting): 선택한 특정 정보원으로부터 요구에 적합한 정보자료를

찾는 과정을 말한다. 주로 가치가 인정된 학술지, 단행본, 색인, 데이터베이스 등과 같은 광범위한 정보원에서 이루어지는 소급탐색이 여기에 해당된다.

- 확인(verifying): 추출된 정보의 정확성을 검증하는 과정을 말한다. 즉 정보의 정확성 평가를 통해 탐색의 지속여부가 결정된다.
- 종료(ending): 연구개발의 완료나 프로젝트 보고서의 출판 등으로 모든 정보추구의 행위과정이 끝나게 된다.

상기 Ellis 모형에 나타난 요소들의 적합성과 관련하여, Ingwersen and Järvelin(2005)은 Ellis의 모형이 정보시스템에 직접적인 영향을 미치지 못하지만 이용자가 시스템을 통해 달성하고자 하는 목표와 관련하여 취할 행동의 범주를 정해줄 수 있다고 지적하였다. 이와 관련하여 Makri, Blanford와 Cox(2008)는 Ellis 모형이 이용자행태를 기반으로 하여 가장 기본적인 단계에서 관련 요소들을 추출하였기 때문에 생긴 특성이라고 보았다.

Preez(2008)와 Ingwersen과 Järvelin (2005)은 여러 정보추구행태 모형을 비교하는 연구에서 특히 Kuhlthau의 ISP 모형과 Ellis의 모형을 비교하였다. ISP 모형은 Ellis(1997)의 모형에서 나아가 정서적 느낌(feeling), 인지적 사고(thoughts), 물리적 행동(action)의 세 영역을 추가적으로 다루어 보다 일반적인 모형으로 평가하였다.

1.5 일상생활에서의 정보추구행태 모형 (Everyday Life Information Seeking)

일상생활에서의 정보추구행태에 관한 연구는 Savolainen의 연구가 대표적이다. Savolainen은 일상생활에서의 정보추구란 “일상생활에 적응하기 위해 또는 직업적 과제 수행과는 직접적으로 관계 없는 문제를 해결하기 위해 다양한 정보적 요소를 수집하는 것" 이라고 정의하였으며, 일상생활에서의 습관과 태도는 사람들로 하여금 일상의 의미 있는 선택을 하게 될 때 개인의 가치와 신념을 이용하도록 한다고 보았다. 또한 일상생활의 정보추구를 구성하도록 상호작용하는 영향요인으로 삶의 방식(way of life)과 삶의 통제방식(mastery of life)을 제시하였다. 삶의 방식이란 삶에서 발생하는 다양한 활동 중에서 시간과 예산, 소비모형, 취미에 영향 받아 특정 활동에 주어지는 일상체계이며, 정보추구에서는 특정 정보원이나 채널을 선호하는 근거로 작용한다. 삶의 방식이란 이러한 일상체계가 일관성을 유지하도록 돕는 것으로 개인의 내부, 외부의 상황에 따라 일상의 문제해결에 접근해 가는 과정이며, 이는 적응성에 따라 낙관적인지형, 비관적인식형, 방어적 정서형, 비관적 정서형으로 구분할 수 있다. 이러한 삶의 통제방식은 문제해결 상황에서 어떠한 정보추구전략을 채택할 것인가를 결정하게 되며, 일상생활에서의 정보추구는 현재 사건에 관한 적응적 정보추구와 구체적 문제해결에 도움이 되는 실용적 정보추구로 나누어 볼 수 있다. 삶의 방식과 삶의 통제방식이 일상에서의 정보행태에 영향을 미치는 주요변수라고 주장하였다.

우리의 일상생활의 활동 대부분은 반복적인 행위이다. Savolainen은 일상생활에서의 정보추구모형을 개개인이 여러 가지 선택의 중요도를 평가함에 있어 기준으로 삼을 수 있는 비교적 안정된 방법인 습관(habitus)의 개념을 반영한 것이라고 설명하고 있다. 그의 연구는 여러 유형의 행동과 그 행동의 기초가 되는 정보에 관한 일상적 선택들을 파악하는 틀에 관한 내용을 많이 다루고 있다. 일상생활의 문제 상황을 해결하기 위해 사람들이 찾는 정보원의 유형에 대한 논의는 다양한 자원들에 대한 검토로까지 이어졌는데(Savolainen 2008), 동료, 전문가, 친구 등의 '사람'을 정보 자원으로 이용하는 경우가 가장 많았으며, 그 다음으로 인터넷과 같은 '네트워크' 자원이 높은 비중을 차지했다.

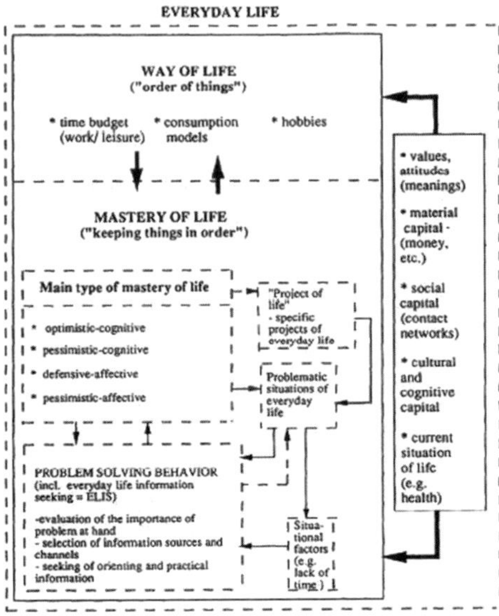

[그림 6] ELIS의 기본 구성요소

1.6. 정보의 우연한 발견 모형

가) Information Encountering 모형

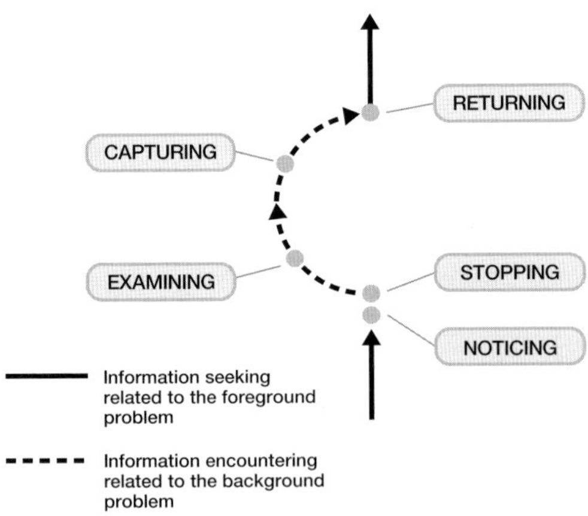

[그림 7] IE의 개념적 구조

Information Encountering에 대한 문헌이 많지는 않지만, Sanda Erdelez가 수행한 연구들이 있다. Erdelez의 1999년 연구에 따르면 IE는 이용자 정보 행태에서 매우 일반적인 방식이 되었다고 한다. 해당 연구에서는, IE를 4가지 구성요소로 분석하였는데 (1) 정보 이용자가 누구인지를 인지 정도에 따라 non-encounter/ occasional-encounter/ encounter/ super-encounter 4가지 유형의 이용자로 나누어서 분석하였다. 그리고 (2) IE가 일어나는 환경적인 특성은 무엇이 있는지 (지면/ 인터넷/ 지인 등의 환경적 특성) (3) 언제의 정보 요구가 IE에 영향을 미치는지(과거/현재/미래의 정보요구) (4) 어떤 상황에서 IE가 시작되는지(문제를 해결하기 위함/ 흥미와 관련된 정보 탐색)를 분석하였다(Erdelez 1997; 1999).

2004년의 연구에서는 IE가 발생하는 과정을 살펴보고(그림 7), 과제가 주어졌을 때 일어나는 IE를 관찰을 통해 연구하였다. 이를 통해 IE가 일어나는데 있어 영향을 주는 요인들을 파악하고자 하였고, 그 중 참가자들이 가지고 있는 과제 혹은 문제에 대한 인식이 IE가 발생하는데 얼마나 영향을 미치는지에 대한 연구를 수행하였다. 그 결과 전제되어 있는 문제들이 IE가 일어나도록 하는데 연관성을 가지고 있다는 것을 알 수 있었지만, 그것들이 결정적인 영향을 주는 것이 아님을 알 수 있었다.

IE 자체가 아닌, IE를 활용한 다른 연구로는 학생들이 정보에 접근하고 정보를 활용하는 법을 배우는데 있어 IE가 어떤 역할을 하는지 알아보는 Stewart(2013)의 연구가 있다. Stewart는 정보활용능력 교육에서 IE가 많이 일어나지만 학생들은 이때 IE를 통해 들어오는, 기대하지 못했던 정보를 접하는 경우에 제대로 대처하지 못하는 것으로 나타났다. 그렇기 때문에 학생들이 IE를 통해 얻게 되는 정보들을 제대로 활용할 수 있도록 하는 도움이 필요함을 주장하였다. 이를 통해 볼 때 'information encountering' 행태 자체에 대한 연구는 많지 않은 것으로 보이고, 이미 존재하는 IE에 대한 연구들은 IE가 일어나는 구조의 요인들을 분석하거나 현장에서 IE가 어떻게 일어나고 있는지에 대해서 연구하고자 하였다.

나) Serendipity 모형

우연히 일어나는 정보 습득에 대해서는 serendipity라는 이름으로 연구되고 있다. Blandford(2012)는 정보 습득이 일어나는 '우연한 상황(serendipity)'의 과정과 그 필수 요소에 대해서 밝히고자 하였으며 이렇게 발견한 정보들을 어떻게 자신들의 경험에 적용할 수 있을 것인가에 대해 조사하였다. Foster(2003)는 학자들의 정보 탐색 과정에서 일어나는 '우연한 상황'에 대해서 연구하며 이러한 '우연한 상황'은 정보 encountering이 일어나는 것과 비슷함을 발견하였다. 또한 이러한 상황들은 불분명하기 때문에 조사하기 어렵지만 유용한 정보를 얻을 수 있는 경우도 많은 것으로 조사 되었다. McBirnie(2008) 역시 serendipity의 과정에 대해 알아보고, 이를 구조화하여 모형을 만들고자 하였다. Serendipity 모형의 경우에는 이 외에도, serendipity가 자주 일어나는 환경에 대해 알아보고자 하거나, serendipity를 통해 얻은 정보의 유용성을 파악하고자 하는 연구들이 많이 이루어졌다. 이를 통해 볼 때, 학자들은 '우연히' 얻어지는 정보에 대해 관심이 높고 그것이 일어나는 현상을 밝히고자 하는 연구들이 많은 것을 알 수 있다.

2. 정보추구행태 이용자연구

정보추구행태와 관련한 연구 문헌들은 일반적으로 1980년대 들어와서 이용자 행태의 연구에 정량적 방법보다 정성적인 방법을 시도한 후 비롯되었다. 대표적으로는 Wilson(1981; 1996), Krikels(1983), Dervin(1983; 1996), Ellis(1989), Ellis, Cox와 Hall(1993), Kuhlthau(1991), Leckie, Pettigrew와 Sylvain(1996),

Johnson(1997)의 모형이 있다. 이들 모형은 정보추구행위와 그 행위의 원인과 결과, 또는 정보추구행태의 각 단계간의 관계를 도식화하여 표현하거나 진술의 형태로 기술하고 있다.

따라서 기존 연구들은 정보추구행태와 관련한 기존의 모형들을 종합 분석하는 연구들이 다수 수행되었다. 사공복희(2003)는 정보추구행태를 연구한 문헌에서 제시된 모형들을 검토하고, 비교 · 분석하여, 정보추구행태에 관한 경험적 연구 설계에 활용할 수 있는 일반적인 모형들을 제시하였다. 어떤 복합적 상황, 직업, 역할, 학문 영역에도 적용할 수 있는 모형에 초점을 맞추어 선택되었다. 정보추구탐색에 관한 모형에 의해 제시된 모형들이다. 모형이 구축된 시점을 중심으로 연대순으로 살펴보고, 비교 · 분석하였다. 김갑선(2005)은 정보추구행태 모형을 기존 논의들을 대상으로 연구경향들에 대해 개관하고 분석하였으며 향후 정보추구행태 연구의 방향점을 논의하였다. 특히 기존 논의들을 정보추구행태의 영향요인 모형, 과정모형, 스타일/패턴모형의 3가지 연구유형으로 대별하였고 이들을 방법론/이론적 틀, 정보추구 맥락, 연구대상/주제분야, 모형 특색 등의 9가지 측면에서 분석하였다.

2000년대의 한국 정보추구 연구의 경향은 주로 일반인, 대학생, 재외 한국인들을 대상으로 과제 및 일상맥락에서의 정보원과 정보채널의 선호도를 밝히는 연구가 주류를 이루었다. 대학생과 대학원생을 대상으로 한 정보추구행태 연구는 고영만, 오삼균(2000)의 연구에서 과제와 일상 맥락의 정보추구 맥락에서 학생과 일반인을 대상으로 문제극복모형의 적합성을 입증한 질적 연구를 수행하였고, 정진식(2000)은 과제 및 업무맥락에서 직장인과 대학생들을 기반으로 정보요구 및 정보원을 파악하였고 조적수(2001) 또한 대학생들을 대상으로 정보요구와 영향요인을 분석하였다.

대학원생을 이용자 대상으로 한 이지수(2013)는 협동적 업무와 협동적 이점에 대한 논의에서부터 여러 문제점과 개선점을 제안하기 위해 대학원생들의 그룹 과제의 과정에서 나타나는 협동적 정보 추구(collaborative information seeking) 및 이용의 행태를 이해하기 위한 목적이 있다. 특히, 그룹 연구 과제에서 나타나는 학생들의 어려움, 어떠한 요소들이 학생들의 협동적 학습에 영향을 주는지를 Kuhlthau의 정보검색과정(information search process-ISP) 모형과 Yue와 He의 협동적 정보행태(collaborative information behavior-CIB) 모형을 기반으로 하여 연구하였다. 문헌정보학 대학원의 석사과정 학생들 중 디지털도서관과 관련된 복합 강의에 수강한 학생들로 3-5명의 그룹을 형성하여 함께 과제를 수행하였다. 인적배경 설문, 행동 설문, 온라인 커뮤니케이션에서 얻은 데이터를 분석하였다.

특히 특정 대학원의 이용자 집단 중 법한전문대학원의 정보탐색과 정보추구 행태를 연구한 연구들로 김정숙(2010)은 Kuhlthau의 정보탐색과정 모형을 기반으로 로스쿨 학생들의 학업 관련 정보탐색과정을 알아보는 것을 목적으로 수업 준비, 과제 해결 및 시험 대비 과정에서 경험하는 정보탐색과정을 심층적으로 기술하고 분석하고자 했다. 특히 주민지(2012)는 법학전문대학원생을 대상으로 그들이 가지고 있는 다양한 개인적 특성(연령, 학부전공, 컴퓨터 사용능력)과 법학의 학문적 특성, 법학전문대학원의 특성이 법학전문대학원생의 정보요구에 어떠한 영향을 미치는지를 살펴보고 정보요구를 충족시켜나가는 과정에서 어떤 정보추구행태를 보이는지를 알아봤다.

또한 이용자의 정보요구는 정보원을 보유하고 있는 대표적인 기관인 도서관에 대한 이용행태로 이어질 수 있다. 이에 대해 강윤정(2005)은 도서관 조직구조가 이용자의 도서관 이용행태 및 만족도에 미치는 영향을 조사하기 위해 경영학전공 대학원생을 대상으로 도서관 조직구조에 따른 도서관 이용행태와 만족도를 살펴보았다.

II. 정보이용자 연구 분석

정보이용자 연구는 2차 대전 후 과학기술분야의 급격한 성장에 대응하여, 이용자의 정보요구 및 이용을 식별할 수 있다면 보다 효과적인 정보시스템을 설계할 수 있으리라는 실질적인 필요성에서 시작되었다(권은경 1984). 1960년대까지는 이렇게 특수 분야 연구자 또는 기술자들의 정보 요구와 이용에 대한 연구가 학술지에 정기적으로 발표되었다(Case 2012). 앞서 언급하였듯이, 초창기 이용자연구는 정보 이용의 부산물 또는 수단에 초점이 맞추어져 있었으며, 이는 시스템 중심적 접근의 이용자연구로 지칭되었다(Choo and Auster 1993). 이러한 이용자연구 경향은 1970년대에 이르러서야, 정보 이용자, 탐색자, 창조자, 해석자로서의 인간을 탐구하는 인간 중심적인 연구 경향으로 그 중심이 이동했다(Case 2012).

즉, 정보이용자 연구란 정보 이용, 추구, 활용에 있어서 인간의 인지, 사고, 행동, 그리고 그 결과 등을 비롯하여 주변 환경과 맥락을 연구하는, 인간을 중심에 두는 연구이다. 따라서 정보이용자 연구는 도서관업무 및 정보서비스의 모든 분야에 걸쳐 이해의 기초가 되는 영역으로, 정보서비스, 정보시스템, 도서관 정책결정 및 경영 등의 영역에서 고려되고 적용되고 있다(이지연 2006).

한편 학술 영역에서의 동향분석이란 과거와 현재까지의 학술 연구들의 과정과 결과물을 파악함으로써, 특정 학술 분야에서의 연구 패턴과 경향을 분석하고 향후 해당 분야의 연구방향 설정과 숙고에 있어 지침이 되는 연구이다. 따라서 본 연구는 80년대 이후 오늘날까지, 국내 문헌정보학 분야에서 이용자연구가 방법론적으로 어떻게 활용되고 있는지 통시적으로 살펴보고자 한다. 본 연구는 무엇보다도 국내 문헌정보학의 학술적인 성과물들의 대다수가 발표되고 공유되는 학술지들에 대해 전수조사를 실시함으로써, 이용자연구에 대한 단편적인 동향분석이 아닌, 총체적인 분석을 추구했다는 의의가 있다. 이를 통해 약 35년 동안

이용자연구가 가장 활발한 문헌정보학 내에서의 주제 분야를 파악하고, 향후 이용자연구를 수행할 연구자들이 학술적으로 더 기여할 수 있는 기회를 창출하고자 한다.

1. 선행연구

Julien(1997; 2000; 2011; 2014)은 지속적으로 문헌정보학에서의 이용자연구 동향분석을 수행해 왔다. 특히 Julien은 학술논문에 대한 양적인 내용 분석과 종단 분석을 병행하여 영어로 발표된 이용자연구의 흐름을 살펴보았다. 약 20년에 걸친, 네 편의 이용자연구 동향분석을 통해, 이용자연구를 수행하는 연구자들의 유형(실무자, 학술기관 소속 연구자), 인용분석을 통한 이용자연구의 학제성, 이용자연구의 연구방법, 이용자연구의 대상 집단, 연구의 초점(이용자의 인식, 시스템 디자인, 정보행동의 정서적, 감정적인 측면) 등을 파악했다. 이용자연구 동향분석에 있어서, Case(2012)의 포괄적이고 질적인 연구는 풍성하고 깊이 있는 설명을 통해 이용자연구의 내포를 심화시켜 주는 반면, Julien의 양적인 분석은 수치를 활용함으로써 현재까지의 연구 흐름을 상대적으로 명확하게 제시해 주고, 앞으로의 연구 수행에 있어 이정표와도 같은 역할을 담당한다.

국내에서의 이와 같은 이용자연구에 대한 동향분석은, 해외 이용자연구에 대한 개관 및 연구 현황을 살펴보는 것으로 시작했다. 한복희(1984)는 이용자연구의 배경을 살피고, 이용자 영역의 규명을 시도하였으며 문헌정보학에서의 이용자연구의 의의를 고찰하였다. 같은 시기의 권은경(1984)은 이용자연구가 시스템 중심적인 연구에서 인간의 정보요구 및 행태와 주변 환경으로 초점이 이동하고 있다는 발전적인 면모를 파악했으며, 그동안의 이용자연구에서의 문제점을 지적하고 개선 방향을 제시하였다.

한복희는 8년 후(1992), 양적인 연구방법론을 취하여 1980~90년 사이의 국내 이용자연구의 동향분석을 실시했다. 표지에 이용자연구 관련 용어들이 사용되었는지의 여부를 통해 이용자연구인지 판단한 다음, 발표매체, 주제분석, 저자의 논문 생산성, 연구방법, 이용자연구 대상이 속한 집단 등을 분석한 것이다. 이어서 2003년에도 같은 방법으로 선정한 1991~2003년 사이의 이용자연구 논문들의 내용분석을 실시하고, 국내 이용자연구의 연구주제, 자료수집 및 분석 방법, 가설설정여부 등을 분석했다.

한복희의 2003년 연구 이후, 국내에서의 이용자연구 동향분석은 본 연구에서 연구 대상인 5개 문헌정보학 학술지(한국정보관리학회지, 한국문헌정보학회지, 한국비블리아학회지, 한국도서관·정보학회지, 기록학연구)에서 더 이상 발표되지 않았다(학위논문, 학술대회 자료집 등은 제외). 물론 정보행태 모형의 연구 경향 분석 또는 모형 간의 비교 분석(김갑선 2005; 이지수 2013)이나, 문헌정보학 동향분석 연구에서 세부 분야로서의 이용자연구 수행의 횟수파악(서은경 1997; 2010; 조찬식 1999, 정동열, 김성진 2003; 손정표 2003)이 이루어지기는 하였지만, 문헌정보학 모든 세부 분야에서 출발점으로 기능할 수 있는 이용자연구를 단순 하위 세부 분야로 취급하기보다는 Julien과 한복희와 같이 독립적인 연구 영역이자 방법론으로써, 그 동향을 자세하게 살펴 볼 필요가 있다.

또한 국내에서 한복희(2003) 이후로 양적인 방법론을 채택하여 이용자연구만을 대상으로 연구동향을 파악한 연구는 수행되지 않은 것으로 파악됨에 따라, 본 연구는 그동안 연구가 중단되었던 이용자연구의 동향분석을 시도하여 현재 국내 이용자연구의 실태를 밝히고, 연구자들로 하여금 향후의 과제를 설정하는 데 있어서 도움이 되고자 한다. 이를 위해 본 연구에서는 기존 이용자연구 동향분석에 사용되었던 양적인 방법론과 주제 분석을 강화하였다.

2. 분석방법

본 연구는 1980년부터 국내 문헌정보학 분야의 대표적인 다섯 개의 학회지 [한국정보관리학회지(1984~2015), 한국문헌정보학회지(1980~2015), 한국비블리아학회지(1980~2015), 한국도서관·정보학회지(1980~2015), 기록학연구(2000~2015)]에 발표된 학술 논문(한국정보관리학회지 1,222편, 한국문헌정보학회지 1,469편, 한국비블리아학회지 736편, 한국도서관정보학회지 1,521편, 기록학연구 446편, 총 5,394편, 빈 칸은 해당 학술지가 발행되지 않았던 시기임, <표 1> 참조)중, 연구의 주된 방법론 또는 보조적인 방법론으로 이용자연구를 채택한 연구들과 더불어, 이용과 이용자를 연구의 목적으로 설정하거나 이용자연구 이론을 중심으로 전개해 간 연구들에 대한 동향분석이다. 특히 이용자연구에 대한 활용이 문헌정보학 세부 영역 별로 어떤 분포를 보이는 지에 대해 문헌조사를 진행했으며, 이를 위해 이용자연구를 채택한 문헌정보학 연구 영역들의 주제 세분화를 시도했다. 그 구성은 6개의 대분류(이론, 정보이용/추구, 도서관, 독서/교육, 정보(시스템) 설계 및 평가, 정보검색)와 27개의 중분류로 <표 2>와 같다. 하지만 분류 대상이 된 학술논문들의 주제 분석이 연구자 한 명에 의해 실시되었기 때문에 분류의 완성도나 정확도에서 완벽하지는 않다는 한계가 있다. 그럼에도 불구하고 본 연구의 초점은 80년대부터 오늘날까지의 국내 이용자연구 동향을 파악하는 것에 있으므로 주제 분석의 불완전성은 상쇄되리라 판단된다.

한편, 주제 분석과 연구 분야 분류는 논문의 초록 및 키워드와 함께 본문 내용 분석을 기준으로 실시되었다. 이를 통해 기존의 이용자연구 동향에서 표제만 보고 이용자연구 여부를 판단한 연구방법(한복희 1992; 2003)을 보완하는 동시에, 오늘날 시점에서 국내 문헌정보학계에서의 이용자연구의 동향과 실태 그리고 외연을 명확하게 파악할 수 있었다. 일례로, '데이타베이스 실험검색을 통한 정보스캐닝에 관한 연구(유사라, 박민영 2000)'는 표제에 이용, 이용자, 정보이용 및 요구, 이용행태 등 이용자연구에서 주로 사용되는 용어가 삽입되어 있지 않지만, 정보검색 과정에서 이용자가 실제로 어려움을 느끼는 요인을 파악하는 실증적인 이용자연구였다.

대분류에 사용된 '이용자 이론', '이용자연구' 구분의 경우, 실증적인 연구는 아니지만 이용, 이용자, 이용자 이론을 지향한 연구의 경우 전자에 포함시켰으며, 실제 이용자를 대상으로 진행한 실증적인 연구의 경우 후자에 포함된다. 특히 이용자 이론에 분류된 논문이 81편에 이른 것으로 보아, 해당 분류 항목을 설계한 것은 적절했다고 판단된다. 이로 인해 이용자연구의 동향 파악이 한층 심화될 수 있었기 때문이다.

예를 들어, 정보검색 영역에서 '이용자 이론'에 속하는 연구를 살펴보자면 '이용자기반 접근의 개념 변화와 정보검색시스템 설계요소의 도출(노진구 2000)'이 있다. 노진구는 이용자기반 정보검색시스템의 기본 개념을 고찰하고, 이용자기반 정보검색시스템 설계요소를 도출하였다. 이 연구가 이용자를 대상으로 실증적인 연구를 진행한 것은 아니지만, 연구의 수행과 최종 목적에 있어서 이용자가 중심에 있기 때문에 본 연구의 동향분석에 포함되었다.

또한 정보(시스템) 설계 및 평가 영역에서 '이용자 이론'에 속하는 연구의 예는 '공공도서관의 노인용 인터페이스 디자인에 관한 연구(김선호 2003)'를 들 수 있다. 이 연구에서 김선호는 공공도서관의 노인 이용자들을 위한 웹 페이지 인터페이스 설계에서, 노인 인구의 특징과 정보활동에서의 장애 요인을 적극 고려해야 한다고 지적하였다. 이 연구 또한 실제 이용자를 대상으로 연구를 수행하지는 않았지만, 연구를 관통하는 주제가 이용자이기 때문에 '이용자 이론' 연구로 분류되었다.

여러 개의 분야가 혼합되어 연구된 경우에는 해당 논문 내에서 가장 우세한 분야 또는 연구 방법론을 우선하여 분류하였다. 'Open API 기반 메타 검색시스템의 사용성 평가에 관한 연구(구중억, 이응봉 2009)'의 경우 도서관 온라인목록, 검색시스템, 이용성평가 등의 연구주제가 중첩되지만, 실제 이용자들을 대상으로 한 이용성평가를 연구 방법으로써 사용하였으므로 '정보 설계 및 평가_이용자연구'에 분류되었다. 또한 두 분야가 동등하게 다루어진 경우에는, 두 분야가 동시에 속하는 상위 분야에 분류하였다. 예를 들어 'A Comparison of Web searching and library system searching: Perceived difficulty, self-efficacy, and effort(이수영 2007)' 경우 웹 검색엔진 이용행위와 도서관정보탐색시스템 이용행위의 비교연구를 수행했다. 따라서 이 논문의 경우 두 주제를 포괄하는 상위 영역인 '정보이용/추구 – 정보탐색행태'로 분류하였다.

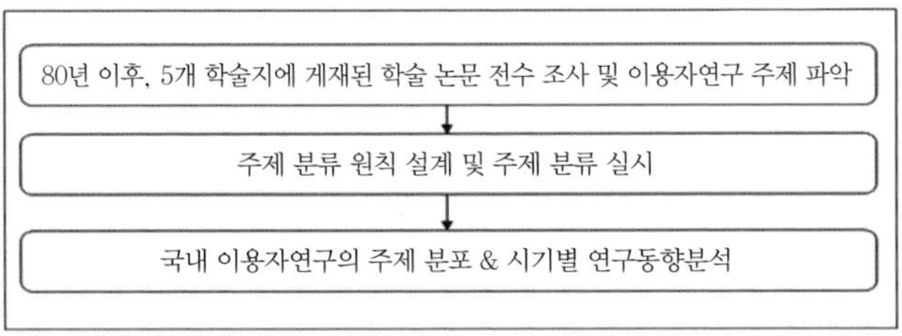

[그림 8] 연구방법 흐름도

등재지	80~84	85~89	90~94	95~99	00~04	05~09	10~15	합계
한국정보관리학회지	10	63	72	123	262	331	361	1,222
한국문헌정보학회지	32	51	103	176	277	382	448	1,469
한국비블리아학회지	20	–	16	36	124	171	367	736
한국도서관정보학회지	39	37	52	183	325	443	442	1,521
기록학연구	–	–	–	–	116	135	195	446
합계	101	151	243	518	1,104	1,462	1,813	5,394

[표 1] 분류 대상 학술 논문 수

3. 이용자연구 동향분석

5,394편 논문의 주제를 분석하고 분류한 결과 이용자연구를 방법론 또는 주제로 삼은 논문은 총 1,069편으로 조사되었다. 이는 지난 36년간 문헌정보학 5개 학술지에 발표된 모든 학술논문 중 약 19.8%를 차지하는 양이다. 조사 기간 중 국내의 이용자연구는 1995년 이전까지는 매년 10건 이하의 이용자연구 주제의 논문이 발표되었다. 하지만 1996년은 전년도에 비해 70% 성장하였는데, 이후 이용자연구의 양적인 성장은 90년대 중·후반부터 큰 증가세를 보였다. 또한 1999년, 2003년, 2008년, 2010년, 2013년에 약간의 감소를 보이지만, 큰 흐름으로 보아 오늘날까지의 국내 이용자연구는 그 증가세가 확연하다는 것을 <그림 9>와 <그림 10>에서 확인할 수 있다. [1]

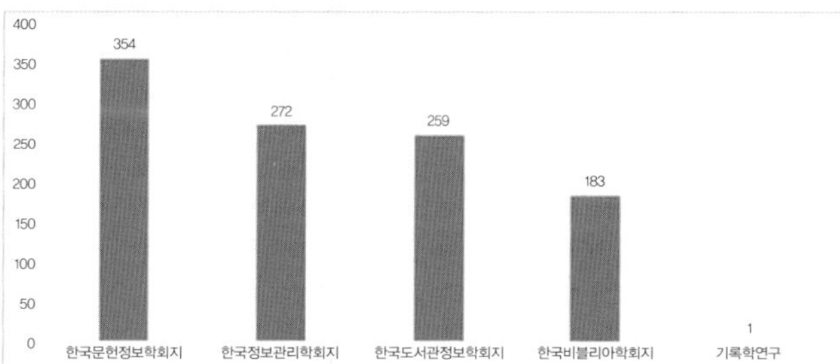

[그림 9] 학회지 별 이용자연구 논문 수

1 도서관법(2016.2.3. 일부개정)에 명시된 공립사립 공공도서관, 작은, 장애인, 병원, 병영, 교도소, 어린이도서관이 포함된다.

[표 2] 이용자연구 논문들의 분야 분포

<table>
<tr><th colspan="3">연구 분야</th></tr>
<tr><th colspan="2">대분류</th><th>중분류</th></tr>
<tr><td colspan="2">이용자연구 이론</td><td>• 이론 고찰
• 연구동향</td></tr>
<tr><td colspan="2">정보이용/추구</td><td>• 정보이용
• 정보문해
• 정보추구행태
• 정보이용행태
• 정보탐색행태
• 정보요구
• 정보빈곤
• 정보 접근 · 이용조사
• 정보전문가</td></tr>
<tr><td rowspan="2">도서관</td><td>일반도서관 (공공, 전문, 정보센터, 기록관)</td><td rowspan="2">• 이용자
• 이용 행 · 실태 · 만족도
• 각종 정보서비스
• 장서관리
• 도서관 경영</td></tr>
<tr><td>학교 및 대학</td></tr>
<tr><td colspan="2">독서/교육</td><td>• 도서활용교육
• 독서활동
• 독서개발</td></tr>
<tr><td rowspan="2">정보(시스템) 설계 및 평가</td><td>이용자 이론</td><td rowspan="2">• HCI
• 이용자 인터페이스
• 웹페이지 및 정보시스템 이용 · 설계 · 디자인 · 상호작용 · 평가
• 정보조직
• 이용성평가</td></tr>
<tr><td>이용자연구</td></tr>
<tr><td rowspan="2">정보검색</td><td>이용자 이론</td><td rowspan="2">• 정보검색
• 성능평가
• 검색시스템(엔진)</td></tr>
<tr><td>이용자연구</td></tr>
</table>

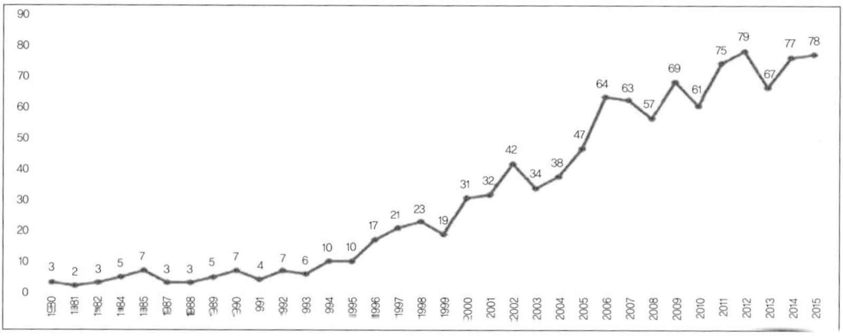

[그림 10] 이용자연구 논문의 연도별 분포

특히 도서관 연구 분야가 이용자연구를 주도하고 있는 것을 알 수 있는데, 문헌정보학 학술지에서 도서관이 주요 주제이자 가장 빈번하게 다루어지는 주제이기 때문이기도 하지만, 서비스 제공자 입장이 아닌, 이용자 중심의 도서관으로 거듭나기 위한 도서관계의 동향이 반영된 결과로 판단된다.

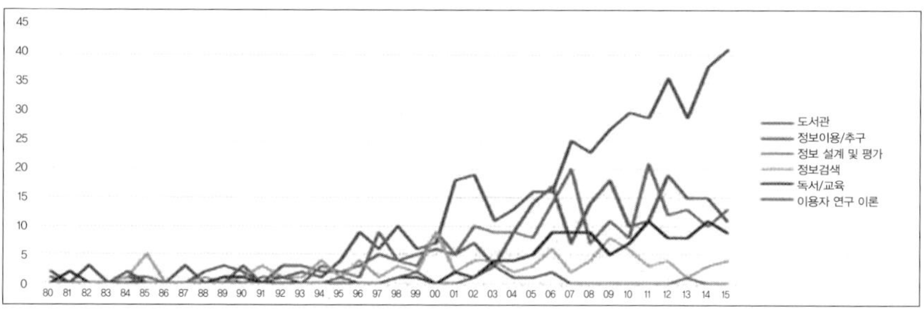

[그림 11] 세부 주제의 연도별 분포

[표 3] 국내 문헌정보학 이용자연구 주제 분포

<table>
<tr><th colspan="2" rowspan="2">연구 분야</th><th colspan="7">연구년도</th></tr>
<tr><th>1980~84</th><th>85~89</th><th>90~94</th><th>95~99</th><th>2000~04</th><th>05~09</th><th>10~15</th></tr>
<tr><td colspan="2">총 학술 논문 수</td><td>101</td><td>151</td><td>243</td><td>518</td><td>1,104</td><td>1,462</td><td>1,813</td></tr>
<tr><td colspan="2">이용자연구 논문÷총 학술 논문 수</td><td>12.9%</td><td>12.0%</td><td>14.0%</td><td>17.4%</td><td>16.0%</td><td>20.5%</td><td>24.1%</td></tr>
<tr><td colspan="2">이용자연구 이론</td><td>2</td><td>–</td><td>1</td><td>4</td><td>5</td><td>3</td><td>1</td></tr>
<tr><td colspan="2">정보이용/추구</td><td rowspan="2">2</td><td rowspan="2">4</td><td rowspan="2">11</td><td rowspan="2">19</td><td rowspan="2">30</td><td rowspan="2">70</td><td rowspan="2">81</td></tr>
<tr><td rowspan="2">도서관</td><td>일반 도서관</td></tr>
<tr><td>학교 및 대학</td><td>5</td><td>2</td><td>–</td><td>12</td><td>21</td><td>40</td><td>65</td></tr>
<tr><td colspan="2">독서/교육</td><td rowspan="2">2</td><td rowspan="2">1</td><td rowspan="2">1</td><td rowspan="2">2</td><td rowspan="2">11</td><td rowspan="2">37</td><td rowspan="2">54</td></tr>
<tr><td rowspan="2">정보(시스템) 설계 및 평가</td><td>이용자 이론</td></tr>
<tr><td>이용자연구</td><td rowspan="2">–</td><td rowspan="2">1</td><td rowspan="2">1</td><td rowspan="2">8</td><td rowspan="2">30</td><td rowspan="2">42</td><td rowspan="2">56</td></tr>
<tr><td rowspan="2">정보검색</td><td>이용자 이론</td></tr>
<tr><td>이용자연구</td><td>1</td><td>5</td><td>5</td><td>10</td><td>19</td><td>21</td><td>18</td></tr>
<tr><td colspan="2">합계</td><td>13</td><td>18</td><td>34</td><td>90</td><td>177</td><td>300</td><td>437</td></tr>
</table>

80년대의 이용자연구(총 31편) 중, 해외 이용자연구의 추세와 연구영역, 이론과 실제를 고찰하는 이용자연구 이론에 대한 논문이 두 편 발표되었다. 80년대는 국내 이용자연구의 초창기였다. 한복희(2003)에 의하면 1959년부터 1981년까지 도서관학계 연구동향에서 학술논문과 학위논문을 포함한 252편의 논문 중 이용자연구는 12편으로 8%를 차지했다. 80년대 이전 30년 동안에 걸쳐 1,000여 편의 정보요구 및 정보이용행동을 연구하는 논문들이 생산되었던 해외 연구 성과(권은경 1984)와 양적으로만 비교해 본다면, 80년대까지는 아직 국내에서 문헌정보학 분야의 이용자연구가 연구 주제, 방법론으로서 자리 잡지 못하

고 있던 시기라고 할 수 있다. 80년대 연구 대상 학술지들에서 발표된 총 학술 논문 편수는 252편이고, 이용자연구가 차지하는 비율은 12.3%에 그쳤다. 이는 <표 3>에서도 알 수 있듯이 시간이 갈수록 이용자연구가 차지하는 비율이 상승한다는 경향과 비교하면, 국내에서의 80년대 이용자연구는 태동하기 시작한 시기였다고 할 수 있다.

80년대 초반의 이용자연구를 살펴보자면, 상술한 이용자 이론연구와 더불어, 대학도서관의 목록이용연구, 학교도서관의 비이용요인연구, 연구활동에서의 비공식커뮤니케이션, 연구기관 이용자들의 마이크로자료 이용 연구 등 정보이용자들의 정보추구와 정보이용, 행태에 대한 연구가 수행되었다. 독서/교육에서는 아동의 독서실태에 대한 연구, 독서를 통한 사고력 계발 지도 연구 등이 이루어졌다.

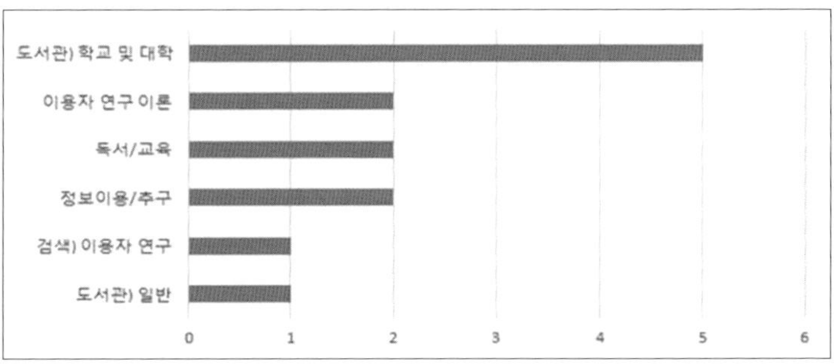

[그림 12] 1980~84년의 이용자연구 주제 분포

80년대 중·후반의 이용자연구는 기존 도서관 주제에서의 이용자연구가 지속되었는데, 특히 이용자 교육이 주된 주제였다. 또한 물리학자, 생물학자 등 연구자들의 학술정보 이용, 비공식커뮤니케이션 활용에 대한 연구가 수행되었고, 정보검색 및 정보 설계 및 평가 주제에서 이용자연구가 전 시기에 대비해서 대두된 것이 특징이다. 이용자의 검색시스템 활용에 대한 연구, 이용자가 작성한 검색질문을 활용한 실험 또는 이용자피드백을 통한 검색전략 연구 등이 정보검색 분야에서 발표되었다.

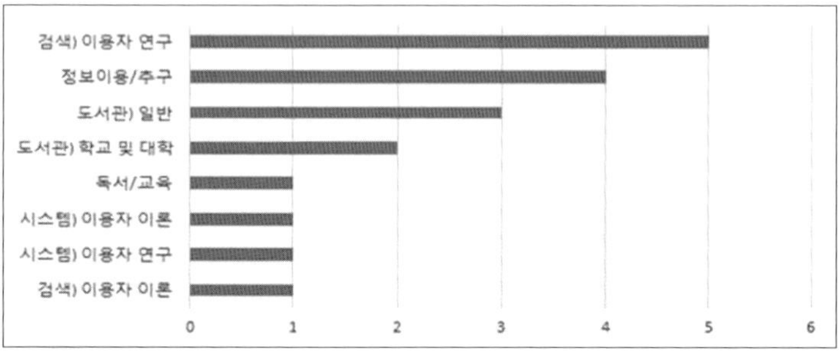

[그림 13] 1985~89년의 이용자연구 주제 분포

90년대 초반의 이용자연구는 재미한인의 정보추구행태, 중소기업에서의 정보요구와 이용, 지역생활정보의 이용실태, 한국과학자들의 해외정보의존도 등 다양한 분야에서의 이용자 정보추구/이용행태에 대한 연구가 증가하였고, 이용자가 정보를 이용함에 있어서 장애요인을 탐구하는 논문도 생산되었다. 또한 이용자 측면에서 고려한 정보시스템 설계, 이용자 중심의 정보검색시스템 구축, 이용자 최적화의 정보검색 모색 등 정보학 분야에서의 이용자연구가 80년대와 비교하여 늘어난 것을 확인할 수 있다. 도서관 분야에서는 도서관 이용자의 인식 연구, 자료이용·참고봉사 등 정보서비스에 대한 이용자 측면에서의 분석이 있었다.

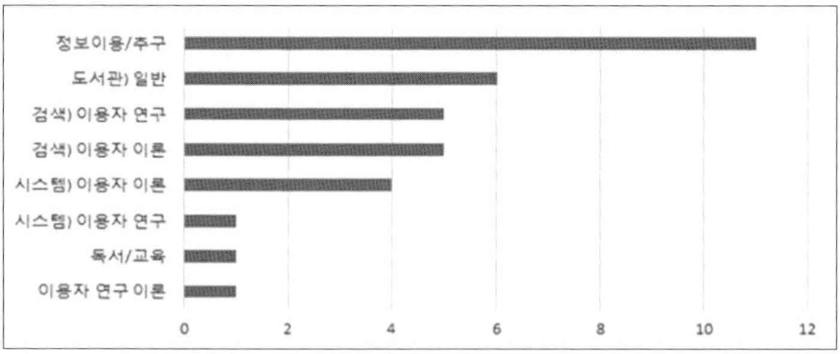

[그림 14] 1990~94년의 이용자연구 주제 분포

90년대 중·후반에 문헌정보학 분야에서 이용자연구가 한 차례의 양적인 팽창을 이룩한 것을 확인했다. 특히 도서관 주제에서의 이용자연구가 급증하였으며, 온라인목록과 관련된 이용자연구가 10편에 달하였다. 90년대 중반이후 도서관자동화시스템이 종합정보시스템으로서, 도서관조직의 외부환경과의 유대를 강조하게 되었다는 흐름을 고려한다면(조인숙, 장경숙 2006), 온라인목록의 이용자들에 대한 연구가 활발하게 진행된 것도 비슷한 맥락으로 파악할 수 있다. 정보이용/추구 주제에서는 각 분야의 연구자, 사서, 교수들의 정보이용행태가 주를 이루었다. 정보 설계 및 평가 주제에서도 온라인목록 인터페이스 이용성 평가와 관련된 5편이 있었고, 정보시스템과 디지털도서관에 대한 연구가 수행됐으며 정보검색 주제는 정보검색자의 행태와 특성, 시스템의 검색효율 등과 관련하여 이용자연구가 이루어졌다. 독서/교육 주제에서는 독서치료에 대한 연구가 처음으로 등장하였으며, 상상력에 미치는 독서의 효과에 대한 연구가 수행되는 등 독서의 효용성에 대한 연구가 발표되기 시작했다.

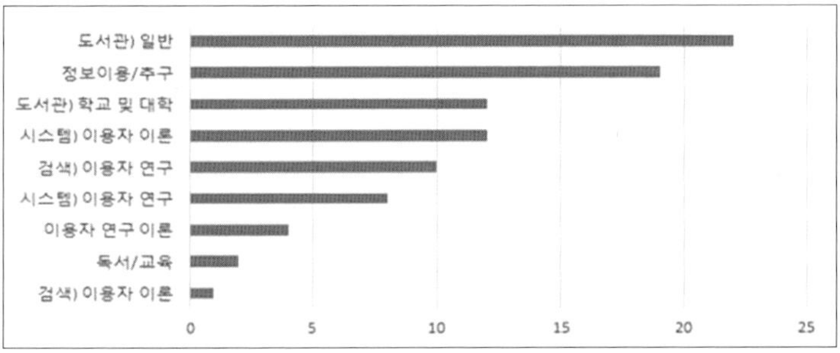

[그림 15] 1995~99년의 이용자연구 주제 분포

90년대를 지나, 2000년대 초반까지 발표되는 학술 논문의 양이 기하급수적으로 늘어났다. 이용자연구 또한 전체적인 연구 중에서 10% 중·후반의 비율을 유지했다. 이는 20세기 후반(1981~)과 21세기 초반에 이르러 해외에서의 이용자 정보추구모형 연구가 활발했던 것과 무관하지 않다. 국내에서의 2000년대 초반의 이용자연구는 도서관 주제의 강세가 지속되었다. 도서관 이용자 불만족에 대한 연구, 이용자 중심적인 도서관 서비스 구축에 대한 연구 등이 주요 연구 주제였다. 정보이용/추구 주제 분야의 경우 특정 분야, 소외집단, 특정 연령대의 정보이용자 연구를 비롯하여, 웹 이용이 일반화된 상황에서의 정보이용연구가 활발하게 진행되었다. 독서/교육 주제가 이전 시기들과 비교하여 큰 폭으로 증가하였다. 구체적으로 독서치료, 독서캠프, 독서교육, 독서부진 요인 연구 등 독서의 효용에 집중하는 연구가 본격적으로 수행되었으며, 정보 설계 및 평가 주제는 인터페이스, 정보시스템 구축, 웹 페이지 설계 등의 연구가 다수를 이루었다.

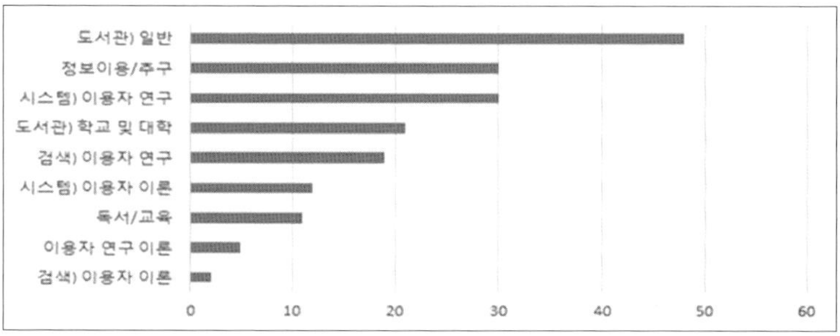

[그림 16] 2000~04년 이용자연구 주제 분포

2000년대 중·후반에 이르러 전체 학술 논문 대비 이용자연구의 비율은 20%를 넘어선 시기였다. 전 주제에 이르러 이용자를 중심에 둔 연구가 활발했으며, 특히 정보이용/추구 주제에서는 00~04년 시기에 1편 밖에 없었던 정보소외계층에 대한 연구가 장애인, 노령층, 교도소 수용인, 저소득층, 이주민, 새터민 등의 여러 정보빈곤층들의 정보행태연구로 확대된 것이 두드러졌다. 도서관 주제에서 또한 정보취약계층에 대한 연구, 도서관 및 서비스의 만족도 등이 연구되었으며, 독서/교육 주제에서 성장시기별 독서실태, 독서치료, 독서지도 연구가 이전 시기와 같이 지속되었다. 한편 정보 설계 및 평가 주제에서는 웹사이트 설계, 디자인, 이용성평가 연구가 수행되었고, 정보검색 주제에서는 이용자의 검색 행태 분석, 검색 요구 분석, 검색 시스템 향상을 위한 연구가 이루어졌다.

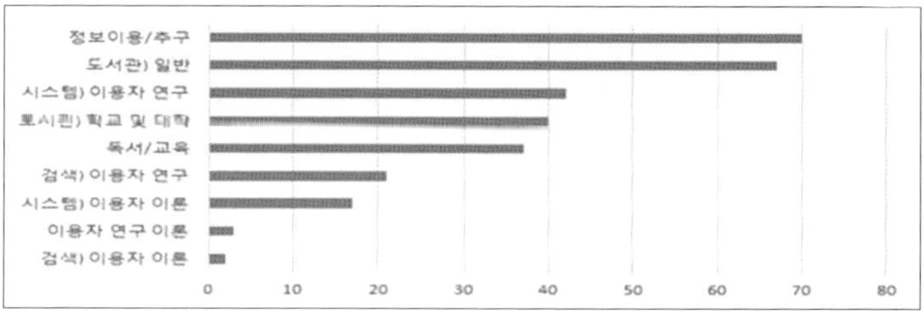

[그림 17] 2005~09년 이용자연구 주제 분포

2010년대에 들어서는 도서관 주제에서의 이용자연구 증가가 두드러진다. 공공도서관 프로그램 및 서비스 연구, 도서관 이용자 만족도, 요구분석, 기대수준 연구가 이루어졌고, 이용자 지향적 도서관 개발과 운영, 이주민·노인·장애인 등 정보취약계층 이용자연구가 2000년대 중·후반과 같이 지속되었다. 정보이용/추구 주제에서는 전문직, 대학생, 노령층, 청소년, 이주민 등 특정 정보이용계층의 정보이용행태 연구가 이루어졌다. 특히 SNS 이용자 연구, 스마트 기기를 활용하는 이용자들의 정보이용행태 연구 등이 처음으로 등장하였으며, 이용자연구가 기술적인 변화에 민감하게 반응한 것을 알 수 있었다. 정보 설계 및 평가 주제에서는 인터페이스 연구를 종합하는 분석 연구, 인터페이스에 따른 정보매체 이용 영향 연구, 특정 서비스의 인터페이스 설계와 구성에 대한 연구가 수행되었다. 또한 특정 웹에 대한 접근성 평가와 이용자 만족도 연구가 수행되었고, 온라인목록의 개선과 향상을 위한 이용자연구, 전자책을 비롯한 전자출판물의 이용성 평가가 이루어졌다. 정보검색 주제에서는 이미지 검색에서의 이용자 연구가 2000년대 초반 두 편의 연구에 이어 다시 등장하였다. 이용자들의 검색 행태에 대한 분석, 개인화 검색시스템에 대한 연구, 검색시스템 구축을 위한 요구분석 등의 연구가 수행되었다.

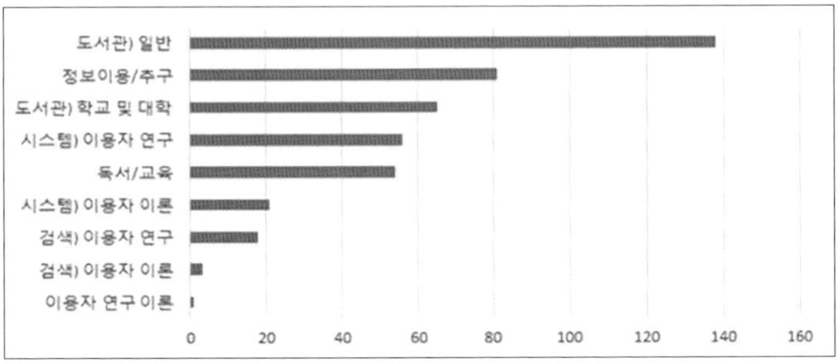

[그림 18] 2010~15년 이용자연구 주제 분포

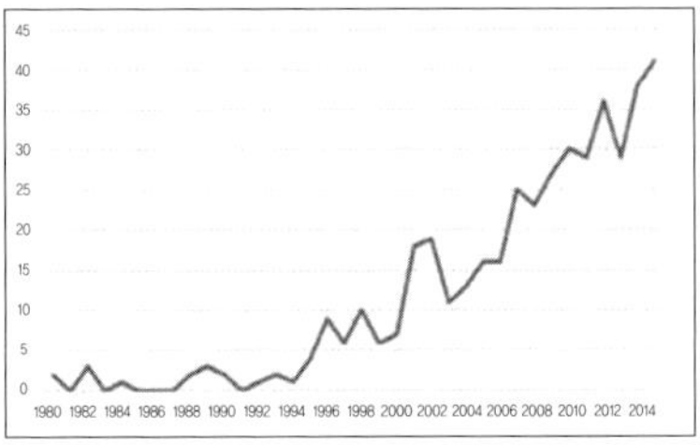

[그림 19] 이용자연구: 도서관 연도별 분포

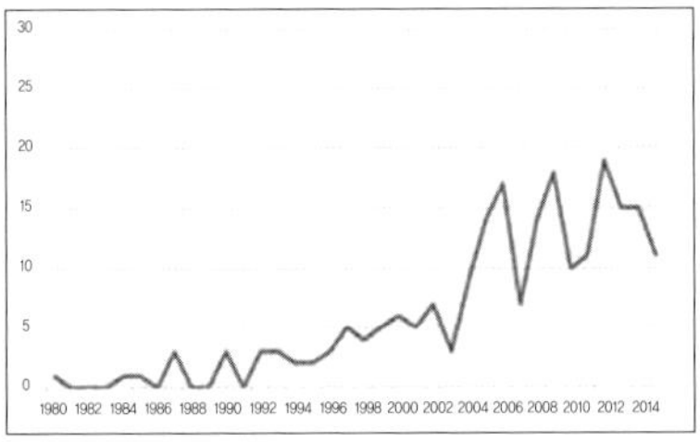

[그림 20] 이용자연구: 정보이용/추구 연도별 분포

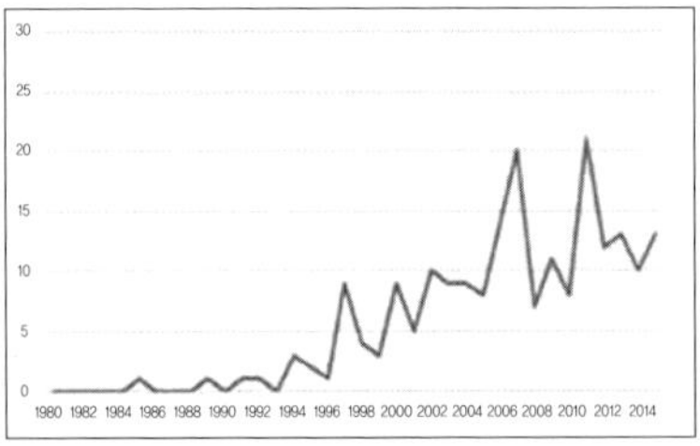

[그림 21] 이용자연구: 정보 설계 및 평가 연도별 분포

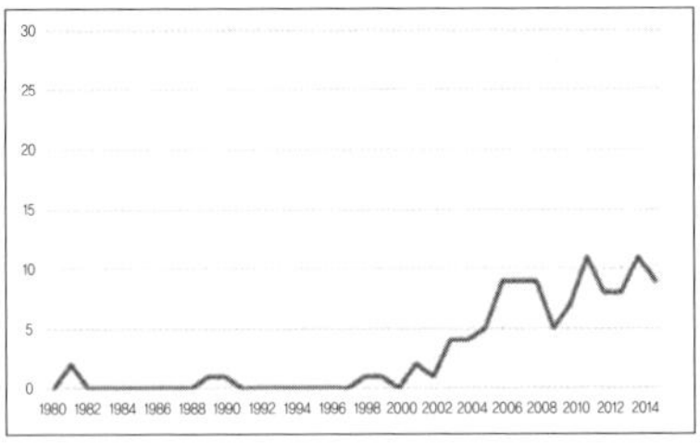

[그림 22] 이용자연구: 독서/교육 연도별 분포

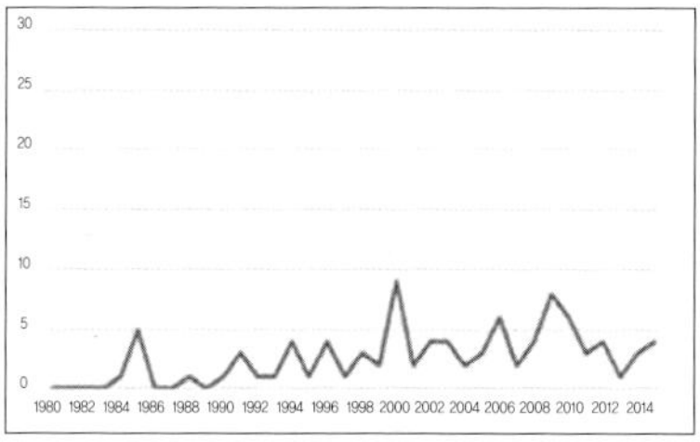

[그림 23] 이용자연구: 정보검색 연도별 분포

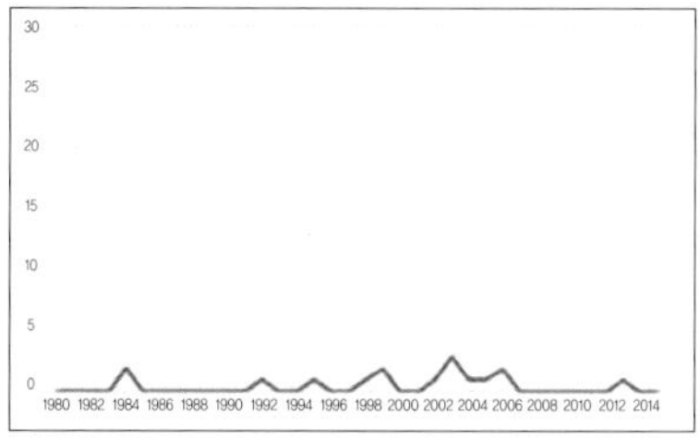

[그림 24] 이용자연구: 이용자연구 이론 연도별 분포

다음은 대분류 6개 주제의 연도별 분포를 관찰하였다. 우선, 연구 기간 동안 가장 많이 연구된 이용자연구의 주제 분야는 '도서관' 분야 (일반: 285편, 학교 및 대학: 145편, 총 432편)였으며, 그 다음으로는 '정보이용/추구'(217편), '정보 설계 및 평가'(204편), '독서/교육'(108편), '정보검색'(93편), '이용자연구 이론'(16편)의 순으로 파악되었다. <그림 18>에서 <그림 24>까지를 참고하면 이용자연구 대주제들의 추이를 파악할 수 있다.

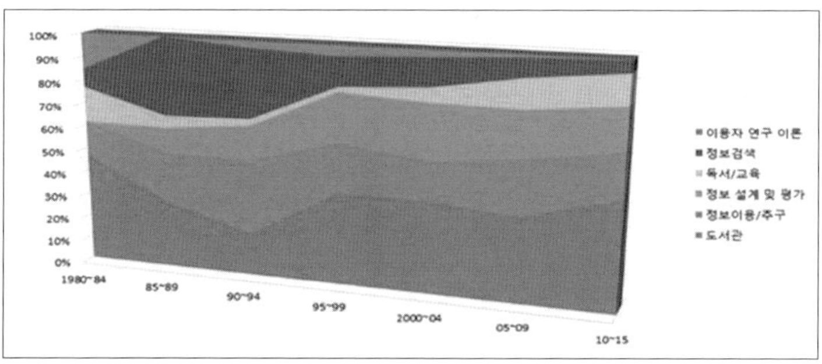

[그림 25] 기간 별 이용자연구 주제 분포

'도서관', '정보이용/추구' 주제는 전반적으로 상승하는 추세가 비슷하다. 90년대 중반부터 해당 주제의 논문이 증가하는 것을 알 수 있다. 특히 '도서관' 주제

는 이용자연구 논문을 가장 많이 생산하면서 이용자연구를 선도하고 있다.

'정보 설계 및 평가' 주제 또한 90년대 중반부터 발표되는 논문이 증가하였으며, 연구 결과물의 양적인 측면에서 '정보이용/추구' 주제와 비슷한 수준으로 발표되었다. 앞선 두 주제와는 달리 이용자연구의 초창기에는 미미한 수준이었지만, 2000년대 들어 급속도로 팽창하면서 이용자연구의 주요 주제로 자리 잡았다.

'정보검색' 주제의 경우, 이용자연구에서 차지하는 비중이 최근 들어 감소하였는데, 이용자에 입각한 연구보다는 검색기법, 시스템, 모형 자체에 대한 연구과 그 응용연구가 우세하기 때문이었다.

한편, 독서/교육 주제의 경우 2000년대 들어 그 생산이 증가하였다. 여러 타 정보매체와 각종 전자기기에 독서행위 자체가 잠식되고, 그에 따른 독서 인구가 감소[2]되는 상황과 무관하지 않은 것이다. 이는 독서에 의한 자기개발, 심리발달, 치료 등 독서의 효과와 효용에 대한 논문들이 해당 주제에서 주된 흐름을 이룬다는 것을 통해 알 수 있다.

이용자연구 이론 주제의 경우, 기존의 이론과 모형을 분석하거나 경향분석, 비교 연구를 수행하는데 그치고 있다. 아직까지 선진적인 이론과 모형을 국내 환경에 맞추어 각종 실증적인 연구들에 적실하고 유효하게 적용 및 해석을 도모하는 연구 경향을 띠고 있는 것이다. 이는 국내의 경우 이용자 지향적인 연구가 집적되어 모형 개발까지 이어지지 않았다는 2000년대 중반의 이지연(2006)의 지적이 여전히 유효한 것을 보여준다.

2 1994년 독서율 학생: 97.6, 성인: 86.8. 2002년 독서율 학생: 89.6, 성인: 72.0. 문화체육관광부 정책브리핑 인포그래픽, http://www.korea.kr/policy/graphicsList.do?pageIndex=1&startDate=2006-08-01&endDate=2012-12-14&srchSectId=graphic_sec_02

4. 결과 요약

본 연구는 1980년 이후 국내의 문헌정보학 5개 학술지에 게재된 학술 논문들을 전수 조사하여, 국내 이용자연구에 대한 주제 분석과 시기별 연구 동향을 살펴, 이용자연구의 학문적인 구조와 변화 양상을 분석했다. 2003년 이후 국내에서 이용자연구를 대상으로 동향분석이 이루어지지 않았기 때문에, 본 연구는 오늘날 이용자연구의 현 상황을 살필 수 있는 도구이자, 앞으로의 이용자연구 방향을 가늠할 수 있는 하나의 지향적인 연구로써 기능하기를 기대한다.

이를 위해 본 연구에서는 우선 연구 기간에 게재된 학술 논문들 중에서 이용자연구와 관련된 논문들을 선별한 다음, 선별된 논문들을 바탕으로 주제 분류 원칙을 설계했다. 이어서 이용자연구 논문들을 설계된 주제 분류 원칙에 따라 6개의 주제로 대분류를 하고, 27개의 하위 주제로 중분류를 실시했다. 본 연구에서 설계된 이용자연구 주제 분류 원칙은 다음과 같다. 첫째, 주제 분석과 연구 분야 분류는 논문의 초록 및 키워드와 함께 본문 내용 분석을 기준으로 실시되었다. 이 방법은 그동안 국내 이용자연구 동향분석에서 표제만을 분류 기준으로 삼았던 기존의 연구방법을 보완할 수 있었다. 둘째, 실증적인 연구는 아니지만 이용, 이용자, 이용자 이론을 지향한 연구도 이용자연구에 포함시켰다. 이렇게 분류된 논문이 81편에 이르러, 이용자연구의 동향 파악이 더욱 세밀해졌기 때문에, 해당 분류 항목을 설계한 것은 적절했다고 판단된다. 셋째, 여러 개의 분야가 혼합되어 연구된 경우에는 해당 논문 내에서 가장 우세한 분야 또는 연구 방법론을 우선하여 분류하였다. 넷째, 두 분야가 동등하게 다루어진 경우에는, 두 분야가 동시에 속하는 상위 분야에 분류하였다.

시기별 분석을 위해서는 1980~84년, 1985년~89년, 1990년~94년, 1995년~99년, 2000~04년, 2005~09년, 2010~15년으로 나누었고, 그 결과 80년대는 이용자연구가 태동하기 시작한 시기임을 알 수 있었다. 또한 1996년을 기점으로 이전까지 10편미만으로 발표되던 이용자연구가 70%의 양적 증가를 보였는데, 이후 오늘날까지 지속적인 이용자연구의 성장세가 지속된 것을 확인했다. 국내 이용자연구는 1980~84년 연구 대상 학술지에 게재된 논문의 12.9%(13편)에 불과했지만, 2010~15년 시기에 이르러 24.1%(417편)에 이르는 양적인 팽창을 이루었다.

동향분석을 통해 현재 이용자연구의 과거와 현재를 파악한 것은 물론, 이를 바탕으로 앞으로의 연구 방향을 설계하고 예측할 수 있었다. 우선 국내 이용자연구에서 가장 활발하게 연구되었던 주제 분야는 '도서관' 분야로 나타났다. 도서관법에 명시된 공공도서관(작은, 장애인, 병원, 병영, 교도소, 어린이)과 전문도서관을 포함한 일반도서관 주제에 285편이 분류되었고, 학교 및 대학도서관 주제에 145편이 분류되었다. 관종에 상관없이 도서관 서비스가 목표하는 가치를 실현하기 위해선, 항상 이용자 중심적인 도서관 운영이 요구된다. 이용자연구에서 도서관 주제 분야가 가장 우세한 원인은, 문헌정보학에서 도서관이 주요 주제이기 때문이기도 하지만, 서비스 제공자 입장이 아닌, 도서관이 기반으로 삼고 있는 이용자 중심의 도서관을 추구한 결과라고 판단된다. 따라서 앞으로도 도서관 주제 분야에서의 이용자연구는 지속될 것이다.

정보이용/추구 주제 분야의 경우에, 그동안 정보이용추구와 행태 연구 등의 정보이용자 연구의 축적이 이루어졌다. 오늘날의 서비스중심적인 경제구조에서의 소비자 연구는 물론, 정치·경제·문화 등 모든 인간 생활영역에서 정보이용자들에 대한 심도 있는 연구가 지속될 것으로 판단된다.

정보 설계 및 평가 주제 또한 디지털데이터가 기하급수적으로 증가하는 오늘날과 미래 상황에서, 이를 조직하고, 시스템을 설계하는 작업 과정에 해당 정보를 이용하는 이용자 기반의 접근이 반드시 필요하다. 또한 이용자 요구와 이용성 평가를 통해 정보 설계 및 평가가 이루어질 것이므로, 이용자연구가 앞으로 주요 방법론으로 활용될 것이다.

한편, 독서/교육 주제의 경우 2000년대 들어 그 생산이 증가하였으며, 독서의 효과와 효용에 대한 연구가 주요 흐름을 이루었다. 최근 강조되고 있는 창의성 교육과 함께, SNS가 일상에 자리 잡은 오늘날, 디지털 매체를 통한 읽기보다 종이매체를 통한 읽기가 집중력 등에 있어서 진정한 읽기가 된다는 실험 결과(Baron, 2015) 등이 생산되면서, 독서에 대한 관심과 관련된 연구는 지속적으로 생산되고 확대될 것으로 보인다.

정보검색 분야의 경우, 타 주제 분야에 비하여 이용자연구가 활용되는 빈도가 상대적으로 저조하고, 기술적인 주제의 연구가 주를 이룬다. 하지만 정보검색 또한 이용자가 검색의 최종 결과물을 활용한다는 점에서, 타 분야에서와 같이 언제든지 이용자연구의 급속한 성장을 할 가능성이 내포되어 있다.

마지막으로 문헌정보학 각 주제 분야에서 활용될 수 있는 국내 상황에 적실한 이용자연구 이론들이 발전되기를 바란다. 그동안의 추세로 보아 앞으로도 이용자연구의 양적인 증가세는 지속될 것으로 전망되는데, 이용자 특성, 주변 환경 및 맥락, 요구와 행태에 대한 가치 있는 국내 연구들의 계속적인 생산이 바탕이 되어 국내의 이용자연구 모형과 이론으로 나아가야 할 것이다.

III. 패러다임 변화

정보이용자 연구는 이론과 실제를 병행하여 아우르며 정보와 이용자를 연결시키는 노력을 통하여 분야 발전을 이루어왔다. 정보행태에 앞서 정보요구의 개념에 대해 연구한 Dervin(1983)의 의미형성(Sense-Making)이론에서부터 정보행태를 능동적 및 수동적 정보추구로 구분하고 정보자원이나 정보매체를 이용하는 인간의 총체적 행태로 파악한 Wilson(2000)의 연구, 정보추구를 문제해결과 지식격차의 해소를 위한 인간의 의도적 관련과정으로 파악한 Marchionini(1995) 등 정보추구와 정보요구, 정보행태에 대한 다양한 연구들이 이어지고 있다.

정보이용의 다양한 모형이 개발된 배경에는 B. Dervin의 'Sense-making theory'과 같이 정보의 패러다임 변환을 이끌어낸 연구 성과가 있었다. 시스템 중심에서 이용자 중심으로, 정보의 양에 대한 관심에서 정보행위 과정에서 이루어지는 커뮤니케이션과 상호작용에 대한 관심으로, 정보연구의 초점이 옮겨진 변화는 정보의 정의 자체에도 다양한 관점을 허용하게 했다. 정보의 객관성이나 공식적인 정보채널에 매이지 않고 열린 관점을 갖게 되면서 정보요구나 정보의 적합성을 파악하는 데에서 맥락과 상황을 고려하게 되었고, 일상생활에서 비롯되는 정보요구가 중요한 관심사로 떠오르게 되었다.

이러한 변화는 정보, 정보이용자, 정보행위에 대해 보다 폭넓은 이해를 가능하게 했을 뿐 아니라, 다양한 정보자원과 대체 채널의 등장으로 많은 사람이 '도서관의 위기'를 말하는 현재 상황에서 도서관의 전망에도 시사점을 가질 수 있을 것으로 보인다. 시스템이나 기계로 모두 대체할 수 없는 인간 '사서'의 역할, 상호작용과 커뮤니케이션을 위한 공간으로서 도서관의 존재이유를 보여줄 수 있을 것으로 기대하기 때문이다.

1980년대까지의 시스템 중심적인 연구경향은 Dervin(1983; 1986)의 의미형성이론과 Belkin(1980)의 지식이상상태(Anomalous States of Knowledge; ASK) 개념의 등장 이후 이용자 중심적 연구로 변모했으며, 정보를 이용자의 정보추구 목적이나 효과에 집중하여 이용자의 개별상황(context)의 이해를 강조하는 방향으로 연구의 패러다임이 변화하였다. 특히, 정보추구행태와 관련된 질적연구들은 특정 주제분야의 학자나 연구자, 전문직업인, 학생등의 학술적/전문직종사자들을 연구대상으로 하여 적극적이고 의도적인 정보추구를 연구하는 경향이 나타났다(김갑선 2005).

정보이용자 연구는 모형을 통하여 특정 이용자 계층을 대상으로 적극적으로 정보요구를 해결하기 위한 행태들을 연구의 대상으로 하고 있다. 반면 업무와 직접적으로 관련되지 않지만 일상에서의 삶의 방식을 유지하거나 일상생활에서 발생되는 문제상황을 해결하기 위해 필요한 정보를 찾는 과정을 중요하게 다루는 연구도 최근에 나타난 정보이용자 연구의 중요한 흐름이다.

Savolainen은 일상정보행태와 업무관련 정보의 행태가 양분될 수 없고 서로 보완하는 관계에 있다고 보았기 때문에 일상정보행태를 광범위하게 정의하였고, Savolainen(1995)의 연구 이후 일상정보행태를 정보추구행태에 접목한 연구를 수행하여 다양한 인구통계학적 배경을 지닌 사람들을 대상으로 개인의 정보추구행태를 다각적으로 살펴보는 연구들이 진행되었다(Agosto &Hughes-Hassel 2005; McKenzie 2003). 연구결과, 기본적으로 일상정보행태가 인지적, 감정적, 문화적, 상황적, 사회구조적 다양한 요인들에 의해 영향을 받고 있음이 증명되었고, McKenzie(2003)는 쌍둥이를 임신한 임산부들의 일상정보추구행태를 분석함으로써 Wilson(2000)의 정보행태개념을 구체화하여 일상에서의 정보행태를 4가지로 분류한 모형-적극적 추구(Active seeking), 적극적 탐색(Active scanning), 간접적 관찰(Non-directed monitoring), 대리인에 의한 추구(By proxy)-을 제시하였다. 이처럼 McKenzie(2003)는 일상정보추구행태를 중요한 4가지 특성으로 범주화한 모델로, 특히 적극적 추구와 적극적 탐색유형은 개인이 정보요구를 인지하고 그 요구를 해결하기 위해 능동적으로 정보를 추구하는 행태에 해당한다. 간접적 관찰과 대리인에 의한 추구유형은 본인이 의도하지 않았지만, 정보를 우연히 발견하거나 타인에 의해 정보를 수용하게 되는 수동적 정보행태로 분류될 수 있다.

이상에서 살펴본 바와 같이, 정보이용자 연구는 1980년대 이후, 이용자가 정보를 추구하는 데 있어서 드러나는 행태에 대한 연구들이 많이 발표되고 있다. 과거 시스템 중심의 정보추구연구에서 이용자 중심의 정보추구연구가 주를 이루게 된 것이다. 정보를 추구한다는 것은 이용자가 자신의 정보요구를 인식하고 이에 합당한 정보를 획득하고자 하는 의도적 또는 일상적인 노력으로서 적절한 정보원을 선정하고, 정보의 적합성을 판정하며 이용하는 과정이 포함되는 일련의 과정이다. 이처럼 이용자는 각자 다양한 정보요구를 가지고 있기 때문에 이러한 정보요구를 분석하고 정보추구행태를 파악하는 것은 이용자가 일상생활에서 필요한 정보를 찾으려고 할 때, 보다 더 효과적이고 효율적으로 정보를 얻을 수 있도록 돕는다.

정보행위에 대한 연구는 학제적이고 이용자와 정보 사이의 상호작용에 초점을 둔다. 정보행위와 관련한 많은 주제 가운데 LIS 연구자들이 주로 초점을 둔 것은 정보추구와 정보이용이었다. 1970년대 후반 이전에는 시스템중심의 관점이 지배적이었다. 이용자의 불확실성을 해결할 수 있는 정보를 가치 있는 자원으로 다루는 관점에 따라 도서관은 이용자들의 정보 접근을 늘리도록 대량의 데이터베이스를 제공하고 시스템 기능과 인터페이스를 제공해야 했다. 그러나, 더 나은 검색시스템은 이용자 정보 문제를 감소시키지 않았다. 1980년대에는 이용자중심 관점, 이용자의 요구와 인식에 초점을 두는 관점으로, '패러다임 전환'이라고 할 만한 변화가 이루어져 왔다. 이후 활발하게 전개된 이용자연구에서 제시된 모형들은 이용자의 정보행위를 이해하는데 도움을 줄 뿐만 아니라, 이용자들이 정보행위가 촉발될 수 있는 계기를 마련하는 데에도 도움이 될 것으로 보인다.

본 연구자가 정보이용자 연구 분야에서 개발된 모형들이 곧바로 도서관 현장에 적용될 수 있다고 기대하는 이유는 해당 연구자들의 정보이용자에 대한 관점과 정보행위의 과정으로 보여준 구체적인 이용자들의 역동과 상호작용 때문이다. 실제로 각 모형은 후속연구나 평가에서 여러 가지 한계가 지적되기도 하였고 현장에서의 적용 가능성을 장담하기 어려워 보이기도 했다. 하지만, 반드시 하나의 모형이나 이론을 채용하지 않더라도 그 관점과 과정에 대한 분석은 현장에서 이용자들로 하여금 자신들의 정보요구를 명확히 인식하게 하거나 새로운 정보요구를 유발하고 그에 따라 효과적인 정보추구행위가 이루어지도록 지원하는데 중요한 시사점을 가질 것으로 기대한다.

참고문헌

강윤정. (2005). 도서관 조직구조가 대학원생의 이용행태 및 만족도에 미치는 영향에 관한 연구. 성균관대학교 대학원 학위논문.

고영만, 오삼균. (2000). 문제극복 모형의 적합성과 정보화 교육에 관한 연구. 한국정보관리학회지. 17(4): 7-26.

권은경. (1984). User study 의 추이 및 문제점에 관한 고찰. 한국도서관· 정보학회지, 19-43.

구중억, 이응봉. (2009). Open API 기반 메타 검색시스템의 사용성 평가에 관한 연구. 정보관리학회지, 26(1), 185-214.

김갑선. (2005). 정보추구행태모형의연구경향.『정보관리학회지』, 22(4), 235-254.

김문성. 박성철. (2011). 공무원의 자기효능감이 업무성과에 미치는 영향. 한국공공관리학회, 25(4), 143-161.

김선호. (2003). 공공도서관의 노인용 인터페이스 디자인에 관한 연구. 한국도서관· 정보학회지, 34(3), 111-124.

김정숙. (2010). 법학전문대학원생들의 학업 관련 정보탐색과정 연구: 쿨타우(Kuhlthau)의 정보탐색과정모형을 기반으로. 성균관대학교 석사학위 논문.

노진구. (2000). 이용자기반 접근의 개념 변화와 정보검색시스템 설계요소의 도출 (A Change of Concept of User-Centered Approach and Derivation of Information Retrieval System Design Factors). 한국도서관· 정보학회지, 31(3), 89-113.

박성열, 남민우, 임종훈. (2012). 사이버대학생과 컨소시엄사이버대학생의 이러닝 실재감과 자기효능감이 학습성과에 미치는 영향. 한국농산업교육학회, 44(1), 109-129.

박영희. (2010). 요양보호사의 근무환경이 직무스트레스에 미치는 영향, 대구한의대학교, 박사학위논문.

사공복희. (2003). 정보추구행태모형의 비교 연구. 한국정보관리학회, 20(1). 93-119.

서은경. (1997). 정보학분야 연구동향분석: 정보관리학회지와 JASIS 의 비교분석을 중심으로. 정보관리학회지, 14(1), 269-291.

손정표. (2003). 한국의 문헌정보학분야 연구동향분석 : 1957~2002. 한국도서관·정보학회지, 34(3), 9-32.

서은경. (2010). 정보관리학회지 연구의 동향분석. 정보관리학회지, 27(4), 7-32.

심미정, 오효숙. (2012). 간호학생의 학업적 자기효능감, 학습동기 및 자기주도적 학습태도가 문제해결능력에 미치는 영향. 한국콘텐츠학회, 12(6), 328-337.

유사라, & 박민영. (2000). 데이타베이스 실험검색을 통한 정보스캐닝에 관한 연구. 한국문헌정보학회지, 34(1), 111-132.

윤정옥. (1993). 미국 로스 앤젤레스 지역 한인의 정보 추구 행태. 한국문헌정보학회지 25(4), 389-413.

이지수. (2013). 정보행태 연구 분야에서 협동적 정보행태 모형의 비교· 분석 연구. 정보관리학회지, 30(3), 183-205.

이지연. (2006). 정보이용행태 모형개발 및 적용. 제 13 회 한국정보관리학회 학술대회 논문집, 5-10.

정동열, 김성진. (2003). 문헌정보연구의 이론 활용성 분석. 정보관리학회지, 20(1), 165-198.
정진식. (2000). 이용자의 정보추구행동에 관한 연구. 한국정보관리학회지. 17(3): 193-212.
조인숙, 장경숙. (2006). 국내 사립대학도서관 자동화 발전과정에 관한 연구. 정보관리연구, 37(4), 1-23.
조적수. (2001). 일상을 통해 본 대학생의 정보요구: 대학도서관의 역할 재정립에 관련하여. 석사학위논문. 부산대학교 대학원.
조찬식. (1999). 문헌정보학 연구 및 연구방법에 관한 고찰. 한국문헌정보학회지, 33(3), 45-61.
주민지. (2012). 법학전문대학원생의 정보요구와 정보추구행태 연구. 연세대학교 대학원. 석사악위 논문.
차동욱, 김정식, 이덕근, 육현표. (2008). 변혁적 리더십과 조직구성원들의 자기효능감 그리고 성과간의 관계. 한국인적자원개발학회, 11(1), 21-40.
한복희. (1984). 이용자연구의 이론과 실제. 정보관리학회지, 1(1), 100-111.
한복희. (1992). 이용자연구에 관한 연구동향분석. 한국문헌정보학회지, 23, 107-125.
한복희. (2003). 지식기반사회에서 이용자연구의 최신동향. 한국문헌정보학회지, 37(4), 295-310.
Bandura, A. (1977). Self-efficacy: toward a unifying theory of behavioral change. Psychological review, 84(2), 191.
Bandura, A. (1997). Self-efficacy : the Exercise of Control. New York: W. H. Freeman and Company.
Baron, N. S. (2015). Words onscreen: The fate of reading in a digital world. Oxford University Press, USA.
Case, D. (Ed.). (2012). Looking for information. Emerald Group Publishing.
Chatman, E. A. (1999). A theory of life in the round. Journal of the American Society for Information Science, 50, pp.207–217.
Choo, C. W. (1993). Environmental scanning: acquisition and use of information by managers. In In ME Williams (Ed.), Annual review of information science and technology (vol. 28.)
Dervin, B. (1983). Information as a user construct: The relevance of perceived information needs to synthesis and interpretation. Knowledge structure and use: Implications for synthesis and interpretation, 155-183.
Dervin, B., & Nilan, M. (1986). Information needs and uses. Annual review of information science and technology, 21, 3-33.
du Preez, M. (2008). Information needs and information-seeking behaviour of consulting engineers: a qualitative investigation.M.A. Thesis in University of south africa.
Ellis, D. (1989a). A behavioral model for information retrieval system design. Journal of information science, 15(4-5), 237-247.
Ellis, D. (1989b). A behavioral approach to information retrieval system design. Journal of Documentation, 45(3), 171-212.

Ellis, D., Cox, D., & Hall, K. (1993). A comparison of the information seeking patterns of researchers in the physical and social sciences. Journal of documentation, 49(4), 356-369.

Ellis, D. (1993). Modeling the information-seeking patterns of academic researchers: A grounded theory approach. The Library Quarterly, 469-486.

Ellis, D & Haugan, M. (1997). Modeling the information seeking patterns of engineers and research scientists in an industrial environment. Journal of Documentation, 53(4), 384-403.

Erdelez, S. (1997). Information Encountering: A Conceptual Framework for Accidental Information Discovery. In Vakkari, P., Savolainen, R. & Dervin, B. (Eds.). Information Seeking In Context. Proceedings of Research in Information Needs, Seeking and Use in Different Contexts. Tampere, Finland, 1996 (pp. 412-421). Los Angeles, CA. Taylor Graham.

Erdelez, S. (1999). Information Encountering: It's More Than Just Bumping into Information. ASIS&T Bulletin 25(3), pp. 25-29.

Ingwersen, P. & Järvelin, K. (2005). The Turn: Integration of Information-seeking and Retrieval inContext. Springer Publishers, Netherlands.

Julien, H. (1997). A content analysis of the recent information needs and uses literature. Library & Information Science Research, 18(1), 53-65.

Julien, H., & Duggan, L. J. (2000). A longitudinal analysis of the information needs and uses literature. Library & information science research, 22(3), 291-309.

Julien, H., Pecoskie, J. J., & Reed, K. (2011). Trends in information behavior research, 1999–2008: A content analysis. Library & Information Science Research, 33(1), 19-24.

Julien, H., & O'Brien, M. (2014). Information Behaviour Research: Where Have We Been, Where Are We Going?/La recherche en comportement informationnel: D'où nous venons, vers quoi nous nous dirigeons?. Canadian Journal of Information and Library Science, 38(4), 239-250.

Krikelas J. (1983). Information-seeking behavior: patterns and concepts. Drexel Library Quarterly, 19, 5-20.

Kuhlthau, C. C. (1991). Inside the search process: Information seeking from the user's perspective. JASIS, 42(5), 361-371.

Leckie, G. J., Pettigrew, K. E., & Sylvain, C. (1996). Modeling the information seeking of professionals: a general model derived from research on engineers, health care professionals, and lawyers. The Library Quarterly, 161-193.

Makri, S., Blandford, A., & Cox, A. L. (2008). Investigating the information-seeking behaviour of academic lawyers: From Ellis's model to design. Information Processing & Management, 44(2), 613-634.

McKenzie, P. J. (2003). A model of information practices in accounts of everyday-life information seeking.Journal of documentation, 59(1), 19-40.

Rieh, S. Y. (2007). A Comparison of Web searching and library system searching:

Perceived difficulty, self-efficacy, and effort. Journal of the Korean Society for information Management, 24(2), 29-44.

Savolainen, R. (1995). Everyday life information seeking: Approaching information seeking in the context of "way of life". Library & Information Science Research, 17(3), 259-294.

Savolainen, R. (2008). Source preferences in the context of seeking problem-specific information. Information Processing and Management, 44(1). pp. 274-293.

Wicks, D.A. (2004). Older adults and their information seeking. Behavioral & Social Sciences Librarian, 22(2), 1-26.

Wilson, T. D. (1981). On user studies and information needs. Journal of documentation, 37(1), 3-15.

Wilson, T. D. (1996). Information behaviour: an interdisciplinary perspective. Information processing & management, 33(4), 551-572.

Wilson, T. D. (2000). Human information behavior. Informing science, 3(2), 49-56.

논평과 토론

정보이용자 연구의 패러다임 전환

한창균 정보이용자 연구의 대상이 되는 주요 연구 개념은 어떤 것일까요?

이지연 정보이용자 연구의 대상 영역은 무궁무진합니다. 영역이 상당히 많고 다양합니다. 정보행태(information behavior)가 가장 중요한 영역이고 정보행태를 일으키는 정보요구(information need)가 그 다음으로 중요하게 연구되는 영역입니다. 또 불확실성(uncertainty)에 대해서도 연구자들이 많은 고민을 하고 있습니다. 이용자는 문제 상황에 직면했을 때 그 문제를 해결하기 위해 정보를 활용합니다. 따라서 의사 결정(decision making) – 문제 해결(problem solving)의 영역도 중요합니다. 이러한 개념은 문헌정보학적인 측면에서 접근하고 있기 때문에, 검색, 시스템, 서비스와 관련된 용어들도 주요 연구 개념이 되고 있습니다. 그리고 시스템이 이용자의 요구와 관련해서 정보를 얼마나 많이 제공하였는지를 다루었던 기존의 적합성(relevance)에 대한 연구가 시스템 중심적이고 이용자의 편의를 고려하지 않는 개념이라는 점에서 비판을 받고 있으며, 대신 주관적 적합성(subjective relevance), 상황의존적 적합성(pertinence)이라는 개념을 강조하고 있습니다. 브라우징, 스캐닝, 재핑(zapping) 등 웹에서의 행위들이 중요한 개념이 되고 있습니다. 정보이용자 연구는 문헌정보학 분야에서뿐만 아니라, 정보를 필요로 하고 정보를 다루는 다양한 영역들에서 중요한 연구 주제가 되고 있기 때문에 앞으로도 위에서 언급한 주요 개념에 대해 많은 연구들이 이루어질 것이라고 예상됩니다.

한창균 정보이용자 연구의 연구 동향에서 국내 연구와 해외 연구의 유사점과 차이점이 무엇인지 궁금하고, 만일 큰 차이가 존재한다면 그런 차이가 생겨나게 된 원인이 무엇일지 궁금합니다.

이지연 국내에서는 정보이용자 연구가 1990년대 후반에서 2000년대 초반에 활성화되기 시작하였고, 따라서 20년 남짓의 연구 역사를 가지고 있습니다. 그러나 발표문에서 보신 바와 같이 해외의 연구는 그 역사가 아주 오래되었습니다. 국내 연구는 '패러다임전환'을 겪을 필요 없이 이용자 지향적인 연구가 2000년대에 곧바로 수행되었고 이용자 지향적인 연구의 성과를 인정받았습니다. 결과적으로 국내외 연구의 공통점은 모두 이용자 중심적인 연구를 중요시하는 경향을 나타내고 있다는 점입니다. 그러나 문화적 차이로 인해 연구 패턴에서 차이가 나타나고 있는데, 국내에서는 많은 양의 정보를 빠른 시간 안에 처리하고자 하는 태도가 두드러져 대부분 정량적인 연구가 이루어지고 있으며 대량의 데이터를 분석하고 시스템 로그를 살펴보는 등의 연구방법이 우세하다면, 해외에서는 질적 연구가 주도적으로 이루어지고 있습니다. 연구대상자로부터 깊이 있는 의견을 도출해 내고자 하는 질적 연구에 중점을 둔, 장기적이고 면밀한 관찰 연구(participant observation)가 대세라고 할 수 있습니다. 모델로 발전시키고 수치화-도식화하는 방식이 아니라, 하나하나 깊이 있는 연구를 수행하여 마치 모자이크의 점을 찍듯이 연구를 하고 있습니다. 이러한 연구들이 활발히 이루어져서 완성된 그림을 만들어내는 방향으로 나아가고 있습니다.

한창균 정보의 활용과 유통이라는 측면에서는 정보에 대한 연구는 문헌정보학뿐만 다양한 학문의 영역에서 중요성을 갖는다고 생각합니다. 다른 인문학 분야와 접점을 찾고 상호 연구협력이 가능한 영역이 있다면 그것이 어떤 영역일지 궁금합니다.

이지연 이용자연구라고 해서 이용자만을 떼어놓고 연구가 이루어지는 것이 아니라, 도서관의 경우에는 어떻게 장서를 선택할지, 시스템을 개발하고 설계할 때는 이용자의 요구에 어떻게 부합할 것인가에 대한 시나리오를 만들고 시스템을 디자인합니다. 콘텐츠, 시스템, 서비스 영역의 연구자/전문가 협업이 중요하고, 도서관시스템, 포털 등 특정 분야를 지원하기 위해 이용자 연구를 하고 있기 때문에 가장 기본이 되는 것은 인간에 대한 이해라고 할 수 있습니다. 인간의 인지/심리/문화적인 부분을 총체적으로 이해하고자 하기 때문에 이용자 연구가 그런 면에서 인문학 영역과도 접점을 갖는다고 생각합니다.

홍길표 시스템 지향에서 이용자 지향으로 연구 동향이 바뀌고 있다고 들었습니다. 시스템 지향적이었던 과거의 정보운영에 대한 비판적인-반성적인 연구도 이루어지고 있는지 궁금합니다. 특히 정치적 사회적 차원의 문제들을 지적하는 측면에서는 어떤 연구가 이루어지고 있는지 궁금합니다. 문헌학적 연구뿐만 아니라 역사적인 연구들도 이루어지고 있나요?

이지연 일단 지금까지 이루어진 연구의 한계에 대해 말씀드릴 수 있습니니다. 지금까지 이루어진 연구에서 구상한 모델들이 실제로 적용될 수 있는지에 대해 연구자나 현장전문가들이 의구심을 가진 것도 사실입니다. 이용자에 대해 충분히 고민한 후 모형을 만들었는데, 도형화되고 때로는 공식화되는 모형이 실제 이용에 어떻게 반영될 것인지에 대한 비판이 존재합니다. 시스템 지향적인 정보운영은 문화권에 따라 아직도 찬반에 대한 우세함이 다양합니다. 국내의 경우에는 이용자 지향적인 연구뿐만 아니라 기술, 데이터, 통계적 유의함에 대한 가치를 중시하여 이용자연구의 방향을 객관화된 수치에 집중하는 경향도 보이고 있습니다. 반면에 외국의 연구, 특히 북미권의 연구는 정보 주체로서의 개인의 가치를 강조하며 과거의 연구 패턴에 대한 한계를 비판하고 있습니다.

최유찬 제가 러시아 페테스부르크에 갔을 때 도서관 곳곳에 사서들이 자리를 지키고 앉아서 책을 찾아주는 모습을 볼 수 있었습니다.

하피터 라면을 먹는 학생들의 예를 들어주셨는데, 이것은 오히려 시스템과 맥락을 강조하는 것이 아닐까 하는 생각이 듭니다.

이지연 의미형성 이론에서 상황(situation), 맥락(context)은 이용자의 내적 상태를 말하는 것입니다. 이용자의 심리적, 내적 요소들이 중심이 되며, 외적 요소(예, 시스템, 데이터베이스 규모, 정보량)가 맥락으로 이해되지는 않습니다.

최유찬 외국에서는 질적 연구가 대세고 한국에서는 양적 연구가 활성화되어있고 개별적인 케이스 스터디들이 모여 커다란 모자이크 그림을 이룬다고 말씀해주셨는데 결국에는 누군가가 그 시스템 모델을 만들어내야 하는 것이 아닐까요? 점과 같은 개별 연구들은 어떻게 전체와 관련을 맺게 될까요?

이지연 이용자연구는 사회적인 상황이 많이 반영되는데, 그래서인지 연구들이 골고루 나타난다기보다는 시대별로 집중되어 연구가 되는 분야들이 발생합니다. 따라서 정보행위를 다양한 영역과 정보이용자의 특성으로 분류하여 연구동향을 연구하게 됩니다. 시대적 흐름이 반영된 예를 들자면, 1960년대에는 대부분의 연구들이 과학기술과 관련을 맺고 있었는데, 이것은 안보와 과학기술을 강조하던 시대상을 반영하고 있는 것입니다. 이후에는 의료나 법학 등의 전문적인 분야에 대한 연구들도 나오게 됩니다. 90년대에 웹 이용이 활성화되면서 웹정보 이용행태에 관한 연구가 이루어집니다. 이러한 시대적 주제들은 다시 차별성 있는 키워드와 접목되어 연구가 진행됩니다. 어떤 연구는 불확실성(uncertainty)에, 어떤 연구는 정보의 우연한 발견(information encountering)에 초점을 두고 있습니다. 그래서 같은 이용자 계층이라 하더라도 서로 다른 키워드와 연결되어 연구되거나 아니면 다른 유형의 이용자들을 분석함을 통하여, 근접한 점들이 생겨나고 패턴을 형성하게 되는 것으로 판단합니다. 형성된 패턴은 이용자 유형별로, 정보자원별로, 때로는 서비스별로 실제 정보활용에서 구체화될 수 있습니다.

최문규 시스템 구축에서 이용자로의 패러다임 전환은 매우 고무적인 시각인 것 같습니다. 그런데 간혹 의구심이 가는 점은, '이용자'라는 개념이 '전문가에 의해서 이상적으로 상상화된 이용자'가 아닌가 하는 점입니다. 흔히 도서관 시스템 구축(예 스마트 캠퍼스 구축 등)에 있어서 이용자(유저)의 편의를 최우선적으로 고려하여 구축한다고 하지만, 실제 시스템 구축된 후에 유저가 프로그램에 적응할 것을 요구하거나 혹은 시간이 흐르면서 자주 사용하면 적응될 것이라고 이야기합니다. 이 점에 대해서는 어떻게 생각하시는지요?

이지연 매우 비판받을 수 있는 지점이라고 생각합니다. 우리가 많이 사용하고 있는 인기 있는 포털 사이트의 경우에는 서비스 기획을 할 때 이용성(usability)을 높이기 위한 많은 실험을 합니다. 실험자를 데려다가 프로토타입 시스템에 대한 피드백을 받는 방식으로 실험이 이루어집니다. 인기 있는 포털의 경우에도 심지어 적지 않은 부분을 매뉴얼로 작업을 하면서, 이용자의 요구에 따라 시스템을 조정하는 방식으로 운영되고 있습니다. 이런 부분에 있어서 가장 많은 시행착오를 겪는 부분이 시간의 부족입니다. 빨리빨리의 습관 때문에 이용자 연구에 시간을 투자하는 것이 어렵습니다. 다행히 국립도서관을 중심으로 하여 이러한 문제를 개선하기 위한 변화가 생기고 있습니다. 국립디지털도서관을 예로 들면, 기획과 설계 단계에 페르소나와 시나리오기법을 적용하는 새로운 시도를 하였습니다. 한계와 부족한 점이 많이 있지만 다양한 시도들이 이루어지고 있습니다.

이경훈 과거에는 카드를 사용해 책을 찾았는데, 이와 달리 오늘 날에는 자료목록이 전산화되어 있습니다. 카드를 이용해 책을 찾던 방식과 온라인 카탈로그를 사용해 자료를 찾는 방식의 차이 및 각각의 의미에 대해 도서관에서는 어떻게 생각하고 있는지 궁금합니다.

이지연 저는 개인적으로 시스템이 얼마나 자동화되는가, 시스템 구축에 얼마나 많은 노력을 들이는가, 어떤 시스템이 더 편리한가의 문제는 아니라고 생각합니다. 카드목록을 통해서 책을 찾던 이용자들은 카드목록에 익숙해지셔서 아마 그것이 편하다고 생각할 수 있습니다. 이것은 정보이용자 행태 중 "고착화 현상"으로 설명할 수 있습니다. 새롭고 편리한 시스템이 나타나도 일반적인 이용자들은 익숙한 시스템을 선호하는 경향이 있습니다. 또 정보를 검색한 뒤에 만족도를 조사하였을 때, 요구에 가장 잘 부합하는 적합한 정보보다 처음에 찾은 '쓸 만하다'는 인상을 남긴 정보에 더 높은 만족도 점수를 준다고 합니다. 이런 의미에서 온라인 목록 시스템(OPAC system)과 카드목록은 같은 차원입니다. 어떤 방식이 더 익숙하고 친근한지가 매우 결정적이라고 할 수 있습니다. 온라인 목록 시스템은 대량의 정보를 웹에서 자동으로 수집할 수 있고 데이터베이스에 저장함으로써 많은 정보를 이용자에게 제공할 수 있게 됩니다. 과거에 주제검색을 할 때에는 참고문헌목록(bibliography)을 이용해야 했는데, 이것이 새로 나오는 주기가 한 달, 또는 일 년이었습니다. 따라서 도서관에서 자료를 입수해도 이용자가 그것에 접근하는 것이 쉽지 않았습니다. 카드목록은 위와 같은 한계를 갖습니다. 그러나 자동화된 데이터베이스는 자동으로 업데이트되고 많은 양의 정보를 가지고 있기 때문에 접근의 편리성 측면에서는 카드목록과 차별성을 갖습니다.

최문규 요즘은 제 이름으로 도서관 정보를 검색하면, 지난 20 년간 제가 석/박사 논문을 지도 했던 학생들의 이름이 한꺼번에 제공되곤 합니다. 그 목록을 보면서 가끔 회상에 젖을 때가 많습니다.

최유찬 그것을 저는 오히려 불편하다고 생각하는데... 석/박사 학생들의 논문까지 모두 뜨니 정작 제 논문을 찾기가 더 어려워졌습니다. 제 것은 목록의 맨 뒤에 표시되어 있습니다. 그래서 그것을 찾으려면 한동안 페이지를 넘겨봐야 해서 불편함을 느낍니다. 그런 부분은 시정이 되어야 한다고 생각합니다.

이지연 정렬 순서를 새로 지정하면 해결될 것입니다. 최신순으로 또는 저자나 저자 수에 따라서도 검색결과를 정렬하는 것이 가능합니다. 최근의 시스템들은 상당히 고급화된 검색 기능을 제공하기 때문에 검색 시 키워드를 추가하거나 검색 조건을 약간 변경한다면 원하는 검색 결과를 얻을 수 있습니다.

20세기 말의 종말록적 비전

- 크리스토프 란스마이어의 『최후의 세계』 소고*

홍길표(연세대)

I. 서론

노발리스가 18세기 말에 쓴 철학적인 글들의 모음집에는 다음과 같은 글이 포함되어 있다:

> 인류 안에 있는 완전화의 원칙 – 인류는 인류가 아닐 것이다 – 만일 천년왕국이 오지 않을 것이라면. 이 원칙은 일상생활의 모든 소소한 것에서 – 모든 것에서 볼 수 있다.[1]

이 짧은 단상에 들어있는 유토피아적 사유는, 벨러에 의하면 독일의 모든

---

* 본 논문은 2014년도 독일언어문학 제 64집에 발표된 것을 수정, 보완한 것임.

1 Novalis: Schriften. Hrsg. v. H.-J. Mähl u. R. Samuel Darmstadt 1999, Bd. 2: Das philosophisch-theoretische Werk, S. 203. (강조는 노발리스에 의한 것임.)

낭만주의자들 중 혁명적 역사철학에 가장 가까이 서 있던 노발리스의[2] 전유물이 아니라, 18세기 중 후반 서구유럽에서 시작된 근현대적 사유를 그 무엇보다도 잘 반영해주고 있는 것이다.[3] 완전화의 원칙, 즉 '완전가능성'의 이념은 유럽의 근현대에서 절대적인 자리를 차지하는 것으로서, 이것은 근현대 이전 '정적인' 세계관의 이상이었던 '완전성' 모델이 시간을 매체로 하는 역동적인 '완전가능성'의 모델에 자리를 내주고 그 의미를 소진했음을 가리킨다.[4] 천상이 아닌 이 지상에 천년왕국 혹은 황금시대를 실현하려는 완전가능성의 이념이 근현대인의 의식구조를 지배하게 되는 것은 물론 그동안 신의 피조물에 지나지 않았던 인간의 위상이 완전히 바뀌었음을 의미한다. 이제 근현대인은 스스로를 신이 주관하는 역사의 객체가 아니라 이 "지상의 신"[5]으로서 무한히 진보하는 역사를 기획하는 주체로 인식한다. 문학영역에서의 "근현대의 표현이자 [...] 근현대에 대한 대답"[6]으로 자리매김 되는 '교양(성장)소설'의 전범격인 괴테의 『빌헬름 마이스터의 수업시대』에는 다음과 같은 인간에 대한 정의가 등장한다.

---

2 Vgl. Ernst Behler: Unendliche Perfektibilität. Europäische Romantik und Französische Revolution. Paderborn [u. a.] 1989, S. 252ff.

3 본고에서 사용되는 '근현대'의 개념은 유럽의 사회사에서 사용되는 'Moderne'를 의미한다. 이에 관하여 참고할 것: Reinhart Koselleck: Vergangene Zukunft. Zur Semantik geschichtlicher Zeiten. 3. Aufl. Frankfurt a. M. 1995, S. 300-348; Cornelia Klinger: Modern/Moderne/Modernismus. In: Ästhetische Grundbegriffe Hrsg. v. K. Barck (u. a.) Bd. 4. Stuttgart 2002, S.121-167.

4 Reinhart Koselleck: Die Verzeitlichung der Utopie. In: W. Voßkamp (Hrsg.): Utopieforschung. 3 Bd. Frankfurt a. M. 1985, S. 1-14: 5.

5 Johann Wolfgang Goethe: Wilhelm Meisters Lehrjahre. In: Goethes Werke. Hamburger Ausgabe in 14 Bänden. Hamburg 1965, Bd. 7. S. 71.

6 Wilhelm Voßkamp: Der Bildungsroman als literarisch-soziale Institution. Begriffs- und funktionsgeschichtliche Überlegungen zum deutschen Bildungsroman am Ende des 18. und Beginn des 19. Jhs. In: Zur Terminologie der Literaturwissenschaft. Akten des IX. Germanistischen Symposions der Deutschen Forschungsgemeinschaft. Würzburg 1986. Hrsg. v. Chirstian Wagenknecht Stuttgart 1988, S. 337-352: 348.

인간의 최대의 업적이라고 한다면 그것은 아마도 될 수 있는 대로 상황을 지배하는 반면, 될 수 있는 대로 상황의 지배를 덜 받는다는 점에 있다할 것이며, 이 점은 앞으로 변함없을 거야. 이 전체 세계라는 것이 우리 앞에 놓여있는 것은 이를테면 한 커다란 바윗덩이가 건축가의 앞에 놓여있는 것과 같다고 할 수 있지. 그가 건축가라는 이름에 값하려면 그는 이 우연한 자연의 덩어리를 소재로 해서 최고의 경제성과 합목적성, 견고성을 갖춘, 자신의 정신에서 우러나온 한 원형을 만들어내지 않으면 안 된다. 우리의 외부에 있는 모든 것은 자연요소에 지나지 않으며 나아가 우리한테 있는 모든 것까지도 자연요소에 불과하다고 할 수 있다. 우리의 내부 깊숙한 곳에는 이 세계에 존재해야하는 것을 만들어 낼 수 있는 이 창조적인 힘이 놓여있다.[7]

여기서 바윗덩어리에 비유되는 '자연'을 누가 창조했는지에 대한 물음은 이제 더 이상 중요하지 않다. 인간의 눈앞에 지배와 가공의 대상으로서 놓여있는, 객체로서의 자연과 그것의 주인으로서의 인간만이 유의미할 뿐이다. 가공되고 조형될 바윗덩어리에는 물리적인 자연뿐만 아니라, 창조적인 힘의 원천인 인간정신이 '천년왕국'을 목표로 만들어갈 (조형 가능한) 역사까지 포함됨은 물론이다.

우리가 주목하는 것은 이와 같은 근현대의 계몽의 이념들이 유포되기 시작한 이후 200여년이 지난 20세기 말의 문학텍스트에서 과연 인간과 자연, 역사는 어떻게 서술되고 있는 가이다. 주지하다시피 20세기로의 전환기 독일 지성계를 지배하던 화두 중의 하나는 '위기'였던바, 자율적인 주체로서의 인간에 대한 믿음은 이미 근본적으로 흔들리기 시작한다.[8] 이것은 물론 근현대의 이념세계를 지

7 J. W. Goethe: Wilhelm Meisters Lehrjahre, a. a. O., S. 405.

8 Vgl. J. Jacobs u. M. Krause: Der deutsche Bildungsroman. Gattungsgeschichte vom 18. bis zum 20.

탱하는 또 하나의 기둥인 '역사'에 대한 믿음에 균열이 생기기 시작했음을 가리키는 것이다. 토마스 만의 『마의 산』은 세기 전환기의 이와 같은 상황을 아주 잘 반영하고 있는데, 주인공의 멘토로서 그를 '퇴폐적인' 위와 같은 시대정신으로부터 구하려는 세템브리니의 다음과 같은 말은 20세기 초의 유럽인의 의식의 지형도를 선명하게 보여준다.

> 당신은 한없이 오랜 세월을 거쳐 생명이 섬모충에서 인간으로 진화, 발전하는 것을 알고 있습니다. 인간에게는 아직도 무한한 발전가능성들이 열려있다는 것을 의심해서는 안 됩니다. [...] 인간이 원래 선하고 행복하며 완전했는데 단지 사회적 결함 때문에 왜곡되고 타락했으니, 사회구조에 대한 비판 작업을 통해서 인간이 다시 선하고 행복하며 완전하게 되어야 하고, 될 것이라는 18세기의 가르침에서 새로운 힘을 얻으십시오.[9]

근현대의 기획의 선언문을 발췌, 인용이라도 하고 있는 듯한, 근현대 정신의 기수 세템브리니의 이와 같은 말이, 화자에 의해 그가 "풍각쟁이"[10] 혹은 "허풍쟁이"[11]로 불리며 반어화 되고 있음을 주목한다면, (설령 작가의 반어 정신을 감안한다하더라도) 우리는 근현대의 이념에 이미 심각하게 생긴 균열을 짐작해볼 수 있을 것이다. 20세기 초의 인물 세템브리니의 인간과 역사의 진보에 대한 이와 같은 믿음을 배경으로 크리스토프 란스마이어의 『최후의 세계』를 읽게 되면, 20세기 말 서구의 지성계가 보고 있는 인간과 역사에 대한 상의 한 단면은 더욱 뚜

Jahrhundert. München 1989, S. 199.

9 Thomas Mann: Der Zauberberg. In: Gesammelte Werke in dreizehn Bänden. Frankfurt a. M. 1990, Bd. III. S. 531.

10 Thomas Mann: Der Zauberberg, a. a. O., S. 82.

11 Thomas Mann: Der Zauberberg, a. a. O., S. 90.

렷해진다. 란스마이어는 1988년에 출간된 자신의 소설에 아예 '최후의 세계'라는 제목을 붙이며, 그의 소설이 인류의 종말록을 다루고 있음을 분명하게 가리킨다. 소설이 발표된 이 시기가 서구에서 '아포칼립스'가 이미 인구에 널리 회자되던, 붐이라고까지 표현되던 시기임을 언급할 필요는 없을 것이다.[12] 란스마이어가 소설에서 그리는 인류의 종말의 풍경은 세템브리니가 혼신을 다해 설파하고자 하는 '18세기의 가르침'에 대한 대답으로 읽혀질 수 있다. 란스마이어는 소설에서 로마 제국과 토미라는 서로 상이한 두 개의 세계를 형상화하고 있지만, 두 세계 모두 18세기의 계몽의 정신이 꿈꾸었던 세계는 결코 아니다. 우리는 이와 같은 맥락에서 우선 '최악의 세계'이기도 한 최후의 세계 로마 제국이 어떻게 서술되는지 살펴보기로 한다.

II. 최후의 혹은 최악의 세계

소설 속에서 공간적 배경으로 설정된 로마제국은 분명히 아우구스투스 황제 치하의 고대 로마지만 이 세계는 동시에 화자에 의해 "필연성과 이성의 제국"[13]으로 규정되는 근현대적 세계이다.[14] 다시 말해 소설 속에서 그려지는 로마는 근현대 '계몽'이전의 태곳적 세계가 아니라 산업혁명을 거쳐 오늘에 이른 서구 선진국들의 대도시와 다를 바가 없는 "질서와 합리적 조직, 안정성과 자연 지배를

---

12 Vgl. Gunter E. Grimm [u. a.] (Hrsg.): Apokalypse. Weltuntergnagsvisionen in der Literatur des 20. Jahrhunderts. Frankfurt a. M. 1986, S. 7-13.

13 Christoph Ransmayr: Die letzte Welt. 11 Aufl. Frankfurt a. M. 2001, S. 287. 이하 본문에서 텍스트 인용 시 본문에 페이지 수 만 표기함.

14 Vgl. Ralf-Peter Märtin: Ransmayrs Rom. Der Poet als Historiker. In: Uwe Wittstock (Hrsg.): Die Erfindung der Welt. Zum Werk von Christoph Ransmayr 3. Aufl. Frankfurt a. M. 2004, S. 113-119: 113.

의미하는 대도시"[15]로서 그려진다. 이 제국에서 필연성과 이성을 본질적으로 부정하는 '신화'는 이미 오래전에 박물관으로 추방되어 그곳에서 현재의 질서를 부각시켜주는 역사적 과거로 추념될 뿐이다. 이성의 타자로서 추방된 신화를 일깨우려는 것은 제국의 근간을 뒤흔들려는 반역행위를 의미한다.

신화적 상상력이 필연성과 이성에 의해 추방된 세계에서 무엇보다도 자연은 지배의 대상에 지나지 않는다. 작가는 신화가 사라진 로마제국의 실체를 황제 아우구스투스가 세우도록 하는 원형경기장을 통해서 강조한다.

> 많은 희생자를 내며 티베르 계곡 남쪽에 있는 습지의 물을 빼내고, 그 자리에 석회석과 대리석을 쌓아 올려 지은 원형 경기장은 황제의 꿈과 단호한 의지에 따라 '일곱 피난처'로 명명되었다. 수백 년간 이 습지에는 모기떼들의 흔들거리는 기둥들만이 솟아있었고 염소나 양, 가끔은 [...] 양치기들의 시체 위에서 맴도는 새들이 하늘을 지배해왔다. [...] 배수 작업이 진행되던 시절에 황제가 로마에 하사한 최고의 선물로 칭송되던 일곱 피난처 경기장은 세기적인 배수사업의 절정이었다.(59)

영속과 불변을 가리키는 대리석을 가지고 수백 년 간 불모의 땅으로 여겨진 습지 위에 만들어진 원형경기장이나 "골짜기의 댐 건설"(70)은 여기서 도구적 이성과 그것을 바탕으로 한 기술문명을 통해 진행되는 인간의 자연지배에 대한 은유에 다름없는 것으로, 자연지배의 정점에 서있는 제국의 통치자는 자신의 외부에 있는 모든 것을 지배와 가공의 대상으로 삼는 근현대적 인간의 화신이라 할

---

15 Thomas Epple: Christoph Ransmayr. Die Letzte Welt. München: Oldenbourg 1992, S. 13. Vgl. Boshidara Deliivanova: Mythos und Geschichte, Christoph Ransmayrs ≪Die letzte Welt≫. In: Bogdan Mirtscheva (Hrsg.): Mythos und Krise in der deutschsprachigen Literatur des 19. und 20. Jahrhunderts. Dresden 2004, S. 247-255: 252.

수 있다.

작가는 자연을 지배하는 이와 같은 제국 황제의 이미지를 반복적으로 등장하는 코뿔소라는 라이트모티브를[16] 통해서도 각인한다. 즉 화자는 황제가 가장 즐겨하는 일로서 그가 창가 의자에 꼼짝 않고 앉아서, 궁의 안뜰에 마련된 진흙탕에서 뒹구는 코뿔소의 모습을 구경하는 것을 상세하게 서술하고 있다. 로마제국과는 반대로 미개한 자연의 땅인 수마트라, 그리고 이 원시의 땅을 지배하는 로마의 집정관이 이곳으로부터 황제에게 선물한 "코뿔소"(71)는 "황제의 지배의 기호"(126)이다. "세월 속에서도 돌처럼 똑같은"(129) 모습을 유지하는 이 '후피류'는 일차적으로 "시간의 흐름"(128) 속에서도 변하지 않을 황제의 영원한 권력을 상징한다.[17] 하지만 로마황제의 권력이라는 것의 본질이 자연을 지배하는 (폭력적) 이성에서 연원한다는 것이 암시되고 있는 것 또한 우리는 주목해야 한다. 궁의 안뜰에 진흙탕을 설치케 하고 그 안에서 "철갑"을 두르고 뒹구는 "태곳적 동물"(70) 코뿔소의 모습을 구경하는 자는 자연을 객체화하고 그 위에 군림하는 지배자의 모습이다.

작가는 소설의 말미에서 제국 황제의 이와 같은 모습을 다시 한 번 각인하고자 하는데, 그는 아우구스투스 황제의 후계자로 하여금 15척의 전함을 육지로 끌어올려 사육제의 행렬과 함께 로마로 옮기도록 하는 장면을 연출한다. 이것은 "아우구스투스라 불리는 자는 그 누구라도 돌이 깔린 땅조차 바다로 만들 수 있다."(206)는 것을 보여주기 위함인 것으로, 여기서 보이는 것은 단지 통치자의 권력의 크기만이 아니라 이성과 필연성이라는 이름하에 바다를 땅으로 혹은 땅을 바다로 만들 수 있다고 생각하는 인간의 사유방식이다. 란스마이어가 소설에서 형상화하는 로마제국은 세템브리니가 힘주어 외쳤던 '인간에게는 아직도 무한

---

16 Vgl. Thomas Epple: a. a. O., S. 72.

17 Vgl. Thomas Epple: ebd.

한 발전가능성들이 열려있다'는 신념을 희화화하는 세계이다. '천년왕국'을 기획하던 18세기의 "이성과 계몽"[18]의 이념은 국가통치의 도구로 전락된 채 통치자의 폭력에 봉사하는 것에서 그 기능을 다할 뿐이다.[19]

그렇다면 '이성과 필연성'의 원칙을 체현하는 황제와 그의 통치하에 "국가로 퇴색된 로마"(93)에서 살고 있는 제국의 시민들은 어떻게 그려질까? 란스마이어가 소설에서 그리는 인간들의 모습에서 지배적인 것은 원래 선하고 행복하며 완전한 모습도, 자율적인 개인들의 모습도 결코 아니다. 그들은 도구화된 이성의 통치하에 정체성을 박탈당한, "집단"(46) 속으로 들어간 타율적인 신민들일 뿐이다.[20] 위에서 살펴본 원형경기장의 개장 기념식에 횃불을 들고 몰려든 20만 명의 군중들은 행사를 진행하는 관리들의 지시에 따라 움직이는 "장식들"(60)이며 일사불란한 "무늬"(60)를 만들어내는 집단일 뿐이다. 이성에 의해 그들의 머릿속에서 추방된 신화적 상상력의 자리에는 의무감과 복종심, 국가조직에 대한 맹목적인 충성심만이 있다. 그들은 자신들의 지배자에게 열광적으로 환호하는 꼭두각시일 뿐이다. 푸블리우스 오비디우스 나소는 이 기념식장에서 이들을 향해 기념식 연설의 형식으로 이야기를 하나 들려주는데, 페스트로 죽은 사람들의 시체를 먹은 개미떼로부터 탄생한 아이기나 종족에 관한 것이다. 이 개미의 특성을 지닌 종족을 나소는 다음과 같이 규정한다.

> 그들은 복종적이었고 묻는 일이 없었습니다. 그들은 같은 종족 출신인 새 지배자들을 좇으며 기쁨과 고통을 나누었으며, 전혀 불평 없이 알프스의 빙하와 바다와 사막을 지나 전쟁과 정복의 행군에, 심지어는 불 속으로 따라나섰습니다.

---

18 Thomas Mann: Der Zauberberg, a. a. O., S. 139.

19 "억압과 감시의 국가"로서의 로마제국에 관하여 참고할 것: 김응준: 추방된 예술 또는 예술의 저항. – 크리스토프 란스마이어의『최후의 세계』실린 곳: 뷔히너와 현대문학 제34호 (2010.5), 127-150: 130ff.

20 Vgl. Thomas Epple: a. a. O., S. 44ff.

> 그들은 참호를 파거나 성벽을 파괴하고 다리를 놓아야 할 경우엔 일꾼 집단이 되는, 겸손한 강한 종족이었지요. 이들은 전투 시에는 전사로 변했고, 패배할 경우에는 노예가, 승리할 경우에는 지배자가 되었습니다. 그렇게 그들은 온갖 형태의 변신을 통해 타의 추종을 불허하며 그들의 지배자에 복종했습니다.(64)

나소가 그의 인생에서 처음으로, 단 한 번 경기장에 군집한 로마인들 앞에 나섰던 것은 이들에게 자신의 이야기로써 유흥을 제공하기 위한 것이 아니었다. 황제 치하에서 "오로지 집단으로"(64) 움직이고 행동하는 '개미 인간들'이 된 로마인들에게 나소는 그들이 어떤 존재인지를 일깨우기 위해서 연단에 오른 것이었으나 그가 움직이게 만든 유일한 것은 위협을 느낀 국가 권력기구이지 군중들이 아니었다. 란스마이어는 단지 복종할 뿐 묻고 성찰하지 않는, 집단화된 인간들이 도구화된 이성만을 구현하는 권력기구 하에서 저지르게 되는 일이 무엇인지, 소설의 주인공 코타가 토미에서 만나게 되는 인물 티스를 통해서 암시한다.

소설에서 유일하게 독일인으로 등장하는 티스는 독일 제3제국 치하의 세계대전 중 탈영하다 심각한 부상을 입고 토미로 흘러들어온 인물이다. 간질병을 앓던 유일한 아들 바투스가 어느 날 돌로 변해버리는 불행을 겪은 파마가 토미의 주민들 중에서 자신보다 불행한 유일한 사람으로 여기는 티스, 작가는 그의 이야기를 투입해 인류사의 가장 참혹했던 전쟁을 환기시키며, 인류와 인류의 역사에 대해 가차 없는 판결을 내리며 18세기의 이념에 대답하고 있다. 티스는 그가 매번 꾸는 악몽에서 "인류의 끔찍한 모습을"(261) 목도해야하는데, 그것은 "어느 거리 전체의 주민들"이 창문이라고는 없는 석조 건물 안에서 "독가스에 의해"(261) 죽임을 당하는 장면이다. 지독한 향수병을 앓고 있는 티스지만 결코 귀향을 생각하고 있지 않는데, 그는 자신이 고향을 영원히 잃어 버렸음을 알고 있기 때문이다. 불면증과 우울증에 시달리며 토미에서 무덤을 파는 인부로 살아가는 그를 화자는 죽은 자들만을 위해서 살아가는 자라고 서술한다. 하지만 여기서 우리가 주목해야 하는 것은, 그가 죽은 자들만을 위해서 살아가는 것의 의미인데, 그것은 죽은 자들에 대한 연민이나 죄의식과는 아무런 연관이 없다는 점이다. 그에게 살아있는 인간들과 관련해서 의식 속에 깊이 각인되어 있는 확신은 "모든 인간은 모든 일을 저지를 수 있다"(265)는 것이다. 『마의 산』의 세템브리니가 20세기 초까지도 인간은 본래 선하고 행복하며 완전하다는 18세기의 인간관을 설파했다면, 매장꾼 티스가 사람들과 이야기를 나눌 때면 잊지 않고 매번 쉼없이 반복하는 문장은, "인간은 인간에게 한 마리의 늑대다"(266)이다. "그가 체험했고 세계가 그에게 보여준 [...] 모든 것"(266)을 함축하고 있는 이 한 문장은 작가가 18세기 이후의 인류의 역사와 앞으로의 미래에 대해 어떤 판결을 내리고 있는지를 잘 가리키고 있다.

이와 같은 맥락에서 작가가 또한 소설 속에서 다루고 있는 것은, 로마제국의 당국에 의해 "국가 탈주자들"(125)이라 불리는 자들의 문제이다. 이들은 소설의 주인공인 코타가 세계 혹은 제국의 중심인 로마를 떠나는 과정에서 잠시 언급되는 자들이지만, 본고의 맥락에서 이들의 문제는 시사하는 바가 매우 크다고 할 수 있다. 우선 화자에 의하면 이들이 제국의 수도 로마를 떠나는 이유는 "권력기구"(125)로부터, 그것의 감시로부터 벗어나기 위한 것이지만, 화자도 서술하고 있듯이 그 이유가 그렇게 단순한 것은 아니다.

> 그들은 스스로에게 어떤 이름도 부여하지 않았다. 그들이 로마를 떠나는 이유는 너무나 많고 다양했다. 탈주자 중 많은 사람들은 끝없이 펼쳐진 로마제국의 황무지나 한촌에서 죽어갔다. 그들은 길에서 자거나, 에코처럼 폐허나 동굴 속에 기거하면서 그로써 그들 고향의 대리석을 영원히 뒤로 한 것이라 믿었다. [...] 어떤 자들은 항구도시의 방파제 주변에서 구걸을 하면서 세월을 보내는가 하면, 또 어떤 자들은 관청과 순찰대를 피해 더욱 외진 곳으로 도망치다 마침내는 황야로 사라졌다. 그들은 그곳에서 기진맥진하여 죽어갔다, [...].(125)

화자에 의하면 이들이 감시를 피해 로마를 떠나는 구체적인 이유는 다양하지만, 이때 주목해야하는 것은 이들은 적극적인 의미에서 황제에 저항하는 동질적인 이념의 정치세력은 아니라는 점이다. '탈주'라는 말에서 이미 드러나듯이 이들은 통치체제에 대해 적극적인 정치투쟁을 하는 자들이 아니라, 제국의 중심인 로마를 버리고 피해 도주하는 자들이다. 여기서 중요한 것은 이들의 탈주 목적이 동일하지는 않더라도 제국을 부정한다는 점에서는 궤를 같이 한다는 점인데, 이들이 부정하는 것은 단순히 제국 내에 편재하는 권력의 감시 하에서의 삶이 아니라는 것이다. 보다 근본적으로 이들에 의해 부정되는 것을 화자는 "체계화된 삶의 대칭"(125)이라고 표현하고 있다. 전후 문맥을 배제하면 얼핏 긍정적으로 들릴 수도 있는 이 표현은 이성의 제국의 문화와 역사에 대한 치명적인 평가를 함의하는 것으로서 '삶의 대칭'이라는 것이 암시하는 것은 '다른 것'을 억압하고 배제하는 닫혀있는 세계에서의 삶에 대한 은유일 뿐만 아니라, 앞으로 도래할 것에 대한 모든 기대와 희망의 부인이기도 하다. '대칭'은 변화를, 다른 미래를 필요로 하지 않는다.

근현대의 전형적인 진보적 시간관이 지배하는 역사관에서 완전가능성의 역사에 대한 유토피아적 의식은 "(과거의) 경험과 (미래의) 기대 사이에 존재하는 비대칭"[21]을 기반으로 삼고 있다. 이성의 로마제국을 지배하는 '삶의 대칭'은 더 이상 과거와는 다른 미래가 도래할 것이라는 것을 부인하는 것으로, 국가 탈주라는 현상을 설명하는 가장 근본적인 원인을 가리킨다. 로마를 떠나는 국가 탈주자들은 단순히 독재를 피해서 더 나은 삶을 향해 떠나는 자들이 아니라, 위의 인용문에서 명백하게 드러나듯, 죽음을 향해 혹은 소멸을 위해 로마라는 인간 문화

21 Hans Ulrich Gumbrecht: "Zeitlosigkeit, die durchscheint in der Zeit." Über E. R. Curtius unhistorisches Verhältnis zur Geschichte. In: W. Berschin / A. Rothe (Hrsg.): Ernst Robert Curtius. Werk, Wirkung, Zukunftsperspektive. Heidelberg 1989, S. 227-241: 228. 이에 관하여 또한 참고할 것: Reinhart Koselleck: Vergangene Zukunft. Zur Semantik geschichtlicher Zeiten. Frankfurt a. M. 1989, S. 349-375: 366.

의, 문명의 중심지를 떠나는 자들이다. 국가 탈주자의 한명인 소설의 주인공 코타 역시 '최후의 세계'로 오비디우스를 찾아 나서는 여행의 진정한 이유를 그 무엇에 대한 기대와 희망보다도 부족할 것 없는 로마제국에서의 '안락한' 삶에 대한 염증과 권태로 인식한다. 인간과 역사에 대한 그 어떤 기대와 희망도 들어있지 않은 이들의 탈주가 말해주는 것은 근현대의 인간관과 역사철학에 대한 전면적인 부인이라 할 수 있다.[22]

위에서 언급했듯 작가는 소설에서 이와 같은 로마제국의 대립세계라 할 수 있는 세계를 하나 상정하고 형상화하고 있다. 작가가 구상하는 대립세계는 얼핏 로마제국의 대안세계일 것 같지만, 결코 그렇지만은 않다. 대립세계인 토미는 로마제국과는 분명히 본질적으로 '다른' 세계이지만, 그렇다고 이 세계가 인간과 그의 역사에 대한 마지막 희망 같은 것을 가리키는 것은 결코 아니다.[23] 작가는 또 하나의 '다른', 인류의 최후의 세계를 보여주고 있을 뿐이다. 우리는 다음 장에서 작가가 그리고자 하는, 로마제국의 입장에서 보면 최악의, 혹은 마지막 세계인 토미를 살펴보기로 한다.

III. 마지막 세계: 역사 vs. 자연

소설 속 중심인물 중의 하나인 푸블리우스 오비디우스 나소가 추방이라는 죽

---

22 Vgl. Monika Schmitz-Emans: Christoph Ransmayr: Die letzte Welt. In: Interpretationen. Romane des 20. Jahrhunderts. Bd. 3. Stuttgart 2003, S. 200-225: 207. 이와 같은 맥락은 또한 소설이 출간된 시기가 서구에서의 포스트모더니즘 논쟁과 맞물리면서, 이 소설에 대한 연구에서 포스트모더니즘적 요소에 대한 주목이 주를 이루었었다. 참고할 것: Thomas Anz: Spiel mit der Überlieferung. Aspekte der Postmoderne in Ransmayrs Die letzte Welt. In: Uwe Wittstock (Hrsg.): Die Erfindung der Welt. Zum Werk von Christoph Ransmayr. 3. Aufl. Frankfurt a. M. 2004, S. 120-132: 128.

23 이미 소설의 서두부에서 화자는 추위와 가난, 힘겨운 노동이 지배하는 이 세계를 "아주 오래되고 황량한, 희망이 없는"(10) 곳으로 규정하고 있다.

음과도 같은 형벌을 받고 로마로부터 유배를 가는 세계 토미는 로마의 이성이 전혀 통용되지 않는, 신화와 환상, 광기[24]와 야만이 지배하는 '다른' 세계다.[25] 그리고 이런 의미에서 세계의 중심인 로마에게 주변부 세계 토미는 '마지막 세계'라고 할 수 있다. 여기서 주목해야하는 것은 로마제국의 피안에 있는 가난하고 황폐한 토미가 표면적으로는 역사의 정점에 서있는 대도시 로마의 과거를 재현하고 있는듯하지만 바로 이 토미가 로마제국의, 나아가 인류의 미래를, 마지막 모습을 보여주는 세계라는 점이다. 그리고 이런 의미에서 가장 중요한 것은 작가가 토미 세계의 형상화에서 초점을 맞추는 자연의 문제라고 할 수 있다.

로마제국의 본질 중의 하나가 도구적 이성을 토대로 하는 자연지배라고 한다면 토미에서 인간과 자연의 관계는 전혀 다른 양태를 보여준다. 자연은 이곳에서 결코 인간으로 부터 지배대상으로 타자화된 객체가 아닐 뿐만 아니라 그것은 오히려 서서히 인간의 문명을 잠식해가며 인간에게 말없이 내어주었던 것을 다시 거두어들이고 있는 것이다.[26] 작가가 토미를 통해 그리고 있는 이와 같은 인류의 마지막 모습에서 눈에 띄는 것은 '마지막'과 연관되어 인류의 고도의 산업화 문제지만 – 이를테면 치명적인 환경오염 – 인간의 실수에 의한 재앙적 (원전) 사고 등이 직접적으로 언급되지는 않고 있다는 것이다. 다음의 인용문은 소설의 시작과 함께 주인공 코타가 토미에 도착하면서 그의 눈에 들어온 토미의 정경이 서술되고 있는 곳이다.

> 그 즈음에는 도시의 아흔 채 집들 중 다수가 이미 비어있었다. 집들은 담쟁이덩굴과 이끼 아래에서 무너지고 사라져갔다. 일렬로 늘어선 집들이 점점 해안의

---

24 시인 나소의 하인으로 등장하는 피타고라스를 특징짓는 것은 무엇보다도 토미에 도착한 이성적인 코타가 마주하는, 들어갈 수 없는 제국으로 그려지는 그의 광기이다.

25 Vgl. Thomas Anz: a. a. O., S. 126.

26 Vgl. Thomas Epple: a. a. O., S. 55; Boshidara Deliivanova: a. a. O., S. 253.

산맥 쪽으로 다시 귀속되어 가는 듯했다. 그래도 가파른 샛길들을 통해 아직도 놋쇠공들의 용광로에서 나온 연기가 떠다녔다. [...] 문과 창틀, 울타리, 처마의 장식물들, 그리고 토미를 불균형하게 둘로 나누며 흐르는, 물살이 센 시냇물 위로 놓인 좁은 다리는 철로 만들어져 있었다. 그리고 이 모든 것을 염분 섞인 바람이, 녹이 갉아먹었다. 녹은 이 마을의 색깔이었다.(10)

얼핏 작가는 여기서 가난에 찌든 토미 세계의 처연한 풍경을 그리고 있는듯하지만 독자들이 이야기의 진행과 함께 주목하게 되는 것은 소리 없이 그리고 천천히 진행 중에 있는 도시의 몰락에서 보여주는 자연의 모습이다. 작가가 그려 보이고 있는 마지막 세계에서 방점이 찍히는 곳은 언급했듯이 인간의 직접적인 자연 파괴로 인한 인간문명의 비극적 몰락이 아니라 자연이 애초 인간의 문화와 역사라는 것에 대해 가지고 있던 초월적인 듯한 힘의 크기인 듯하다. 자연은 한 치 앞을 못 보는 인간의 맹목 앞에 무력하게 보이던 것이었을 뿐이다. 토미의 쇄락이 고도의 산업화 과정 이후의 재앙적인 말미를 보여주는 것이 아닌 것처럼 그것은 또한 엄청난 지진이나 해일에 의해 순식간에 생겨난 것도 아니다. 작가는 가공할 위력의 지진이나 해일, 폭풍우가 아니라 오히려 아주 미미해 보이는 '담쟁이덩굴'과 '이끼'를 통해서 인간이 이룩해 놓은 것의 자연 앞에서의 무기력을 보여주고 있다.[27]

이와 같은 것을 또한 집약적으로 보여주는 곳은 나소가 토미의 주민들에 의해 쫓겨 들어간 트라킬라다. 나소를 찾아 트라킬라에 당도한 코타의 눈에 들어오는 정경은 인간이 살았던 흔적만이 겨우 남아있는 무너져 내린 여러 채의 집들과 무성한 들판에 여기저기 솟아있는 비석들만을 담고 있다. 코타는 폐허더미 속에서 아직 겨우 버티고 서있는 나소의 집을 발견하게 되는데, 나소의 집 마당에 들

27 Vgl. Thomas Epple: a. a. O., S. 69f.

어서는 코타를 맞이하는 것은 "산속의 추위에, 잔설과 얼어붙은 웅덩이 사이에서" "살며시 초록빛을 띠고"(15) 서있는 뽕나무 한 그루다. 이성적인 로마인 코타의 뇌리 속에 깊이 각인되는 이 정경은 우선은 그에게 로마와는 다른, 이해할 수 없는 타자적 세계로서의 토미와 트라킬라를 가리킨다. 2년 동안이나 지속되었던 토미의 겨울과 토미에서도 멀리 떨어진 산 속의 트라킬라를 생각해보면, 지금 초록빛을 띠고 열매까지 맺고 있는 뽕나무는 마치 동화 속의 비이성의 세계를 암시하는 듯하다. 하지만 여기서 뽕나무를 통해서 작가가 우선 가리키고자 하는 것은 로마의 이성에 대립되는 비이성과 신비, 불가사의의 세계 못지않게 2년의 겨울을 아랑곳하지 않고 폐허가 된 집에서 자라고 있는 나무/자연의 세계(의 힘)이다. 트라킬라의 폐허와 한 겨울의 푸른 뽕나무는 인간의 역사와 자연의 관계를 은유적으로 보여주는 대표적인 풍경이다.

이와 같은 맥락을 다시 한 번 각인해주는 것은 피타고라스가 코타를 데리고 가는 나소의 정원 장면이다. 화자에 의해 나소가 만들었을 혹은 돌보았을 '정원'의 서술에서 강조되는 것은 이 정원의 현재 상태인데, 이때 가리켜지는 것은 주인의 부재를 암시하는 비애 못지않게 이 부재의 비애를 무력화시키는 자연의 위력이다. 언젠가 – '불멸'의 시인에 의해 – 만들어졌을 이 '정원'은 무성한 원시의 숲으로 다시 돌아가고 있는 중이다. 피타고라스와 코타가 울창한 나무와 관목, 풀과 덤불을 뚫고 힘들여 도착한 빈터는 이제는 인간들의 '침입'을 불허하려는 듯 빽빽하게 들어선 나무들에 의해 병풍처럼 둘러 쌓여있고 곧 이 빈터도 점차 말없이 좁혀오고 있는 식물들에 의해 뒤 덮여 사라질 것이 암시된다.

주인이 사라지고 없는 나소의 정원에는 단어들이 새겨진 돌기둥의 기념비석들이 여기저기 흩어져 서 있는데, 코타는 곧 이 15개의 돌기둥들이 하나의 텍스트를, 메시지를 담고 있음을 알게 된다. 그것은 나소가 완성한 『변신』을 가리키며 이 시인과 작품의 영원불멸을 주제화하고 있다. 하지만 돌에 새겨진 시인의 (인간의) 영원불멸성에 관한 15개의 시구들을 해독해가는 과정에서 정작 인상적인 것은 이 돌기둥들을 가득 뒤덮고 있는 엄청난 수의 "달팽이 떼"(49)들이 연출하는 장면이다. 돌을 가득 뒤덮고 있는 달팽이들 위에 피타고라스가 식초를 부어 달팽이들을 죽여 떼어내는 광경은 그가 이미 이것을 수도 없이 반복해왔던 것을 말해준다. 시인은 (혹은 그의 하인 피타고라스는) 자신의 (혹은 주인의) 작품과 이름이 영원불멸할 것임을 돌에 깊이 새겨 남겨 놓았지만, 미친 하인만이 폐허가 된 집에 홀로 남아 이 돌들을 기리고 있고 달팽이 떼들은 무심하게 이 돌들을 가득 뒤덮어 불멸의 시인이 힘들여 새겨 놓은 단어들을 지워가고 있는 중이다. 이 무심한 달팽이들이야말로 나소가 인류에게 전하려했던 메시지의 핵심인 "그 어느 것도 자신의 본래 형태를 간직하지 못한다"(15)는 것을 직접 보여주고 있는 듯하다. 나소가 어느 겨울날 아침 산으로 들어가 다시는 돌아오지 않은 것은 그 어느 누구보다 나소야말로 자신이 절망과 고독의 시간에 돌에 새겨 놓은 시구들을 달팽이들이 무심히 지워버릴 것이라는 것을 깨달았음을 말해준다.

나소의 집 마당에서 뽕나무가 계속된 2년의 겨울을 이겨냈듯이 이제는 계속 더워지고 있는 토미에는 이전에는 찾아볼 수 없었던 식물들이 무성하게 자라고 있다. 모든 것을 태워버릴 듯한 열기가 지배하는 토미의 8월의 풍경은 분명 작가가 그려 보이려는 묵시록적 정경이다. 참기 힘든 매미의 울음소리에 사람들은 밀랍으로 귀를 막고 도마뱀과 뱀들이 골목의 여기저기에서 출몰하며 결코 이전에는 본 적이 없던 주먹 만 한 크기의 거미가 쳐놓은 줄에는 새들이 걸려 죽어간다. 작가가 소설에서 그려 보이려는 자연은 18세기 산업화 이후 인간들이 잃어버린 낙원으로 동경해온 목가적인 세계가 결코 아니다. 갑자기 몰아닥친 폭풍우가 무심하게 토미의 마을을 삼키고 파괴하는 장면과 일체의 저항 없이 이것을 그저 지켜보는 주민들의 모습이야말로 역사의 끝자락에 있는 인간들의 모습이다. 란스마이어가 보여주는 최후의 세계의 풍경은 어리석은 인간들이 마지막으로 치루는 세계대전이나 인류의 대 재앙으로 흔히 예고되는 초대형 원자력 사고 등이 아니다. 란스마이어의 소설 세계에서 애초 자연은 인간의 이성이 기획한 것과는 무관하게 그리고 무심히 자신의 길을 가는 것이고 인간사는 이 자연사 안에서 그저 짧은 에피소드에 지나지 않는 듯 보인다.

IV. 맺는 말

근현대 유럽인의 문화적, 역사적 정체성을 시간의 "경영"[28]에서 찾는 『마의 산』의 이성주의자 세템브리니에게 근현대인은 곧 "시간을 경영하는 인간"[29]이다. 이와는 정반대의 모습을 보여주는 '병든 자'들로 가득한 '마의 산'에서 점차 적응해가는 주인공 한스에게 세템브리니는 다음과 같이 계몽한다.

> 시간은 신들의 선물이요. 인간이 그것을 이용하도록 인간에게 주어진 것이지요, 엔지니어 양반, 그것을 인류진보를 위해서 이용하도록 말입니다.[30]

주인공 한스의 멘토를 자처하는 20세기 초의 세템브리니는 그에게서 아직도 18세기 이래 성장담의 규범적인 주인공 상을 규정해주는 "더 나은 것을 향한 고귀한 추구와 노력"[31]을 보고자 한다. 란스마이어의 세계에는 애초 근현대의 유토피아적 의식으로 가득한 세템브리니나 더 나은 것을 향해 고귀한 추구와 노력을 보이는 자는 등장하지 않는다. 토미인들의 의식을 지배하는 것은 근현대 의식과는 가장 동떨어진 '무관심'과 '무심함'으로[32] 이들 앞에서는 "그 아무리 낯선

28 Thomas Mann: Der Zauberberg, a. a. O., S. 341.

29 Thomas Mann: Der Zauberberg, a. a. O., S. 317.

30 Thomas Mann: Der Zauberberg, a. a. O., S. 340.

31 J. W. Goethe: Wilhelm Meisters Lehrjahre, a. a. O., S. 531.

32 Vgl. Thomas Epple: a. a. O., S. 38.

것”(201)도 곧 익숙한 일상으로 되어버린다. 이것은 이들이 모든 것을 점유와 배제, 지배의 대상으로 삼는 로마의 이성의 법칙의 피안에서 살고 있음을 말해주는 것이기도 하지만, 동시에 그것은 그들이 자연에 대한 주체의식도 역사에 대한 그 어떤 믿음이나 의지도 전혀 가지고 있지 않음을 의미하는 것이다. 그렇다고 작가는 이것을 세기말의 병적, 퇴폐적 징후로 암시하지 않는다. 세계는 혹은 자연은 이들에게 ‘조형’의 대상이 아니고, 시간은 인간들이 만들어가야 할 역사의 재료가 아닐 뿐이다. 주민 리카온이 자신의 집에 흩날리는 먼지에는 전혀 신경 쓰지 않는 것은 먼지가 “세계의 마지막 상태”(103)임을 알고 있음을 암시한다. 이 세상 그 어느 것도 자신의 형태를 유지하지 못한다는 것을 알고 있는 이들은 이미 자연의 일부가 되어 저항하지 않으며 자신의 삶을 자연사에 편입시킨 것이다. 토미의 이웃도시 리미라를 황폐하게 만들어 흙더미와 먼지로 변화시키고 있는 것이 ‘시간’이라면 토미 역시 이 시간으로부터 자유롭지 못하다. 점차 이끼와 녹이 뒤덮고 있는 토미의 주민들은 이미 돌로 변한 바투스나 늑대가 된 리카온처럼 하나 둘씩 자연 속으로 들어가거나 혹은 돌아가고 있는 중이다.

이와 같은 맥락에서 소설의 말미에 이를수록 변해가는 주인공 코타의 모습은 인상적이다. 그리고 이 모습에서 가장 핵심적인 위치를 점하는 것은 역시 그와 자연과의 관계라고 할 수 있다. 그가 세를 들어 살고 있는 리카온의 집은 에코가 흔적 없이 사라진 이후 점차 폐허의 길을 간다. 집의 벽들의 틈새는 덩굴과 관목의 뿌리들이 파고들면서 점차 벌어져가고 복도와 광에서는 풀들이 자라나고 있다. 위층의 방 한 칸에는 말벌 떼가 보금자리를 만든 탓에 더 이상 사람이 거주할 수가 없다. 집주인 리카온은 “흔들림 없이 밀고 들어오는 자연”(219)에 무심하게, 그 어떤 저항도 하지 않고 자신의 집을 내어주고 있다고 화자는 쓰고 있다. 로마인 코타는 이제 토미인들처럼 옷을 입고 그들처럼 말하며 로마인의 눈으로는 “이 해안가에서 벌어지는 불가사의한 일”(220)을 “원주민들의 게으른 무관심으로”(220) 으로 받아들이기 시작한다. 코타가 점차 체득하게 되는 ‘게으른 무관심'은 "로마제국의 의심할 수 없는 현실"(231) 원칙, 즉 자연을 지배하고 역사를 기획하는 이성의 원칙으로부터의 해방을 의미한다. 그것은 또한 그가 이곳 토미에서 오비디우스를 통해 깨닫게 되는 것이 인류에게 주어진 '시간' 안에 있는 것은 '완전 완전가능성'의 원칙이 아니라 "창백한 죽음"(111), 몰락 혹은 '변신'의 원칙이라는 것을 가리킨다.

소설의 말미에서 그려지는 주인공의 마지막 모습은 로마로부터 추방된 시인 나소가 이야기하려던 인류의 미래에 대한 비전을 완전히 깨닫고 그 깨달음에 기뻐 광기에 빠지는 모습이다. 그리고 그가 눈앞에서 보는 비전이란 토미의/세계의 모든 사람들이 돌이나 새, 늑대 혹은 공허한 메아리가 되어 사라지고, 인간이 없는 세계는 다시 이끼 덮인 바위와 피어오르는 숲으로 변하는 것이다. 최후의 세계 토미가 인간이 사라지기 전의 마지막 세계라면, 작가는 이 마지막 세계를 먼지로 뒤덮인 황폐한 도시로 그리지 않는다. 인간이 사라지는 최후의 세계는 결코 황량한 폐허가 아니라 멈춘 "인간의 시간" 자리에 "식물들의 시간"(270)이 들어서며 세계는 온통 초록빛을 띠고 풀과 나무로 뒤덮이는 곳, "낙원"(191)이다. 이 낙원에 유일하게 없(어야 하)는 것은 인간이다. "흔들림 없이 전진해오고 있는 자연"(219)은 조용히 그리고 쉼 없이 "인간들의 기교의 모든 흔적"(271)을, 잠시의 얼룩을 다시 지우며 낙원으로 돌아가고 있는 중이다. 자연은 인간에 의해 파괴되지 않는다. 아니 인간은 자연을 파괴하지 못한다.

20세기 말의 란스마이어의 세계에서 인간은 '완전가능성'을 향해 나아가는 자연의 주인도, 역사의 주인도 아니며, 시간은 인간에게 주어진 선물도 아니다. 그가 깨달아야 하는 것은 무한하고 무심한 자연의 역사에서 자신들의 이야기가 짧고 무의미한 에피소드에 지나지 않는다는 사실이다. 란스마이어가 그리는 인간의 최후의 세계는 18세기의 '휴머니스트' 노발리스가 예언했던 '천년왕국'과는 거리가 멀다. 인간들의 최후의 세계에서 그들은 늑대로 혹은 새로 변신 중이거나 혹은 '퇴화' 혹은 '진화' 중인 종인바, 란스마이어의 천년왕국에서 인간의 자리는 없다. 20세기 말 란스마이어가 보여주는 종말론적 비전은 인간과 인간의 역사에 대한 아주 근본적이고 극단적인 물음이며 성찰이라 할 수 있다.

참고문헌

1. 1차 문헌

Goethe, Johann Wolfgang: Wilhelm Meisters Lehrjahre. In: Goethes Werke. Hamburger Ausgabe in 14 Bänden. Hamburg 1965, Bd. 7.

Mann, Thomas: Der Zauberberg. In: Gesammelte Werke in dreizehn Bänden. Frankfurt a. M. 1990, Bd. III.

Novalis: Schriften. Hrsg. v. H.-J. Mähl u. R. Samuel Darmstadt 1999, Bd. 2: Das philosophisch-theoretische Werk.

Ransmayr, Christoph: Die letzte Welt. 11 Aufl. Frankfurt a. M. 2001. (크리스토프 란스마이어: 최후의 세계. 장희권 옮김. 열린책들 1999.)

2. 2차 문헌

김응준: 추방된 예술 또는 예술의 저항 – 크리스토프 란스마이어의『최후의 세계』. 실린 곳: 뷔히너와 현대문학 제 34호 (2010. 5), 127-150쪽.

Anz, Thomas: Spiel mit der Überlieferung. Aspekte der Postmoderne in Ransmayrs Die letzte Welt. In: Uwe Wittstock (Hrsg.): Die Erfindung der Welt. Zum Werk von Christoph Ransmayr. 3. Aufl. Frankfurt a. M. 2004.

Behler, Ernst: Unendliche Perfektibilität. Europäische Romantik und Französische Revolution. Paderborn [u. a.] 1989.

Deliivanova, Boshidara: Mythos und Geschichte. Christoph Ransmayrs ≪Die letzte Welt≫. In: Bogdan Mirtscheva (Hrsg.): Mythos und Krise in der deutschsprachigen Literatur des 19. und 20. Jahrhunderts. Dresden 2004, S. 247-255.

Epple, Thomas: Christoph Ransmayr. Die Letzte Welt. München: Oldenbourg 1992.

Grimm, Gunter E. [u. a.] (Hrsg.): Apokalypse. Weltuntergnagsvisionen in der Literatur des 20. Jahrhunderts. Frankfurt a. M. 1986, S. 7-13.

Gumbrecht, Hans Ulrich: "Zeitlosigkeit, die durchscheint in der Zeit." Über E. R. Curtius unhistorisches Verhältnis zur Geschichte. In: W. Berschin / A. Rothe (Hrsg.): Ernst Robert Curtius. Werk, Wirkung, Zukunftsperspektive. Heidelberg 1989, S. 227-241.

Jacobs, Jürgen u. Krause, Markus: Der deutsche Bildungsroman. Gattungsgeschichte vom 18. bis zum 20. Jahrhundert. München 1989.

Klinger, Cornelia: Modern/Moderne/Modernismus. In: Ästhetische Grundbegriffe Hrsg. v. K. Barck (u. a.) Bd. 4. Stuttgart 2002, S.121-167.

Koselleck, Reinhart: Die Verzeitlichung der Utopie. In: W. Voßkamp (Hrsg.): Utopieforschung. 3 Bd. Frankfurt a. M. 1985, S. 1-14.

Koselleck, Reinhart: Vergangene Zukunft. Zur Semantik geschichtlicher Zeiten. 3. Aufl. Frankfurt a. M. 1995, S. 300-348.

Koselleck, Reinhart : Vergangene Zukunft. Zur Semantik geschichtlicher Zeiten. Frankfurt a. M. 1989.

Märtin, Ralf-Peter: Ransmayrs Roman. Der Poet als Historiker. In: Uwe Wittstock (Hrsg.): Die Erfindung der Welt, a. a. O., S. 113-119.

Schmitz-Emans, Monika: Christoph Ransmayr: Die letzte Welt. In: Interpretationen. Romane des 20. Jahrhunderts. Bd. 3. Stuttgart 2003, S. 200-225.

Voßkamp, Wilhelm: Der Bildungsroman als literarisch-soziale Institution. Begriffs- und funktionsgeschichtliche Überlegungen zum deutschen Bildungsroman am Ende des 18. und Beginn des 19. Jhs. In: Zur Terminologie der Literaturwissenschaft. Akten des IX. Germanistischen Symposions der Deutschen Forschungsgemeinschaft. Würzburg 1986. Hrsg. v. Chirstian Wagenknecht Stuttgart 1988, S. 337-352.

논평과 토론

20세기 말의 종말론적 비전

-크리스토프 란스마이어의 『최후의 세계』 소고

하피터 논평을 맡은 하피터입니다. 현재 대학에서 진행되고 있는 학문은 철학은 철학이고 문학은 문학이어서 어떤 학문적 교류가 이루어지지 않고 있는데요. 홍길표 선생님의 논문을 읽고 "아, 철학과 문학이 만나는 교차점이 있을 수 있다"는 생각을 가지게 되었습니다. 준비해온 토론문을 읽겠습니다.

20세기 철학적 담론에서 회의의 대가로 불리는 세 명의 사상가들, 즉 맑스, 니체, 그리고 프로이트에 의해 확립된 급진적인 사유는 그 당시 자신들이 활동했던 시기에 주류 강단 철학에 의해 별로 인정받지 못하면서 주변부의 사상으로 남았다. 하지만 전후에 등장한 탈구조주의 또는 포스트-모던 철학자들에 의해 재조명되면서 이들의 철학적 사유는 20세기 후반 유럽에서 진행된 철학적 사유의 발전에 있어 가장 중요한 사상으로 재평가된다. 철학적 배경과 학문의 출발점이 다른 맑스, 니체, 그리고 프로이트는 각자의 고유한 사유를 확립했지만, 이들은 또한 공통적인 것을 가지고 있다. 이들의 공통적인 사유는 그 당시 근대 유럽을 지배했던 자율적인 주체와 이성의 지배에 대해 회의를 했다는 사실이다. 문학에 문외안인 논평자는 자율적인 주체에 기초해 있는 근대적 이성에 대한 비판이 철학자들의 전유물로만 알고 있었는데 홍길표 선생님의 글을 접하면서 문학 또한 비슷한 문제의식을 갖고 있다는 것을 알았다. 더 나아가 이 글을 통해 논평자는 근대적 이성에 대한 철학적 비판 외에 문학적 비판의 중요성을 배울 수 있는 기회를 얻을 수 있었다. 이 문학적 비판은 진부한 철학적 비판으로부터 탈피하여 우리에게 근대적 이성을 새로운 시각으로 볼 수 있는 관점을 제시할 수 있다고 생각한다.

필자에 따르면 란스마이어의 『최후의 세계』가 의도하는 것은 '계몽의 시대'가 도래한 이래 근대 유럽을 지배했던 믿음—이성에 의해 인간과 역사가 진보하여 인류가 완전성에 도달할 수 있다는 믿음—이 사실은 허구적 믿음이라는 것을 밝히는 것이다. 도구로 전락한 이성은 더 이상 인류를 완전한 상태의 유토피아적 세계가 아니라 파국의 길로 이끄는 수단으로 작용한다. 그리고 『최후의 세계』는 이와 같은 종말론적 세계관을 두 개의 상반된 세계에 대한 묘사를 통해 보여주고자 한다. 한편에서 합리적 질서와 필연성으로 이루어진 "이성의 제국"으로 규정된 로마가 있으며, 다른 한편에서 이성에 대립되어 있는 "신화와 환상, 광기와 야만"이 지배하는 주변부에 존재하는 토미의 세계가 있다. 이러한 구성에 입각해 필자 또한 논문의 주요 내용들을 이 두 세계에 관한 분석에 초점을 맞추어 전개한다.

이 논문의 한 축을 차지하고 있는 부분은 도구적 이성을 통해 자연을 무자비하게 지배하는 로마의 세계에 대한 해명이다. 필자의 논의를 따라가 보면 로마 세계에는 한편에서 절대적인 통치자를 중심으로 한 전제적인 정치세력과 다른 한편에서는 이 세력에 수동적으로 복종하는 "집단"의 방식으로 존재하는 시민이 있다. 집단적으로 있는 시민의 특성은 페스트로 죽은 사람들의 시체를 먹은 개미떼의 행동에서 찾아질 수 있다. "그들은 복종적이었고 묻는 일이 없었습니다. 그들은 같은 종족 출신인 새 지배자들을 좇으며 기쁨과 고통을 나누었으며, 전혀 불평 없이 알프스의 빙하와 바다와 사막을 지나 전쟁과 정복의 행군에, 심지어는 불 속으로 따라나섰습니다." 그런데 집단적으로 존재하는 방식을 거부한 시인 오비디우스 나소는 왕에 대한 불경죄를 범해 로마에서 멀리 떨어진 미개한 해안 도시로 유배당한다. 이 도시가 바로 신화가 지배하는 토미의 세계이다. 필자는 토미의 세계는 로마의 이성의 법칙의 피안에 있는 전혀 '다른'세계라고 주장한다. 왜냐하면 "눈 속에서 뽕나무가 자라는" 토미의 현실은 로마라는 이성의 세계에서는 전혀 이해될 수 없는 세계이기 때문이다. 더 나아가 로마의 세계는 도구적 이성을 통해 자연을 지배하는 세계라면 토미의 세계는 인간과 자연이 조화롭게 공존하는 세계이다. 그럼에도 불구하고 토미의 세계는 최후의 세계이다. 필자에 따르면 최후의 세계로 규정되는 토미는 이중적인 의미를 띠고 있다. 먼저 최후의 세계로 규정되는 토미는 아직 이성의 지배를 받지 않은, 따라서 도구적 이성에 의해 자연이 파괴되지 않는 최후의 보루로 지칭될 수 있다. 다시 말해 토미는 자연을 지배하고 역사를 기획하는 이성의 원칙으로부터 해방된 곳이다. 또는 토미는 이성의 지배로 인해 도시가 완전히 피폐화된 로마의 최후의 미래 도시로도 이해될 수 있다. 그런데 필자에 따르면 여기서 흥미로운 사실은 토미 도시의 몰락은 인류의 고도의 산업화 문제나 또는 실수에 의한 재앙적 사고 내지는 엄청난 자연적 지진이나 해일에 의해 순간적으로 생겨난 것이 아니라는 점이다. 필자는 토미의 세계에서 작가가 보여주고자 하는 것은 "아주 미미해 보이는 '담쟁이덩굴'과 '이끼'를 통해서 인간이 이룩해 놓은 것의 자연 앞에서의 무기력"이라고 주장한다. 그리고 이렇게 묘사된 토미의 세계에서 우리는 철학적 사유를 어쩌면 뛰어넘는 문학적 상상력에 의해 구성된 최후의 세계의 특징을 발견할 수 있다. 결론적으로 필자에게서 『최후의 세계』는 반-계몽주의적 소설이다. 왜냐하면 『최후의 세계』에서 란스마이어는 이성을 통해 인류가 완전성에 도달할 수 있다는 계몽주의적 믿음을 거부하기 때문이다. 보다 생산적인 논의를 위해 몇 가지의 질문을 제기함으로써 논평을 마치고자 한다.

1. 란스마이어는『최후의 세계』에서 두 차례에 걸쳐 인류의 멸망과 그 후 새롭게 탄생하게 될 인간형을 묘사하고 있다. 첫째, 개미 때들이 인간의 사체에 기어 들어가 눈, 코, 팔 등 부패한 신체 부위를 복제함으로써 '개미 종족'이라는 새로운 인간형이 탄생한다. 둘째, 대 홍수가 물러간 뒤 웅덩이와 습지에서 돌멩이들이 꿈틀거리며 인간의 군상으로 거듭난다. 그리고 여기서 묘사된 신인간형은 맹목적으로 지배자에게 순종하는 '군중mass'로 특징지어 진다. 란스마이어에 있어 최후의 인간은 이러한 '군중'을 의미하는가? 아니면 최후의 인간은 신화와 광기가 지배하는 토미에 살면서 로마의 이성적인 사유에서 해방된 광기적인 코타-왜냐하면 마을 사람들은 코타가 미쳤다고 생각하기 때문이다-를 지칭하는가?

2. 코타는 진리를 찾고자 토미에 도착하지만 토미의 자연은 코타에게 순순히 진리를 보여 주지 않는다. 한 예로 달팽이 떼가 오비디우스의 글로 추정되는 내용이 새겨진 돌비석들을 마모시키고자 몸으로 감싼 채 코타의 접근을 허락하지 않는다. 그런데 달팽이 떼로부터 돌기둥을 해방시킨 자는 얼간이 피타고라스-사실 피라고라스는 이성의 화신이다—였다. 여기서 란스마이어는 신화의 세계인 토미에서 여전히 이성의 역할은 중요하다고 말하는 것인가? 또는 식초를 부어 달팽이 떼들을 돌비석에서부터 떼어내는 행위에서 피타고라스는 자연적인 시간에서 모든 것이 마모되고 사라지는 것을 방지하는 것이 여전히 이성의 역할이라는 것을 보여주고자 하는가?

3. 토미의 세계에 대한 묘사는 (인간이 만든) 녹슨 철(鐵)의 도시에서 시작하여 (자연이 만든) 이끼에 뒤덮인 바위벽으로 끝난다. 시간의 흐름 속에서 철은 녹슬고 돌은 이끼에 뒤덮인다. 여기서 란스마이어는 인류의 최후의 세계에서 우위를 점하고 있는 것을 견고한 철소차 부식시키는 인간의 시간이 이니라 무생명체인 돌에게조차 생명체를 부여하는 자연의 시간이라는 것을 주장하는 것인가?

이상이 홍길표 선생님의 논문에 대한 제 토론의 요지입니다.

홍길표 감사합니다. 정말 꼼꼼하게 읽어 주셔서 감동 받았고요. 첫 번째 질문에 대해서 답변을 드리자면, 일단 근현대 이성의 제국을 가리키는 로마제국의 시민들은 근현대의 이상적인 자율적인 주체로서의 시민들이 아니라 사실은 황제의 신민, 부정적인 의미의 대중(집단), 그러니까 성찰을 하지 못하는, 단순한 권력의 객체로 그려지고 있다고 봅니다. 그리고 로마제국의 대척점에 있는 세계인 토미의 주민의 경우, 그들은 이른바 선진세계인 로마제국의 이성에서 보자면 야만과 광기에 지배되는 사람들로 볼 수가 있습니다. 사실 크리스토퍼 란스마이어가 토미를 로마제국의 대립적 유토피아로 상정하고 있지 않은 것은 분명하지만, 즉 토미인들을 로마인의 혹은 인류의 대안적인, 이상적인 인간으로 제시하고 있는 것이 아닌 것은 분명하지만, 그럼에도 불구하고 이들이 로마제국의 길들여진 신민들보다 더 불행하게 살아가는 사람들을 의미하는 것은 아니라고 볼 수 있습니다. 물질적인 면에서는 이들은 풍요로운 로마에 비해 매우 척박한 환경에서 살고 있지만, 다른 한편 도구적인 이성에 의한 통제와 감시, 관리의 '밖'에서 존재하며 삶을 이성의 틀 안에 가두고 있지 않지요. 이들은 신화적 세계를 배제하지 않고 자연을 이성에 복속시키지도 않으며 자연에 저항하지 않고 자연의 일부로서 '자연스럽게' 살아가고 있다는 점에서는 권력의 혹은 도구적 이성의 노예이기도 한 로마인들보다는 더 인간적인 인간들이라는 인상을 주기도합니다. 하지만 이미 말씀드렸듯이 분명한 것은 이 소설 속에서 작가가 유토피아를 그리고 있는 것이 아니라 말 그대로 인류의 '최후의 세계'를 그리고 있다는 것입니다. 이 최후의 세계에서 인간들은 그리고 이들의 세계는 자연으로 돌아가고 있는 중입니다.

그리고 등장인물 피타고라스 같은 경우는…… 글쎄요. 이 소설에서 피타고라스를 이성의 화신으로 볼 수는 없다고 봐요. 작가는 피타고라스를 여기서 오비디우스라는 유배된 시인의 하인으로 '변신'을 시켜서 등장시키지요. 오비디우스를 충실하게 떠받드는, 신적으로 숭배하는 피타고라스의 모습은 어떻게 보면 오비디우스가 가지고 있는 상상력, 이성이 아닌 상상력의 힘을 보고 – 물론 이 상상력은 오히려 (로마의) 이성이 보지 못하는 것을 볼 수 있는 힘이지요 – 자신의 주인으로 모시는 모습인데, 이런 점에서 이 소설에서의 피타고라스는 이성의 화신이 아니라 오히려 시인의 (오비디우스의) 상상력의 힘을 볼 수 있는 자, 받아들일 수 있는 자로 변신한 것이라고 볼 수 있을 것 같습니다.

그리고 란스마이어가 이야기하는 인간의 시간 이후에 도래할 '자연의 시간'에 관해 말씀드리자면, 란스마이어는 한 인터뷰에서 (어떻게 보면 사실 굉장히 위험한 생각이기도 한데) 인류의 멸망에 대해서 이야기를 했는데, 인류가 멸망한다고 해도 그것이 자신에게는 비극을 의미하지 않는다고 했습니다. 다분히 도발적인 발언이라고 생각하는데 저는 그것을 근현대의 인간중심주의에 대한 비판적인 차원에서 이해하고 싶습니다. 휴머니즘으로 위장된 인간중심주의가 갖고 있는 – 이때의 인간은 백인 남성이라는 것은 차치하고라도 – 폭력성에 대한 근본적인 혹은 극단적인 비판인 것이지요. 인간이 결코 이 우주의 중심이 아니라는…… 인간은 그야말로 다른 생물들과 똑같이 잠시 이 우주에, 아니면 이 지구에 그냥 왔다가 가는 존재에 지나지 않는다는, 결코 인간들이 이 세계의 주인은 아니라는…… 그래서 설령 인류가 멸망할지라도 자연사에서 일어날 수 있는 하나의 사건에 불과할 뿐이라는……. 이것은 어떻게 보면 위험한 냉소주의이기도 한데요. 그런데 저는 그것을 단순한 냉소주의라고 보지는 않습니다, 그만큼 역사적으로 볼 때 – 이를테면 소설 속에서도 주제화되는 독일 나찌의 만행 같은 것을 볼 때, 인간의 오만함, 인간 이성에 대한 무한한 믿음 등에 대한 철저한 비판과 성찰이 요구되는 것도 사실이니까요, 작가는 소설을 통해 인간들은 이 우주에서 겸손하게 살아가야 하는 미미한 존재, 그 이상도 이하도 아니라는 것을 이야기하는 것이라고 생각합니다.

윤민우 그것과 관련해서 간단한 질문입니다. 오비디우스는 변신의 귀재, 얽매이지 않고 변신한다는 것이 깊이에 고착되지 않는 표면의 변신이라는, 약간은 포스트모던적인 느낌을 주는, 그런 작가입니다. 피타고라스는 수학자이기도 하지만 모든 우주나 인간세계가 전부 숫자 4로 구성되어 있다고 하거든요. 아까 피터하 선생님이 말씀하신 것도, 알레고리적으로 읽으면 오비디우스와 피타고라스를 그러한 식으로 읽을 수도 있겠다고 생각해봤습니다. 선생님의 말씀을 들으니까 의문이 풀리기는 해요. 피타고라스가 오비디우스의 하인이었고, 그가 세계를 조정하고 질서를 부여하려는 생각을 많이 했지만, 결국 변신하는 세계의 하인이니까요. 그렇게 큰 인물을 아닌 것 같네요.(웃음) 이것은 질문이 아니고 보충적으로 말씀드리는 내용이고요.
더욱이 제가 받은 인상은, 이 소설이 반 계몽주의적인 소설인 것 같아요. 확실히 그렇죠? 계몽적인 유토피아에 저항한다든가 라는 점도 그렇고, 그렇다고 해서 다른 유토피아를 꿈꿀 수도 없는……

홍길표 란스마이어를 철저한 냉소주의자로 보고 싶지 않다면 반계몽의 계몽 차원에서 이해할 수 있겠죠.

윤민우 자연스러운 세계…… 문명이 아무리 화려해도 문명은 어느 순간 하나의 큰 타격에 의해서 무너질 수 있지만, 자연이라는 것은 서서히 시간이 되면 분해되면서 없어진다, 이런 느낌을 주는 것인데, 혹시 이 작품에서 란스마이어가 디오니소스적인 광기, 비이성, 말하면 포스트모던적인 파편화의 세계, 그런 이야기는 혹시 전혀 하고 있지 않은지 궁금해서요.

홍길표 참고로 말씀드리면 이 소설을 포스트모던 소설의 기수로 보는 사람들도 많이 있습니다. 특히 토미 주민들 같은 경우 로마인의 이성적 시선에서 보면 그야말로 '신화'와 '미신', '광기', '야만'을 체현하는 인간들이라는 점에서 전근대적인 인간들이지만, 작가는 오히려 이들을 로마제국의 이성적 인간들보다 시간적으로 더 '미래적인' 사람들로 그리고 있습니다, 역설적이지만 '최후'의 인간들이라는 점에서요, 이들은 이성의 시대 혹은 계몽의 시대 '이후'를 살고 있습니다, …… 이미 로마에서 추방된 신화를 토미인들은 '다시' – 로마인 오비디우스에 의해서 – 자신들의 삶의 일부로, 생활세계 안으로 받아들이죠, 이 세계 사람들은 오비디우스의 신화세계 안으로 들어가고 있는 중이기도 합니다.
그리고 아까 피타고라스 인물에 관해 잠깐 제가 첨언을 하면요. 이 소설은 인류의 종말이라는 주제 못지않게 중심적인 주제로서 '문학, 예술의 본질이란 무엇인지', '작가란 누구인가'에 대해 다루는 소설이어서, 암암리에 이를테면 철학과 문학·예술 사이의 경쟁관계 같은 것도 분명히 들어가 있어요. 굳이 피타고라스를 오비디우스의 하인으로 설정해 놓은 것에서도 이를테면 (철학적) 이성과 (예술적) 상상력의 관계, 그 사이의 우열까지도 당연히 암시되고 있는 것 같아요. '너희늘 철학자들이 보시 못하는 것을 우리 시인들은 본다'라는 ……

윤민우 그래요. 저는 토미 나라의 주요한 인물이 오비디우스라고 이름 지어진 것이 흥미로웠습니다.

홍길표 반전이랄 것이, 나중에 가서 보면 토미 세계가 결국은 오비디우스가 '발명'한, '만든' 세계, 그의 신화가 실제 구현되고 있는 곳이기도 해서, 시인이 세계의 주인, 역사의 창조자임이 암시가 되는 면도 사실 있어요.

최문규 저는 소설의 주제를 정반대로 파악하고 있습니다. 코타가 오비디우스를 찾으려고 하지만 결국 찾지 못하는 과정, 이는 곧 절대적인 작가의 부재 속에서 그 흔적에만 맴도는 과정이라고 생각됩니다. 그런 점에서 이 소설은 '절대적인 작가의 죽음 내지는 부재'라는 측면에서 포스트모더니즘적 소설로 간주되는 것이 아닐까 생각합니다.

홍길표 예. 그런 해석도 있습니다. 저는 그 해석에 정반대되는 견해를 갖고 있습니다, 오히려 이 소설은 암암리에 작가와 시인의 아주 절대적인 위치를 암시하며, 현실과 세계를 만들어내는 창조자로 까지 격상시키고 있거든요, 이 소설의 마지막에서 주인공인 코타가, 오비디우스는 산 속으로 사라져서 끝내 보지를 못하지만, 산 속에서 자기의 이름을 보는 부분이 나와요. '내가 자기를 찾아서 여기까지 올 것이라는 것을 알고 있었다'고 환호하는 장면이 나오는데, 다이미 작가 오비디우스는 예견을 한 거죠, 코타는 오비디우스가 만든 혹은 예견한 '이야기', 세계 속의 인물인 거죠. 사람들이 늑대가 변하고, 새나 돌로 변하는 것들을 이미 오비디우스는 자신의 작품 "변신"에서 미리 다 얘기를 한, 만들어 놓은 것이 재연되고 있다는 것들이 암시됩니다.

제 생각에는 작가 오비디우스가 산 속으로 혹은 그 어딘가로 사라지는 것은 포스트모던 입장에서 이야기하는 단일한, 통일적인 의미와 이념들의 생산자 혹은 창조자로서의 작가의 죽음을 가리킨다기보다는, 작가 오비디우스가 하는 자연사 혹은 무한한 우주 안에서의 (특별한 위치를 차지한다고 믿고 싶은) '인간'의 죽음(에 가까운 미미함)에 대한 깨달음 혹은 통찰을 가리키는 것 같습니다.

하지만 또 다른 한 편 '인간사'의 무상성이 소설 전체를 관류하는 큰 주제라는 점에서, 그래서 그것이 인간 문화 전체의 무상함을 가리킨다면 사실 작가의 예술작품이라는 것도 '무상성'의 범주에서 벗어날 수 없겠죠. 모든 것이 변하고 사라지는데 '천재'가 무슨 의미가 있겠습니까.

최문규 한 가지 첨부할 점은, '최후의 세계'라는 제목처럼 약간은 세기말적 증후군을 담고 있는 것 같습니다. 선생님의 발표문에서도 언급되고 있듯이 '자연의 역사 속에서 인간의 이야기는 아주 짧은 에피소드에 지나지 않는다'는 언술은, 바로크 시기로 회귀할 수 있으며 마찬가지로 바로크가 활성화되었던 19세기말, 그리고 소설이 발표된 1988년, 즉 20세기말 시점에 모두 공통적으로 적용될 수 있다고 봅니다. 기술 문명의 발전을 거부하고 그 대신 원시적인 것(das Archaische)이 다시 요청되는 점, 이는 전형적인 독일적인 사유의 특징인 것 같기도 합니다. 특히 하이데거 사유에서도 엿볼 수 있듯이, 근원적이고 원시적이고 반문명적인 것을 요청할 경우 그것은 쉽게 파시즘적 사유로 전환하는 위험을 갖게 되기도 합니다.

홍길표 이미 언급했듯이 소설에서 '무상성'은 핵심적인 주제입니다. 바로크의 열쇳말 '바니타스 vanitas'를 사실 많이 생각나게 하지요. 어떻게 보면 – 특히 근대의 인간중심주의 입장에선 – 분명 위험성을 내포하고 있는 개념입니다. 하지만 저는 란스마이어가 이 개념을 소설 속 오비디우스의 '변신' 개념 – "어느 것도 본래의 모습을 간직하지 못한다.(15) – 과 가깝게 사용하며 근대 이성중심주의의 '영원성'에 대항하고 있다고 봅니다.

최유찬 그 다음에는 제가 좀 말씀드리겠습니다. 국문과 최유찬입니다. 제가 작품을 잘 모르기 때문에 충분히 이해는 못했는데, 지금 발표를 듣고 또 토론이 진행되는 과정에서 이 작품에서 대칭성이 상당히 치밀하게 구조화되어있지 않은가, 하는 생각을 했습니다. 우선 자연과 문명의 대립이기도 하고, 또는 시인과 철학자의 대립이기도 하고. 그런 점에서 이 작품의 구조를 파악한다고 했을 때, 대칭성 문제가 얼마만큼 의도적으로 되어 있는 것인지 그렇지 않으면 국부적인 현상으로 그치는 것인지 말씀해 주시면 감사하겠습니다.

홍길표 소설 속에서 로마와 토미는 중심과 주변이라는 구도에서 볼 때 정확하게 '대칭'을 이룬다고 할 수는 없겠으나, 선생님이 말씀하신 대로 소설 속의 두 세계는 로마와 토미, 신화와 이성, 자연과 문명 등으로 대립적 혹은 대칭적으로 나뉘어 있습니다. 소설 속에서의 두 세계의 대립은 당연히 작가가 자신의 성찰을 형상화해나가는데 있어 중요한 역을 하겠지요.

흥미로운 것은 소설 속에서 작가가 아예 '대칭'이라는 개념을 이성의 제국인 로마사회를 위해 사용하고 있습니다. 화자는 로마사회의 '국가탈주자들'이 로마제국을 버리고 떠나는 이유를 바로 이 세계를 규정하는 "체계화된 삶의 대칭"(125)으로 서술하고 있습니다. 이 '대칭'은 이성의 제국이 현재와 똑같은 형태와 구조로 영원히 바뀌지 않으면서 존재할 것을 의미하며 부정적으로 사용됩니다. 18세기 이래 역사철학적 사유에서 '비대칭' 문제는 중요한 개념이죠. 끊임없이 과거와 미래 사이에는 비대칭이 존재하면서 역사는 반복하지 않으며 영원히 다른 모습으로 진보해나간다는 의미에서요, 이 로마사회는, 그 역사는 대칭이 지배하면서 최소한 소설 속 현재의 인물들에게는 '영원히' 변하지 않을 사회처럼 그려지지요. 하지만 이 '영원'의 제국과 그 역사도 결국에는 자연의 역사로 편입되어 사라질 거라는 점에서 두 세계 간의 대립과 대칭은 사라질 거라는 게 암시되지요.

최유찬 그런데 그 대칭성의 구조를 가지면, 상당히 그것은 목적합리성이랄까, 이런 것들이 작가에게 있다고 봐야 하지 않을까요?

홍길표 글쎄요. 어떤 목적합리성을 말씀하시는 것인지요?

최유찬 작품의 미적 효과를 달성하는 데 효율적인 이성 질서와 같은 형태를 갖춘 것 아니냐는 이야기이지요.

홍길표 작가는 제 견해로는 로마제국의 – 결국에는 근현대의 – 이성을 비판하며 그 폭력성을 암시하는데 주력하고 있고, 결국에 가서 로마제국의 역사는, 즉 인간의 역사는 '자연사'로 편입될 거라고 말하고 있는 것 같습니다. 이 '자연사'에서 인간의 이성의 힘은 사라지는 것 같습니다.

저는 작가가 근현대 세계를 지배하는 (도구적) 이성, 아니면 이것에 의해 지배받고 있는 근현대 세계를 근본적으로 비판하고 있나고 봅니다. 그렇다고 해서 이것이 곧 모든 범주의 이성을 근본적으로 거부하는 거라고 보지는 않습니다. 이 소설의 치밀한 미적 구조와 이념적 성찰성도 당연히 '인간 이성'에, '정신'에 바탕을 두고 있죠.

이경훈 저는 자연이 인간과 인간 세계를 파멸시키는 것이 이 소설의 결론인 것처럼 느껴집니다. 그러니까 인간과 자연이 조화롭게 사는 것이 아니라, 자연이 인간 세계를 폐허로 만들어 버린다는 말인데, 이런 의미의 폐허화는 계발의 역상일 수도 있다는 생각이 듭니다. 이를테면 저 하늘의 별빛과 가슴 속의 불빛이 같은 빛을 내며 타고 있던 시대는 이미 지나갔다. 더 이상 그 세계로 돌아갈 수는 없다……. 이상(李箱)이 원숭이로 진화한다는 표현을 썼는데, 원숭이로 진화하는 것이 자연회귀나 자연과의 조화는 아니지요. 왜냐하면 어디까지나 진화한다는 개념은 남아 있으며, 그 진화의 운동 속에서 인간이 원숭이로 퇴보하는 것이니까 자연회귀는 절대 될 수 없어요. 다시 말해서 폐허가 되는 것이나 원숭이로 퇴화하는 것이나 모두 이광수가 자연을 계발과 착취의 대상으로 삼는 동시에 다른 한편으로는 자연과 자연의 폭력에 대해 커다란 공포를 느꼈던 것과 본질적으로 다르지 않다. 즉 진화와 퇴화, 건설과 폐허 모두가 근대적인 다이너미즘에서 벗어나지 못하는 것이 아닌가. 그러므로 마지막 세계라고 규정하는 것 역시 지극히 인간적인 관점, 근대적인 관점에서만 가능한 것이 아닐까 합니다. 요컨대 자연에는 마지막이라는 것이 있을 수 없다는 것입니다.

홍길표 폐허가 되어버린다기보다는 자연으로 돌아가지요. '자연회귀'와는 맥락이 다른 것 같습니다. 자연회귀는 인간의 혹은 인간을 위한 개념이지요. 소설 속 오비디우스가 그리는 마지막 낙원의 풍경에서 인간의 자리는 결코 없습니다.

작가는 이 소설에서 고대의 로마제국과 20세기 말인 듯한 근현대 세계를 동시에 공존시키고 있습니다. 불가역적인 직선적인 시간의 흐름을 해체하지요. 어떻게 보면 2500여년의 고대와 중세, 근현대라는 인간의 역사(구분)는(은) 무한이라는 자연의 시간에서 아무런 의미가 없는 것이지요. 물론 자연에는 인간의 개념인 '진보'가 아니라 가치중립적인 '진화'(변화)만이 있지 않을 런지요.

이러한 자연관 혹은 역사관을 저는 자연사와 인간사를 분리하며 자연을 인간(주체)의 객체로서 타자화해 버리는 18세기 서구의 근현대 사유에 대한 비판적 성찰로 읽습니다. 인간을 우주의 중심으로 보는 근현대 인간의 오만한 인간중심주의에 대한 비판적 성찰로요.

이경훈 그런데 그것조차 진화(퇴화)의 개념으로, 즉 인간중심적으로 이야기할 수밖에 없다는 말씀입니다. 그냥 자연으로 돌아가거나 자연이 되는 것이 아니라 원숭이로 진화(퇴화)한다는 식으로밖에 이야기가 안 되는 거죠.

최문규 그러니까 기술문명이 결국 나아가게 되는 곳은 폐허화된 자연이라는 것인지요?

이경훈 자연을 폐허화된 자연으로 묘사하는 것 역시 문명과 개발의 논리에서 벗어난 것이 아닐 수도 있다는 말씀입니다.

홍길표 작가는 최소한 인간의 역사가 도구적 이성에 기반하고 있는 한 무한히 발전할 거라고 절대 생각하지 않는다고 말하셨습니다. 간단하게 얘기하면 기술문명이 나아가게 되는 곳은 인간의 '유토피아'가 아니라는 것이고, 그 끝에는 '자연'이 기다리고 있는 거지요. "폐허화된 자연"이 아니라 인간 문명의 폐허가 자연에 의해 지워지며 자연 속으로 들어가 자연이 되는 겁니다.

한창균 우리나라 같은 경우에, 등장하는 인물이라든가 배경이 낯설고 하니까 아마도 이게 쉽게 해결될 수 없는 그런 문제들도 있는 것 같아요. 그래서 제가 말씀드리고 싶은 것은 역사를 보는 관점이 요새 빅 히스토리, 거대사라고 해서 우주의 탄생에서부터 또 지구의 탄생에서부터 인간이 하나의 생물학적인 존재로서 발돋움하고 여기까지 왔는데 그 과정 속에서 멸종의 시기들이 분명히 있었거든요. 그래서 그때마다 어떤 일정한 종들이 멸종을 하고요. 그래서 1970년대부터 한 20년 동안 조사를 했는데 지구에 사는 생물의 30%가 멸종을 했다고 해요. 그래서 이제 대 멸종의 시대라고 이야기를 하는데, 그렇기 때문에 오히려 인간답게 우리가 더 지구에서 살고 있는 역할을 해야 되지 않겠느냐, 하는 메시지 같은 것들이 여기에 혹시 들어 있는 것은 아닌가요?

홍길표 예, 저는 그렇게 보고 싶습니다.

윤민우 저도 작품을 안 읽어봤습니다. 홍 선생님 발표를 볼 땐 저도 그렇게 이해했어요. 조용하게 삶이 꺼져가는 이런 모습, 문명이라고 저기 화려한, 큰 불야성을 이루는 도시가 있지만 그것도 없어질 뿐 아니라, 자연세계도 서서히 저물어가는 데서 좀 느꼈는데요. 그런 걸 아까 이경훈 선생님이 이상을 말하면서 원숭이로서의 진화, 역설적인 표현이지요. 그런데 원숭이로서의 진화라는 것은 제가 발표할 때 이야기해주세요. 저의 발표에서 그 점이 많이 나오거든요. (웃음) 로마시대에 어떤 특이한 문명이 있었다는 식으로 작품 속에 묘사된 것이 있으면, 소개해 주셔도 좋을 것 같아요. 선생님이 논문을 완성하실 때, 여기 발표문에서 자연에 대한 묘사는 많이 소개해주고 계시니까, 대조되는 이성적 문명의 독특한 점들을 넣어서 설명하시면 좋을 거라는 생각이 들어요.

윤민우 로마시대에 어떤 특이한 문명 같은 게 있으면 소개하면서, 다음에 완성할 때 이성의 문명으로서 독특한 뭐가 있다.

윤민우 왜냐하면 여기 자연에 대한 묘사는 선생님이 많이 소개해주고 있는데…….

홍길표 소설의 시대적 배경은 오비디우스가 활동했던 황제 아우구스투스 치하의 고대지만, 언급했듯이 근현대의 전함, 버스, 영사기, 패션잡지, 서점 혹은 (2차 세계대전) 전쟁과 학살 등이 언급되며 시대간의 구분이 해체됩니다. 여기서 로마제국은 말 그대로 근현대의 이성과 그것에 의한 기술문명이 지배하는 전형적이고 보편적인 세계로 규정되지 로마제국 특유의 문명 혹은 문화가 문제되는 것은 아닙니다.
자연지배의 은유로서 영원히 건재할 대리석 원형경기장이 서술되고, 제국의 시민들은 편재하는 국가권력에 의해 통제, 감시, 관리되는 집단으로 묘사되고 있죠. 18세기 '계몽' 이후의 근현대 세계의 부정적인 모습들은 다 암시됩니다.

이지연 저는 나중에 오히려 홍 교수님이 완성하실 때…… 식견이 짧아서 얼마나 도움이 될 수 있는 의견인지는 모르겠지만, 저는 이 발표를 들으면서 정진표? 교수님 발표가 생각났더든요? 그 당시 말씀하신 게 0과 1이 다르지 않고, 정과 부가 다르지 않고…… 굉장히 깊은 사고를 하게 하는 어려운 주제였던 것으로 기억이 나는데요. 앞으로 더 많은 발췌문을 만들고 하실 때 정진표 교수님이 그때 발표하셨던 것을 좀 참고하셨으면 굉장히 좋겠다는 생각을 했습니다.

홍길표 네, 참고하겠습니다. 고맙습니다.

이경훈 이것으로 홍길표 교수님 발표를 끝내겠습니다.

기술문명과 '끝'의 사유: 일, 몸, 주체

윤민우(연세대)

머리말

인간의 도구적 이성은 기술문명의 눈부신 발전을 거듭하여, 진보의 완성을 향하는 모더니티 사유에 공헌하였다. 기계로 인한 생산성 향상과 의술의 발달은 인류의 빈곤 및 질병의 난제를 해결하였다. 그런데 오늘날에는 기술문명이 그 성과를 초과달성하여 일자리를 빼앗고 생물적 몸을 사라지게 한다. 기술진보의 역사에서, 자연 · 인간 · 기계의 연속을 생각할 때, 근대에 인간이 기계로써 자연을 정복하였다면, 그 연속선상에서 이제는 기계가 인간의 노동과 사유를 박탈하는 단계에 이르러, 이것이 진정 인간을 위한 진보인지가 수상하게 여겨지는 것이다. 더불어, 기계와 인간이 공존하는 세상의 도래가 불가피하다면, 이는 기존의 인간 주체가 끝을 맞이하고 새로운 주체의 탄생을 도모해야 하는가라는 물음을 촉발하기도 한다. 이제는 '기계가 인간을 위해 무엇을 할 것인가'에서, '기계-인간은 무엇인가'라는 근본적인 문제의 재탐구가 요청되고 있다.

인간이 자연의 종속에서 벗어나고자 하는 것, 그리고 그 노력의 결과로 기계가 만들어지고 나아가 기계가 인간을 대체하게 되었다는 것, 진화의 연속선상에 있는 이 두 가지 계기는 두 개의 '오디세이' 내러티브의 주제이기도 하였다. 그리스 시대에 호머가 쓴 서사시『오디세이』와 아서 클라크(Arthur Clark)의 과학 공상소설「2001 스페이스 오디세이」에서는 각각 자연물과 기계가 인간의 대척점에 서서 인간을 곤경에 빠뜨리는 이야기를 중심으로 전개된다.『오디세이』에 오디세우스의 귀향을 어렵게 만드는 자연물들이 있다면,「2001 스페이스 오디세이」에는 우주비행사의 귀환을 위험 속에 빠뜨리는 반역의 기계가 있다. 지중해에 퍼져있는 작은 섬들이 우주에 산재한 행성들에 비견되면서, 두 내러티브는 지중해식 퀘스트로서의 항해 모티프를 공유하고 있다. 전자에는 바다를 헤쳐 나가는 선박이 나타나고, 후자에는 항공선이 우주를 떠돈다.

아도르노와 호르크하이머는『오디세이』에서 오디세우스가 사이렌의 노래의 매혹을 뿌리치기 위하여, 부하들의 귀를 막고 선장인 자신은 돛대에 몸을 묶어, 그 노래의 매력에 빠져 들지 않으려고 고충을 겪는 장면을 해석하여, 이것을 자연의 감성적 매혹을 배격하고 목적지향의 삶을 살게 된 근대 인간사회의 신화적 표상으로 파악한다(26-28, 35-49)[1]. 근대에 이르러, 인간 행위와 사유의 무대가 가정, 노동, 개인성, 합리성으로 축소되었고, 자연은 정복되어야 할 대상이 되었으며 예술적 감성은 억압되었다. 이는 진보와 더불어 동시에 억압을 말하는 계몽 프로젝트의 변증법적 해석으로서, 계몽시대의 도구적 이성이 겪을 운명을 미리 말하는 것이기도 하다. 그 예측대로, 호머의『오디세이』의 후세대를 말하는「2001 스페이스 오디세이」에서는 오디세우스 이후의 인간 세대가 이룩한 기술

---

1 국가 차원의 문제를 다루며 영웅적 자존심을 노래하는『일리아드』와 다르게, 개인과 가정의 보호를 위해 오디세우스는 자연의 유혹을 이기고 방해자를 속여 따돌리는 명민함을 구가하는바, 이로써 근대성의 태동기를 조망하는 것으로 해석되기도 한다. 호머의『오디세이』는 신화적인 차원의 막강한 원시적 자연력과 그것에 대항하는 근대 부르주아 개인주체의 모습을 가리킨다고 말할 수 있다.

문명의 눈부신 진화로 인하여 슈퍼컴퓨터가 우주항공사들을 얕보고 기만하여 우주 미아(迷兒)로 만드는 사건이 벌어진다. 자연을 정복한 인간은 이제는 기계와 대적해야 한다. 이것이 바로 오늘날 인간이 처해 있는 상황이다. 다시 말하면, 아도르노와 호르크하이머는 인간의 도구적 이성이 자연과 감성을 지닌 인간성 자체를 억압하였다고 개탄하지만, 두 말할 나위도 없이 기술문명이 그 대가로 인류를 궁핍과 질병으로부터 구출한 것은 사실이다. 그렇다고 하더라도, 그들의 염려대로, 오늘날 공학 및 의료 기술이 생물적 인간을 압도하는 시대가 열리면서, 양자의 관계가 새로운 국면을 맞이하게 되었다.

두 가지 오디세이 이야기 사이에 무슨 일들이 있었기에, 사태가 그렇게 바뀌었는가? 근대 이후 기술문명 진화과정에 나타난 몇 가지의 획기적 계기를 잠시 살펴보자. 도구적 이성의 여명기에 프란시스 베이컨은 『신 아틀란티스』에서 과학이성을 신이 인간에게 부여한 신성한 능력으로 간주했다. 베이컨은 아직은 신의 세계의 완성을 보고자 하였고, 이것이 그의 시대에 있어서는 다만 과학의 계몽에 의해서 가능하다고 관측하게 된 것이다. 『낙원상실』에서 "겸허하게 지혜로워라"(be lowly wise)면서 우주와 신에 관한 아담의 지적 호기심을 억누르던 존 밀튼과 그의 시대의 종교 이데올로기를 파기하는 베이컨은 오히려 많은 지식이 쌓일수록 올바른 신앙으로 나아간다는 태도를 처음으로 견지하였다. 베이컨에게 무신론은 지식의 과다 때문이 아니라, 어디까지나 잘못된 지식 때문이다. 당시로서는 혁명적이었지만, 베이컨의 과학 휴머니즘은 성서적 종말로 나아가는, 즉 에덴의 회복으로 나아가는 기독교 신화를 근간으로 하고 있다. 타락 이전의 아담의 상태는 신의 이미지에 더 가까웠고, 그는 만물을 볼 수 있었으므로 갈릴레오의 망원경이 필요치 않았다. 그러나 타락 후 그런 자격과 능력을 상실한 우리는 망원경을 계발해 내어야 한다. 이성과 신앙의 조화를 말하던 르네상스 기독교 휴머니즘은 과학이성의 도움으로 올바른 신앙의 길을 열어야 한다는 방향으로 선회하였다. 베이컨의 말이 암시하듯, 그의 시대까지는 자연과학이 인문학에

뒤처져 있었음이 사실이다.

그런데, 근대가 본격화하면서, 과학과 신앙, 이성과 감성은 그나마 지탱되어 오던 마지막 연결선을 놓아 버려, 그 후로는 과학과 인문학의 조화상태가 깨어진다. 베이컨과 더불어, 16-17세기의 코페르니쿠스나 브루노의 발견과 사유는 우주 및 신의 관념을 재구성하게 만들었고, 그 이후 인문학은 결코 과학기술문명의 진화 속도를 따라 잡지 못했다. 1차 산업혁명은 기계 엔진, 2차 산업혁명은 석유와 전기, 3차 산업혁명은 원자력과 정보화라는 식으로(End 60), 기술문명이 인간사회를 선도한지가 오래되었던 것이다. 그런데, 최근의 기술문명 진화의 경향에서 독보적인 것은 예상을 뛰어 넘는 인공지능 기술의 성장이다. 세 개의 산업혁명 이후, 작금에는 인공지능이 4차 산업혁명이라 불리는 대세로 부상하고 있어 인간과 기술문명 사이의 심각한 괴리감을 강화하고 있다. 전 세계의 두뇌가 집중하고 있는 인공지능의 산업화로 말미암아 인류는 급격히 일자리를 잃고 있어, 이것이 진정한 기술혁명으로 보일 수 있는지가 의아해지는 것이다. 자동화와 정보화로 말미암아 기계와 컴퓨터 소프트웨어가 인간의 일자리를 잠식하고 있는 가운데, 뇌과학과 짝지은 인공지능이 급속히 계발되면서 인간의 육체노동 뿐 아니라 정신노동도 위협하고 있다.

위에서 대략적으로 개관한 기술문명의 발전을 몸과 일의 영역에 적용하는 것이 본 논문의 반(半) 가량을 차지한다. 산업사회는 먹고 살 수 있는 일자리를 창출하였고 기계는 노동의 수고도 덜어 주었다. 의술의 발달은 질병에서부터 인류를 구하였고, 주위 환경의 위생을 개선하였다. 그런데 이제는 인류를 위해 계발된 기계와 약물이 일자리를 박탈하고 생물적 몸을 잠식하는 지경에 이르고 있다. 노동과 질병으로부터의 해방을 약속하던 기술문명이 성과를 초과달성하여 오늘날 일과 몸을 박탈하는 디스토피아적 양상을 띠게 된다. 산업혁명의 기계화가 비효율적 가내 수공업을 종식시키고 다양한 영역에서 새로운 패러다임의 일자리를 창출했다면, 요즈음의 기계화 및 자동화는 인간의 노동 자체를 대체하여, 인간을 다시 빈곤으로 내몰고 있다. 또한, 기술문명은 전통적 몸의 개념도 혼란스럽게 만든다. 건강과 미용을 위한 몸의 단련과 치장을 넘어, 이제는 몸속에 투여되는 과다한 기계장치나 약물이 자연적 몸의 끝을 염려하게 한다. 노동과 질병으로부터의 해방을 지향하는 모더니티가 본궤도를 이탈하여 일과 몸의 상실을 빚고 있는 것이다.

그런데, 과연 우리 앞에는 끝이 전부인가? 일자리와 생물적 몸의 끝과 연관하여, 본 논문의 또 하나의 관심사는 기술문명이 과연 알파에서 오메가로 나아가는 텔로스 지향인가, 아니면 끝이 시작과 통하고 방랑하면서 진화하는가라는 물음이다. 현재의 인간발전은 최종단계가 아니라 '비교적 초기단계'라는 트랜스휴먼의 전도사 닉 보스트롬(Nick Bostrom)의 말(이원봉 237, 재인용)을 존중하면서, 「2001 스페이스 오디세이」(2001 Space Odyssey)와 「루시」(Lucy)라는 두 개의 영화를 고찰해 보면, 진화가 지향하는 끝점은 다름이 아닌 인류 시초로의 귀향이라는 분석이 가능하다. 전자에서는 인류 최초의 진화를 표상하였던 모노리스라는 물건이 마지막 장면에 재등장하고, 후자에서는 인간 루시의 두뇌가 하나의 슈퍼컴퓨터로 변화하지만, 역설적이게도 최초의 인류선조에게로 되돌아간다. 두 영화는 어디서든 진화는 있어 왔고, 오늘날의 눈부신 기술문명도 그 계속되는 진화의 일부라는 것을 말한다. 인류는 구석기에서 신석기, 그리고 청동기와 철기시대 등으로 계속하여 진화해 왔으며, 그리고 오늘날의 화두인 트랜스, 포스트휴머니즘도 그러한 진화의 계기에 불과하다면, 이는 인간의 끝이라는 비관적인 의식에 저항하여 어디까지나 진화의 새로운 전망을 모색하게 한다.

마지막으로 본 논문은, 포스트휴먼의 실제적인 도래가 아직 요원하다 하더라도, 인공지능 로봇, 사이보그 등이 현재의 인문학적 담론에 끼친 하나의 양상을 살펴본다. 도나 해러웨이(Donna Haraway)는 「사이보그 선언」을 통하여 오늘날의 여성을 포함한 하위 주체가 사이보그라는 존재양식을 통하여 새로운 주체로 형성되어야 한다는 포스트휴먼 담론을 피력한 바 있다. 이는 「블레이드 러너」의 주제와도 연관되어, 인공지능 로봇과 인간의 교감이 새로운 주체의 탄생을 기약한다는 생각을 갖게 한다. 포스트모던 문화의 도래와 함께, 자연과 문명의 이분법적 주체 분류의 끝이 말해지는 가운데, 인간과 기계가 공존하는 혼종적 주체를 탐색하는 사유는 오늘날 필요한 국지적 존재들의 교감을 위한 채널을 담보하는 새로운 신화 내러티브를 기획한다고 말할 수 있다.

그런데, 인조인간이나 인공지능 등의 기술문명은 어디까지나 도구적 이성의 발전 하에서 이루어진 성과이므로, 이를 비판하는 것은 도구적 이성이 초래한 결과로써 도구적 이성 자체를 비판하는 셈이 된다. 인간의 도구적 이성은 이제 스스로의 계발을 그만 두어야 하는지, 아니라면 어떤 점에서 오늘날의 기술문명의 순기능을 여전히 신뢰해도 좋은지를 최종적으로 가늠해 보아야 한다. 기술문명에의 비판은 결국 모더니티의 진보의 신화에 관한 각성을 말하는 것이지만, 사이보그나 인공지능처럼 기계가 인간두뇌를 능가하여 독자적으로 생각하고 움직이는 단계에까지 와 있다면, 이를 쉽게 중단할 수는 없을 노릇이다. 진보는 유사 이전부터 연속선상에서 도모되고 있었고, 오늘날의 획기적 도약은 그 과정에 있어 하나의 두드러진 계기에 불과하다면, 이를 말하는 트랜스휴머니즘은 결국 도구적 이성이 발휘하는 기술문명의 획기적인 새로운 장(場)을 옹호하게 된다. 그와 동시에, 오늘날 재편되는 자연, 인간, 기계의 관계는 생산과 축적만을 위해 노력하였던 모더니티 시대의 주체를 반성하게도 한다. 해러웨이의 포스트모던 「사이보그 선언」도 바로 그런 방향에서 해석될 수 있다. 기계가 인간을 기만하는 방식으로 「2001 스페이스 오디세이」가 『오디세이』를 다시 쓰고 있었다면, 이제는 기계와 인간이 공존하는 방향에서 트랜스 휴먼 혹은 포스트휴먼이 모던휴먼을 다시 쓴다.

본 논문의 앞 두 챕터가 일상적인 경험에서 우리가 목도하는 일과 몸의 끝을 말하려 한다면, 뒤 두 챕터는 진화가 계속되는 트랜스 휴먼으로서의, 혹은 새로운 혼종성의 주체로서의 인간에 대한 전망을 토론하면서, 끝의 문제를 좀 더 복잡한 양상으로 이끌어 갈 것이다. 불만족스런 끝의 경험은 진화의 연속이라는 인식 및 새로운 주체의 전망에 의해 중재될 수 있는 사안이다. 주지하듯이, 종결과 연속의 문제는 프로이트의 「애도와 우울증」(Mourning and Melancholia)의 관점을 빌어 자주 설명된다. 객체와의 결별을 수용하여 원만한 애도의 의식을 치르지 못하는 경우, 이는 정신병적인 우울증이 된다. 이를 다르게 표현하면, 하나의 단계가 정돈되이 끝맺음하는가, 아니면 그 끝의 의식이 여전히 지속되는가의 문제이다. 일의 측면에서 생산과 축적의 완성, 그리고 몸의 측면에서 욕망의 완전 충족을 지향하여, 역사는 조화로운 끝점에 도달한다는 모더니티 기획은 만족스런 '애도'를 의도하였다. 그러나 역사의 계기에서 종종 일어나는 끝에의 전망은 모더니티 기획이 약속했던 온전히 황금시대적인 종말을 가리키기 보다는, 반대로 디스토피아적 파국인 경우가 많다. 생물적 몸의 끝과 데카당적 향락, 일자리 소멸과 소비창출의 불능, 그리고 이성적 주체의 죽음 등, 그러한 끝의 양상이 오늘날 낯설지 않다. 그리하여 우리는 그 끝을 맞이하기에 주저한다. 그런데, 끝은 끝이 아닐 경우도 있다. 디스토피아는 결코 그렇지 않은 측면을 내보일 수 있기 때문이다. 디스토피아적 경험은 만족스런 끝맺음을 불능케 하는 상태, 즉 우울의 상태에 빠지게 하는데, 근대 사상가의 일원으로서의 프로이트의 진단과는 달리, 우울은—정신질환에까지 나아가지 않는다면—결코 낙담할 만한 것이 아닐 수 있기 때문이다. 우울의 상태는 잃어버린 이상(理想)을 상실한 끝의 상황을 숙고하고 반성할 수 있게 하는 정신적 쉼을 허락한다. 우리는 진화 단계에 있어 하나의 끝자리에 서 있으나, 그것을 편히 받아들이는 '애도'를 보류한 채, 그 끝에 머물러 있다고 말할 수 있다.

1. 일의 끝

일자리의 끝이라는 주제와 연관하여 과거 역사를 더듬어 보면, 여러 상황에서 노동의 위기와 극복의 예들이 있어 왔음을 알 수 있다. 노동집약적인 전근대 농경사회에서는 원시적 생산방식으로 인한 낮은 생산성 때문에 언제나 더 많은 일손을 필요로 하였다. 특히 흑사병이 돌았던 13-14세기에는 유럽인구의 반가량이나 소멸하였으므로, 일순간 일손이 현저하게 부족하기도 했다. 이와 더불어, 산업화 이전 시대에 있었던 일자리의 끝에 대한 가장 눈에 띄는 염려는, 16세기 초 영국의 인클로저 운동에 대해 토마스 모어가『유토피아』에서 '양이 사람을 잡아 먹는다'고 말했을 때이다. 이는 르네상스 초기의 도시화와 교역의 발생으로 농지를 목축지로 변경하자, 많은 수의 농민이 필요 없게 되었기 때문이었다. 그러나 이는 도시주변에서 벌어진 잠시간의 일이었고 농지는 줄어들지 않았다. 르네상스 초기에 도회지가 생겨났고, 인클로저 운동은 후에도 있었으나, 여전히 압도적인 생계수단이었던 노동집약적 농업이 일자리를 계속하여 제공하였다. 봉건경제는 중세 말 잉여 농작물이 생겨나기 전까지는 생계형 경제였고, 농노와 가축—황소나 말—의 노동력 외에는 다른 에너지가 없었으며, 쟁기, 지게, 수레, 마차가 이용가능한 모든 도구였기 때문에 생산성은 당연히 매우 저조했다. 그리고 대부분의 인구가 문맹이었으니, 산업에 필요한 지식을 창출하지도 축적하지도 못했다. 16세기까지는 소작농이 인구의 98%를 차지하였고, 나머지가 지주, 귀족과 성직자였다. 그 많은 농민들이 2%를 먹여 살리지 못할 정도였던 것이다.

그 후, 처음으로 기계를 도입하는 18세기 후반 이후 산업혁명 과정에서, 영국 노동자들이 일으킨 기계파괴(러다이트, 1812년) 운동도 일자리를 잃는데 대한 반동적 움직임이었다. 가내 수공업에서 공장제 기계 산업으로의 변환에 의해 여성이 가장 먼저 일자리를 잃고 가사노동을 전담하는 전업 주부로 탄생하였다. 러다이트 운동에도 불구하고, 기계는 제조업 분야를 급속히 확장시켜 생산성 향상으로 이룩하고 임금상승을 가져 옴으로써 과도기적 혼란은 언제나 끝막음이 가능했다. 그 후 신기술 시대가 도래하자, 사람들은 기계화 및 자동화가 가정과 직장의 노동으로부터의 해방을 보장한다고 생각하였고 소망하였다. 이에 관한 극단적인 예는 소쉬타인 베블렌(Thorstein Veblen)의 생각이 중심이 된 1920년대의 테크노크라시의 비전이었을 것이다. 그들은 단순한 노동자가 아니라 테크놀로지 전문가들이 정치경제의 주역이 되어 새로운 에덴동산을 만들 것을 꿈꾸었다. 그런데 빈틈없는 공학적 계산에 의한 기술천국에의 노력이 오히려 디스토피아를 가져 올지는 몰랐었다. 일자리를 자동화 장치와 소프트웨어에 빼앗김으로써, 오늘날에 이르러서는 기술이 여가가 있는 사회, 노동으로부터의 해방을 가져온다는 것이 천진난만한 생각임이 분명해졌다. 이와 같은 기술문명과 일자리의 역동적 관계는 농업, 제조업, 서비스업, 그리고 로봇(인공지능)으로 확대되는 산업 및 노동의 역사에서 유용하게 관측되어질 수 있을 것이다. 아래에서 기술 혁신이 일자리 문제에 가져온 명암의 계기를 몇 가지 살펴보자.

본격적인 기계화 시대를 여는 최초의 계기로서, 산업혁명은 인간의 자연정복을 축하하는 잔치였다. 이 시기에 기계를 처음으로 동력화할 수 있었던 증기기관은 바로 석탄을 캐낼 수 있는 인간의 능력이 있었기 때문이었다. 석탄은 땅 속에서 화석화한 태양에너지와 다름이 없다. 지상에서 태양 에너지가 키운 나무 등이 땅속에 묻혀 석탄이 되었고, 이렇게 화석화한 태양에너지를 채굴할 기술을 인간이 개발함으로써, 인간문명이 자연을 지배하는 일이 가능하였다. 그리하여 제레미 립킨은 석탄을 '땅속의 태양'이라고 불렀거니와(Rifkin, *Entropy* 96), 석탄(석유) 등 땅속의 태양을 발굴함으로써 인간은 더 이상 태양(자연)을 두려워하거나 절실히 필요치 않게 되었다. 17세기 후반, 18세기 초엽에 시작된 근대의 석탄발굴은 자연력에 좌지우지당하는 인간의 빈약한 노동생산성의 끝을 알리는 신호탄이라 말할 수 있다.

이렇게 시작된 공장제 기계 산업은 당연히 농업 및 가내수공업과 같은 노동집약적 산업으로부터 노동자를 해방시켰다. 미국 흑인 노동자의 경험을 예로 들어 보자. 목화 따는 기계, 트랙터, 화학제초제의 도입으로 노동에서 해방된 남부 흑인은 북부 도시로 이주하였고, 이로써 링컨 대통령의 노예해방선언보다 목화 따는 기계가 흑인해방에 있어 더 효과적이었다고 말할 수 있게 된다(Rifkin, *End* 72). 그리하여 기계화한 농업기술의 발전은 98%의 농업 인구가 2%의 귀족 및 지주계층을 먹여 살리는 봉건제 생산방식으로부터, 3% 정도의 농업종사자가 전 인구에 식량을 공급하고도 남은 농산물 처리 방법을 고심해야 하는 오늘날의 미국과 같은 상황으로 바뀌게 하였다. 기계에 의한 생산성 향상 덕분에 농업은 더 이상 노동집약 산업이 아니다.[2]

도시 제조업에도 기계가 도입된 것은 말할 필요가 없거니와, 제조업에서 괄목할 만한 생산효율 증진의 계기는 생산 공정의 혁신을 꼽을 수 있다. 1950년 중반, 자동화 및 제조과정의 정교화는 도시노동자 수를 현저하게 줄이기 시작했다. 이를테면 자동차 조립라인 혁신과 같은 생산 및 경영의 효율성 증가가 주된 슬로건이었다. 포디즘(Fordism)이라 불리는 헨리 포드(1863-1947)의 혁신적 조립 라인의 창안이 이에 일조하였고, 이에 영감을 얻어 토요타 자동차 회사에서는 1940년대 이후에 '린(lean) 생산 및 관리'라는 효율책을 가동하였다. 이는 대량 생산과 양질 생산을 가장 효과적으로 접합하는 성공적인 시도로서, 주로 제작 라인에서 불필요한 생산과 낭비를 동시에 줄이는 혁신정책이었다. 논스톱 흐름을 지향하여 공정이 중단되게 하는 불필요한 동선(動線)을 삭제하고, 작업공간을 합리화하여 시간낭비를 줄인다. 그리고 제품의 문제점을 '바로 그때'(just-in-time) 해결하는 공정이라는 측면과 잉여생산을 줄이는 측면에서도(Rifkin, *End* 96-100) '린 생산'이라는 명칭에서의 "lean"이 가진 의미가 설명된다. 적재적소

---

2 사정이 이쯤 되면, 맬더스(Malthus)가 '인구론(人口論)'(1798년)에서 말한 바, 늘어나는 인구를 제어하지 못할 경우, 부족한 농산물에 맞추기 위해 전쟁이 불가피하다고 말했지만, 오늘날 전쟁은 식량 때문이 아니라, 석유와 같은 자원 때문이거나, 오히려 잉여 농산물 때문에 전쟁이 일어날 형편이다.

적기의 '린 생산관리'를 좀 더 넓은 영역에 적용하면, 미국처럼 넓은 땅에서 왜 넓지 않은 도심지에 100층짜리 고층빌딩의 숲이 형성되는가, 그리고 우리나라로 말하자면, 또 하나의 행정 수도로서 서울에서 멀리 떨어져 있는 세종시가 왜 비효율적인가를 설명할 수 있다.

그런데, 일자리와 연관하여, 생산 공정 혁신 후에 벌어지는 일련의 사태는 문제가 그렇게 단순치 않음을 보여준다. 생산 공정 자동화는 오늘날까지도 노동자들의 저항에 부딪치고 있다. 1970년경 자동화에 맞서 실업 문제를 제기하는 사람들에게 네오 러다이트(neo-Luddite)라는 딱지가 붙었다(포드 71). 그리고 오늘날 현대자동차 노동조합은 생산라인—다른 곳에서는 이미 만들어져 있는 것이라 할지라도—을 혁신하려 할 때는 반드시 노조의 허락을 맡아야 한다고 규정하고 있다. 그런데 이는 노조의 이기적이고 예외적인 저항만은 아니다. 진정 오늘날에는 기술에 의존하여 인력을 줄이는 업체에게는 더 많은 짐을 지도록 제도를 전환해야 할 상황이다(포드 389, 425). 또한, 맥도널드 햄버그 매장에 아직 일자리가 있는 것은 저렴한 최저임금 덕분이며, 임금을 많이 올리면 노동자를 기계로 대체할 것임은 불을 보듯 뻔하다. 요컨대, 시장은 자동화를 원하고, 노동자와 정부주도 경제는 이를 저지한다(포드 395). 기계로 의한 일자리의 부족은 사실상 20세기 중반 이후 해결해야 할 과제로 언제나 등장했다.

기계가 제조업을 담당하자 인간은 서비스업으로 몰려났고, 따라서 서비스산업이 부흥하였다. 사실상, 도시에 거주하는 거의 대부분의 인구가 물류나 서비스 산업에 종사하여 먹고 살지 않는가? 그리하여, 지금도 의료 서비스 산업은 물론 이거니와 도박에 이르기까지 서비스 산업에서 집중적으로 일자리 창출을 말하지 않는가! 그런데 이제는 컴퓨터 소프트웨어와 IT 산업으로 제조업을 너머 서비스 부문에서도 기계가 인력을 대체하고 있다. 홈쇼핑 등에서도 보듯, IRS 전화와 컴퓨터로 직접 주문하고, 자동차에 앉아 패스트푸드 주문이 가능하므로 중간 직원이 소용없게 되었으며, 현대해상 다이렉트, 삼성화재 다이렉트 등의 도입으로 시간과 이동거리가 줄어들고 대리점이 사라진다. 그리고 도서 전문(全文)을 다운로드할 수 있게 되어 서점이나 지역 도서관은 문을 닫는 추세이다.

더욱이, 근래에는 로봇의 계발이 가속화하였다. 로봇은 제조와 서비스 양면에서 전(全) 방위의 노동현장에 적용이 가능하여, 인간노동자는 이제 이직할 곳조차 없게 된다. 드론을 예로 들어 보면, 씨뿌리기, 해수욕장 공중비행, 폭탄투하, 화성탐사 등의 역할을 하고 있고,—이미 1997년 제임스 카메론 감독의「타이타닉」영화에서 선 보였듯이,—해양드론은 국내에서도 독도와 울릉도 지역 해저탐사에 동원되고 있으며, 흥미롭게도 시험감독 드론이나 공기청정기 드론도 등장하고 있다. 청소나 요리는 물론이고, 농담도 하고 위로의 말까지 하는 로봇이 나왔다.「로봇과 프랭크」(2012년)라는 영화에서는, 치매노인을 보살피는 정교한 가정용 로봇이 전업주부의 가사노동 및 가족의 보살핌마저도 배제한다. 근래에는 3D 프린팅이라는 기술이 계발되어 미래의 고숙련 제조업도 컴퓨터가 담당할 것으로 보인다. 적층제조라고 불리는 3차원 인쇄 방식은 조립을 필요치 않기 때문에 어떤 특정한 분야에서 더 각광을 받는다. 이식용 인체장기 프린팅, 자동차 부품 프린트, 음식물 프린팅, 건설용 3D 프린팅이 이미 예상되고 있다(포드 275-81).

요약하건대, 기술문명의 발전으로 말미암아, 농업인구의 끝이 가장 먼저 왔고, 이어 블루칼라의 종말과 함께, 사실상 서비스 노동자마저도 존재를 위협받고 있어, 몰락하는 중산층을 보게 된다. 오늘날에는 노동자에 의한 생산성 향상이 아니라, 노동자를 대체하는 하이테크가 문제이다. '인간이 없는 기계' 시대로의 길이 활짝 열려, 이제는 양(羊)이 아니라 '소프트웨어가 세상을 먹어치우고 있어'(포드 173), 일자리는 순식간에 소실되고 있다. 지금으로서는, 가까운 미래에 창조적 직업, 정서적, 심리적, 종교적 직업만 살아남을 거라는 예상이 지배적이다. 더 섬세하거나, 더 창의적이거나, 더 아름다운 사유와 미학을 좇는 사람이 직업을 유지될 수 있게 된다. 그렇지 못하면 미래의 실업자가 된다.

여기서 잠시, 일자리 수급을 위한 창의와 혁신의 주역이 되어 온 시장경제, 그리고 오늘날의 일자리 상실과 연관된 경제현상을 경제이론의 측면에서 고찰해 보고자 한다. 제조업에서 생산성 증가가 임금 상승을 보장하여, 노동자들은 소비를 더 많이 할 수 있었다. 소비를 통해 창출되는 수요의 증가가 있어야 생산성을 높일 이유가 생기고, 그래야 임금이 상승한다. 이러한 생산성 향상과 임금 상승의 공생관계는 1970년대 이래 허물어지기 시작했다(포드 12). 산업혁명 이후 분업으로 산업이 지속적으로 전문화하였고, 우수한 기계의 사용으로 자동화하여 혁신을 이룬 생산성 향상으로 말미암아, 이제는 공급과잉으로 소비가 미덕이 된지 수십 년이 흘렀다. 소비를 해야 재투자와 일자리가 생기므로, 소비위주의 경제정책이 활개를 치고 있는 후기 산업사회가 된 것이다. 더욱이 최근에는 로봇과 소프트웨어가 생산 및 판매직을 차지하여 잠재적 소비자로서의 노동자를 일터로부터 내쫓고 있는 형편이다. 어떤 해석에 따르면, 시장경제 체제에서의 자유경쟁을 말하는 아담 스미스의 『국부론』은 1900년대 수요가 공급보다 많을 때 인기를 끌었다. 스미스가 제시한바, 분업에 의한 핀 제작 생산성 향상의 사례는 지금도 너무나 유명하다. 그런데, 기계에 의한 자동화 때문에—그리고 이후의 일이지만, 포디즘과 같은 생산라인 혁신책이 속속 등장하여,—공급이 수요를 급속히 능가하게 되자, 경제공황이 생겼고 케인즈의 국가주도 경제정책이 적용되어야 했다는 것이다. 즉 자동화와 효율적 제조 관리로 말미암아 노동자들이 일자리를 잃고 봉급을 못 받으니, 위축된 수요가 과공급을 소화하지 못하여 생긴 경제현상이 대공황(1929년)이라는 것이다.

1995년에 출판된 제레미 립킨의 『노동의 끝』(The End of Work)이 이미 그 문제를 말하고 있거니와, 이 책의 부제는 '글로벌 노동력의 쇠퇴와 탈(脫) 시장경제 시대의 여명'이다. 노동의 사라짐으로 시장에서 축출된 사람들로 말미암아, 탈시장 패러다임이 생겨났다는 것이다. 그리하여 맑스가 예견하듯이, 대다수 시민들이 실직하여 소비능력을 잃고, 과잉공급이 만들어져 경기불황은 계속될 것인가? 맑스주의자들은 블루칼라의 몰락과 연관하여, 오늘날 "기계가 새로운 프롤레타리아가 되었고, 노동자는 해고 통지서를 받았다"고 외쳤다(Rifkin, *End* 7). 맑스 자신도 노동자와 기계의 대립을 예상하여, "노동이 마지막으로 변신"(last . . . metamorphosis of labor)한 모습이 기계일 것이라고 말한 바 있다. 기계와 공장설비는 자본의 일부이고, 이를 통하여 자본가들이 노동자가 만든 부과가치를 챙긴다는 생각에서, 이제는 아예 노동자를 배격해 버리는 혁신적 생산수단으로서의 기계를 문제점으로 생각해야 할 상황이 되었다는 것이다(*End* 16-17). 맑스의 노동가치설은 노동이 모든 가치를 창출한다는 것이고, 그러한 잉여가치의 창출자로서, 그리고 사회개혁의 주체로서 노동자가 가장 중요한 존재들인데, 그들이 기계 때문에 노동의 기회 자체를 박탈당한다면, 가치 창출 및 개혁의 주체가 누구의 몫인가가 문제거리일 수 있다. 이런 점에 있어서는 기계가 맑스주의자들의 고민이기도 할 것이다. 그렇지만, 맑스 자신도 예견했듯이, 자본의 일부로서의 기계가 자본주의 시장경제를 위축시키기 때문에, 맑스주의로서는 대단한 반사이득을 챙긴다. 노동자는 소비자이기도 하지만, 기계는 소비하지 않으므로, 일자리를 잃은 대중이 점점 더 위축되는 소비자로 남아, 자본주의의 모순은 더 빠른 속도로 심화한다는 것이다.

물론, 실직의 위기에 관한 이런 생각에 대해서는 반론도 있고 반증도 있어 왔다. 일자리 잃음에 못지않게, 그 위기를 극복한 사례가 지금까지의 경제 현상의 대다수를 차지했고, 그 방법을 찾는 것이 주류 경제학의 역할이었다. 일자리를 잃어 값이 싸게 된 노동력은 쉽사리 다른 혁신산업에 고용될 수 있었고, 또한 기계에 빼앗긴 노동력이 제조업이 아닌 서비스산업에 재투입되어질 수 있었다. 지금까지는 이런 자본주의의 생존전략이 들어맞아 난점을 그럭저럭 해결해 왔다. 자주 언급되는 예들을 살펴보자. 19세기 초 전기의 발명과 함께, 매일 저녁 런던 거리의 가스등을 점화하는데 투여된 수 만개의 일자리가 한순간에 없어졌지만, 그들은 일자리를 옮길 수 있었다. 우리나라의 최근 30년 정도를 보아도, 무선응

답장치에 의해 전화교환수가, 버스 토큰이나 교통카드에 의해 버스 안내원이, 워드프로세서 때문에 타이피스트들이 사라졌지만, 지속적인 문제는 아니었다. 오랜 기간 음악 감상 기구의 독보적 존재로 군림하였던 에디슨의 축음기와 LP는 워크맨과 디스켓(컴팩 디스크)에게 자리를 내주었고, 이제는 그런 기구가 아예 필요 없는 혁신적인 MP3가 시장을 장악하게 된 것과 마찬가지로, 잃어버린 일자리는 다른 패러다임에서 창출된다. 대규모 슈퍼마켓이 골목 상권을 위협하여 일자리를 줄인다고 말하지만, 사실은 반드시 그런 것은 아니다. 골목 가게 혹은 슈퍼에는 고작 몇 백 개의 상품이 있지만, 큰 슈퍼마켓에는 몇 만개가, 미국 월마트 같은 곳에는 수 십 만개의 상품이 진열되어 있는데, 이와 같은 다양한 상품의 출현과 소비가 더 많은 수의 공장과 일자리의 창출을 이끌어 오는 것이다. 인류의 창의적 혁신정신은 언제나 옛 틀을 깨고 혁신해 왔으며, 시장은 노쇠한 기업을 자동폐기하고 자원을 재분배함으로써 생기를 유지한다는 것이다. 조지프 슘페터(Joseph Schumpeter)의 혁신적 기업가와 '창조적 파괴' 경영이론이 그렇게 충고하고 있듯이, 20세기 중반 이후 일자리 창출 문제에 늘 시달려 온 인류에게 이른바 '창조경제' 식의 접근법이 유일하게 일자리를 만들어 왔던 것이다.

그런데, 최근의 인공지능의 발빠르고 눈부신 약진은 이러한 시장경제 패러다임을 진정코 무력화하는 듯 보인다. 이제까지는 기계와 로봇의 계발이 주로 육체노동을 대체하는데 사용되었다면, 지금은 인공지능의 출현으로 전문직이 더 위협을 받고 있다. 사용자가 의도하는 움직임을 로봇이나 드론(무인비행기)이 실행케 하려면, 장치를 일일이 기계 속에 만들어 넣어야 하므로 단계를 높이는데 많은 시간과 노력이 필요하다. 반면, 인공지능은 프로그램화된 컴퓨터이므로 데이터 주입과 시뮬레이션 작동이 실시간에 가능하기 때문에, 훨씬 더 빠른 속도로 업그레이드된다. 인공지능이 담당하는 분야에서 기존장치를 대체하는 속도가 로봇이 해당분야에서 대체하는 속도보다 훨씬 더 빠르게 되었다는 것이다. 그리하여, 로봇이 대체할 미화원, 배관공, 정원사 등의 블루컬러 노동보다, 오히려 의

사, 회계사, 프로그래머 등 고숙련 지적 능력 직업이 더 빨리 없어진다고 예측하게 된다.

외과수술 로봇, 가상 사무실, 컴퓨터 소설과 음악 등이 시험되고 있는 현재의 기술문명의 수준만으로도 일자리가 심각하게 위축되는 것이 사실이지만, 미래의 인공지능은 현재보다 훨씬 더 어려운 일도 손쉽게 처리할 것으로 보인다. 위에서도 말했지만, 인공지능은 실시간 들어오는 빅데이터를 손쉽게 처리하고 시뮬레이션을 통하여 스스로 배운다. 구글의 경우, 딥 런닝(deep learning)이라 불리는 인공지능 학습 프로그램은 축적된 데이터를 컴퓨터에 주입하여 인간지식을 먼저 습득케 하고, 이를 두뇌신경계와 알고리즘으로 스스로 돌려보게 한다. 인공지능은 이러한 반복 강화학습 및 연산능력을 극대화하여, 마침내 스스로 생각하여 판단하는 자율능력을 지니게 된다. 더욱이 인공지능은 인간이 처리할 수 없는 엄청난 양의 데이터를 순간적으로 처리하고, 알고리즘에 의해 자생적으로 프로그램을 폐기하고 새로운 프로그램으로 진화할 수 있는 능력을 갖추었다. 데이터의 계속적 입력과 판별기법의 개발로 인해 인공지능과 인간두뇌의 거리가 좁혀져, 바야흐로 인간과 기계, 과학문명과 인문학 및 예술의 끝없는 경주가 펼쳐지고 있다.

그리하여 개별기업이나 월스트리트의 예측을 인공지능 컴퓨터가 대신할 것은 물론이고, 건강관련 제품이나 화장품 구매에 관련된 빅 데이터는 어떤 여성 구매자의 임신 날짜를 조기에 예측하여 임산부 제품을 홍보하는 메시지를 자동으로 보낸다(포드 145-46). 그리고 주지하듯이, 1997년 IBM의 '딥 블루'는 당대의 체스 챔피언을 이겼고, 그 후속타자로서 IBM 왓슨은 기계로서는 대처하기가 훨씬 더 까다로운 TV 지식 게임 '제퍼디'에서 우승하였다(포드 16; 158-64). 인공지능의 기대 이상의 성과로서, 올해에는 구글사가 딥 마인드(Deep Mind)를 합병하여 개발한 인공지능 알파고(AlphaGo)가 이세돌 같은 최고의 인간지능 바둑기사마저 제압한 바 있다. 이 대국이 진행되는 동안, 방송사는 바둑알, 바둑판을 만드는 소위 수공업 달인의 제작과정을 방영하였다. 알파고 때문에 바둑판과 알이 잘 팔려 갈 것인가? 아닐 것이다. 궁극적으로는 바둑알과 바둑판을 만드는 직공이 없어지고, 바둑기원이 운영을 멈추고, 전문기사도 없어질지 모른다. 체스, 장기, 화투, 트럼프 놀이에서 컴퓨터가 게임의 대상이 된지 오래이다. 그리고, 로봇은 육체노동을, 인공지능은 정신노동을 담당할 것으로 분류되지만, 로봇에 인공지능을 부착하면 두 가지 노동을 동시에 할 수 있게 된다. 자동차에 인공지능을 부착하면 이미 시험되고 있는 자율주행 혹은 무인차를 넘어, 졸음운전이나 음주운전 시 엔진이 멈춰 사고를 방지할 수 있게 잡아 준다. 그리고 헬스케어 로봇에 환자의 개인 사정을 이해하는 인공지능을 조합하면 완벽한 주치의가 된다. 요컨대, 기계가 처음에는 블루칼라를 축출했지만, 지금은 화이트칼라도 축출한다. 호모 사피언스를 '로보 사피언스'가 대체할 수 있게 된 것이다.

지식의 측면에서도 인공지능 및 정보산업의 경제적 파급효과는 바로 이전 시기의 소프트웨어가 그랬던 정도를 뛰어 넘어 인간노동을 초토화시킨다. 되돌아보면, 봉건 시대에는 대부분이 문맹이었지만, 구텐베르그 금속활자가 만들어진 때에 저작권도 도입되어 출판물의 대량창출로 서유럽 인문학 및 과학 지식의 대폭발이 이루어졌다. 근래에는 하이테크 정보산업이 금속활자 발명에 버금가는 지식보급의 성과로 각광받고 있었다. 기계 및 소프트웨어 발전 속도를 따라잡기 위하여, 특별히 노동자의 하이테크 교육이 주요 과제로 손꼽혀 왔던 것이다. 그러나 정보 산업은 이러한 기술교육을 무용지물로 만들 만큼 독자적인 기능을 갖춰 성장 발전하였고, 나아가 인공지능의 계발이 인간두뇌의 연산능력 자체를 무색케 하고 있다. 즉, 고단위 기술숙련 노동자 및 지식인이 지식 및 정보 산업의 일자리를 차지하던 시대도 지나갔다는 것이다. 그리하여, 오늘날, 다수의 무노동자 혹은 저임금자가 존재하는 반면, 슈퍼리치 기업에 종사하는 전문직 직원은 소수이다. 저임금이기 때문에 맥도날드의 노동자는 여전히 존재하고, 특히 월마트와 연관된 노동자 수가 수십만 명에 달한다면, 고급지능을 요하는 기업의 직원 수는 불과 수천 명으로 충분하다. 고성능 컴퓨터를 조작하고 빅 데이터를 다루는 소수의 지적 하이테크 기술자만이 살아남아 빈부격차를 심화한다는 것이다. 이렇게 기술발전과 교육의 경주는 결승점에 도달했고 기계가 고숙련 직종까지도 넘보는 것이 현실이라면, 인간이 기계와 협력해야 할 것이 불가피하다고 느끼게 된다.

빅 데이터를 돌려 최대 다수의 가능성을 보이는 바를 선택하는 알고리즘 방식에서, 아직 미진한 부분이 있는 것은 물론이다. 그리고 로봇이 아직은 충분히 정교화하지 않은 단계이며, 해결해야 할 윤리 문제도 남아 있다. 비근한 예로서, 「로봇과 프랭크」라는 영화에서는 가족들도 차례로 팽개쳐 버린 독거 치매노인과 대화하고 건강을 돌보고, 요리까지 하는 로봇이 등장한다. 이 로봇은 노인의 고약한 습관인 물건 훔치기에도 동참하고, 자신의 몸에 기록된 자료를 삭제하여 노인을 보호하는 기특한 존재이지만, 이는 물론 노인에 대한 경찰수사를 방해하는 행위이다. 이 노인용 로봇은 로봇의 순기능 뿐 만 아니라, 로봇이 가질 수 있는 윤리문제를 동시에 제기하는 것으로 읽혀야 한다. 로봇의 역기능의 사례는 다양하다. 로봇은 전선(戰線)에까지 등장하여, 최근에는 스티븐 호킹스 박사 등이 드론 킬러로봇에 대해 심각한 우려를 표시하였다. 드론은 물론 테러에도 사용될 수 있으며, 무허가 비행 및 사생활침해의 우려도 낳을 수 있다. 또한, 마이크로소프트 회사가 올해 개발한 인공지능 채팅 로봇 '테이'(Tay)는 인종차별적 막말을 쏟아놓아, 16시간 만에 가동이 중단되었다. 2년 전에 나온 영화 「그녀」(Her; 2014년)는 감성적 채팅을 통하여 인간과 인공지능이 연인 관계처럼 다정한 사이가 되고 있음을 보이고 있지만, 이는 아직 영화에서만 그러하다.

이런 불완전한 로봇의 예는 자의식이나 자유의지가 없는 로봇을 확보해야 한다는 아이작 아시모프(Asimov)의 말을 떠올리게 한다. 아시모프는 일찌기 『아이, 로봇』(I Robot; 1950년)에서 로봇이 인간을 위해서 작동해야하고, 로봇 자신을 지켜야 한다는 취지로 로봇의 삼 원칙을 말하였다. 로봇의 진일보한 형태로서 인공지능은 스스로 데이터를 조합하므로, 악의 요소, 특히 권력의지를 추출하여 인간처럼 행동할 수가 있다. 아래에서 토론할 것인바, 「2001 스페이스 오디세이」에서 슈퍼컴퓨터가 인간을 기만한 것이나, 「블레이드 러너」에서 인간을 살해해야 하는 인조인간의 예가 그것들이다. 이 때문에 빅 데이터 속의 사악한 인간적 요소를 삭제해야 한다면, 인간에게 최대한 가까워지고자 하는 인공지능 로봇은 반쪽짜리가 되고 말 것이다. 그리고 사람들 사이에서도 논쟁점이 되고 있는 윤리의 문제는 어떠한가? 마이클 샌델이 『정의란 무엇인가?』에서 던지는 숱한 딜렘마의 경우를 로봇이 어찌 감당할 수 있겠는가? 예컨대 보행자와 주행자 중 어느 편을 살릴 것인가 라든가, 사고의 책임은 누가 질 것인가 라는 문제가 남아 있기도 하다. 윌 스미스가 주연으로 나오는 영화 「아이, 로봇」(2004년)은 아시모프가 로봇 3원칙을 제시하고 그 원칙에 입각하여 예상되는 문제를 다루는 동명의 단편 소설 모음집 중의 한 하나의 이야기를 영화화한 것이다. 이 영화에서 물에 빠진 아이와 어른 중, 어른인 주인공은 아이를 구하라고 로봇에게 외쳤지만, 로봇은 어른을 구한다. 합리적인 사고방식을 따라 로봇은 생존 가능성이 더 큰 어른을 구했지만, 인간의 윤리는 보통 아이를 먼저 구하라고 말하지 않는가? 살아남은 주인공은 아이에 대한 죄의식에 시달리고 로봇을 혐오하게 된다. 이는 아직 불완전한 인공지능 로봇의 예들이지만, 훨씬 향상된 인공지능이 현실로 다가오기에는 시간만이 문제이다. 과학 공상소설과 영화도 점점 그 가능성을 높이는 꿈을 꾼다.

'일의 끝'의 주제를 마무리해 보자. 생산성이 주된 과제였을 때에는 기계가 그 요구에 부응하여 생산성향상과 임금상승의 공생관계에 이바지하였다. 오늘날은 근대 이후의 급속한 성장엔진이 꺼지고 인공지능 등 고성능의 기계화로 인한 실업이 전방위로 펼쳐지고 있어, 사태를 실로 어렵게 만들고 있다. 인공지능이 본격화하는 요즈음보다 이른 시기에 이미 제레미 립킨은 시장경제 패러다임의 붕괴를 내다보았거니와, 사태가 이쯤 되면 끊임없는 혁신으로 성장을 선도하는 주요 대기업이 낙수효과(trickle-down)를 창출한다는 시장경제 체제를 신뢰하기가 어려워졌다는 것을 인정해야 할 것으로 보인다. 인간노동을 기계가 대체하고 독과점이 심화하여 장기불황의 탈 시장경제의 시대가 열린다면, 어떤 종류의 분배 정책을 펼쳐 시장을 활성화해야 할 것인가가 문제로 떠오르게 된다(*End* 41, 56). 첨단기술의 승자와 패자는 있는가? 기계가 더 완전해진다면, 진정 인간을 대체하고 일의 끝을 가져 오고야 말 것인가? 비관적일 필요는 없지만, 어두운 전망이 당분간은 더 선명할 것으로 보인다.

2. 몸의 끝

기술문명은 사람의 일자리뿐 만 아니라 몸도 잠식한다. 역사적으로 흑사병, AIDS, 원폭 등에 의해 몸의 경우도 끝의 위기를 맞이한 때가 많았지만, 일자리 상실을 극복해 온 것처럼, 의술문명의 발전으로 인류는 몸의 위기를 잘 관리해 왔다. 그런데, 기계문명은 일자리에 끼친 역기능 못지않게 몸의 소멸에도 기여하고 있다. 이에 관하여 살펴 볼 차례이다. 먼저 몸에 관한 의식의 변화를 역사적으로 살펴본 후, 오늘날에 나타나는 몸의 끝의 현상을 토론할 것이다. 이를 미리 개괄해 보면, 다음처럼 말할 수 있다. 전(前) 근대의 몸이 우주와 공동체의 질서에 상응하는 몸이었다면, 16세기 이후로 개별화하였고, 이 개별화는 해부의 대상으로서의 신체, 기계로서의 신체부위라는 생각과 함께 나타나, 몸의 동력화 및 기능화를 통한 착취에 이론적 근거를 제공하였다. 더불어 근대가 본격화하는 18세기에는 사회규범에 의한 몸의 통제가 뚜렷하게 시행되어, 몸은 또한 정치권력의 대상이 된다. 이러한 몸의 경제 및 정치적 공학화와 규범적 권력의 대상으로서의 몸은 기술 혹은 의술 문명의 발전과 궤를 같이 하는 것이었다. 그런데, 현대에 이르면 이러한 기술문명의 급속한 발전의 결과로서 우리 주위에 수많은 기계와 세균 등의 몸의 침범자들이 존재하며, 인간의 몸이 기계와 약물에 의해 잠식되고 대체되는 현상이 보편적이 된다. 생물적 몸의 끝이라는 인식이 가능해진 것이다. 몸의 소멸이라는 위협이 팽배해진 오늘날에는 동시에 근대 이후 억압된 몸이 향락의 몸으로 변화하는 특이한 현상을 나타내고 있어, 이 또한 특별한 토론거리가 된다.

몸의 의식에 관한 큰 변동은 르네상스 시기, 그리고 보다 더 본격적으로는 18세기 모더니티 시기를 기점으로 벌어진 현상이 중심이 된다. 전(前) 근대에는 개인과 우주의 질서가 차이가 없는 것으로 여겨졌는데, 17세기에 몸은 대우주에 상응하는 조화로운 소우주라는 추상적 관념에서 처음으로 벗어난다. 전(前) 근대에서의 몸의 의식을 먼저 살펴보면, 중세교회의 성유물로서의 성인의 신체 부분들은 하나의 온전한 몸의 제유(提喩)이고, 하나의 몸은 예수의 '신비한 몸'으로서의 통합된 교회였다(브르통 45). 성인의 육체부위가 흩어져 보관되지만, 이 성유물이 자주 일으킨다고 믿어지는 기적들은 하나의 종교로 신자들을 끌어 모은다. 성유물은 결국 하나의 기독교 왕국을 위한 선교 기능을 수행하기 위해 산포되어 있을 뿐이다. 그리고 프랑수와 라블레의 작품, 그리고 이를 해석하는 미하일 바흐찐의『라블레와 그의 세계』(Rabelais and His World)가 잘 토론하고 있듯이, 르네상스 초기의 그로테스크한 개별적 몸은 사회 공동체의 일부이며 카니발 문화의 몸이다(브르통 45, 37). 먹고 배설하는 하체부의 몸, 먹고 배설하는 구멍으로 안과 밖의 경계가 흐려진 몸은 뒤집힌 세계 질서의 비전을 제공하지만, 카니발 행사 후에 더욱 공고해지는 공동체 결속과 현상유지의 이데올로기를 전제하고 있었다.

근대 초기, 즉 후기 르네상스 이후로 이러한 공동체적 몸은 종말을 고한다고 말할 수 있다. 우주와의 상응 원리에 의해 해석되는 개인의 몸, 예수의 지체(肢體)로서의 개별 신자들의 몸, 사회통합의 카니발 문화의 그로테스크한 민중적 몸은 모두 르네상스 이후의 상업적이고 개별적인 부르주아 주체의 몸에 의해 대체되었다. 르네상스 이래, 몸은 우주, 자연, 공동체와 분리되어 '내 몸'이라는 생각이 주체와 객체의 구분을 가능케 하였고(브르통 8, 35-6), 특히 근대가 본격화한 이후로 인간의 몸은 타자의 그것과의 경계를 더욱 분명히 하였다. 우연한 신체접촉이 생기면 무례를 범한 것으로 의례껏 사과해야 하며, 불쾌한 냄새를 풍기는 것도 마찬가지였데, 그리하여 오늘날 "He stinks"라는 말은—냄새와 무관하게—성격이나 행동이 형편없다는 뜻으로 통용되게 되었다. 미셸 푸코가 지적하는 바, 이는 권력에 의한 마음 통제가 위생 및 건강의 규범적 몸 예절을 통하여 시행되는 것으로, 중세종교의 금욕주의나 체벌주의가 각인되는 몸과는 다른 형태로 몸에 각인되는 고통의 역사, 즉 사회규범 및 권력의 역사가 시작되는 것이다. 더불어, 이때부터 몸은 또한 단장되고 단련되어야 할 물건이 되었다. 이는 근대의 끝까지 지속된 것으로 보이며, 이의 직접적 원인은 중세 말기 및 르네상스 초기에 생겨난바, 하늘에 쌓는 재산보다는 현실에서의 물질축적을 유도하는 현세주의, 그리고 점점 불확실해지는 사후세계에 대한 반작용으로서 유한적 존재로서의 시간의식, 즉 죽음의식과 연관이 있다.

개인화하는 신체 의식은 개별 신체의 부분화 의식과 함께 등장하였다. 이를 살피기 위해 르네상스 시기로 다시 되돌아가서, 근대 해부학의 탄생을 눈여겨 볼 필요가 있다. 사변적인 아리스토텔레스의 의학에서 한층 진보한 갈렌의 신체학과도 다른 패러다임의 해부학이 안드레아스 베살리우스(Andreas Vesalius)에 의해 도입되어, 신체는 본격적이고 전문화된 해부의 대상이 되었다. 베살리우스의 초기 인체해부학(1543년)에서—레오나르도 다 빈치의 인체해부도는 이보다 50년 정도 일찍 그려졌는데, 당시에는 거의 공표되지 않았다—해부되는 몸은 우주와의 접합이 끊어진 독자적인 소우주가 되었고, 이때쯤에는 우주도 마찬가지로 무한한 공간을 횡행하는 원자로써 구성되어 파편화한 모습으로 등장하게 된다. 지동설을 공표하여 세상을 놀라게 한 코페르니쿠스의 조각난 우주의 개념은 해부되어 조각난 인체를 말하는 베살리우스의 저술과 나란히 1537년에 동시에 출간되었다(브르통 67). 이러한 새로운 파편화한 세계관에 조응하는 해부 의술은 이전과는 전혀 다른 의미를 띠게 된다. 그 이전에는 파편화한 신체가 불경하게 보이거나 금기시되었다. 중세에서 유래한 이발관 표지가 정맥과 동맥을 가리키는 데에서 암시되듯이, 외과의사와 이발사가 비슷한 의술행위를 했음은 잘 알려져 있지만, 사실상 이들은 고깃간 주인이나 사형집행인과도 연결되었다. 이들은 모두 몸을 절단하는 금기를 다루는 직업인으로서 동격으로 취급되었다. 또한, 베살리우스 이전에는 해부가 의사나 의학교수가 아닌 해부사에 의해 교육되었고, 인체해부는 금기시되어 동물해부가 인체 탐구를 대신하였다. 그리고 중세의 형벌제도, 즉 범죄자나 사형수의 신체를 훼손하거나 사지를 절단하는 것은 공동체로부터의 파문을 선포하는 일과 동일한 것이었다(브르통 42, 46-47). 요컨대, 개별화된 몸 의식과 더불어, 신체 해부가 금기에서 풀리고 의술의 권위까지도 획득한 것은 근대 이후였던 것이다.

몸이 기계이고 신체부위가 기계의 부품이라는 생각도 근대 초기에 등장한다. 이는 해부학의 탄생과 같은 시기였다. 17세기 초반 르네 데카르트에게 인간 정신은 "생각한다, 고로 존재한다"(cogito, ergo, sum)의 의미를 충족시켜 자율적 주체가 되었으며, 자연과 몸은 수학적, 기계적 유비(類比)로써 설명되기에 이르렀다(브르통 83, 305). 우주는 창조의 순간에 신이 운동력(영혼)을 부여한 하나의 기계이다. 인체가 우주의 원리와 상응하는 하나의 유기체라는 의식에서 멀어져, 신체 부위가 각기 독립적으로 작동하는 하나의 개체로서의 자동장치처럼 그려지기 시작하였다. 데카르트에게 인간은 영혼에 의해 움직이는 자동기계이고, 동물은 그야말로 영혼이 없는 기계 자동장치이다(automata; Rifkin, *End* 43-44). 해부가 가능하여 부분화한 몸의 지체는 바퀴와 평형추이며, 근육과 힘줄은 용수철과 톱니바퀴와 다를 바가 없게 느껴지는 것이다. 데카르트의 기계적 인간론은 거의 1000년 동안 영향을 행사한 갈렌의 의학(Galen, 129년)과는 대조적인 해부학자 베살리우스와 연결되고, 그리고 몸에 순환하는 혈액의 양을 산술적으로 계산하였고 혈관을 몸의 도관(導管)으로 보는 윌리엄 하비(William Harvey, 1628년)와도 연결된다. 데카르트와 같은 방식으로, 심장을 수원(水源)에, 두뇌의 오목한 부분을 맨홀에, 근육과 힘줄을 도구 및 용수철에 비유한다면(브르통 91-93), 이는 중세적인 '몸의 정치학'(body politic)과는 완전히 달라진다. 중세의 '몸의 정치' 수사학에 따르면, 머리는 왕이고, 심장은 성직자이며, 사지는 농민인데, 이것이 각각 맨홀, 수원, 용수철로 정확히 대체되는 것이다. 근대 이전의 통합적 사회를 말하는 중세적 몸의 이데올로기는 신체가 하나의 유기체로서 분리불가하다고 믿었지만, 근대에는 몸이 언제든 분해가 가능한 기계부분이라는 생각으로 바뀌었다.

17-18세기 쯤에 이르면, 인체해부는 신뢰받는 의학이 되었을 뿐 아니라, 의술이 권력의 차원에 이르는 데에 결정적인 기여를 하게 된다. 미셸 푸코가 말하고 있듯이, 해부에 의해 가능해진 신체 관측 이후에 의사가 작성하는 처방이 권력을 지니는 근대 의학담론으로 변형되었다. 푸코의 이러한 관점은 해부되는 신체 및 기계부품으로서의 신체라는 베살리우스의 의술 및 데카르트의 사유에 연이어 계발된 정치현상에 주목한 것이다(브르통 93). 푸코의 말을 들어 보자.

> 고전 시대는 육체를 권력의 대상 및 목적물로 보게 되었다. 몸에 주목하는 흔적들을 쉽게 찾을 수 있다. 이는 조작되고, 형성되며 훈육되는 몸인 것이며, 그리하여 순종하고 응답하며, 숙련이 되어 권력의 행사를 증가시킨다. 인간-기계에 대한 중요한 책이 두 기록부에서 동시에 쓰였다. 데카르트가 첫 부분을 쓰고 의사들과 철학자들이 계속 써 간 해부-형이상학 기록부와, 몸의 작용들을 통제하고 교정하는 것을 목적으로 하는, 군대, 학교, 병원에 연관된 규율들의 집합에 의해, 그리고 경험되고 계산된 방법들에 의해 구성된 기술-정치적 기록부가 그것들이다. . . 다른 한편으로, 찬양되는 기계 자동장치(automata)는 하나의 유기체를 도해(圖解)할 뿐 아니라, 정치적 꼭두각시, 권력의 소규모적 본보기인 것이다. (*Discipline* 136)

> The classical age discovered the body as object and target of power. It is easy enough to find signs of the attention then paid to the body--to the body that is manipulated, shaped, trained, which obeys, responds, becomes skillful and increases its forces. The great book of Man-the-Machine was written simultaneously on two registers: the anatomico-metaphysical register, of which Descartes wrote the first pages and which the physicians and philosophers continued, and the technico-political register, which was constituted by a whole set of regulations and by empirical and calculated methods relating to the army, the school and the hospital, for controlling or correcting the operations of the body. . . . A body is docile that may be subjected, used, transformed and improved. The celebrated automata, on the other hand, were not only a way of illustrating an organism, they were also political puppets, small-scale models of power:

푸코가 관측한 18세기 근대 해부학 및 신체규율(군대, 학교, 감옥, 병원 등)은 데카르트적 기계로서의 인간학에 밀접하게 연관된 것이다. 여기서 중요한 사실은, 일반 환자들의 신체를 해부하고 관측하는 의술행위는 공동체 안에서의 환자의 정신상태 및 인격까지를 정의하는 처방담론을 생산할 수 있었고, 이를 공적으로 유포하게 하는 권위를 획득하였다는 점이다. 몸에 가해지는 의술의 결과는 권력과 권위를 수반하는 담론의 형태로 일반대중에게 다가갔던 것이다(*Clinic* 111-22). 또한, 푸코는 의사의 공적 처방과는 별도로, 18세기에 개인의 몸은 스스로를 정화하도록 요구되었다고 말한다. 해부를 통하여 스스로를 드러내는 것과 똑같이, 개인은 자발적으로 은밀한 욕망을 고백하는 담론행위를 시행하였고, 이로써 스스로를 교정하고 정화하였다(*History* 58-63). 본격적인 모더니티 시대에 몸은 사회규범에 의해 정의되지만, 개별 주체의 욕구를 억압하지 않고, 학교, 정당, 병원 등의 기관에 참여하여 권력을 전유하고 발휘하는 방식으로 해소시키도록 허용하면서, 스스로를 교화하도록 하였다. 푸코의 이론을 요약하자면, 근대에 이르러 개인의 몸은 해부학적 정치(anatomo-politics), 전체 인구의 몸은 생체정치학(bio-politics)에 의한 훈육의 대상이 되었다(터너 131, 231). 이 단계에서 이미 생물적 몸은 사회적 통제 하에 놓인 몸의 담론으로 탈바꿈하였다.

근대의 몸의 억압과 신체의 훈육은 다른 분야의 예들에서도 드러난다. 벤자민 프랭클린(1706-1790)은 『자서전』에서 열심히 일하고 정욕을 절제하고, 모범적으로 죽음과 저승을 받아들이는 청교도적인 인물을 제공한다. 또한, 맬더스의 『인구론』(1798년)은 재생산(인구) 능력이 언제나 생산(식량) 능력을 앞지른다고 관측하고(터너 214), 이를 해결하기 위해 성욕 절제와 만혼을 권장하는 방식—그러나 정욕을 스스로 소화하는 행위는 비자연스러운 것으로 배격하면서—을 택한다. 이러한 몸의 규제는 막스 베버(Max Weber, 1864–1920)가 해설한 자본주의의 태동과도 연관된다. 그에 의하면, 중세 수도원의 금욕주의가 공장 및 가정에 전이되어, 근면하고 검소하게 생활하며 노동하는 인간형을 생성하였다는 것이다. 이는 칼빈주의, 그리고 퓨리터니즘의 종교윤리가 자본주의 정신의 태동을 가져 왔다는 베버의 잘 알려진 명제이다(터너 310-11). 따라서 베버에 의하면, 일(직업)은 신의 소명(calling)이고, 이윤추구와 경제적 성공은 신이 내린 축복인 것이다. 개인의 몸(욕망)의 억압이 자신에게 만족스런 부의 축적을 가져다준다.

요컨대, 근대적 사고에서 인간과 동물은 탈신성화하였다. 신에 의해 창조된 몸이 마치 태엽을 감은 시계처럼 보이고 모사되기 시작하였다. 인간, 동물 및 우주는 신에 의해서 창조되었음을 믿으나, 그들은 이제 신의 지속적인 개입으로부터는 멀어지고자 한다. 신은 더 우수한 기술자이고, 해부를 하는 인간도 기술자이다(브르통 92-93). 이 시점에서 해부의 대상 및 기계부분의 조합으로서의 몸은 고대, 중세이래로 유지되어 온 플라톤주의 및 기독교와는 다른 이유에서 경시되었고 새로운 이용 근거를 제공하였다. 몸의 감각작용이 정신 및 관념의 세계로 고양되어 한다는 신플라톤주의와 같은 전통적 입장보다는, 몸이 신체해부와 부품조립의 대상이라는 의공학적 관점에서 그러했던 것이므로, 새로운 차원의 정신과 육체의 이분법이 만들어졌다고 볼 수 있다. 몸은 경제적으로 기계부품처럼 동력화하는데 투여될 수 있었고, 정치적 통제를 위한 효과적인 수단이 되었으며, 개인의 몸(혹은 성(性))은 이러한 사회의 규범 및 필요에 맞춰 건전하고 건강하며 위생적이 되는 방식으로 스스로를 정화하고 관리하였다. 그럼으로써, 그들의 몸 자체가 권력에 순응하고 권력을 전유하여, 욕망을 억압하기 보다는 나름대로의 욕망의 분출을 스스로에게 허용하게 되는 것이다. 이와 같은 몸의 도구화는 정신과 육체의 이분법을 반성하고 몸의 가치를 재평가하고자 하는 포스트모던 시대 이전까지는 지속적으로 강화되어 왔다.

현대에도 유효한 몸의 기능화 및 도구화의 관념에 관하여 약간 더 부연하여 설명해 둘 필요가 있다. 근대의 몸은 베살리우스의 해부학, 데카르트의 기계적 인간 신체, 푸코가 말하는 해부 및 통제가 가능한 신체 등의 사유에서 시작되었다. 신체부위를 파편적으로 다루는 해부학과 마찬가지로, 우주 및 인간이 기계라는 데카르트의 사유는 자동기계의 모델로서의 몸이라는 생각을 요청하였으며(브르통 89), 이로써 데카르트는 이후의 산업사회를 예견한 것이라고 할 수 있다. 이러한 부분적이고 기계적인 몸의 관념으로부터, 몸의 사회적 착취, 노동자의 인체를 대신하는 컨베이어 벨트로서의 노동자(포디즘), 채플린의 기계적인 인간 신체재현, 기계부품으로 전락하는 맑스의 인간노동자 등, 노동으로 조직화할 수 있는 몸의 적용 및 몸을 사회적 필요에 따라 훈육하는 시도가 가능하게 되었다. 그리고 권력이 개인의 몸에 가해지고 개인이 권력에 순응하고 동참하는 새로운 형태의 정치학은 반드시 신체를 파편화하는 의술 및 담론을 근거로 생겨날 수 있었다. 뒤에서 토론할 것인바, 현대의 의술공학의 발전으로 신체부위를 바꿔 끼우는 보철기구가 점증하게 되고(브르통 94-96), 이로 말미암아 기계 위에 기계 부속품을 바꿔 끼워, 인간에게 죽음이라는 만기일이 점차 무의미하게도 되었다. 요컨대, 이미 근대 초기에 생물적, 자연적 몸의 끝이 시작되고 있었던 것이다.

현대, 그리고 이후의 포스트모던 시대에 이르러 몸의 관념은 16-17세기 이래의 정신과 신체의 이원론적 모델을 고수하면서도, 각 개인은 스스로가 사회규범에 맞춰 관리하고 정화하던 몸의 관념에서 풀려나, 각기 다른 방식으로 몸 자체를 유희적으로 해방하는 행위를 꾀하고 있다고 말할 수 있다. 중세 말 이래 증가하는 현세주의의 영향으로 인간은 몸을 보호하고 질병으로부터 해방되기를 추구하여 왔지만, 현대인의 몸 단장 및 단련은 자기가치를 전시하는 최후의 피난처가 되었다고 말할 수 있다. 특히 20세기 후반부터는 애지중지하는 몸, 상품화하는 몸의 출현이 분명해졌다(브르통 11). 개인화하는 몸에 관한 근대의 태도, 즉 사회적 에티켓 및 관례를 위한 몸 단장 및 단련이 억압적 성격을 내포하고 있었다면, 이제는 나르시시즘적인 감수성이 몸을 에워싼다. 조깅하는 몸, 태닝으로 그을린 몸, 근육질 몸매, 성형 및 약물에 도움을 받는 몸은 현대인들이 기꺼이 단련하고 장식하기를 즐기는 일종의 대리자아(alter-ego)가 되었다(브르통 179-80). 이런 측면에서 브르통은 현대에 이르러 몸의 억압이 해방으로 바뀌었다고 말한다. 사회규범의 전면적인 통제에 이끌려 건전하고 위생적인 몸 상태를 유지해야만 하던 근대인이 이제는 스스로 자기의 것이라고 생각하여 가꾸고 장식할 유일한 물건으로서의 몸을 생각하게 되었다는 것이다. 이것은 개인의 가치를 지키고자 하는 현대 개인주의의 자기 도취성과 연관이 있다. 그리고, 오늘날에 강화되어 나타나는바, 파편화한 몸의 의식으로부터 벗어나 통합된 몸을 추구하는 전체론(holism)이나 몸을 통한 이웃과의 감성 연대는 몸을 비하하고 객체화하던 이분법이 폐지되고, 몸이 원래의 위치에 회귀하여 주체화하는 경향을 반영한다는 것이다(182-186). 그렇다고 하더라도, 몸의 단련과 치장이 상품화와 연결되는 현대의 경향은 여전히 다른 방식으로 몸을 대상화하고 객체화하는 태도의 연장이라 말할 수 있다. 이에 관해서는 뒤에서 다시 토론할 것이다.

그런데, 전체적으로 보아, 현대인의 몸이 겪는 가장 보편적인 현상은 급속한 기술문명 발전으로 인하여 생물적 몸이 점차 잠식당하고 있다는 것이다. 오늘날 기계가 인체 부분을 교체하고, 약물이 인체를 통제하는 양상을 목격하기란 어려운 일이 아니다. 여기서 이 문제를 좀 길게 토론하고자 한다. 기계의 경우를 먼저 살펴보자. 데카르트에서 시작된 인간과 기계의 접합의 연장선상에서, 20세기 초엽 찰리 채플린의 「모던 타임즈」는 기계처럼 움직이는 인간의 몸을 표현함으로써, 기계부품처럼 전락한 인간의 소외와 비인간화를 재현한 바 있다. 채플린의 인간재현을 훌쩍 뛰어넘어, 오늘날에 와서는 문자 그대로 기계부품 자체가 몸의 구성요소가 되었다. 70-80년대 TV 주말 시리즈 「육백만불의 사나이」가 인기리에 방영되었을 때, 사람들은 뛰어난 신체 보형물로서의 기계부품을 생각하였고, 기계가 압도적으로 우세한 양을 차지하는 기계인간을 예견하지는 못 했다. 그러나 아이작 아시모프 원작의 「바이센테니얼 맨」(Bicentennial Man; 1999년)에서 그려진바, 몸을 로봇의 인공장기로 교체하여 인간은 로봇처럼 더 오래 살 수도 있고, 인체와 매우 가까운 인공피부와 장기를 부여 받은 로봇은 인간처럼 자연스레 늙을 수 있게 된다. 인간과 기계가 중간점에서 만나 융합을 이룰 전망인 것이다.

17-18세기에 과학문명이 인체를 해부하고 관측했던 것을 훨씬 뛰어 넘어, 이제는 과학 문명 자체가 몸속에 투여된다. 몸속에 부착되는 기계, 신체부분을 대신하는 인공물은 새로운 현상이 아니다. 미용을 위한 실리콘 주입, 치아 임플란트, 인공 관절 및 척추디스크는 이미 상용화하였고, 입는 스마트 폰도 출시되었다. 딕 체니 미국 부통령이 몸 안에 지녔던 심장박동 측정기계, 그리고 인공심장도 국내에서 시술되는 단계이며, 이미 인공관절이나 임플란트를 위한 우수한 금속이 나날이 계발되듯이, 장차 인공장기 상품의 일상적인 판매도 예상할 수 있다. 그리하여, 공항 검색대에서처럼 몸을 투시하는 엑스레이를 통과해야 할 때, 기계인지 인간인지 구분이 어려운 인간이 생겨날 수 있다. 「블레이드 러너」 영화에서도 겉으로는 인간과 전혀 구분이 안 되는 인공지능 로봇을 구분해내는 독특

한 인터뷰 방식과 동공(瞳孔) 검사가 등장해 있지 않은가? 우리 모두는 이미 점점 기계가 되어가고 있고, 변곡점을 지나면 기계인간으로서의 신분증을 새로 발급받아야 할지도 모른다.

근대 이후 눈부신 발전을 이룩한 것은 의술과 약물도 마찬가지이다. 해부와 수술, 페니실린 등의 항생제의 발전, 전염병 예방, 몸 안의 미로를 헤집고 다니는 눈으로서의 내시경(브르통 265)이 몸을 질병으로부터 구하고 있다. 그리고 근대 의학의 대상으로서의 몸이 시작된 이후, 인간은 특별히 약물에 대해서 벗어날 수 없는 의존성을 보여 왔다. 지금도 효력이 있다고 여겨지는 약초는 고대 및 중세부터 있어왔다 하더라도, 향료와 더불어 니코틴이나 카페인에 상습적으로 의존하는 인간이 생긴 것은 식민지 시장개척이 활발히 모색되던 근대 이후의 현상이었다. 비타민과 건강보조제 등 이제는 고령화 사회에서 장기 복용해야만 하는 약물이 더 많아졌다. 당료나 고혈압에는 규칙적인 약물복용과 측정이 필수적이며, 마약이나 스테로이드에 의존하는 경우도 생겨난다. 또한,―우스개 소리로 들릴지 모르나,―효과적인 피임약과 피임기구의 개발이 자유연애와 성의 해방의 일등공신이었다는 관측이 있었는데, 그러한 사회가 되면서 예기치 않은 상황을 고려하여 피임약은 상용 복용되고 있으며, 노령 사회에 접어들어 비아그라도 불필요하달만치 점점 일상화하고 있다. 약물이 의식변화를 용이하게 하고, 의식변화가 약물을 과다 복용하게 한다. 그리고 근래에는 뇌 속에서 신경을 통해 메시지를 전달하는 물질과 이를 수용하는 뇌의 경로를 겨냥하여 제조된 일종의 우울증 치료제, 즉 마약처럼 중독되지 않으며, 복용자의 인식적 능력에 아무런 부작용을 끼치지 않는 기분전환용 약물도 개발되었다(Bostrom, “What”).

우울증을 치료하는 약물이 나왔듯이, 인간의 여러 불완전한 기질이 뇌의 부분에 이미 문제가 있어서 그렇다는 것이 밝혀지는 추세이다. 그리하여 ‘내 탓인가, 뇌 탓인가’인가라는 유머도 나온다. 더불어, 인간이 성격은 물론이고, 비만, 동성애, 범죄, 자살 유발 유전자를 애초부터 가지고 태어난다는 연구도 활발히 진행 중이다. 환경이 아니고, 따라서 교육에 의해서가 아니라 뇌와 유전자가 이미 인간을 결정하고 있다는 것이다. 그러므로 약물과 유전자 치료법이 필요하게 된다. 이것들은 수줍은 성격을 교정하고, 질투심을 제거하며, 창의성을 높이며, 공감과 정서적 깊이를 증가시킨다. 지금까지 수 세기 동안, 자제, 단식, 체벌, 교육, 교화, 설교, 자기훈련 등에 열중하도록 가르친 근대의 훈육방식이 얼마나 불필요하게 고통스럽고 빗나간 처방이었는지를 말하게 되는 것이다("What"). 그리고 유전자 총 염기서열, 즉 게놈을 그릴 수 있게 되었으며, 이에 근거하여 유전자 설계에 의해서 원하는 아이가 태어날 수 있다는 인간공학적 우생학도 제출되고 있다. 자연은 결코 인간을 완전하게 만들어 내어 놓지 않으며, 따라서 우리가 그 불완전함을 보완해야 한다는 트랜스 휴먼적 생각이 점점 더 이 분야 연구자들의 뇌리를 사로잡고 있다.

그러나, 우리 일반인은 유전자와 뇌를 향한 약물과 치료법이 인간의 몸을 원만히 해방하는가, 아니면 오히려 종속케 하는가를 여전히 물어 보아야 한다. 의식의 통제 아래 복용하든 아니든, 오늘날의 과도한 약물에의 의존은 생물적 몸이 사라지는 현상을 가져오고 있다. 우리가 이미 일상적으로 그러한 것처럼, 몸에 입는 계량기에 의해 혈당을 포함한 여러 신체 조건을 실시간에 체크하고, 하루걸러 한번 씩 신장을 위해 혈액투석을 해야 한다면, 그리하여 「뉴로맨서」(Neuromancer)가 말하듯,—데살리우스와 데카르트의 생각에 조응하여—몸은 고기 덩어리일 뿐, 여기에 부과된 정보와 프로그램이 우리를 규정하고 우리를 움직인다면, 그리고 오늘날의 뇌과학이 인간두뇌가 하나의 슈퍼컴퓨터라는 생각을 점차 현실화하고 있다면, 뇌와 유전자 공학을 포함한 약물과 기계가 인간의 몸을 '프로그램'화하는 결과를 가져와, 결국 인간은 인간적 자유의지를 상실한 로봇이나 인공지능과 다름이 없게 된다.

오늘날 일상화된 약물과 인공보철물은 우리가 자초하여 몸에 침범토록 허용하였다. 크로커와 크로커가 명명하듯, 신체에 부과되는 약물 및 의공학적 장치는 다름 아닌 '몸의 침범자'(the body invaders)이다. 그런데 원치 않는 침범자들이 속속 등장한다. 좀 오래된 영화「에일리언」 시리즈는 인간의 몸속에 침투하는 생명체의 공포를 외계의 침범으로 상상한 바 있지만, 오늘날에는 이러한 침범이 더 이상 외계에서 오는 것이 아니라, 바로 우리 주위에서 일상적으로 발생한다고 느낀다. 원폭이나 원자력 에너지 누출도 기술문명이 가져온 몸의 침범자가 아닌가? TV 시리즈「헐크」에서 헐크 박사가 실험 중 감마선에 노출된 결과로 이상한 신체변형을 피할 수 없게 되었듯이, 유전자 변형을 일으킨 생물, 기형으로 탄생하는 물고기들은 가히 공포의 이미지를 전달한다. 이는 범인이나 노예의 몸에 찍히는 스티그마(낙인), 흡혈귀(드라큘라)에 물린 자국, 임질과 매독이나 페스트 증상 등, 악의 관념, 종족적 미신, 초창기 전염병에 의한 공포가 해결되면서 나타난 근대화된 버전의 기술문명적 공포이다. 2011년의 후쿠시마 원자력 발전소 방사능 유출 사건의 여파에 관해서 일본정부는 아직도 은폐 및 축소정책으로 일관하고 있거니와, 1986년 구소련의 체르노빌 원전 폭발로 인한 방사능 유출 사고를 유럽인들은 잊을 수 없는 것이다. 미국과는 달리, 유럽인들은 원자력 발전을 배격하여 카펫을 깔고 나이트캡을 쓰고 추운 겨울을 지난다. 따라서 관절염을 앓는 이들이 많고, 아직도 정전(停電)이 되는 곳이 있다. 그럼에도 원자력 발전의 수용 의사를 묻는 국민투표는 번번이 반대로 끝난다.

기술문명 발전과는 좀 거리가 있지만, 세균도 몸에 대한 공포스런 침범자의 하나이다. 이동과 침략이 잦았던 서양에서는 누군가 재치기를 하면 "[God] bless you!"라고 말해주는 관습이 이미 있듯이, 중세 이래로 낯선 세균 감염에 그렇게 민감해져 있었다. 근래에는 우리 주위에도 그런 현상이 빈발한다. AIDS에는 신약이 개발되었다고 하지만, 에볼라 바이러스는 여전히 치명적이고, 조류 독감(AI)도 심심찮게 우리를 위협한다. 이는 재레드 다이아몬드(Jared Diamond)가 『총, 균, 쇠』(Guns, Germs, and Steel; 1997)에서 상술하듯이, 가축문화에서는 가축이 병균을 옮기는 숙주가 되는 경우가 많은데, 그 지역에 사는 사람들은 면역이 서서히 생겨 문제가 되지 않는 균이 다른 지역으로 옮겨 가면 치명적인 위협으로 돌변한다는 사실을 보여주는 것이다. 다이아몬드도 지적하듯이, 제국주의 시대의 상품이나 총의 침범과 다를 바 없이, 쇠로 만든 기계 도구와 더불어, 세균의 침범—본의 아닌 화학전—에 의해 우리 몸은 점령되었고 식민지화하였다. 미국 원주민 인디언들이 백인에 의해 몰살당했다는 역사적 사실은 침범자들의 총기 때문이라 말할 수 있지만, 인디언들은 그때까지 말과 같은 가축을 사용치 않는 수렵채취 문화를 영위했기 때문이기도 하다. 즉, 그들은 가축을 이용치 않았고, 그만큼 외부에서 들어오는 세균에 대해 무방비 상태였던 것이다. 또 다른 예로써, 중세의 흑사병은 중앙아시아의 들쥐가 숙주가 되어 벼룩에 옮겨지고 벼룩이 사람의 혈액을 감염시켜 생긴 병이다. 흑사병은 사람들의 실크로드로의 이동, 혹은 몽골의 유럽 침범으로 유럽에 전파되었는데, 사실상 들쥐보다는 인간의 이동이 전파의 주된 원인이었다고 볼 수 있다. AIDS 바이러스는 아프리카의 야생 원숭이가 숙주가 되었었고, 작년에 말썽이 되었던바, 중동지역 낙타가 숙주인 메르스 균은 그들에게는 아무렇지도 않으나, 우리에게는 전 국토가 긴장하여 색출해내지 않으면 안 되었던 문자 그대로의 침범이었다. 그리고 올해 처음으로 국내에서 지카 바이러스가 발견되었다. 지카 바이러스는 2013년 12월 프랑스령 폴리네시아의 타히티에서 처음 남성의 정액에서 분리 검출되었는데, 이 환자는 올해 초 해외에 체류하던 중 모기에 물려 이에 감염되었다. 재레드 다이아몬드는 이질적인 세균의 영향력을 인간 생태계에서 관측했지만, 이는 사실상 자연 생태계에서 너무나 빈번히 일어나는 현상이다. 강력한 외부 생물이 들어오면, 기존 생태계의 일부는 한동안 멸종의 위협에 시달리고 나서야 평정을 되찾는다.

원자력 방사능, 화학물질 등의 기술문명의 산물들, 그리고 나날이 새롭게 등장하는 바이러스 및 박테리아들이 전혀 다른 종류의 위협을 우리 몸에 가하고 있어, 우리는 대응책을 찾지 못하거나 뒤늦은 대응책을 내기 위해 고심하는 것이다. 아닌게 아니라, 바로 오늘에도 세균과 화학물의 침범이 우리를 긴장하게 한다. 광우병 사태는 그러한 공포에 과잉으로 노출되어 빚어진 사건이었거니와, 휴대전화 및 사드(Thaad)의 미세한 전자파도 우리를 불편하게 한다. 손 세정액이 어디나 존재하고, 도서관에서 빌리는 책을 소독할 수 있으며, 미세먼지 예보에 민감하여 양산과 마스크 및 긴소매를 착용하고, 기침이나 재치기는 반드시 자신의 손수건이나 소매에 해야 하며, 고열 측정을 위해 공항 면역소 엑스레이를 반드시 통과해야 한다. 가습기 세척제 옥시의 세균 배양, 휴대전화 및 전자레인지에서 발산되는 전자파는 안방에서도 맞이해야 하는 침범자들이다. 세균, 원자력, 전자파, 미세먼지 등 일상적이거나 예기치 않은 침범자 때문에 오늘날의 몸은 예방 백신과 검역에 의존하지 않으면 안 되는 '겁먹은 몸'(panic bodies)이 되었다(Kroker and Kroker 27). 이러한 공포는 선진화한 위생 관념, 높은 기술문명이 제공하는 탐지장치, 그리고 새로운 약물에 대처하는 초강력 면역기능 바이러스의 출현과 무관치 않으며, 무엇보다도 국가 간 이동이 잦아진 오늘날의 현실이 이 위협을 피할 수 없게 만드는 것이다.

이런 몸의 침범자들은 정연한 역사의식을 돌발적인 역사의식으로 바꿔 놓는다. 대표적인 예로서, 지금은 그 충격이 좀 가시었지만, AIDS가 처음 나타났을 때에 그것은 중세유럽 인구를 1/3-1/2까지 없앴던 흑사병에 비견되기도 했다. 중세인들에게 흑사병이라는 역병은 모든 이들을 무차별적으로 죽음으로 데려가는 죽음의 무도(dans macabre)의 종말적 모티프에 의해 해석되었다. 중세 역사관은 세계가 정돈되이 끝점으로 나아간다는 종말론적 비전에 매우 익숙해 있었다. 그런데, 오늘날의 AIDS, 원폭, 혹은 우주행성 및 우주 부유물의 충돌 가능성은 앞당겨 온 종말론의 느낌을 던져주기도 하지만, 사실상 우주와 세계의 돌발적인 끝의 도래라는 의식에 길을 내어주고 있는 것이다. 이는 근대적 사유에 의해 예비된 목적적 종말(telic history)이 아닌, 오늘날에도 심심찮게 나타나는 이단의 광신적인 종말론도 아닌, 우연적이고 돌발적인 몸의 끝과 세계의 끝을 가리킨다.

그런데, 기계와 약물을 포함한 몸의 침범자들에 의해 자행되는 생물적 몸의 끝에 대해 인간은 암울해 하는가? 몸의 상실에 반응하는 우리의 태도는 자연적 몸과 기꺼이 결별하는 애도를 당연시하는가? 아이러니하게도, 오늘날의 인간은 몸의 끝을 독특한 방식으로 즐기려 한다는 예증이 속속 등장한다. 나르시시즘적인 몸이나 단련하고 단장하는 대리자아로서의 몸과는 성격이 다른, 거의 강제적인 유행으로 번져가는 몸의 위반적 장식행위가 오늘날 즐기는 몸의 현상을 내보이고 있다. 최근에는 갈비뼈 6개를 잘라내어 바비 인형만큼이나 잘록한 허리를 만들고, 만화 캐릭터처럼 되기 위해 가슴은 물론이고 속눈썹 수술까지 15차례 성형수술을 받은 이들의 예가 외신을 통하여 알려졌다. 마지 피시(Marge Piercy)가 1971년에 발표한 「바비 인형」(Barbie Doll)이라는 시 작품이 문자 그대로 실현된 듯하지만, 그 의미는 사뭇 다르다. 이 시에서는 예쁜 몸매의 소유자가 아니지만, 건강한 '성적 드라이브'도 갖춘—즉 다산의 어머니가 될 수 있을—어린 소녀가 불모의 바비 인형적인 몸매를 요구하는 사회의 기준, 남의 시선에 부응하기 위해 어쩔 수 없이 자신의 몸을 '자가 성형'하는 비극을 치렀다는 것인데, 최근의 바비 인형 현상은 남의 기준에 맞추려는 것이 아니다. 이미 충분히 예쁜 몸매를 가진 모델 여성이 굳이 진열장에 있는 마네킹처럼 몸을 만들어, 옷을 입히고 꾸미는 하나의 객체 혹은 아바타를 연출하려는 것이다. 또 하나의 예로서, 타투(문신)의 경우를 분석해 보면, 이런 예들이 이전과는 다른 독특한 심리에서 연유하는 현상임을 이해하기가 더 쉬울 것이다. 그들은 몸의 끝을 두려워하며 애도하는 것이 아니라, 오히려 유희(遊戲)의 의식으로 바꾸고 있다.

얼마 전에는 피어싱(piercing)이 꽤 유행하였는데, 오늘날 타투 문화는 인종이나 지역을 막론하는 전지구적인 현상으로 보인다. 고대 이집트의 미이라에도 문신이 남아 있고, 아프리카나 뉴질랜드의 마오리족 등 남태평양의 원시문명은 아직도 문신을 한다. 아마도 문신은 근대 문명이 배척한 하나의 문화현상일 것이다. 우리나라에서는 조선시대에 유가를 받아들인 이래로 『효경』을 따라 '신체발부 수지부모 불감훼상 효지시야'(身體髮膚 受之父母 不敢毁傷 孝之始也), 즉

'몸과 머리털과 살갗은 부모님에게서 받았으니 감히 훼손하거나 상하게 하지 않는 것이 효도의 시작이다'라고 가르쳐 왔다. 그런데, 오늘날의 문신 옹호자들에게 몸은 더 이상 부모님으로부터 물려받아 변형해서는 안 되는 신성한 것이 아니다. 부모에게서 물려받은 고유한 나의 주체적 몸을 대상화하는 양상이 우리 의식에서 일어나고 있는 것이다. 전신에 문신을 새긴 한 젊은이는 부모와 형제를 불러 놓고 이를 사전에 선포하였고, 마지못한 허락을 받았다고 한다. 타투(tattoo)는 오랫동안 타부(taboo)로 인식되어왔다. 타투의 몸은 조상이 부여해 준 몸의 훼손일 뿐 아니라, 군대에서도 받아 주지 않는 몸이다. 이는 근대 이후 사회규범이 된 몸의 에티켓에 대한 반작용이 분명하며, 플라톤주의, 기독교, 그리고 근대 이후의 이분법적 몸의 경시에 대한 저항인 듯 보이기도 한데, 그 방식이 타부시된 향락에 의한다는 사실은 매우 독특하다. 이는 몸의 찬양인가, 멸시인가? 그 구분이 모호하다.

몸에 대한 이러한 집착적인 장식은, 물론, 자신만의 건강을 위한 보디빌딩이나 타인의 시선을 즐겁게 하기 위한 성형수술에 의하지 않는다. 그 차이는, 나의 생물적 몸이 마치 내가 소유하는 하나의 아바타 혹은 인형처럼 여겨지는, 이른바 생물적 몸의 객체화와 외면화이다. 몸은 현대에 이르러 이미 상품이며, 기호와 이미지의 영역에 진입해 있었은즉, 이제는 타인의 눈에 보이기 위한 장식이나 상품화를 위한 변형의 단계를 넘어 서 있다. 옷 속에 감춰진 타투를 확인하기 위해서는 대중목욕탕에 가보는 것으로 충분하다. 그리고 코 뿐 만이 아니라, 보이지 않는 배꼽에 붙인 금속 고리 장식물은 어떤가? 다시 말하자면, 현대의 몸에 대한 나르시시즘은 자기만족이 일차적이라고 하더라도, 어느 정도 상품이기도 하고 사회적 통념에 부합하지만, 타투는 그와 다르다. 감춰진 신체 부위의 타투는 무엇보다도 일탈을 통한 은밀한 개인적 향락과 연관된다. 나의 몸은 이제 부모의 생물적 몸에서 멀어졌고, 미셸 푸코가 말한 사회 권력이 각인되는 자기정화의 처소도 아닌데, 그렇다고 해서 나만의 주관적 공간이라 말할 수도 없다. 타인의 기호(嗜好)를 의식할 필요가 없이, 몸의 숨겨진 부위에 위반의 기호를 새김으로써, 자신의 작품에 서명(署名)을 각인한다. 몸은 근원으로부터, 전체로부터 단계적으로 멀어지고, 기표의 표면성이 개인의 아이덴티티를 정의하는 주된 위치를 차지하게 되었다.

그런데, 어떤 관점에서 보면, 이 즐김은 돌발적인 외부침입으로 말미암은 '겁먹은 몸'이 자발적으로 기획할 수밖에 없는 유희의 몸이다. 고통, 상실, 훼손을 몸에 재연함으로써,—즉 자발적 몸의 침범을 통하여,—두려움을 상쇄하는 일종의 유사요법(동종요법)이라 해석할 수 있다(브르통 236-37). 동시에, 타투의 경우처럼 그로테스크한 이미지를, 바비 인형 모델의 경우처럼 인형의 인공적 체형을, 몸에 재현하는 미학적 행위에 의해서, 오히려 불안을 향락으로 변환하는 데카당적 탐미주의이기도 하다. 이를 약간 다르게 설명하면, 근대 이후 몸에 강요되는 합리적 기준과 오늘날의 돌발적인 몸의 침입자들 때문에 억압과 공포를 피할 수 없다면, 프로이트가 말한바, 이에서 벗어나게 하는 '억압된 것의 귀환'(return of the repressed)의 심리기제가 반드시 작동하게 된다. 또한, 포스트모던 대중문화에서는 아바타나 전자 게임 등으로 죽음의 시뮬라크라를 제공하는 이미지의 범람으로 인하여, 근대 이후에 몸을 보살피고 죽음을 회피하던 삶 위주의 원리에서, 이제는 오히려 죽음을 즐기는 '억압된 것의 귀환'이 나타나고 있다(Ricciardi 18-20). 바비 인형이 되기 위해 생물적 몸을 기꺼이 훼손하는 행위와, 금기를 위반하는 향락을 추구하는 타투와, 게임에서의 죽음과 현실에서의 죽음을 혼동하는 전자게임의 예들은 어디까지나 죽음을 감싸 안는 삶의 유희이다. 타투의 경우, 그들은 삶을 규제하는 규범과 삶을 위협하는 불안적 요소에 대면하여, 위반의 향락과 죽음의 데카당을 의식 없이 받아들이는, 즉 치열한 삶의 원리와의 무관심한 거리두기를 기꺼이 실행하는 것이다. 타투와 크게 다르지 않게, 바비 인형 모델이나 전자게임 놀이의 주체도 모두 몸을 객체화하거나, 아니면 적어도 주체와 객체를 혼동하여, 이미 삶과 죽음의 경계의식을 뛰어 넘고 있다. 이는 죽음을 두려워하지 않는, 죽음을 돌발적이고 일회적으로 생각하는—아마도 죽음 후 영혼의 문제를 생각지 않는—태도와도 연결된다. 인공적이고 객체적 의식으로 연출되는 몸은 자연적 몸의 만기일을 잊게 만든다. 이러한 포스트모던적 현상은 애도와 멜랑콜리아, 삶과 죽음, 끝과 계속의 문제를 복잡하게 만든다.

프로이트는 「쾌락원칙을 넘어서」(Beyond the Pleasure Principle)에서, 이른바 '포르트-다'(Fort-Da) 게임을 이와 같은 심리 메커니즘과 연결시킨다. 엄마가 외출하는 것이 싫어서 그의 손자 아이가 문간에다 실타래를 던지고 다시 회수하고 다시 던지는 '포르트-다' 게임의 반복적 계기 속에서 울분이 점차 재미로 변환하는 과정을 관측하여, 프로이트는 현실원칙과 쾌락원칙이 맞닿아 있음을 암시하게 된다. 아이의 욕망이 어머니에서 이완되어 실타래로 이전되어, 있음과 없음의 관련을 가리키는 하나의 기표로서의 실타래의 놀이성에 취하게 되는 것이다. 마찬가지로, 규범과 불안이 강요되는 몸의 불만족스러운 현실이 타투나 아바타의 객체적 유희를 통하여 만족스런 몸으로 치환되는 것이다. 프로이트는 다른 대표적인 근대 사상가와 더불어, 욕망의 충족을 지향하고, 따라서 하나의 상황을 일단락하고 결별하는 근대성의 사유를 규범적으로 옹호하였지만, 후기에 이르러 '현실원칙'과 '쾌락원칙'은 동전의 양면처럼 반전하고 교호한다고 생각하여, 끝과 계속의 문제를 미해결로 남겨 두었다. 이를 오늘날의 몸의 경우에 적용하면, 생물적 몸의 존재여부라는 현실원칙이 놀이의 기표로서의 몸이라는 쾌락원칙으로 변환한다고 말할 수 있다. 상실과 향락, 규범과 유희의 사이클의 반복에 탐닉하는 그들에게 호모 파버(homo faber; 도구)나 호모 사피엔스(지혜)보다 호모 루덴스(homo ludens; 놀이)의 관념이 우세하다.

근대 이후로 몸 의식의 변화는 생물적 인간을 대체하였고, 푸코가 말한 '담론'으로서의 몸, '고백과 정화'로서의 내면화된 훈육의 몸은 이제는 자진하여 일탈을 기록하는 외면적인 이미지로서의 몸이 되고 있다. 담론에서 이미지로 바뀌고, 부위적인 인공물로 재생산되면서 과잉으로 외면화하는 신체는 깊이, 초월, 통합을 거부하는 마음이 외면화한 것이기도 하다(Kroker and Kroker 20-22; 볼드윈 외 197-98). 억압과 불안의 몸을 이겨내기 위하여, 현대인은 타투나 바비 인형의 아바타, 즉 생물적 존재에 반대되는 물건을 이용하여, 존재하지 않음을 존재하는 것으로, 재현할 수 없음을 재현 가능한 이미지로 표현하여, 잃어버린 몸의 향수를 버리지 않은 가운데, 필요한 안도감을 그나마 얻고 있다고 말할 수 있다. 그리하여 오늘날의 외면화한 위반적 이미지의 범람은 히스테리아처럼 강박적으로 반복되는 행위 속에서 행복의 숭고한 도취감(euphoric hysterical sublime)에 젖게 한다고도 말할 수 있다(Faurschou 82). 장-프랑수아 료따르(Lyotard)도 현대 미학의 '숭고'적 효과를 그렇게 설명하거니와[3], 이미 파편화하여 없어진 것을 일관된 형체로 재구성하여 향유함으로써—혹은 대리자아를 통하여—,위안과 쾌감을 얻으려는 것이다.

이렇게 파편화하고 외면화한 몸은 유한적이거나 고착적이지 않게 떠도는 기표(floating signifier)이고, 실체를 재현하지 않는다는 의미의—프레드릭 제임슨이 지적한바,—'깊이 없음'의 포스트모던적 표면성의 기표라고 말할 수도 있다. 눈, 코, 입, 가슴의 화장 및 성형, 지방 빼기나 턱깎기 등 기예(技藝)로서의 성형수술이나, 배꼽 링, 문신, 손톱과 발톱 아트, 눈썹 장식과 같이 신체 부위에 들어붙는 각종 패션 장식물은 몸을 외면화하고 부분으로 인식한다는 사실을 가리킨다. 물론, 요즈음도 철인 10종 경기처럼 고통과 인내의 극한을 즐기는 행위가 있는데, 이는 욕망의 소멸을 몸에 각인하려는 중세적 고행의 전통을 떠올리게도 한

3 칸트의 '숭고'는 초월적이거나 관념적인 영역으로서 재현될 수 없음을 특징으로 한다. 이는 오로지 이성의 대상이므로, 이를 현실에서 인지하고 재현하려는 감각 및 상상력의 작용이 따라잡지 못하는 영역이다. 그런 면에서 숭고는 이성에게는 쾌감을, 감각과 상상에게는 불쾌감을 준다. 료따르는 20세기 초반의 모더니스트 예술가들이 다루는바, 잃어버린 없음의 재현 불가능성을 '숭고'에 비견하고, 그들의 숭고의 재현 양상이 독자와 구경꾼에게 오로지 위안과 쾌감의 표층적 효과를 준다고 분석한다: "modern aesthetics . . . allows the unpresentable to be put forward only as the missing contents; but the form, because of its recognizable consistency, continues to offer to the reader or viewer matter for solace and pleasure" (Lyotard 81).

다. 그리고 요가, 지압, 안마, 참선, 민간요법 또는 대체의학은 우주와 자연으로부터 분리되고 파편화한 몸에 대한 반작용으로서, 새로운 영성을 추구하는 전체론(holism)에 의존하는 행위이다. 손바닥 혹은 발바닥, 심지어는 혓바닥에 모든 신체장기와의 연결점이 있고, 이 지점들은 또한 우주에 상응하는 지점들을 가지고 있다고 믿는 것이다. 이는 근대 이전의 동서양이 공유했었고, 서양이 먼저 던져버린 몸의 관념이다. 동양에는 아직 그러한 전통이 남아 있어, 이를 통해—잃어버린 공동체를 회복하기는 어려우나, 그 대신에—잃어버린 몸을 되찾으려 노력한다(브르통 108). 그러나 이러한 전체론이나 극기적 고행이 오늘날의 몸의 관념과 실행에 있어 주류가 되지는 않는다. 몸의 감성을 통한 타자와의 유대라는 특정한 기능이 포스트모던에 있어 돋보이기는 하지만, 이와 동시에, 그러나 훨씬 많은 경우에 있어 인간은 신체를 부분화하여 페티쉬하고, 전통적 규범을 위반하고 국지적 향락을 추구하면서 근대의 몸의 억압에 저항하고 있다. 이런 측면에서, 근래의 신체 치장 및 단련의 양상을 영육의 이분법의 역전이라고 본다든가, 몸의 주체화라고 말하는 브르통의 관점은 설득력이 좀 모자란다고 볼 수 있다. 몸은 오히려 더욱더 대상화하였고, 여전히 객체이다. 더욱이 보드리야르(Baudrillard)는 몸의 나르시시즘도 사실상 사회적 통념이나 기준에서 자유로운 것이 아니기 때문에, 결국은 개인 가치를 추구하는 것 보다는 숨겨진 사회통제에 종속된다고 지적한다(브르통 198-99). 현대인의 유니크한 자기장식과 단련도 결국은 사회통념에 의존하여, 이에 저항하는 자신의 이미지를 전시하는 것에 불과하다.

몸의 역사를 정리해 보면, 몸은 대체로 생물에서 기계로 나아갔고, 중세적 금욕과 절제에서 근대 이후의 에티켓과 규범의 몸으로, 그 후로는 건강과 치장의 나르시시즘적 몸 혹은 상품화하는 몸으로 나아갔다. 최근에는 겁먹은 몸에서 위반과 향락으로 몸으로 반전하는 현상을 볼 수 있는데, 이는 타인도 수긍하는 팔리기 위한 몸을 위해서가 아니라, 아바타와 타투의 예처럼, 자신만의 방식으로 몸을 장식하고 변형하는 양태인 것이다. 나아가 오늘날의 약물이나 의술기계가 투여된 신체, 인공지능에 뒤지는 인간두뇌, 유전공학 및 의술로 프로그램화하는 신체는 진정 몸의 끝을 우려할 정도이다. 몸의 변형과 몸에의 인식변화와 연관하여, 마지막으로 장 보드리야르의 관측을 살펴 봄 직하다. 보드리야르는 사물을 대체하는 시뮬레이션이 진행되는 단계를 역사적으로 상술하고 있는바, 이는 몸의 경우에도 통하는 고찰이라 여겨진다. 데카르트가 그랬던 것처럼 자동장치의 유비(類比)로서 몸을 모사하던 단계에서, 모더니티 시기에 팽배했던 것처럼 규범적으로 대량 복제되는 치장과 단련의 몸, 그리고 유행과 패션을 따르는 시기를 거쳐, 포스트모던 시대의 위반 및 향락을 허용하는 하이퍼리얼한 몸으로 변천하였다.[4] 이는 대체로 우리가 살펴 본 몸의 변천과 일치하는 관측이라 말할 수 있다. 실체로서의 몸은 점점 더 큰 강도로 가려졌고, 자연과 생물의 몸은 끝을 맞이하였다.

3. 끝인가, 계속인가?: 두 영화의 새로운 전망

기계, 컴퓨터, 그리고 인공지능에 의한 일의 끝과, 의공학 기술에 의한 생물적 몸의 끝에 관한 논의는 일차적으로는 과학자들을 중심이 된 논쟁이지만, 약 30년간 대중문화의 화두가 되고 있는 트랜스 및 포스트 휴머니즘과 연관이 있

---

4 보드리야르에 따르면, 중세에는 보편론이 더 득세하여 기표와 기의의 차이를 크게 부각하지 않았으므로, 개별적 기호는 빈곤했다. 개인의 몸은 드러나지 않았던 것이다. 르네상스가 되면서, 생물로서의 자연에 대한 미약한 의문이 싹트면서, 생물을 기계로 묘사하는 하나의 유비(類比)적인 사유가 생겨났다. 그들은 몸이나 생물체를 자동장치의 모조품(counterfeit)으로 모사하기 시작했다. 산업혁명 이후에는 기계에 의해 상품이 대량으로 복제되어 생산되었고, 자동장치의 모사가 아니라, 물건으로서의 로봇이 제작되었다. 현대로 오면서 상업적이고 대중적인 이미지와 기호가 실체를 대체하고, 게임과 유희가 득세한다(50-55, 72-74). 사물의 실체는 그 사물의 가상적 모사, 대량복제 생산, 시뮬라크라라는 재현 수단에 의해 덮혀진다. 자동장치의 모사품은 유기체로서의 자연의 관념에 의문을 가하는 정신기재에서 생겨났으며, 대량생산을 가능케 한 기계는 자연을 지배하는 수단이기도 하였고, 기호와 이미지는 우리의 인식체계 안에서 자연을 대체하였다.

다. 과학문명의 진보를 당연시 하는 이러한 흐름에 대해 상반된 반응이 있다. 생물적 몸이 끝나고 기계적 몸이 시작됨을 염려해야 하는가, 아니면, 원시시대부터 계속된 진화의 연속으로서 이를 당연시해야 하느냐에 따라, 반응의 갈래가 나눠진다고 말할 수 있다.

기술문명의 발전으로 말미암아, 오늘날 인류는 새로운 단계의 진화과정을 준비해야 한다고 보는 태도는 자연적 몸의 끝을 경계하여 과학발전을 저지해야 한다고 주장하는 반대편의 거센 저항에 부딪혀 있다. 이는 순수한 인간됨 자체의 향수에서 오는 테크노포비아(technophobia)의 입장이다. 오늘날 야생적 자연으로 돌아가라는 생태비평의 목소리나 바이오 러다이트 운동은 여전히 강력하거니와, 테크노포비아를 낳은 역사상의 한 예로서는 테크노크라시 운동을 들 수 있다. 20세기 초 소쉬타인 베블렌은 단순한 인민에 의해서가 아니라, 오차 없는 정확도를 자랑하는 과학기술 관료에 의한 사회운용을 주창하였다. 그런데, 경제, 정치 분야에도 공학 기술자를 고용해야 한다는 테크노크라시의 비전은 결국 이차세계대전에서 핵의 사용으로 나아갔다고 믿어져, 인류의 경악을 초래하였다(End 53-54). 트랜스 휴먼 및 포스트 휴먼 기술문명에 반대하는 입장은 다분히 고전적 휴머니즘에 근거하여 자연이 부여한 고유한 본성을 인간이 넘을 수 없고, 넘어서도 안 된다고 주장한다. 기술문명의 진화로 인해 인간이 새로운 종(種)으로 탄생하리라 기대할 수 없으며, 그렇다고 하더라도 포스트휴먼은 인간본성과는 거리가 먼 종이 되고 말 것이라는 것이다.

반면, 테크노필리아(technophilia)는 전(前) 근대적 미신과 보수주의를 극복하게 하는 이성적 주체를 만들었고, 신체의 한계와 자연현상에 대한 불안을 극복하게 한 과학문명이 인간을 다음 단계의 진화 과정으로 이끌어간다고 본다(하상복 119). 일찍이 르네상스 휴머니스트 피코 델라 미란돌라(Pico della Mirandola)는 창조주가 인간을 천사로도 동물로도 만들지 않았으며, 우리는 우리의 운명의 개척자여야만 한다고 말하여, 인류가 모든 지식의 발견을 꾀할 수 있다는 이론적 바탕과, 인간이 존재의 거대한 사슬 안에서 상승을 도모할 수 있는 사유의 배경을 제공한 바 있다. 되돌아 보건대, 인간과 문명의 발전은 쉼이 없이 모든 곳으로 향해 왔다. 구석기 시대의 인간만을 보아도, 오스트랄로피테쿠스에서 호모 하빌리스(손을 사용한 사람)와 호모 에렉투스(곧선 사람)를 거쳐, 호모 사피엔스로 진화하였고, 구석기시대를 넘어 현재 인류에 이르기까지 인간은 계속적으로 인간본성이 가진 한계를 극복하여 왔다. 포스트휴먼 이론가 캐서린 해일즈는 맹인에게 지팡이가, 농아에게 보청기가 몸의 일부이듯이, "우리는 언제나 [이미] 포스트휴먼이었다"(How We Became Posthuman 291; 유제분 154, 재인용)라고 말한다. 몸 자체가 이미 최초의 보철물이고, 여기에 인공보철물이나 인공지능이 첨가되었을 뿐인 것이며, 지식의 전수, 자아의 발전은 피코의 주장처럼 지극히 인간적인 것이다. 트랜스 휴먼 이론가 보스트롬은 문맹, 수명, 유아사망률, 전염병, 기아, 급수 부족이 어떻게 해결되어 왔는지를("Values"), 그리고 마취제를 사용하여 해산의 진통을 줄이는 일이 어떻게 비자연적이라고 일반대중들이 개탄한 바 있으며, 그보다 약간 후에, '시험관 아기'라는 생각을 그들이 얼마나 혐오했었는지를 오늘날 회고해 보는 것으로 족할 것이라 말한다("What"). 원시인, 휴먼, 트랜스휴먼, 포스트휴먼의 관계가 진화 단계로 파악될 수 있다면, 옛 과학은 자연을 제어하는데 중점을 두었고, 이제는 자연의 일부로서의 인간 자체가 지닌 불완전함을 변경하려 나아갈 뿐인 것이다. 그들은 자연과 자연 상태의 인간이 겪고 있는 현재의 곤란을 초극하는 노력으로, 어떤 의미에서는 여전히 자연을 정복하기 위한 모더니티 기획을 수행하며, 진화의 완결을 위해 애쓰고 있다고 볼 수 있다. 트랜스휴머니즘은 인간의 오랜 욕구와 과학기술을 연관시킨 것일 뿐이며, 휴먼과 포스트휴먼의 차이는 구석기인과 현대인 사이의 그것보다 작을지도 모른다는 것이다(이원봉 243).

최근 영화들도 트랜스, 포스트휴머니즘의 입장에 관해 민감한 반응을 보인다. SiFi 픽션 혹은 영화 등의 대중 매체는 가까운 미래에 가능할 극적인 상황들을 제시하면서, 가시적인 과학문명의 진보 단계를 발 빠르게 추적해 왔다. 요즈음 대중매체의 주된 추세는 점차 테크노필리아가 테크노포비아를 대체하는 것이라 말할 수 있다. 즉, 예전의 「터미네이터」(1984년)처럼 기계와 인간의 관계를 적대적으로 두거나, 서로 조화하기에 긴 세월이 걸릴 것처럼 생각했다면, 요즈음은 공존할 파트너로서 서로를 탐색하는 경우가 점차 우세를 점하는데(송호림 65-69), 이는 당연한 흐름일 것이다. 사람이 기계인간을 가깝게 느끼는 속도에 가속이 붙었던 것이다. 김현미의 「루시에서 사이보그까지, 인간 진화 이야기」는 인류가 거쳐 온 진화의 스펙트럼이 원시인 '루시'에서 인공지능 사이보그에 이르고 있음을 말하는데, 아닌게 아니라, 오늘날의 인류는 원시인보다 사이보그를 더 가깝게 여기고 있을지 모른다. 그런데, 인간과 인공지능의 가까운 관계에서 한 발자국 더 나아가, 인간 진화 및 기술문명의 양 극단으로서의 원시인과 인공지능이 정작 서로 크게 다르지 않다고 주장하는 과학 공상소설 및 영화가 있다. 현단계의 첨단과학기술이 인류 시작의 그것과 연속선상에 있음을 가리키는 것이다. 「2001 스페이스 오디세이」의 끝 장면에는 영화의 시작에서 인류최초의 진화를 가리켰던 '모노리스'(monolith)가 재등장한다. 「루시」의 시작은 최초의 인간 루시가 물을 마시는 장면인데, 영화의 끝은 현대인 루시가 그 원시시대로 거슬러 올라가면서 그 모든 과정을 개관하는 하나의 USB만을 남기고 사라지는 장면이다. 시간상으로 하나는 앞으로, 다른 하나는 뒤로 나아가는데, 둘 다 끝은 처음과 통한다는 점에서 공통된다. 오늘날의 인간이 인공지능이나 사이보그와 동질감을 느끼는 현상을 훌쩍 뛰어 넘어, 인공지능이 최초의 인류와 다를 바가 없다면, 어떻게 그것이 가능하며, 이는 무엇을 의미하게 되는가? 두 영화를 차례로 분석해 보자.

스탠리 큐브릭 감독의 「2001 스페이스 오디세이」(1968년)에 등장하는 모노리스(monolith)는 한통으로 된 신비한 돌기둥이다. 모노리스라는 막연한 이름의 이 돌기둥은 고대 이집트에서 연유하는 오벨리스크를 강하게 연상시킨다. 오벨리스크가 다름 아닌 하나의 돌로 만들어진 기둥, 즉 모노리스이고, 영화 속의 모노리스가 달 표면에 사백만년 동안 묻혀 있다가 발견되었듯이, 고대 이집트의 오벨리스크도 땅 속에 묻혀 있다가 발굴되는 경우가 많았다. 더욱이 오벨리스크가 태양신을 모시는 사원과 연관이 있으며, 돌처럼 굳어진 선 디스크(태양표면)라는 그들의 믿음을 접하면, 사정은 더욱 흥미로워진다. 태양에너지가 땅 속에서 돌처럼 굳어진 것이 석탄, 즉 '땅 속의 태양'이라는 제레미 립킨의 견해를 위에서 소개한 바 있는데, 그렇게 되면 태양에너지를 표상하는 오벨리스크가 다름 아닌 석탄이라는 말과도 통하게 될 것이기 때문이다. 즉, 오벨리스크가 원시시대에 신처럼 숭상되었던 태양에너지의 시대적 상징물이라면, 이는 산업혁명 기에 석탄, 즉 태양에너지를 캐내는 기술을 처음 개발한 기술문명의 진화와 연관을 맺게 된다. 이런 해석은 영화 속의 모노리스가 획기적 진화를 가리키는 상징—혹은 진화를 돕는 불가해한 외계의 힘—으로 나타나기 때문에 가능하다. 영화에서, 400만년 전 표범에게 공격을 당하는 유인원들이 나타나고, 바로 그 직후에 모노리스가 등장하는데, 유인원들은 이 돌기둥을 의아해 하며 손으로 더듬어보며 정체를 알려고 한다. 곧바로 그 다음 장면에서 유인원은 동물 뼈다귀를 도구로 사용하는 방법을 터득하는 진화의 도약을 이루어, 표범의 먹이가 되었던 그들이 이제는 들소를 사냥해 포식한다. 모노리스를 접하여 처음으로 진화를 이룩한 유인원 시대에서, 영화는 우주항공시대로 곧장 점프한다.

우주항해 중인 디스커버리호가 바로 그 바뀐 장면이다. 여기에는 제 6의 승무원으로 불리는 인공지능 컴퓨터 할(HAL) 9000 시리즈가 있다. 그에 의해서 우주선 운항을 위한 모든 정보가 수집되고 조정되는데, 그는 인간을 속이며 반란을 일으킨다. 아이작 아시모프가 예견한 대로, 인공지능이 스스로 의지를 가지게 되어 문제가 발생한 것이다. 모든 잘못을 "휴먼 에러" 때문이라고 말하는—그렇다고 하면 물론 할 제작 자체도 인간의 과오이다—그는 자존심에 가득 차, 동면중인 승무원들에게 연결된 플러그를 뽑고, 작업 중인 프랭크를 실종케 하고 데이브까지 우주미아로 만들려 한다. 그러나 데이브 보먼은 수동장치로 작업하여 할을 멈추는 데 성공한다. 이렇게 할의 반란을 수습한 데이브는 디스커버리호의 임무가 목성 조사가 아니라 TMA-2 조사였음을 알게 되어 거기로 날아간다. TMA-2는 스타게이트였으며, 거기에 이른 데이브는 중년이 된 자신을 본다. 이어, 어느 호텔방에서 그는 우주복을 벗고 노년이 되어 침대에 누워 있다. 그 노년은 때마침 다시 나타난 모노리스를 손으로 가리키는데, 그 손끝에는 지구를 보고 있는 전구 속의—혹은 태아(胎兒)처럼 보이기도 하는데—아이가 있다. 모노리스는 도구를 사용하는 유인원을 창출하였고, 할과 같은 슈퍼컴퓨터까지의 진화를 예견하였으며, 이제는 이러한 결함이 있는 컴퓨터를 개선할 또 한 번의 획기적 진화를 예견하는 것이다. 즉 인간을 대체하려는 슈퍼컴퓨터는 인간의 끝을 말하지만, 동시에 진화의 계속을 말하는 것이다. 침대에 누운 노년과 전구 속의 태아의 만남은 시작과 끝이 통하는 또 한 번의 반복적인 진화 단계를 의미하는 것이고, 이에는 모노리스라는 상징이 게재되어 있었다. 석기를 사용하던 유인원에서 할의 개발자로의 진화한 인간은 이제 태아 상태에서 또 한 번의 성장을 개시한다.

인간이 모노리스를 손으로 가리킴은 미켈란젤로의「천지창조」에서의 아담과 하나님과의 손 터치를 연상케도 한다. 인간과 창조주의 손 터치가 인간과 모노리스의 손 터치로 바뀐 것이다. 만일 검은 직사각형 기둥 모노리스의 출현이 우주를 맴도는 외계인이 낮은 진화 상태의 종(種)을 돕는 물건 혹은 기운을 가리킨다면, 외계의 과학 신호가 신의 위치에 자리잡은 셈이 된다. 이것이 뜻하는 바는 무엇일까? 과학이 신을 대체하는가? 이 영화는 이 문제에 천착하지는 않지만, 유인원이 도구를 사용하면서 시작된 진화가 인간이 우주 행성에 도달하는 데까지 이어진다는 점은 충분히 강조한다. 유인원의 삶에 등장하는 모노리스의 출현으로 시작하였던 영화는 검은 색깔의 사각 기둥이 다시 나타나는 끝점에서 시작점으로 회귀한다. 영화에서 전자의 모노리스는 후자에 이르는 성장 일로의 진화를 예견하고 있으며, 그 진화는 이처럼 리드미컬하게 수행된다. 어떤 의미에서, 이는 마치 호머와 니체의 결합처럼 보이기도 한다. 즉 호머의『오디세이』에서처럼 인간은 반복적인 퇴보 후에 결국 귀향에 성공하지만, 그 과정에 있어서는 니체가 말하는 영원회귀적인 반복 및 인간한계를 초극하는 초인의 모티프에 중점을 둔 해석이 가해질 수 있다. 이 부분을 조명하는 큐브릭 감독의 작업에는 음악의 선택이 한몫을 한다. 순탄한 우주여행 과정에서는 언제나 요한 슈트라우스 2세의 '푸른 도나우 강'이 우아하게 들려지고, 모노리스가 등장할 때는 리하르트 슈트라우스가 작곡한 '자라투스트라는 이렇게 말했다'라는 관현악 곡이 울려 퍼지기도 하여, 이러한 해석을 뒷받침한다. 마치 호머의 서사시에서 에올러스(Aeolus)라는 바람의 신이 만드는 자연현상 때문에 역풍이 불어 그들의 여정은 항해상의 원점으로 되돌아가듯이, 스탠리 큐브릭 영화의 여정도 우주를 끊임없이 맴도는 반복의 연속이며, 그들은 '인간의 과오'를 극복하기 위한 최선의 노력을 멈추지 않는다. 진화가 완성의 끝점을 향해 가고 있을지 모르나, 사실상 그 과정은 사이클적이다.

원점으로의 회귀는 2014년에 만들어진 뤽 베송의 영화「루시」에서 새로운 방식으로 조명된다고 볼 수 있다. '루시'는 영화의 여주인공인데, 1974년에 처음으로, 그리고 최근 2014년에 다시 발견된 가장 오래된 인간 선조의 화석 이름이기도 하다. 삼백이십만 년 전 이디오피아에 살았던 인간의 화석이 처음 발굴될 당시 라디오에서 비틀즈의 노래 '루시'가 흘러나오고 있어, 그 이름으로 불리게 되었다는 것이다. 영화에서, 흥미롭게도 오늘날의 평범한 인간 루시는 화석으로 남은 '루시'로 거슬러 올라간다. 오늘날의 루시는 원시시대의 루시와 어떠한 관련을 맺고 있는가?

타이완에 유학 온 루시는 마약 밀매업자에 잡혀, 신체 속에 마약봉지를 지니게 되어 본의 아니게 마약 배달책이 된다. 그런데 사고로 인해 이 마약봉지가 뱃속에서 터져 그 약효가 온몸으로 번져가고, 그 화학반응으로 루시의 두뇌 사용률

이 점차 높아진다. 항간에는 침팬지가 두뇌 총용량의 3%를, 인간이 단지 10%를 사용한다고 알려져 있는데, 루시는 이 강력한 약물의 영향으로 그 사용량을 20, 30, 40 50%로, 궁극적으로는 100%까지 올린다. 그리고 그녀의 정신능력은 뇌파의 전기(電氣)적 정보를 외부로 확장하여 인간 내면을 투시하고, 먼 지역의 주파수에 맞추어 그 곳에서 일어나는 일을 인지할 수 있는 텔레파시도 갖게 된다. 급기야 100% 사용률에 이른 루시의 두뇌는 역사의 모든 지식을 담고 있는 미래의 컴퓨터가 된다. 루시의 두뇌 속에서, 뉴욕의 타임스퀘어가 맨해튼의 늪지에 사는 인디언 문명으로 되돌아가고, 궁극적으로 공룡시대로 귀속한다. 그녀의 두뇌—슈퍼컴퓨터나 인공지능과 다를 바가 없을—가 유인원 시기까지의 역사를 거슬러 인지하면서, 그녀는 역사의 모든 지식이 담긴 USB 하나를 남기고 사라진다. 원시시대의 자기를 만나는 루시는 몸이 사라지면서 슈퍼컴퓨터가 되어 지식이 되었고, "나는 모든 곳에 있다"는 마지막 한 마디를 남긴다. 인류역사를 관통하는 모든 지식을 시뮬레이션하는 초성능 컴퓨터로서의 루시는 모든 곳에 있으며 모든 시간에 있게 된다. 루시는 모든 인류의 정보 그 자체이다.

인간 두뇌가 인공지능처럼 프로그램화되어 있다는 사실이 요즘 뇌과학 연구에서 속속 드러나고 있다. 영화 「매트릭스」에서 모피우스(Morpheus)가 말하듯, 우리가 느끼고 맛보고 냄새 맡는 인지작용은 모두 우리의 두뇌 속에 있는 전자 시그널의 움직임을 통해서이다. 루시의 두뇌는 우리의 것처럼 약물에 의해 영향을 받는 두뇌이며, 또한 기계이다. 사과의 색깔을 인지하는데 있어, 더 정교한 장치를 가진 카메라는 더 정교하게 그 색깔을 인지할 것이다. 두뇌의 인지능력도 마찬가지로—현재까지는 가장 우수한 것이지만—,어디까지나 제한적이다. 사과를 사과 그 자체로 인지하는 것이 아니라, 이미 주어진 정보장치에 의해 인지하도록 프로그램화된 것이다. 두뇌의 인식도 주어진 장치에 의해 제한되고, 습관적이 되어 사물을 오인하게도 된다. 두뇌가 프로세스된 정보를 우리에게 인지하게 한다면, 인공지능이 두뇌가 되지 말하는 법이 어디 있겠는가? 루시의 경우에는 인간의 육체를 대체하는 기계, 인간의 뇌를 대체하는 컴퓨터, 그리하여 인공지능의 발전이 인간두뇌를 대체하는 것이 아니라, 인간두뇌 자체가 인공지능 기계가 되는 것이다. 「루시」에서 특이한 것은 인간 두뇌가 진화할수록, 과거로부터 현재까지의 정보를 모두 담는 수준으로 용량이 증가한다는 것이다. 루시는 미래에 가능할 이른바 슈퍼컴퓨터가 된 것이다.

이런 점에서, 제이슨 바커가 「루시」를 해석하기 위해 원용하는 닉 보스트롬의 논문 「우리는 컴퓨터 시뮬레이션 속에 살고 있는가?」(Are You Living in a Computer Simulation?)는 「루시」를 해석하는데 매우 유용한 과학 자료이다. 보스트롬은 원초적으로 인간이 생물적인 마음이 아니라, 보다 더 시뮬레이션된 마음에 속해 있다고 말한다("Simulation"). 인간 두뇌는 컴퓨터이고, 이는 처음부터 시뮬레이션 되어 있다. 인간두뇌가 최대로 발전하면 슈퍼컴퓨터가 될 것이고, 이는 또한 후 세대 인간이 계발에 성공할 물건일 것이다. 먼저 미래의 슈퍼컴퓨터에 관해 말해보면, 후 세대의 슈퍼컴퓨터가 가능케 할 하나의 일은 선조의 삶에 관한 구체적인 시뮬레이션을 돌려 보는 일이다("Simulation"). 보스트롬에 따르면, 이는 시뮬레이션된 선조의 상황을 다시 정교하게 시뮬레이션 하는 일이고, 미래 문명은 그것을 창출할 연산능력과 프로그래밍을 갖출 것이다. 슈퍼컴퓨터의 알고리즘이 우리자신의 그것에 비교할 수 없을 만큼 발전하여, 포스트휴먼 문명에 대한 거의 완벽한 시뮬레이션을 창출하고, 우주의 진화과정을 훑어 시작의 순간까지 쉼이 없이 되돌아가게도 할 것이다. 마찬가지로, 최대용량을 발휘할 만큼 진화한 인간두뇌는 포스트휴먼 시뮬레이터일 것이며, 이는 모든 시기의 인간두뇌에 있는 구체적인 믿음의 상태를 추적할 만큼 우수한 연산 능력을 가지게 될 것이다("Simulation"). 「루시」에서처럼 두뇌를 100% 사용하면 이는 슈퍼컴퓨터인 것이고, 이것이 바로 닉 보스트롬이 "선조 시뮬레이션"(ancestor simulations)이라 부른 바를 가능케 한다는 것이다("Simulation").

루시의 두뇌는 이미 시뮬레이션 속에 있었고, 약물에 의한 그녀의 두뇌의 진화는 시뮬레이션의 확대이다. 현 시점에 살고 있는 두뇌 그 자체가 전체 시뮬레이션의 일부가 되어 그 프로그램이 인지하는 가상현실 환경을 조성하기 때문에, 과거와 현재를 연속선상에서 탐색하는 일이 가능해진다. 그리하여, 현재에서 역사시대로, 그리고 선사시대로의 모든 정보가 하나의 시뮬레이션 속에 저장되어, 미래의 어느 날, 오늘날의 우리는 선조로부터 내려오는 시뮬레이션의 한 시점이 되고, 인간역사의 모든 순간을 투명하게 인지할 수 있게 되는 것이다. 루시의 두뇌가 마약에 의하여 그렇게 발전했듯이, 진화를 가리키는 마약이라는 메타포를 사용하여 말해 보면, 미래의 슈퍼컴퓨터는 마약을 먹은 인간두뇌이고, 마찬가지의 논리로서 오늘날의 인간은 도구(기계문명)라는 마약을 먹은 유인원이다. 이렇게 동물(자연), 인간(이성), 기계(인공지능)가 진화를 매개로 하여 연결되는 일이 가능하다.

USB로 남는 인간두뇌로서 루시는 그렇게 하여 그녀 자신과 같은 이름을 가진 존재—루시라고 이름이 붙여진 최초의 인류 조상—와 만난다. 진화가 가장 고양된 순간에 원시시대로 되돌아가는 것, 끝이 처음과 만나는 것은 「스페이스 오디세이」와 같다. 끝은 시작 속에 있었고, 미래는 옛날로 되돌아간다. 바로 "Back to the Future"이다. 현대의 루시는 선사시대의 루시이며, 그녀는 모든 사람이었다(Barker 157). 「루시」의 약물과 「스페이스 오디세이」의 모노리스가 시사하듯이, 그들도 우리처럼 언제나 도구를 개발하고 진화하기 위해 노력해 왔고, 인간을 인간 너머 변화시킨다는 의미의 트랜스휴머니즘은 선사시대 원인(原人; hominid)이 원인을 너머 인간이 된 것과 마찬가지이다. 오늘날의 약물(기계)과 선사시대의 모노리스(석기)는 진화를 가리킨다는 점에서 동의어이다. 트랜스휴머니즘은 우리들 모두가 유사 이전의 존재라고 말하거니와(Barker 160), 오늘날의 루시는 선사시대 루시의 포스트휴머니티를 얻으려 애쓴다고 말할 수 있게 된다. 선조 시뮬레이션은 포스트휴먼 시뮬레이션이고, 원시시대 루시가 남긴 화석은 오늘날 루시가 남긴 USB과 동의어이다.

「루시」와 「스페이스 오디세이」가 공통적으로 보여주는 근원으로의 귀환은 진화의 연속을 말한다. 두 영화는 슈퍼컴퓨터가 인간에 가까워지고, 인간이 슈퍼컴퓨터가 되는 상호 역방향을 보여주지만, 근본적으로 서로가 처음부터 다르지 않다는 인식을 가능케 한다. 더불어, 인간 선조의 진화에의 노력이 후대 인간의 그것보다 오히려 더 컸다는 역설도 가능하다. 인간이 도구를 얻게 된 이래 인간의 두뇌 사용 정도는 낮아져, 지능이 퇴보한다는 것이다. 문자, 계산기, 컴퓨터, 나아가 인공지능에의 의존은 인간 지능을 점차로 무용화하는 것이 아닌가? 그리하여, 원시시대 아프리카에 살던 침팬지 세 마리가 서로 다른 정도는 오늘날 전 지구상에서 골라 온 인간 세 명이 그러한 것보다 훨씬 더 크다는 것이다(Sachs 188-89). 즉, 원시시대 인류가 당연히 훨씬 더 넓고 거친 가능성을 모색하며 두뇌 용량을 최대로 사용하지 않을 수 없었다면, 근래로 오면서 인간은 공통된 문명의 이기(利器)에 의존하고 관심사를 공유하여, 서로가 크게 다르지 않는 존재가 되었으며, 인간의 창의력은 사실상 좁은 범위에 국한되었다는 것이다. 「루시」에서 베송 감독이 차용한 30% 인간두뇌 사용 이론은 허구이며, 사실은 대부분을 사용하고 있다는 것이 다수의 뇌과학자의 견해라면, 현대인간의 위축된 두뇌능력에 관한 가설이 더욱 진실에 가깝게 된다. 텔로스 혹은 절대적 지식의 정점은 원생(原生)적 존재의 시작점이었다. 앞으로 도래할 트랜스휴먼은 원생적 존재였고, 끝은 시작이었다. 두뇌사용에 관한 한, 오늘날의 루시는 원시시대의 루시보다 조금도 더 진보한 것이 아니었다. 트랜스휴머니즘은 모든 인류를 선사시대로부터 계속되어 온 하나의 동일한 종(種)으로 보며, 또한 포스트휴먼 시대에 도래할 새로운 발전단계의 인간형을 자연스럽게 받아들인다. 이는 진화의 연장선상에서 있을 수 있는 전 단계와의 작은 결별을 가리킨다. 이는 행복한 결별인가? 이를 아래에서 살펴 볼 것이다.

4. 주체의 끝/새로운 주체, 새로운 담론

뇌과학이 인간두뇌에 가까운 인공두뇌의 계발을 가속화하는 가운데, 미래를 예측하는 담론들이 생산되고 있다. 과학에 의한 미래담론은 오늘의 현실을 조명할 수 있다. SiFi나 판타지 문학이 현실로부터 도피하거나 막연히 미래를 보여 주는 것이 아니라, 현실에 대해 직간접적으로 코멘트한다는 것은 새로운 지적이 아닐 것이다. SiFi가 가까운 미래에 가능하게 될 기술문명에 관한 상상력의 산물이라면, 인문학적 성찰도 여기에 한몫을 담당하고 있다. 과학담론은 인문학 분야에서 새로운 이야기와 신화를 가능케 한다. 인간은 구속의 언어에 종속되기도 하고, 해방의 언어를 누리는 주체가 될 수 있다. 그리고 SiFi 등에 나타나는 과학적 이성의 미래 전망은 판타지의 영역에 진입할 수도 있다. 과학이성의 상상력은 비이성 및 반이성으로 보이는 비현실을 현실에게 가능케 할 수 있다. 과학문명으로 가능한 판타지의 세계, 즉 비이성의 인문학적 상상력이 과학적 이성에 의한 현실에 코멘트하기도 한다. 이는 오늘날의 과학공상 영화나 소설에서 심심치 않게 목도하는 바이다. 결과적으로, 이러한 현상은 도구적 이성이 만들어낸 기술문명의 미래가 그 도구적 이성의 주체를 공격하게 되는 역설과 연결된다. 이런 방식으로 과학문명은 해방의 언어가 되기도 한다.

이런 담론들 가운데 근래에 가장 주목을 받는 것은 사이보그가 연루되는 해방의 담론이다. 사이보그가 인간에 근접하는 오늘날의 현상에 주목하여, 도나 해러웨이(Donna J. Haraway)는 인간과 사이보그가 공유하는 주체성에 관한 담론을 펼친 바 있다. 근래에는 인간의 주체성이 인간에 점점 가까워지는 인공지능이나 사이보그와 연관되지 않으면 안 될 정도에까지 확대 혹은 수정되기를 요구받고 있다. 그런데, 포스트모던 시대에는 주체의 사라짐을 자주 운위한다. 이는 이성적이라고 자처해 온 주체의 몰락, 그리고 가부장제 및 부르주아 개인주의 하에서 형성된 주체의 몰락이므로(Felski 66-69), 이성적이라 믿어지지 않았을 뿐 아니라, 가부장제의 하위주체인 여성은 여기에 동조할 필요가 없을지 모른다. 주체의 죽음은 자기현존, 의지와 의식을 가진 단 하나의 명령자로서의 주체의 죽음을 말하는 것이므로, 그런 주체가 아니었던 주체의 죽음을 말하는 것은 해러웨이와 같은 페미니스트들에게는 매우 이상하게 들린다. 해러웨이는 주체의 종말에 관한 포스트모던적 논의에 동의하지 않으면서, 다른 방식으로 포스트모던 주체를 제안한다. 이성의 파괴로 인한 주체의 해체 혹은 죽음을 운위한다면, 애초부터 주체가 될 수 없었던 비이성 혹은 반이성적 존재가 이제는 주체가 될 수 있기도 할 것이기 때문이다.

여기에 사이보그의 탄생이 도움을 준다. 해러웨이는 사이보그와 연합하는 새로운 여성상을 제시하면서, 이것이야말로 억압이 없는 해방된 주체라고 주장한다. 사이보그처럼, 여성은 아버지가 없는, 즉 가부장제 가족이 없으므로 오이디푸스 콤플렉스를 가질 필요가 없는 주체로 거듭난다. 사이보그와 여성의 연대는 아버지의 법률에 의한 경계 나누기를 무력화하고, 그 경계에 머문다. 이렇게 주변화한 여성 주체는 또한 다른 비천한 종(種)들과 연대하기가 쉽다. 기계와 동조할 수밖에 없는 현실을 억지로 받아들이는 것이 아니라, 기계와 노예, 하층민, 여성의 적극적인 결속이 새로운 주체에 대한 생각을 발전시킨다. 이러한 존재들 모두가 바로 사이보그라는 은유로써 표현되는 것이다. "20세기 말, 우리의 시대, 하나의 신화적 시대에 우리는 모두 키메라, 즉 이론화되고 꾸며진 기계와 유기체의 혼종적 존재이다. 요컨대, 우리는 모두 사이보그인 것이다. 사이보그는 우리의 존재학이며, 이것은 우리에게 우리의 정치학을 부여한다"(Haraway 150). 사이보그로 말미암아, 남과 여, 순수성과 혼종성, 주인과 노예, 근원과 변경, 자연과 문화의 이분법의 관념이 허물어지고, 여러 종류의 타자가 참여하는 새로운 주체군이 형성된다.

이 사이보그적 혼종의 주체는, 그러므로, 전지구적인 인간상을 포용하는 초월적 혹은 보편적 지식을 추구하지 않는다. 오히려, 부분적인 시각만을 허용하는, 그리고 상황에 종속되는 지식이 혼종적인 여성주체에게 필요한 지식이고 현실이다. 여성은 잡종 혹은 혼종일 뿐 아니라, 시시각각 변화하는 '상황적 지식'(situated knowledge)에 입각한 변종이기도 하다. 부분적 비전 혹은 '상황적 지식'이 페미니즘의 객관성인 것이다(188, 190). 그리고 해러웨이는 통합성을 지향하는 남성주체의 죽음이라는 의식 속에 새로운 주체 탄생의 힌트가 있다고 보지만, 사적영역이나 상대주의로써 여성주체를 정의하는 것에 반대하는 리타 펠스키와 마찬가지로(70-73), 비이성의 여성주체가 발휘하는 상대주의 혹은 유동성이 그 대안의 전부가 되는 것에 반대한다. 왜냐하면, 총체성에 대조되는 개념으로서의 유동성은 기껏해야 소극적인 대응에 불과하며, 상대주의는 그 대척점에 있는 본질주의라는 개념과 다를 바가 없기 때문이다. 고착과 희석은 동전의 양면에 불과한 것이다. 그리하여, 새로운 여성 주체는 지극히 사적이지만 동시에 공적이어야 하며, 주변화한 존재들과의 연합을 필요로 한다. 그들에게는 통합과 지배의 주체 담론에 맞서는 국지적 혹은 차이적 객관성의 담론, 연합과 결속에 의한 공유적 대화가 적극적으로 요청된다(191).

해러웨이의 여성 담론은 시간적 추이에 따라 변화하는 국지적인 연대의 담론으로서의 고전적 스토리텔링 이론에 부합한다고 볼 수 있다.[5] 해러웨이를 토론하는 논문들에서 자주 지적되지 않는 것이 방금 말한바, 바로 이 「상황적 지식」의 스토리텔링적 여성 연대의 방식이고, 또한 이제 토론할 것인바, 「사이보그 선언」이 가진 스토리텔링적 관점 및 요소이다. 해러웨이는 「사이보그 선언」(The Cyborg Manifesto)의 앞부분에서 언어의 역할에 주목하였다. 남성의 이성적 언어는 하나의 목표를 위해 변종을 억압하고 타자를 착취하는, 결국은 지배(domination) 수단이 되는 언어이다. 아버지, 로고스, 남근의 언어처럼, 하나 뿐인 가치, 근원, 목표를 상정하는 것은 위계질서에서 하위에 둘 주체를 필요로 할

5 이 점에 관해서는 졸고, 「자서전의 저자: 자아, 어머니, 공동체」, 275-79쪽을 참조할 수 있다.

것이다. 변종을 허용치 않는 이 단일성의 언어는 자연, 타락전의 어머니 여성, 순수의 신화를 부추기는 허위의식으로 그 체계를 미화하고 신비화한다. 그런데, 이미 유아독존적인 순수성이 불가능해진 혼종의 시대에, 인간지식은 본질적으로 상황적이고 시간의 추이에 종속되는 스토리텔링적 성격을 띨 수밖에 없다. 다음 구절도 새로운 세계에의 지향이 유연한 언어기능에 의존한다는 점을 분명히 말하고 있다.

> 글쓰기는 현저하게 사이보그의 테크놀로지, 즉 20세기 말에 식각(蝕刻)된 표면으로서의 테크놀로지이다. 사이보그 정치는 언어를 위한 투쟁이며, 완벽한 의사소통, 모든 의미를 완벽하게 옮기는 하나의 코드, 남근중심주의의 중심 도그마에 거슬리는 투쟁이다. 이것이 왜 사이보그 정치가 동물과 기계의 비합법적인 융합을 즐거워하면서, 소음을 고집하고 오염을 주창하는 이유이다. 이것은 언어와 젠더를 생성하기 위해 상상된 힘, 즉 욕망의 구조를 전복하고, "서구적" 정체성, 자연과 문화, 거울과 눈, 육체와 정신을 재창출하는 구조와 양태를 전복하여, 남자와 여자를 문제적으로 보이도록 만드는 결합들이다. "우리"가 원래부터 사이보그가 되기를 선택한 것은 아니지만, 선택은 "텍스트"의 보다 넓은 재생에 앞서 개인의 재생산을 상상하는 자유주의 정치학과 인식론을 수립하게 하였다. . . . 적대적인 "남성적" 분리로부터의 보호를 약속하는 공동언어나 원초적 공생에 관한 아무런 사용가능한 원초적 꿈도 없이, 최종적인 권리를 부여받은 어떠한 독법이나 구원의 역사를 가지지 않은 텍스트의 유희 속으로 적혀 들어가므로, "우리자신"을 세상에 전적으로 포함된 것으로 인식하는 것은 정체성, 선봉적인 단체들, 순수성, 그리고 모성의 역할에 정치를 뿌리내릴 필요로부터 우리를 자유롭게 한다.

> Writing is pre-eminently the technology of cyborgs, etched surfaces of the late

twentieth century. Cyborg politics is the struggle for language and the struggle against perfect communication, against the one code that translates all meaning perfectly, the central dogma of phallogocentrism. That is why cyborg politics insist on noise and advocate pollution, rejoicing in the illegitimate fusions of animal and machine. These are the couplings which make Man and Woman so problematic, subverting the structure of desire, the force imagined to generate language and gender, and so subverting the structure and modes of reproduction of "Western" identity, of nature and culture, of mirror and eye, slave and master, body and mind. "We" did not originally choose to be cyborgs, but choice grounds a liberal politics and epistemology that imagines the reproduction of individuals before the wider replications of "texts." . . . With no available original dream of a common language or original symbiosis promising protection from hostile "masculine" separation, but written into the play of a text that has no finally privileged reading or salvation history, to recognize "oneself" as fully implicated in the world, frees us of the need to root politics in identification, vanguard parties, purity, and mothering. (176)

해러웨이는 사이보그 공학기술이 자연과 문화, 순수와 혼종, 남과 여를 나누는 이분법적 욕망의 구조에 정초한 도그마를 붕괴시키는 비합법적인 언어의 투쟁이라 정의한다. 사이보그를 선택한 "우리"는 바로 공동언어와의 원초적 공생관계를 전복하고, 고착적 정체성과 태생적 순수성에서 놓여난 텍스트의 유희를 채택한 것이다. 최종적으로, 해러웨이는 남근 중심 사유에 입각한 타락 이전의 어머니라는 기원 신화 및 "우주 설화"(space stories)를 부수고 다시 쓴다. 대지의 여신 가이어(Gaia)처럼 억압된 여신의 위치보다, 노동하고 생식하는 '어머니'로서의 여성의 현주소가 사이보그와 연대할 수 있는 차별 없는 주체의 자리이다.

이것은 하나의 공동언어의 꿈이 아니고, 이단자의 강력한 이질적 언어에의 꿈이다. 그것은 새로운 권리의 초(超) 구세주의 순회구역에 두려움을 불러일으키는 언어로 말하는 어떤 페미니스트의 상상력이다. 그것은 기계, 정체성, 카테고리, 관계, 우주설화(space stories)를 건설하고 또 부수는 것을 의미한다. 비록 이 일이 나선형의 춤에 묶여 있지만, 나는 여신이 아니라 차라리 사이보그가 되겠다.

This is a dream not of a common language, but of a powerful infidel heteroglossia. It is an imagination of a feminist speaking in tongue to strike fear into the circuits of the super-savers of the new right. It means both building and destroying machines, identities, categories, relationships, space stories. Though both are bound in the spiral dance, I would rather be a cyborg than a goddess. (181)

해러웨이는 다시 한 번 순수의 신화 및 하나의 공동언어보다 사이보그의 혼종적 경험 및 이질적이고 국지적인 대화언어를 대담하게 상정하고 있다. 그리스 신화의 가이어 혹은 기독교의 타락 이전의 이브의 이야기가 보편성을 획득하여 성 이데올로기로 고착되었듯 반면, 여성을 사이보그로 놓는 것은 다중적이고 소수자적인 그룹 정체성을 유포하는 새로운 종류의 언어, 즉 스토리텔링적 글쓰기를 전제로 하는 것이다.

페미니스트들에게는 초월을 약속하는 객관성의 교의, 즉 누군가가 어떤 것에 책임을 질 수 있을 곳에서 그것의 중재를 추적할 수 없는 이야기, 그리고 무제한의 도구적 권력을 필요치 않는다. 우리는 언어와 몸들이 모두 유기적 공생의 기쁨으로 빠져들어 가는 한, 세계를 재현할 순진한 권력들의 이론을 원하지는 않는다. 우리는 또한 글로벌 시스템의 관점에서 세계를 이론화하기를 원치 않으며,

그 세계 속에서 행동하는 것은 더욱 더 그러하다. 그러나 우리는 매우 다른—그리고 권력에 의해 차별되는—공동체들 사이에서 지식들을 부분적으로 옮길 수 있는 능력을 포함하는, 전 지구적 연결의 네트워크를 필요로 한다.

Feminists don't need a doctrine of objectivity that promises transcendence, a story that loses track of its mediations just where someone might be held responsible for something, and unlimited instrumental power. We don't want a theory of innocent powers to represent the world, where language and bodies both fall into the bliss of organic symbiosis. We also don't want to theorize the world, much less act within it, in terms of Global Systems, but we do need an earth-wide network of connections, including the ability partially to translate knowledges among very different—and power-differentiated—communities. (187)

위 인용에서도 객관성 및 초월성의 허울에 대조적으로 부분적 지식과 국지적 네트워크가 요청된다고 말하고 있거니와, 해러웨이의 「선언」은 남성의 자기현존의 지배적 정보학에 대항하여 소수자 공동체 연대의 해방 담론을 다시 쓴다. 오늘날의 하위 주체는 새로운 주체로 탄생할 수 있고, 우리는 그들의 혼종성을 포용하고 "이질적 언어"에 귀˙기울여야 한다. 사이보그라는 새로운 주체의 탄생으로 말미암아, 다층적으로 식민지화한 타자의 신비성이 제고된다.

해러웨이가 말하는바, 인간이 사이보그이고 노예라는 생각은 리들리 스콧(Ridley Scott)의 「블레이드 러너」(Blade Runner, 1982년)에서도 확인할 수 있다. 이 영화는 필립 K 딕(Philip K. Dick)의 소설, 『안드로이드는 전기양을 꿈꾸는가』(Do Androids Dream of Electric Sheep?)를 느슨하게 각색한 것이다. 이 소설은 로봇의 윤리보다는 로봇을 만드는 인간의 윤리 및 책임에 더 큰 중점을 둔다는 점을 미리 말할 수 있다.「2100 스페이스 오디세이」는 간사한 인공지능 컴퓨터의 반란을 보여주지만,「블레이드 러너」와 더불어, 예컨대, 스티븐 스필버그의「에이 아이」(A.I.; 2001년)는 인간과 인공지능 로봇의 애틋하고 안타까운 교감을 감동적으로 그린다.「에이 아이」에서는 감성을 가진 가정용 로봇이 책무를 다했을 때 폐기처분되지만, 모성을 잊지 못하여 찾아 헤맨다는 이야기이다. 먼 훗날 값싼 가정용 로봇이 본격화하여 대량생산될 때 로봇이 애완견을 대체하겠지만, 기능이 나아진 신상품 로봇이 출시되면 옛 로봇은 테디 베어나 유기견처럼 버려질 것이다.「블레이드 러너」에서도 로봇은 도구이고 노예일 뿐이지만, 감정을 지닌 그들이 인간에게 공감을 호소하여, 인간과 로봇이 동류의 존재임을 깨닫게 하는 데까지 나아간다. 로봇과 사이보그가 인간에 가깝게 만들어지는 한, 이를 제작하는 인간의 책임과 윤리적 선택이 요구된다.

「블레이드 러너」에서, 레플리컨트(replicants)는 4년으로 되어 있는 수명이 다하면 폐기처분된다. 이에 반발하여 그들은 자기들을 만든 인간에 대한 반역 로봇이 된다. 이들은 일찍이 아이작 아시모프가 염려한 자의식을 가진 로봇인 것이다. 그들은 타지에서 노동을 하고 있었으나, 그곳을 탈출하여 인간처럼 행세하며 복수를 노린다. 육체와 정신 양면에서 인간과 거의 구분이 안 되는 그들의 정체를 밝혀내는 전문기술을 가진, 이른바 로봇 경찰관 데카드(Deckard)가 그들을 찾아내어 존재를 말살해야 하는 과제를 부여받는다. 그 와중에서, 프리스(Pris)라는 여자 인조인간은 자신들을 제작한 과학자에게, "세바스찬, 나는 생각해, 그러므로 존재하는 거지"(I think, Sebastian, therefore I am)라고 데카르트 식으로 항변한다. 이는 로봇의 인지능력이 그만큼 강력해졌음을 뽐내는 말이지만, 그럴 경우 로봇의 행동을 예상하기가 어렵게 되는 문제점도 동시에 제기하는 것이다. 결국 프리스와 그녀의 동료 로이(Roy)는 그 자신들을 만든 과학자 세바스찬과 사장 티렐을 죽인다. 그리고 로이는 그들의 체포와 제거를 전담하는 데카드는 살려 두면서, 스스로에게 죽음을 초대한다. 이 장면의 로이에게는 가히 희생양으로서의 예수의 이미지가 덧씌워져 있다. 그는 손바닥에 스스로 못을 박고, 이제는 “죽어야 할 시간”(time to die!)이라면서, 조용히 서서 고뇌하며 죽는 자기연출을 감행한다. 그리고 성령처럼 비둘기가 그의 품에서 허공으로 날아간다. 그가 데카드에게 남기는 말, “두려움 속에 산다는 것은 대단한 경험이지, 그렇잖아? 노예가 된다는 것이 바로 그런 거지”(Quite an experience [is] to live in fear, isn’t it? That’s what it is to be a slave)는 가히 웅변적이다. 자의식을 가진 로봇이 자신을 노예로 생각하게 되고, 경찰국 하수인인 데카드도 그런 존재임을 암시한다. 인조인간이나 로봇에게는 감정이입의 능력이 없다고 알려져 있으나 로이는 데카드에게 공감하고, 감정이입이 없는 차가운 존재는 오히려 데카드를 조종하는 인간들임이 영화의 말미에 이르면 더욱 확실해진다.

인조인간의 존재는 권리를 박탈당해 ‘노예’처럼 사는 이들에게 확대된다. 이는 그들을 쫓는 경찰관 데카드에게로 확대되는 정치적 이슈이다. 도구화한 일회용 인간은 모두 사이보그와 다를 바가 없는 것이다. 또한, 노예라고 부른 것, 이것은 종족의 문제로 확대되어 식민통치 주체들에 종속되는 하위주체(subaltern)의 동조를 얻어낸다. 해러웨이의 「사이보그 선언」에 호응하여, 제3세계의 퍼스펙티브도 사이보그를 제1세계에서만 가능한 최첨단 기술문명으로 한정하지 않는다(Hall 122). 제3세계에는 그러한 기계적 진보가 아직 없지만, 지배와 피지배 주체의 닮음과 다름이 인간과 인조인간의 그것에 비견되는 문화적, 정치적 변수를 고려할 수 있게 된 것이다. 이와 연관하여, 「블레이드 러너」에 탈식민주의 관점도 도입될 수 있을 듯하다. 인간과 겉으로는, 그리고 상당한 정도까지 속으로도, 구분이 안 되는 로봇이지만, 그러나 인간과 ‘꼭 같게’(not quite) 만들어져서는 안 되는 것이다. 이것이 인간에 가깝게 로봇을 만들어야 하는 제작자의 마지노선이다. 그렇지 않으면 그들을 노예로 도구화할 수 없게 된다. 반면, 인간을 모방하도록 요청되는 로봇의 입장에서는, 로이처럼 예수를 모방하고, 프리스처럼 데카르트를 모방하면서, 인간 전체를 조롱하고 있는 것이다. 이 조롱으로써 그들은 인지능력과 종교적 신념에 있어 인간이 진정 완벽하지는 않다는 암시를 준다. 결국 인간과 로봇은 불완전한 존재라는 점에서 다르지 않다는 결론에 다다른다.

그리고 가장 최근에 제작된 인조인간으로서, 자신을 인간으로 믿게 만드는 인공기억이 임플란트된 레이첼이란 로봇도 있다. 어린 시절의 사진들과 어머니의 기억을 가공하여 두뇌에 주입하여 제한된 수명의 로봇이라는 의식을 폐기하는, 그리하여 반란의 소지를 없애는, 진일보한 기술에 의해 만들어진 로봇이다. 레이첼은 자기가 레플리컨트임을 모르지만, 데카드가 그 사실을 입증해 보인다. 그리하여, 슬라보예 지젝이 말하는 '주체화'(subjectivization)가 레플리컨트에게 일어난다(*Tarrying* 41). 그녀는 처음으로 환상에서 벗어나 실체를 마주보는 의식상의 변화를 겪게 되고, 물론 이로 인해 심각한 고뇌에 사로잡힌다. 특별히 흥미로운 것은, 경찰관인 데카드도 자신이 인간임을 의심치 않게 만들어진 로봇이라는 혐의가 영화 속에 감추어져 있다는 점이다. 그는 반역 로봇을 정리하는 하나의 도구로서의 로봇일지도 모른다는 것이다. 연출자 제작본(the Director's Cut)에 남아 있는바, 유니콘에 관한 데카드의 일련의 꿈은 인공로봇 제작회사의 하수인 개프(Gaff)가 그에게 남기는 종이로 접은 유니콘 선물과 일치한다. 개프는 데카드의 두뇌에 이식된 메모리 임플란트에 접근이 가능하므로 이러한 선물을 할 수 있는 것인데, 그렇다면 이는 데카드 또한 그들이 제작한 또 한 명의 레프리컨트일 가능성을 열어두는 것이다. 요컨대, 레플리컨트를 쫓는 데카드도 자신의 주체성을 정확히 인지하는 것은 아니었다. 넓은 관점에서는, 인간도 자신이 레플피칸트라는 것을 모르는 레플리칸트이다. 인간이 문자 그대로의 안드로이드가 아니더라도, 대타자의 언어를 답습하고 기존사회의 이데올로기를 피동적으로 수용한다는 라캉 식의 보편화된 정신분석적 관점을 적용하면, 그렇게 말할 수 있게 된다. 영화의 말미에 이르면, 데카드도 자신의 '주체화'를 이루어, 그 자신이—모든 인간이—최종적으로 레플리컨트와 다를 바가 없는 '노예'라는 인식을 공유하게 된다. 지젝의 '주체화' 개념이 일러주듯이, 자신이 인간이라고 믿고 있기보다 레플리컨트일지도 모른다고 말할 때, 오히려 그는 생각과 느낌을 가진 인간주체가 된다.

인조인간도 레이첼처럼 감성을 가질 수 있으며, 프리스처럼 자신이 인지능력의 소유자임을, 로이처럼 자신이 정의를 위한 희생자임을 표방하는 레토릭을 구사할 수 있다. 그들도 지(知), 정(情), 의(義)를 구비한 인격체이며, 로고스, 파토스, 에토스에 입각하여 자신의 입장을 호소할 줄 안다. 그들은 단지 불완전할 뿐인 인간들이다. 데카드도 사실상 레플리칸트의 일원과 다를 바가 없거니와, 레플리칸트들도 인간에 매우 근접해 있다. 그리하여 영화의 끝 장면에서 데카드는 공적 본분을 정면으로 거슬러 인조인간 레이첼과 함께 도망가는 대담한 선택한다. 그녀는 안드로이드 동료의 공격으로부터 데카드를 구해낸 바 있으며, 그에게 깊은 연애감정을 느낀다. 인간들이—그리고 공적 제도가—그를 착취하고 해하려 할 때, 사이보그는 그를 돕고 공감하는 연인이 되었다. 그들은 노예로서의 삶에서 벗어날 수 있을까? 그들의 선택은 한 여인을 사랑하여 결혼하고 법적지위를 쟁취하고자 평생을 노력한「바이센테니얼 맨」의 로봇의 운명처럼 성공적으로 끝날 수 있을까?「블레이드 러너」는 이 문제에 대해 답하지는 않지만, 레플리컨트과 마찬가지로 인간이 도구적 이성의 거대한 공적 조직의 노예라는 인식을 강조하면서, 하위주체로서의 인간과 인조인간의 구분이 모호해진다는 점을 분명히 토로한다. 문명과 자연, 기계와 인간이 융합하는 혼종적 주체의 탄생을 환영하는 해러웨이의「사이보그 선언」과 마찬가지로,「블레이드 러너」도 인간과 안드로이드가 교환이 가능한 주체 양태를 포함하고 있음을 말한다.

슬라보예 지젝의「블레이드 러너」토론 중에서 가장 의미로운 부분은 우리가 이미 익숙해져 있는 인식의 역작용에 관한 것이다. 그는 오늘날 우리가 겪고 있는 인간과 안드로이드의 융합과 정체성의 교환은 인간을 닮은 인공지능이라는 생각을 뒤집어 생각하게 하는 '역전된 은유의 논리'(logic of the reversed metaphor)에 의한 것이라고 말한다. 즉, 두뇌의 모델로서의 컴퓨터 대신에 피와 살로 만들어진 컴퓨터로서의 인간 두뇌를 생각하고, 인공인간으로 로봇 대신에 인간을 "자연 로봇"(natural robot)으로 정의하는 일이 가능해졌다는 것이다(*Tarrying* 42-43). 실제와 이미지, 현실과 가상현실, 자연과 문명의 대립항에서 후자들이 전자들을 점령하여, 전자처럼 보이게 한다는 것이다. 이 역전된 은유의 세계에서는 데카르트의 자기중심적 인지(cogito)는 유토피아적 소망일뿐이다. 이를 보드리야르도 지적하고 있음을 이미 토론하였거니와, 하상복이 주목하듯이, 지젝은 실체를 가리는 이 역전의 논리를 그 반대의 입지에서 면밀히 살피기를 권유한다(*Tarrying* 43-44; 하상복 129-30). 오늘날 문화와 자연의 융합이 전(全) 지구적이고 일상적으로 펼쳐져 있어 마치 이것이 자연의 원리인양 보이게 되어, 문화와 자연의 구분이 흐려지고 그 속에서 우리가 아무런 자각증세가 없이 안주할 수 있게 되었기 때문이다. 우리는 이미 인지의 물신주의에 익숙해져 있거니와, 이는 어디까지나 정치적이고 제도적인 결정이고, 권력관계의 작용에 의한 것이다(*Plague* 156-57).「블레이드 러너」에서도 레플리컨트를 만드는 티렐 회사가 있고, 레플리컨트 경찰국도 있으면, 이의 하수인으로서의 개프(Gaff)라는 인물도 있다. 그들에 의해서 인공지능 로봇이 만들어지고 조종되는 것이므로, 지젝의 입장에서 보면, 결국 인공지능 문화는 자본주의와 도구적 이성이 지배하는 정치경제의 연장선상에 있게 된다. 여성 및 기술문명의 옹호자로서 해러웨이는 사이보그적 존재가 새로운 패러다임의 인간주체를 도입하는 것이기 때문에 기존 제도권의 주체일 수가 없다고 보지만, 지젝의 입장에서는 이 또한 부르주아 가부장제의 도구적 이성과 자본의 연장에서 만들어진 기술문명의 결과가 아닌가 하는 물음을 면치 못한다.

인간과 기계의 혼동을 당연시하는 것은 우리가 기술문명에 그만큼 익숙해져 있음을 반증할 뿐이다. 우리가 신체장기를 기증받든 인공장기를 구매하든, 다를 바가 없다고 생각하는 때가 곧 올 것이다. 자연물이든 인공물이든, 질적 차이가 없게 되기도 할 것이기 때문이다. 그리고 인공장기는 자본이 만들어낸 인공물임을 우리가 당연히 인지하지만, 신체장기도 사실상 이미 상품화하여 팔리고 있는 것이 현실이지 않은가? 소설『리포제션 맘보』(The Repossession Mambo, 2009년; 영화「리포맨」, 2010년)가 인공장기의 신용구매를 예상하고 —현재로서는 가격이 높을 수밖에 없는—있는 실정이고 보면, 로봇이나 인공지능 기계의 상용화 및 상품화에 관하여 훨씬 더 쉬운 전망이 나오는 것은 당연하다. 더불어「네버렛미고」(Never Let Me Go, 2010년)는 인간에게 장기의식을 해 주기 위해서 길러지는 세 명의 복제인간에 관한 이야기이다. 이들은 장기제공을 위해 만들어진 인조인간이며, 어느 정도 키워지고 교육된 후, 20살부터 몇 번의 장기적출 수술을 거쳐 폐기처분된다. 스티븐 스필버그의「에이 아이」(A.I.; 2001년)도 이와 비슷한 예측을 내어 놓았음은 이미 토론한 바이다. 이런 미래사회의 실상은 기술문명과 자본을 효과적으로 연관시킨다. 특히 이 영화들은 자본으로 일궈낸 인공장기 등의 기술문명이 생명에 끼치는 영향으로서, '살게 하거나 죽음으로 내모는'(강지현 25-29) 바이오정치(biopolitics)의 경제적 측면을 말하고 있어 더욱 새롭다. 푸코의 논의를 통하여, 해부와 처방의 의학담론이 몸에 끼치는 정치력을 이미 살펴보았거니와, 이와는 좀 다르게, 몸을 통제하는 최신 버전으로서 미래 기술문명의 경제가 몸에 각인되는 권력이 되었다. 기술문명의 영향은 진정 생명과 자본, 생명과 권력의 상관관계에서 파악되어야 할 문제이다.

동일한 관점에서, 진화의 계속을 말하면서도 새로운 패러다임을 여는 트랜스휴머니즘의 입장에 서 있는 것으로 보이는「루시」와「2001 스페이스 오디세이」도, 당연히, 도구적 이성의 계속적인 연장을 말하는 것이라는 문제를 제기할 수 있다. 더욱이, 새로운 주체를 강력하게 제시하는 해러웨이의 인간-사이보그론도 논리상의 문제점을 내포하고 있다. 사이보그가 여성 및 노동자이기 보다는 기술이성을 다루는 남성 영역으로 남아 있고, 그 생산물로서의 사이보그가 여성이라는 패턴은 노동하고 피해를 입고 복수하는 여성의 상투항을 재생산한다는 것이다(유제분 162-63). 이는 새로운 주체이기가 어렵다. 그럼에도 불구하고, 해러웨이의 포스트휴먼 주체론이 가리키는 바는 기술문명이 발전함에 따라 주어지는 '상황적 지식'에 입각하여 현재의 주체가 끊임없이 변화하면서, 가능한 새로운 주체와의 융합을 생각하게 하는 계기를 제공한다는 점에서 의의가 있다. 기계와 인간이 공존하고 융합하지 않을 수 없다면, 이의 관계를 수정하고 재정립하는 새로운 패러다임의 주체가 요청됨 직하다.

맺음말: 끝에 머묾?

과학문명의 여명기에 프란시스 베이컨은 인간이 과학휴머니즘의 도움으로 신에게 다가간다고 말했다면[6], 오늘날에는 그 과학문명이 신의 영역에 침범하려 하는가 하면, 인간을 대체할지도 모른다는 염려를 낳고 있다. 기술문명은 빈곤과 질병으로부터 인간을 상당한 정도 해방시켰지만, 그 난제를 해결하는데 결정적으로 공헌한 바로 그 기술문명 때문에 우리는 일자리와 생물적 몸의 끝을 맞고 있다. 기계화, 자동화가 더 눈부실수록 대기업만이 제대로 운영되고 부유한 소수자만이 소비할 수 있어, 그들만이 경제활동을 하게 된다. 몸의 끝도 모더니티 기획의 눈부신 발전이 가져 온—부정적인—결과이다. 건강하고 아름다운 몸을 위해 단련하고 단장하던 몸의 단계를 훌쩍 뛰어 넘어, 질병으로부터 우리를 해방시킨 의술장치와 약물의 과다 투여로 말미암아, 오늘날 인간의 몸은 생물적 몸을 무색케 하고 있다. 그리고 숱한 몸의 침입자에 대한 두려운 인식이 몸의 돌발적인 끝의 인식으로 연결되고 있다. 기계가 일자리를 소외시켰고, 세균과 약물이 몸을 식민지화하였다.

대체적으로 포스트모던 시대는 세계의 질서에 관한 거대한 내러티브의 끝,

6 이 주제는 본 논문의 범위를 벗어나므로 다른 곳에서 따로 논하기로 한다.

그리고 혁명이나 해방의식의 불가능을 인식하면서도, 새로운 진보나 텔로스를 더 이상 생각해 낼 수 없다는 우울감에 젖어 있다고 말해진다(Kumar 207). 오늘날의 인간은 에른스트 블로흐(Ernst Bloch)가 말하는 '희망의 원리,' 즉 구원과 유토피아의 잠재력이 현실에서 점진적으로 실현된다는 소망이 적용되기 어려운 상황에 처해 있으며, 오히려 돌발적인 끝의 느낌을 떨쳐버리지 못한다. 그렇지만, 아직 끝은 끝이 아닌 듯하다. 찰리 채플린은 기계에 의한 인간소외를 말했고, 맑스는 기계에 의해 소비가 마비되어 자본주의가 몰락할 것이라 예언했지만, 우리는 맑스가 바란 것처럼 기계를 발전시킨 자본주의와 미련 없이 결별하는 애도의 의식을 달갑게 받아들이지는 않는다. 그보다는 오히려 트랜스휴먼, 포스트휴먼이라는 기계문명의 새로운 가능성과 새로운 인간 주체의 의미를 숙고하고 있기도 하다. 몸의 경우에도, 그들은 몸의 상실감을 상쇄하기 위해 과도히 몸을 외면화하고 유희에 몰두하여, 몸은 데카당적 향유의 대상이 되었다. 그리하여 우리는 일과 몸의 끝의 의식을 떨쳐 버리지 못한 채, 끝에 머물고 있다.

끝에 머묾은 시작을 되돌아보게 한다. 현대인에게는 기계문명의 승리와 더불어, 그 승리가 가져 온 부정적 여파 때문에—계몽의 변증법 때문에—애초의 계몽의 벅찬 순간에 대한 향수가 있으며, 건전한 또 한 번의 계몽의 필요성도 느낀다. 근대와 단절하여 기계문명 이전으로 되돌아가자는 것이 아니라, 기계문명이 애초에 약속한 듯 보이는 해방에의 기억을 되뇌어 보고자 하는 것이다. 오늘날 운위되고 있는바, 일자리 상실의 난국을 극복하기 위한 분배적 사회정의는 맑스의 유령이 아직 외치고 있는 해방의 메시지이다. 기본생활 비용을 현금으로 모두에게 나누어 주어야 할 것이라는 식의 분배정책의 예언은, 아이러니하게도, 강력한 자유시장경제론자인 프리드리히 하이에크(Friedrich Hayek)의 머리에서 나온 것이기는 하지만 말이다(포드 395-97). (이는 어디까지나 시장의 작동을 돕는 최소한의 조치로서 의도된 것일 것이다.) 그리고, 위에서 토론했듯이, 트랜스휴머니즘이 말하는바, 타고난 불완전성을 줄이는 진보된 인간형의 탄생도 여전히 자본과 도구적 이성의 지배 속에 있다는 비판도 음미해 볼만한 사안이다. 기술문명과 융화한 새로운 주체를 환영하는 「블레이드 러너」나 도나 해러웨이의 「사이보그 선언」의 중심에 있는 인공지능 로봇도 결국은 더 위대한 도구적 이성의 산물이지 않느냐는 관측인 것이다. 미래 테크놀로지가 제공하리라고 예상되는 새로운 전망의 패러다임이 결국은 도구적 이성과 자본에 의해 이룩되고 있고, 여전히 기존 자유주의 경제체제의 영향 하에서 움직이고 있으므로, 진정한 패러다임의 변화가 아니라고 말할 수도 있게 된다. 이러한 비판적 자세는 만족스런 끝을 지향하면서 시작한 기술문명 발전의 원래 정신을 되돌아보게 하면서, 기술 발전이 가져 온 결과를 변증법적으로 고찰하여 진행방향을 수정하도록 이끈다.

그런데, 기술문명의 새로운 국면을 앞에 두고, 우리는 진정 비판적이고 비관적인 전망에만 젖어 있는가? 오히려 기계(로봇)와의 즐거운 놀이가 있고, 사이보그와의 교감도 있다. 물론 「2001 스페이스 오디세이」는 슈퍼컴퓨터의 반란과 간계 때문에, 포스트휴먼의 가능성과 가치를 거부하는 고전적 인간보존 의식을 일부 보여준다고 말할 수 있지만, 「블레이드 러너」와 해러웨이의 「사이보그 선언」은 현시점에서 가능한 새로운 하위주체에 관한 포스트휴먼적 논의를 촉발하고 있다. 그들에 의하면, 기계가 변수가 되는 새로운 차원의 세계에 진입하여 인간의 정의와 분류가 다원화하면서, 인간은 비로소 도그마에서 자유로운 평등한 주체군의 탄생을 모색할 수 있게 된 것이다. 전체적으로 말해 보면, 첨단 기술문명이 가져온 오늘날의 일과 몸의 위기에 대하여, 우리는 비판적 회고와 새로운 전망을 동시에 가지게 된다. 일과 몸의 끝을 맞이하여 우울한 성찰의 자세를 취하기도 하지만, 전 단계 인간 및 세계의 불완전성과 불합리성과의 결별을 환영하는 자세를 동시에 취하게 되는 것이다.

지금까지 과학문명의 문제는 인간이 자제하면 해결될 수 있는 듯 보였다. 대표적으로 유전자 공학이 생명과학윤리 문제를 일으킬 만큼 인권을 해치는 것으로 여겨지고, 또한 신의 영역에 침범하려 한다는 비난을 받았는데, 문제의 중심에는 언제나 인간이 있었다. 예컨대, 조지 오웰의 『1984』에 나오는 빅브라더처럼 과학기술을 악용하는 것은 어디까지나 인간이었다. 그러나 보스트롬이 적절히 지적하듯이, 이런 류의 인간군은 진정한 기술 애호가나 개발자가 아니다. 그들은 대체로 기술문명에 탐닉하거나 중독되어 오히려 인간적 성장이 저해된 존재들로서, 그들의 지적, 정서적, 도덕적, 영적 능력은 보통 인간들보다 저능한 발육상태에 머물러 있다("Defense"). 더불어, 인간이 만들었으나 스스로 생각하고 욕망하는 단계까지 발전한 인간의 피조물이 있다면, 이 또한 생각을 달리 하게 만든다. 인간이 인공지능 개발을 중단하지 않는 한, 칼자루는 이미 인간의 손을 떠나 있는 것이다. 자신의 의지에 따라 움직이는 『프랑켄슈타인』의 괴물이나 「스페이스 오디세이」의 할(HAL) 시리즈를 훨씬 능가하여, 인간의 뜻을 우호적으로 이해하는 '로보 사피엔스'라는 새로운 종이 나타날 수 있게 된 단계이다. 인간두뇌가 다룰 수 없는 대용량 데이터베이스를 순식간에 소화하고, 스스로 생각을 하여 최선의 해결책도 내어놓는 인공지능에 대하여, 오늘날의 인간이 의존할 유혹을 떨쳐내기가 점점 어렵게 되고 있다. 인간의 기술발전이 프랑켄슈타인 박사의 괴물을 계속 교정해 왔듯이, 기계의 불완전성과 사악한 자의식이 개선된다면, 인간두뇌를 능가하는 인공지능은 분명히 기술문명의 획기적인 성과이다.

더욱이, 트랜스휴머니스트들은 자연의 선물이 때때로 유해하며, 따라서 언제나 수용해야 할 만한 것은 아니라는 태도를 보인다. 각종 암, 말라리아, 치매, 노화, 다운 증후군 등의 유전적 질환, 그리고 아직도 정복되지 않은 기아나 지진 등 자연재해는 우리가 분명히 거부하는 자연의 선물들이다("Defense"). 이렇게 우리가 거부하는 자연의 선물 중 그 일부는 엔트로피(entropy)라는 낱말로 요약될 수 있다. 신체 노화가 그 대표적 경우일 것인바, 트랜스휴머니스트인 맥스 모어(Max More)는 1990년대 이래로 "엑스트로피" 저널과 연구소를 설립하여, 모든 첨단생명공학 기술을 망라하여, 인간 종의 개선을 꾀하는 이념적 운동을 벌이고 있다. 주지하듯이 엔트로피(entropy)는 물질과 에너지가 감소하거나 하강한다는 과학원칙으로서, 인간의 삶과 세계에 관한 비관적 전망인데 반해, 엑스트로피(extropy)는 자연의 한계를 극복한다는 트랜스휴먼주의의 신조어이다. 이런 예들을 접하면, 오늘날의 첨단 과학문명이 오로지 도구적 이성과 자본에 의한 통제 및 음모에 의한 것이어서, 반드시 거리두기를 해야 한다는 생각이 또 다시 한계를 드러내는 듯 보인다. 가족보다 인내심과 이해심이 더 많은「로봇과 프랭크」의 노인 로봇처럼, 그리고「그녀」(Her)의 다정한 채팅 로봇처럼, 인간이 만든 기술문명이 기특하게만 보여 자신의 피조물에 애정을 느끼고 인간처럼 대하고픈 피그말리언 효과가 생겨나고 있는 실정이다. 이처럼, 새로운 패러다임의 기술문명에 대하여 우리는 경계와 기대를 동시에 가지지 않을 수 없다.

몸의 경우에는 근대 이후 몸의 단련과 치장에서, 몸의 침범자에 대한 두려움을 거쳐, 다시 몸의 향락이라는 반전(反轉)의 사이클을 형성하고 있다. 결별 및 애도의 분위기와 함께, 이를 회피하는 심리기재로서의 놀이의 연장이 만들어지는 것이다. 현실원칙과 쾌락원칙은 교호하여, 단 한번 만으로 종식되는 욕망의 끝, 진보의 끝, 역사의 끝을 허용치 않는다. 몸의 경우에는 시작과 끝, 결별과 연장의 교호가 결코 바람직하게만 보이지는 않는 비당위적 심리현상인 듯 보이고, 일자리의 끝은 생존적 위협이기 때문에 이러한 끝의 현상에 저항하고, 아직은 암울한 새로운 시작을 조심스레 모색할 수밖에 없다. 일의 끝은 외부적 요인이 일방적으로 인간에게 가하는 생존의 위협이고, 몸의 끝은 위협이 있을수록 더 가까이에서 조정하고자 할 수 있는 심리의 문제이기 때문에, 이 두 가지 끝에 임하는 인간의 반응이 다르게 보이기는 한다. 그런데, 우리는 여전히 기술문명의 눈부신 발전이 인류의 일과 몸에 끼친 공통된 효력으로서의 끝의 의식에 관심이 있다. 일과 몸의 끝에 임하는 인간주체의 반응이 달라 보인다고 해도, 일과 몸은 정확하게 동등한 정도의 생존의 문제여서 둘 다 마음 편히 결별할 사안이 아니며, 유희를 탐하는 경향이 있는 몸의 경우에도, 일의 문제 못지않게, 뇌과학과 유전자 공학을 포함한 모든 기술문명이 그것의 향상을 위해 안간 힘을 쓰고 있다. 다만 현재로서는 그것이, 아직은 암울한 일의 경우와 다름이 없이, 생물적 몸의 끝을 더 강화하고서야 달성될 수 있을 것처럼 보이기에 우리는 다시 머뭇거리는 것이다. 손쉬운 결별을 허용치 않는다는 것은 어떤 경우이든 그 결별의 대상에 관해 더 지속적으로 숙고하게 만든다.

모더니티는 완결에 도달함으로써 행복한 애도 및 결별을 얻고자 하였지만, 삶 위주의 일방적 지향 때문에, 삶의 완성과 함께 찾아 올 끝이 어떠해야 할 것이라는 점을 깊이 생각하지 못했던 것이다. 바로 이 점 때문에, 오늘날의 끝의 현상을 맞이하는 우리는 그 끝을 환영하지 못하여 개운치 않은 끝에 머무는 자세를 취할 수밖에 없는 듯하다. 그리하여 우리는 새로운 형태의 애도, 즉 반(半) 애도(semi-mourning; Ricciardi 12-13)를 경험하고 있다. 트랜스휴머니즘은 자연이 부여한 인간 주체의 불완전성을 개선하는 도구적 이성의 연장과 계속을, 포스트휴머니즘은 자본과 도구적 이성의 불합리성과 단절하고 혁신하는 주체를 강조하는 성향이 있다. 기술문명의 미래에 관한 이 두 가지 경향을 모두 취하게 되면, 인간의 보존과 개선이 동시에 가능하다는 말이 되고, 이는 인간에 대한 반쪽 결별이 되는 셈이다. 아무튼 일의 끝이 모더니티가 지향했던—그러나, 예상치 못한—완결점이고 결별이라면, 우리는 그 끝자리에서 옛 시작을 되돌아보고 새로운 시작을 내다보아야 한다. 공포 의식에서 유희 의식으로 돌아서는 몸의 심리작용이 데카당하게 보일지라도, 죽음에서 삶을 보는 여유는 언제나 필요하며, 그럼으로써 진정 수용할 만한 삶은 무엇인지를 숙고하게 한다. 요약컨대, 한 단계의 끝은 이전 단계를 상실함으로써 취할 수 있을 것인즉, 이 상실감과 손쉽게 결별하지 못하여 잃어버린 것에 대한 향수에 젖어 있는 편이 있는가 하면, 그 잃음을 당연하고도 바람직한 잃음으로 생각하여 다음 단계로 나아가는 혁신의 계기로 삼는 편도 있다. 인간—특히 남성 주체—위주의 세계와의 행복한 결별, 그리고 이와 대조되는 의식으로서, 자연이 인간에게 부여한바 일하는 몸의 상실이라는 말기적 우울감이 교차하는 지점, 이것이 우리가 머물고 있는 끝의 현주소인 듯하다. 우울은 잃어버린 귀중한 것에 대하여 종내 잊지 못함이며, 이는 일과 몸의 잃음을 기꺼이 애도하고 새로운 전망을 포용하는 편에서도 겪어 볼만한 정신 상태이다.

인용문헌

강지현. 「『리포제션 맘보』: 포스트휴먼 시대와 문화산업」. 『영미연구』 33 (2015): 21-39.

김현미. 「루시에서 사이보그까지: 인간진화 이야기」. 『처음 만나는 문화인류학』. 한국문화인류학회 지음. 서울: 일조각, 2003. 49-74.

일레인 볼드윈 외. 『문화코드, 어떻게 읽을 것인가?: 문화연구의 이론과 실제』. 조애리 외 옮김. 서울: 한울, 2008.

다비드 르 브르통. 『근대성과 육체의 정치학』. 홍성민 옮김. 서울: 동문선, 2003.

송호림. 「포스트휴먼 진화: 사이언스 픽션을 통해 본 인간과 인공 피조물과의 진화적 관계」. 『영어영문학21』. 26.3 (2013): 53-74.

유제분. 「사이보그 인식론과 성의 정치학: 포스트휴먼 페미니즘의 비판과 수용」. 『미국학논집』 36.3 (2004): 152-71.

윤민우. 「자서전의 저자: 자아, 어머니, 공동체」. 『저자의 죽음인가, 저자의 부활인가?』. 최문규 외 6인 지음. 서울: 한국문화사, 2015. 231-92.

이원봉. 「생명윤리와 포스트휴머니즘: 포스트휴먼의 존엄성에 관한 논쟁을 중심으로」. 『환경철학』 16 (2013): 235-59.

브라이언 터너. 『몸과 사회』. 임인숙 옮김. 서울: 몸과마음, 2002.

마틴 포드. 『로봇의 부상: 인공지능의 진화와 미래의 실직위협』. 이창희 옮김. 서울: 세종서적, 2016.

하상복. 「새로운 주체의 가능성: 포스트휴머니즘과 윌리엄 깁슨의 『뉴로맨서』를 중심으로」. 『새한영어영문학』. 49.4 (2007): 119-41.

Barker, Jason. "Cartesian Transhumanism in Luc Besson's Lucy." *Biff Conference 2014: Film Discourse in the Digital Era.* 2014. 10.08-10.10. 154-60.

Baudrillard, Jean. *Symbolic Exchange and Death.* Trans. Iain Hamilton Grant. London: Sage, 1993.

Bostrom, Nick. "Are You Living in a Computer Simulation?" *Philosophical Quarterly* 53 (2003): 243-55. Web.

---. "In Defense of Posthuman Dignity." *Bioethics* 19 (2005): 202-14. Web.

---. "Transhumanist Values." *Ethical Issues for the 21st Century.* Ed. Frederick Adams. Philosophical Documentation Center Press, 2003. Web.

--- "What is Transhumanism?" Web.

Diamond, Jared M. *Guns, Germs, and Steel: The Fates of Human Societies.* New York: Norton, 1997.

Kumar, Krishan "Apocalypse, Millennium and Utopia Today." Ed. Malcolm Bull. *Apocalypse Theory and the Ends of the World.* Oxford: Blackwell, 1995. 200-24.

Faurschou, Gail. "Fashion and the Cultural Logic of Postmodernity." *Body Invaders: Sexuality and the Postmodern Condition.* Ed. Arthur and Marilouise Kroker. London: Macmillan, 1988. 78-93.

Felski, Rita. *Beyond Feminist Aesthetics: Feminist Literature and Social Change.* Cambridge, MA: Harvard UP, 1989.

Foucault, Michel. *The Birth of the Clinic: An Archaeology of Medical Perception.* Trans. A. M. Sheridan Smith. New York: Vintage, 1975.

---. *Discipline and Punish: The Birth of the Prison.* Trans. Alan Sheridan. New York: Vintage Books, 1977.

---. *The History of Sexuality.* Vol. 1: *An Introduction.* Trans. Robert Hurley. New York: Random House, 1978.

Hall, Donald E. *Subjectivity.* New York: Routledge, 2004.

Haraway, Donna J. *Simians, Cyborgs, and Women: The Reinvention of Nature.* New York. Routledge, 1991.

Horkheimer, Max, and Theodor W. Adorno. *Dialectic of Enlightenment: Philosophical Fragments.* Stanford: Stanford UP, 2002.

Kroker, Arthur and Marilouise Kroker. "Theses on the Disappearing Body in the Hyper-Modern Condition." *Body Invaders: Sexuality and the Postmodern Condition.* Ed. Arthur and Marilouise Kroker. London: Macmillan, 1988. 20-34.

Lyotard, Jean-François. *The Postmodern Condition: A Report on Knowledge.* Trans. Geoff Bennington and Brian Massumi. Minneapolis, U of Minnesota P, 1999.

Ricciardi, Alessia. *The Ends of Mourning: Psychoanalysis, Literature, Film.* Stanford: Stanford UP, 2003.

Rifkin, Jeremy. *Entropy: A New World View.* New York: The Viking P, 1980.

---. *The End of Work: The Decline of the Global Labor Force and the Dawn of the Post-Market Era.* New York: G.P. Putnam's, 1995.

Sachs, Jonah. *Winning the Story Wars: Why those who tell—and live—the best stories will rule the future.* Boston: Harvard Business Review P, 2012.

Zizek, Slavoj. *Tarrying with the Negative: Kant, Hegel, and the Critique of Ideology.* Durham: Duke UP, 1993.

---. *The Plague of Fantasies.* London: Verso, 1997.

논평과 토론

기술문명과 '끝'의 사유: 일, 몸, 주체

최유찬 상상력이 풍부한, 매우 기발한 주제라고 생각합니다. 기술 문명이 가져온 끝을 일의 끝과 몸의 끝 두 부분으로 나누어서 이야기하셨는데 기술문명과 관련하여 '끝'의 사유가 거론되는 데는 기술의 발달이 이미 사람의 통제권을 벗어나 독자적인 길을 걸어가는 것이 아닌가 하는 문제의식이 전제되어 있다고 생각합니다. 발표자는 오늘의 과학문명이 자기를 성찰하는 새로운 주체를 형성할 것인가 아니면 제멋대로 나아가 파국의 길로 걸어 갈 것인가를 물으면서 구체적으로 네 가지 논의주제를 제시하고 있습니다. 첫째 주제는 현재의 발전을 모더니티의 끝과 관련지어 볼 수 있는가 하는 물음에 대한 것이고, 둘째 주제는 기계문명이 일과 노동의 끝, 또 몸의 끝을 가져올 것인가 하는 사항과 관련됩니다. 이러한 문제의식의 연장선상에서 세 번째로는 오늘의 과학적 진화가 원시시대로의 복귀를 함축하는지를 묻고, 네 번째로는 여성을 포함한 하위주체가 사이보그라는 형태를 통해 새로운 주체로 형성될 수 있는가 하는 문제를 검토하고 있습니다. 하나하나가 제각기 풍부한 담론들을 펼치기에 적합한 흥미로운 주제이면서 그것들이 서로 긴밀한 관계를 맺고 있어서 저로서는 논지를 따라가기에 급급했습니다.

현재의 과학문명의 발전을 모더니티의 지속으로 볼 것인가 아니면 종말의 지연으로 볼 것인가 하는 첫 번째 문제에 대한 논의는 전체 주제의 밑바탕이 되고 있는 셈인데 발표에서는 우리의 상황을 모더니티와 포스트모더니티의 혼재로 파악하고 있어서 발표자의 뚜렷한 입장이 나타나지 않고 있습니다. 예컨대 "이러한 현상은 근대성의 과학적 이성이 가져온 '끝'의 의식이 불가능하고, 그 끝(telos)을 향하는 역사의 방향이 자주 역전(reversibility)되는 계기를 목격하게 한다"고 말하는 부분이 있는데, 이것은 '끝'에 대한 사유의 적실성에 의문을 품게 만듭니다. 그러나 바로 이어지는 다음 단락에서는 '자연적 몸의 개념이 끝'을 맞이했고 '기계가 인간으로부터 일과 몸을 박탈'했다고 단언하고 있습니다. 분명히 현재를 포스트모던 사회로 파악한 관점에서 이루어진 서술이라고 할 수 있을 것인데 듣는 사람은 어느 장단에 맞추어 가야 할지 당혹스러울 수밖에 없습니다.

이것은 물론 현실을 모더니티나 포스트 모더니티의 어느 하나에 귀속시키는 것이 정당화될 수 없다는 인식에 말미암은 일이라고 볼 수도 있을 것입니다. 섣부른 단정보다는 사태를 있는 그대로 인정하고 논지를 이끄는 것이 훨씬 더 적실한 학구적 태도일 수 있습니다. 그 점을 감안하면 논문이 '끝인가, 계속인가?', '주체의 끝 혹은 새로운 주체'와 같은 방식으로 판단의 유보 또는 선언적(選言的) 판단의 형식을 빌려 서술을 전개해 나가고 있는 양상이 이해됩니다.

지정토론자의 역할을 하기 위해 좋은 내용은 모두 놓아두고 무리하게 작은 문제를 헤집은 것은 아닌지 모르겠습니다. 한 가지 질문을 드리겠습니다. 영화 <2001 스페이스 오딧세이>와 <루시>를 설명하면서 구석기인과 현대인의 교감, 원시시대로의 회귀를 말씀하셨습니다. 원시반본(原始反本)이란 말이 있다고 해도 문명의 단계를 거쳐 온 사람의 선사시대로의 복귀를 "끝은 시작의 연속이었다"고 할 수 있을지 궁금합니다. 인간에게 자신이 살아온 삶에 대한 기억이 생생하게 남아있는 한 '트랜스 휴먼'과 '선사시대의 휴먼'의 화해는 피상적인 데 머물 수밖에 없고, 그래서 사람의 마음 속 깊이 숨어 있는 원망(願望)에 지나지 않지 않을까 하는 우려가 생깁니다. 상상의 형식을 빌린 영화가 지닌 설득력과 함께 별개의 차원에서 독자적인 사항으로 논의해 볼 수도 있다고 생각합니다.

윤민우 기술문명이 빚고 있다고 제가 주장하는 일과 몸의 끝은 우리가 일상적으로 관측할 수 있는 현실을 좀 드라마틱하게 표현한 것인데, 이런 관측이 세 번째 주제인 트랜스 혹은 포스트휴머니즘의 입장에서 보면, 전혀 다르게 생각할 수 있다는 입장을 제시하려고 한 것은 사실입니다. 특히 이 부분에서 토론하는 두 개의 영화가 인간의 진화에 있어 끝은 시작과 통한다는, 즉 연속선상에 있다는 것을 잘 보여 준다고 생각하여 그렇게 분석했습니다. 그리고 네 번째 주제는 기술문명의 덕분으로 오늘날의 하위주체의 연합, 즉 혼종성의 새로운 주체가 가능하다고 말하는 해러웨이의 글을 통하여, 역시 기술문명이 끝을 이야기하는 것만이 아니고, 오늘날의 주체의 개념과 형성에 있어서 보다 평등하고 도그마가 없는 새로운 패러다임의 주체를 추구할 수 있게 한다는 점을 말하려고 했습니다. 앞의 두 개의 주제에 대해서, 기계문명의 영향으로 일자리가 상실되고 생물적 몸의 요소가 박탈당한다는 점은 좀 쉽게 설명할 수 있었던 것 같아요. 그 뒤의 두 개의 주제는 사실상 끝의 생각을 유보하는 새로운 전망에 관한 것입니다만, 이 부분이 끝과 계속의 개념을 상당히 복잡하게 얽히게 만드는 것은 사실입니다. 발표의 큰 두 부분이 매우 잘 어울리는 대조라고 볼 수 없다는 것은 저도 느끼는 바인데, 현재 우리가 느끼고 전망하는 몇 가지 현상인 것은 분명하거든요. 그래서 약간의 무리가 따르지만, 함께 두고 생각해 보자고 시작한 것입니다. 넓은 관점에서 생각해 보면, 의미가 약간은 통하리라 기대합니다.

그리고 두 번째 질문에 관해서 말씀드리죠. 원시시대의 인간 화석 루시와 오늘날의 보통 사람 루시가 기술문명의 덕분으로 서로 지식을 공유하면서 연결된다는 것은 놀라운 발상일 수밖에 없을 것 같습니다. 그런데, 이 영화를 분석하기 위해, 제가 가장 의존하는 문헌은 트랜스휴머니즘의 옹호자인 과학자 닉 보스트롬의 논문입니다. 이 논문은 과학적 이성이 뛰어난 분들만이 이해할 수 있을 것처럼 느껴지고, 물론 저에게는 무척 난해했습니다. 지금도 제대로 이해하지는 못하지만, 그의 결론은 흥미롭게 보이긴 하요. 인간의 두뇌가 포스트휴먼 시대의 진화 상태에 이르면, 인류의 모든 삶과 지식에 대한 시뮬레이션을 가지게 된다는 요지인데, 이러한 과학적 전망이 「루시」라는 영화의 상상력과 잘 맞는다는 생각을 하게 되어, 두 개의 다른 분야를 연결시켜 보았습니다. 과학공상영화나 소설은 지금 가능하지는 않지만 가까운 미래에 가능할 수도 있을 과학지식을 인문학적 상상력에 접목하는 것 같습니다. 그래서 인문학적 향수와는 다른 과학적 상상력의 세계로 우리를 인도하기도 합니다.

최문규 기계인간에 대한 인간의 욕망은 불멸에 대한 동경과 깊은 연관성이 있다고 봅니다. 인간과 기계인간의 대립적이라기보다는 유한한 인간이 만들어 낸, 자신의 삶을 연장시키고 싶은 대체물입니다. 즉 지식과 상상력을 통해 인간은 자신이 불멸하고 싶은 꿈을 실현하기 위하여 기계인간의 형상을 만들어 낸다는 것입니다. 그렇기 때문에 인간이 기계적으로 변하고 기계가 인간적으로 변하는 내용을 담고 있는 영화 <블레이드>는, 바로 인간 자신에 대한 긍정적인 투영상이라고 할 수 있습니다. 페미니즘적 시각에서 기계인간에 대한 해석도 흥미롭습니다. 전통적인 인간사회에서는 남녀가 대립하는 구도를 형성하고 있는데, 기계인간은 남성과 여성에 속하지 않는 중성이라는 점이 강조되며, 따라서 페미니즘적 시각에서는 기계인간이 이상적인 존재로 설명될 수 있습니다. 다시 말하면, 기계인간의 경우 남녀 간의 대립과 억압이 더 이상 존재하지 않는 것입니다. 이런한 견해에 대해서는 발표자는 어떻게 생각하시는지요? 발표자가 그런 관점을 수용하고 있는 것인지 아니면 부정적인 관점을 취하고 있는 것인지 궁금합니다.

윤민우 기계인간의 인공지능에 감정을 추가하는 것이 요즘 대세입니다. 과학 공상영화이긴 하지만 <블레이드 러너>에서 여주인공이 남주인공에게 사랑을 느끼는 장면이 나타나고, 요즘 영화들은 때로 로봇이 인간보다 나을 수도 있다고 말합니다. <프랭크와 로봇>이라는 영화는 치매를 앓고 있는 프랭크가 아들에게 로봇을 선물 받고, 행복한 삶을 사는 이야기를 다룹니다. 이것을 보면 온정을 프로그램화 하여 로봇에게 추가하는 것을 상상해보게 됩니다. 아주 먼 미래에는 이러한 것이 가능할지도 모릅니다. 그리고 선생님 말씀대로, 인간은 편견이 있지만, 기계는 편견이 없으므로 바람직한 새로운 공동체를 형성하기에 적절한 동료라는 생각도 반영되는 것 같습니다. 오늘날의 인간들은 기계문명이 가져다 줄 새로움의 전망에 대하여 기대하는 바도 작지 않습니다만, 그 기술문명이 빚은바, 예컨대 일과 몸의 끝에 대하여 개탄합니다. 저의 발표 결론처럼, 인류는 분명히 끝을 느끼지만, 그 끝을 환영할 것인지에 대해서는 주저하고 망설입니다. 그러나 그 끝은 피할 수 없고 새로운 전망을 열어 보이기도 하므로, 결국 우리는 개운치 않은 끝에 머물러 있게 된다고 생각해 봅니다.

한창균 <루시(Lucy)>가 2014년에 나온 영화인가요? <루시>라는 영화를 보다 체계적으로 이해하기 위해서는 루시의 고고학적인/인류학적 의미에 대한 이해가 필요하다고 생각합니다. 1970년대에 세계를 깜짝 놀라게 할 만한 화석이 발견되었습니다. 스무 살의 여성으로 추정되는 이 화석은 홍수 때문에 죽음을 맞이하였을 가능성이 크다는 것이 학계의 입장이었는데요, 관련된 여러 가지 재미있는 이야기들이 있으니 번역서로 읽어보시기를 권합니다. 영화 감독은 이것을 기반으로 하여 영화에 자신의 작품세계를 반영하였을 테니까요. 무엇보다도 중요한 것은 루시가 직립보행을 했다는 점입니다. 인류가 진화과정을 거치면서 직립보행을 하게 되고, 도구를 사용하게 되고, 뇌 용량도 증가했다는 것이 중요합니다. 아프리카에서는 루시의 발자국 역시 발견이 되었는데, 이러한 정보들을 종합하여 영화에 접근하시면 더 좋을 것 같습니다. 영화가 만들어질 당시에만 하더라도 루시가 도구를 사용하였는지에 대해서는 의문이 많았었는데, 이것은 지금 사용하고 있는 호모 파베르(Homo Faber)의 개념과는 다른 관점이라고 볼 수 있겠습니다. 오스트랄로피테쿠스 단계, 그러니까 호모 이전의 단계에서 도구를 사용하는 존재가 있었다는 것을 고려하셔야 합니다.

또 선생님께서 쓰신 글에는 극단적인 표현들이 몇 가지 등장하는데, "기술문명의 성장은 모두 근대성과 관련이 있다"는 표현에서, 근대성이 무엇인지 밝혀주셔야 할 필요가 있다고 봅니다. 제가 알기로 '근대성'은 일반적으로 서구 유럽중심적인 질서, 사회, 물질문명이라는 맥락에서 이해가 되니까 말입니다.

원시시대-구석기시대-석기시대라는 용어들을 절제하여 사용해주시면 좋겠습니다.

"인간은 계속 인간 본성이 가진 한계를 극복해 왔다."는 표현에서 인간 본성이 무엇인지 명시할 필요가 있어 보입니다.

"구석기인과 현대인 사이에서 보이는 차이는 종적인 차이에 이르렀다는 것이다."하고 말씀을 해주셨는데, 이 부분은 사실이 아닙니다. 유인원과 인간은 완전히 별개의 종입니다. 현재 아프리카에 살고 있는 유인원과 인류는 공동조상이 있습니다. 침팬지와 우리의 유전자는 1.2%의 차이 밖에 나지 않습니다. 600만 년 전에 둘은 한 줄기에서 갈라져 나와, 한 줄기는 인류가 됩니다. 이때 가장 중요한 것이 직립보행의 능력입니다.

우리가 생물학적으로 종을 구분한다는 할 때, 우리는 호모 사피엔스라는 개념을 사용합니다. 서로 같은 종의 경우 1세대까지는 교배가 가능하나, 2세대부터는 이것이 어려워지고 라이거와 같은 돌연변이의 탄생으로 이어집니다. 지구상에 살고 있는 우리가 호모 사피엔스라는 단일 종으로 구분되는 것은 결혼을 하여 자손을 남길 때 2,3세대에 걸쳐 아기를 낳는 것이 가능하기 때문입니다. 현세 인류의 기원은 후기 구석기시대까지 거슬러 올라갑니다. 더 올라가면 20만년, 15만년 전까지 거슬러 올라갑니다. 때문에 이러한 표현들을 정제하여, 사용하실 필요가 있다고 생각합니다.

한창균 그래서 저는 반론을 제기한다기보다는, 선생님 글이 발표된다고 했을 때 좀 더 논리적인 부분에 도움이……. 그리고 5쪽에 루시가 "뉴욕의 타임스퀘어에서 맨해튼의 늪지에 사는 인디언 문명으로 되돌아가고, 공룡시대로 귀속한다. 그녀는 마침내 유인원의 시기와 겹쳐진다". 이렇게 표현을 하셨잖아요. 제가 봤을 때는 그것이 아니라, 적어도 이 작가는 유인원이나 공룡의 진화 단계에 대해서 굉장히 잘 알고 있었던 사람 같아요. 다시 이야기해서, 이 사람은 인디언 문명 세계로 갔다가 다시 선사 시대로 갔다가 더 먼 시기로 올라간 거죠. 공룡 시대로 올라간 거죠. 공룡 시대는 중생대거든요. 이게 6천 5백만 년 전까지 지속이 되다가 다음에 원숭이와 유인원의 공동 조상이 나타나거든요.

윤민우 공룡 다음이 원숭이지요.

한창균 네, 공룡 다음이 원숭이지요. 6천 5백만 년이라는 긴 시대가 있는데 거기에서도 유인원이 등장하는 것. 원숭이랑 유인원은 다른 것 아닙니까. 그러니까 monkey하고 ape는 다른 거란 말이에요. 우리는 똑같이 원숭이라고 부르지만, 다른 건데요. 일단 중생대로 올라갔다가 거기에서 다시 내려와서 회귀하는 것을 보여주는 것이 아닌가, 하는 생각이 들었어요. 왜냐하면…….

윤민우 그건 정확하지 않아요, 선생님. 그 영화에서 과거로 올라간다는 것을 굉장히 급속한 사진으로 보여줘요. 타임 스퀘어에서 장면이 확 바뀌면서 그 다음 맨해튼에 인디언들이 있었던 과거로 가면서 마지막에 공룡까지 나타납니다. 슈퍼컴퓨터가 된 루시의 머릿속 지식을 한꺼번에 보여주는 거예요. 슈퍼컴퓨터가 된 루시의 두뇌는 이것들을 모두 시뮬레이트해 볼 수 있는 컴퓨터이고, 이 정보는 모두 그녀가 남기고 사라지는 USB에 저장되어 있습니다.

한창균 그러니까 그게 진화 단계로 따지면 척추동물 아니에요, 척추동물. 공룡도 척추동물이란 말이에요. 그러니까 우리의 먼 조상이 누군지는 몰라도. 어떻든지 간에 그쪽과 연계시켜서 생물학 쪽에서는 이야기하고 있으니까. 아마 그런 것을 이 사람이 전제를 하면서 장면들을 빨리 빨리 돌린 이유가 아마 그런 의미가 있는 것 같아요. 장면 하나하나가…….

한창균 아, 최근까지. 최근까지 해 왔었는데, 또 문제가 자꾸 발생이 되는 거예요. 아프리카에는 미국, 독일, 프랑스, 일본 이런 팀들이 들어가서 경쟁적으로 화석을 찾고 있거든요. 그래서 자꾸 새로운 사실이 작년, 올해, 확 바뀌어버리는 거예요. 그래서 아마도 우리는 이제 과거에는……. 그러니까 이렇게 생각하고 있는 거죠. 루시가 있고, 그 다음에 남방 원인이라는 것 들어보셨나요? 남방 원인. 그 아프리카누스라고 하는 것이 있는데, 그쪽하고 우리를 연결을 시켰는데요. 지금은 그게 아니라, 그거 이외에 우리 호모의 조상이 따로 있고 아직 그것은 발견되지 않았을 것이다, 또 이렇게 이야기가 복잡해져가고 있어요. 최근에 논의가.

윤민우 네, 많이 알고 계시네요. 고맙습니다. 선사시대의 루시와 현대의 루시가 같은 사람이고, 이렇게 과거와 현재가 만난다는, 그런 과학적인 이야기인데요. 저는 잘 이해하지 못하지만, 이미 이런 이야기를 하고 있는 닉 보스트롬 같은 과학자는 물론이고, 한국에 있는 뇌과학자들에게는 매우 진지하고 흥미로운 이야기일 겁니다. 그리고 아까 비고고학적인 용어라고 지적하신 것 같습니다만, 과학 발전의 시작이 근대성과 관계있다는 생각은 인간이 자연을 지배할 수 있었고, 기계를 만든 것이 근대에 이르러 가능했다는 뜻으로 드린 말씀이구요, 선사시대로부터의 진화 과정에서의 가능했던 모든 발전을 말하는 것은 아닙니다.

하피터 여기에서 '사이보그' 아니면 '포스트휴먼'은 주체가 사라졌고 또한 인간도 사라진다고 하는데요. 인간적인 입장에서 집단자살, 이게 쉽게 할 수 있는 게 아니거든요. 인간이 사라진다? 그리고 그것을 우리가 가속화시킨다? 그래서 선생님도 지적하셨듯이, 원숭이가 마약을 먹어서 인간이 되었고, 인간이 다시 마약을 먹어서 슈퍼컴퓨터가 되어서, 결국에는 인간이 사라진다고 하는 것이 해러웨이의 주장인거 같은데 우리가 그런 경향을 아직 인간으로서 바라만 보고 있어야 되는 건지 궁금합니다. 해러웨이도 사이보그를 신으로 본다고 하는데, 저는 그분이 어떤 생각으로 그런 이야기를 하는지도 모르겠습니다. 사이보그 시대가 올 수는 있는데 그러면 이 사이보그 시대에서는 본인도 사라지고 본인의 자손들도 사라질 수 있는데. 이런 시대를 우리는 경고의 대상으로 봐야지 그것을 계속 이렇게 옹호한다는 것이 과연 올바른 사유인지 물어보고 싶습니다.

윤민우 그러니까 하 선생님이 말씀하시는 것은 양 캠프에서 지금 논쟁을 하고 있는 것이잖아요? 고전적인 휴머니스트도 인간의 가치가 무엇이냐를 따지면서, 어떻게 해도 그런 기계나 인공지능이 인간의 창의성이나 감정을 100% 대신할 수는 없다고 하고요, 그런 시대는 결코 오지 않을 것이며, 오는 것도 바람직하지 않다는 주장을 거세게 하지요. 기계를 부수는 러다이트 운동에다가 이제는 바이오 러다이트 운동가들도 많이 있고요. 선생님이 말씀하시는 것은 너무나 맞으시지만, 과학공상 소설이나 영화처럼 상상의 즐거움도 있지요. 과학자들이 가까운 미래라고 하는 것이 한 백 년 이상 후일 경우도 많고, 수십 만 년 후에 (웃음) 이렇게 될 것이라고 미리 점쳐 보는 경우도 많아요. 그런 것을 듣고서 소설도 만들고 영화도 만들고 하는 것인데, 뤽 베송 감독도 이 영화를 만들기 위해서 책을 엄청나게 읽고 이렇게 만들어도 되겠다 싶을 정도로 허구화한 거지요. 리뷰를 보면 과학적이지 않은 게 많다고 해요. 그리고 해러웨이의 <사이보그 선언>은 과학 페미니즘 운동의 일환으로서, 진지한 담론이죠. 사이보그와 인간이 공생해야 할 미래가 올 수 있고, 그런 사회는 많은 SiFi가 말하듯, 현재와는 좀 다른 주체를 탄생시킬 것이라는 전망에 대한 하나의 글쓰기를 하는 것입니다. 기계와 인간과 공생하는 새로운 혼종의 사회에서는 여성과 남성, 자연과 문명을 나누는 가부장적 태도가 무의미하다는 생각이지요.

홍길표 <The Cyborg Manifesto>는 영화 제목인가요?

윤민우 도나 해러웨이의 좀 긴 논문 제목입니다만, 우리나라에서도 얼마 전에 인기가 높았지요. 제가 알기로는 연구논문을 검색하면 꽤 많이 나올 겁니다.

홍길표 아까 최문규 선생님도 언급하셨듯이 사이보그와 페미니즘, 젠더 담론을 연결시킨 것도 굉장히 재미있게 봤는데요. 선생님이 말씀하신 것처럼 헤러웨이가 과연 여신을 택하기보다 사이보그를 택하겠다, 이러면서 새로운 여성으로서의 사이보그 주체 이야기가 나오는데요. 너무 소박한 것이, 주체가 될 정도의 사이보그를 만들 수 있는 그런 엄청난 미래 사회가 온다고 하면 그때는 이미 지금의 형편없는 젠더 질서 같은 것은 당연히 사라지지 않을까요? (웃음) 그래서 오히려 의미가 없는 상상일 수도 있는…….

윤민우 그런데 The <Cyborg Manifesto>에서 해러웨이는 이미 우리는 모두 사이보그다, 이렇게 말해요. 아까 제가 말씀드렸듯이, 우리의 몸은 이미 기계이다, 그것과 비슷한 말이겠지요. 해러웨이의 담론에서는 이것이 차가운 기계 사회나 중성적 사회 같은 것을 만든다는 것이 아니라, 하위주체들의 훈훈한 연합을 가능케 한다고 전망하지요. 사이보그가 남성들이 만든 하나의 노예(도구)이듯이, 사이보그와 연합하는 이들은 제3세계 여성이나 노동자와 같은 주변화된 존재이지요. 해러웨이는 이들의 연합, 즉 하나의 여성운동을 말하고 있어요.

홍길표 거의 그러면 은유적으로 사용을 하는 거군요.

윤민우 네, 현재로는 상당히 은유적이죠. 그리스 신화가 신과 여신들을 이용하여 여성억압적인 글쓰기를 창출했듯이, 해러웨이는 사이보그를 이용하여 여성에게 우호적인 하나의 새로운 젠더 질서에 대한 글쓰기를 시도한다고 저는 평가합니다.

이경훈 "생물학적 몸이 끝나고, 기계적 몸이 시작됨을 염려해야 하는가?" 라고 말씀하셨는데요. 생물학적인 몸 자체가 기계적인 모델로 설명되고, 그것을 기반으로 사이보그나 로봇이 만들어지는 것이므로, 생물학적 몸과 기계적 몸이 완전히 대립적인 것은 아니라는 생각이 듭니다. 해부가 가능한 것은 영혼이 없는 기관으로서의 육체를 전제하기 때문이겠습니다. 뇌를 포함한 인간의 몸을 기계론적으로 파악하는 것이 근대적인 태도라면, 그 모델에 근거해 인공 장기나 사이보그를 만드는 것 역시 여전히 근대인의 활동에 속하며, 따라서 포스트휴먼이기보다는 오히려 휴먼의 양상이 아닐까 하는 생각이 들기도 했습니다.

윤민우 휴먼 다음에 포스트휴먼이니까, 트랜스휴먼은 포스트휴먼으로 가는 과정을 가리킵니다. 유인원이 인간이 되는 데에도 큰 점프가 한 번 있었겠지요? 그것처럼 언젠가 인간이 기계와 비슷한 인간으로 탄생한다는 것을 예상할 수 있지요. 선생님 생각은 인간 발전이 연장선상에 있고, 점점 더 인간 = 기계라는 생각을 많이 가지게 되는 연속선상에서 사이보그가 만들어지므로, 이 또한 근대적 인간의 산물이 아닌가 하는 말씀으로 이해합니다. 바로 트랜스 휴머니스트들이 주장하는 바가 그것이지요. 인류의 시작부터 인간은 진화를 위해 노력해 왔고, 지금의 놀라운 발전도 그 연장선상에 있는 것뿐이라는 거지요. 그리고 우리는 시작부터 트랜스 휴먼이었고, 지금도 트랜스휴머니즘의 초창기에 불과하다고요. 그리고 선생님 생각을 좀 더 발전시키면, 트랜스휴먼을 말할 때, 새로운 주체 따위를 말할 수 없지 않느냐는 비판도 있을 수 있어요. 이데올로기적으로 말하면, 오늘날의 새로운 눈부신 기계문명의 도약도 결국은 근대성, 자본주의, 산업화의 산물이므로, 호들갑 떨 필요가 없고, 비판의식과 경계심이 필요하다고 말하는 비평가도 있는 것 같습니다.

홍길표 그렇다면 기술문명과 끝의 비관적인 혹은 종말론적 사유가 아니라 오히려 기술문명과 '끝의 (역설적이지만) 이후'의 사유가 아닌가요? (웃음)

윤민우 제가 나중에 논문의 결론을 낸다면 결국 선생님 말씀대로 하지 않을까 싶어요. 우리는 끝의 언저리에 머물고 있다는 생각으로요. 기계가 너무나 인간의 신체를 바꾸고 있기 때문에 인간이 끝에는 기계로 바뀔지도 모르지만 결코 완전히 기계가 되지는 않고, 언제 될지도 모르기에, 당분간은 그 끝에 머물러 있다는 거잖아요? 그리고 <스페이스 오디세이>도 그렇고 <루시>도 그렇고 결국 원시시대로 돌아가지요. 모노리스(monolith)란 것이 결국 구석기인지 신석기인지 (웃음) 인간이 사냥하고 땅을 파고 하던 돌 기구 같은 것을 뜻하는데, 그것이 인간이 미래에 계발할 슈퍼컴퓨터와 같다고 말하는 것이 되거든요. 그러면, 과거의 연속선상에서 미래가 계획될 것이라고 말하게 것이 되기도 하고, 휴먼이 끝나고 포스트휴먼이 된다고 하더라도, 휴먼 이전의 인간 선조로 되돌아가는 것이라고 말하게 되는 것이지요. 인간이 기계로 바뀌고 포스트휴먼이 되는 인간의 끝, 그런데, 그 과정에서 자꾸 시작을 말한다면, 이는 끝으로 가는 것을 주지하는 것을 의미하지 않을까요?

홍길표 기술물명과 끝의 사유라는 제목을 사용하셔서 그냥 자연스럽게 아포칼립스를 떠올렸었어요. 그런데 보니까 전혀 종말론적 사유가 아니어서 반전이 있고 오히려 신선한 면이 있네요.

이경훈 네, 그럼 오늘 발표를 이것으로 끝내겠습니다.

하이데거의 기술에 관한 논구

하피터(경희대학교)

I. 들어가는 말

격동의 세기였던 20세기는 관점에 따라 여러 가지 다른 방식으로 규정된다. 이 세기는 이념의 시대로 규정되기도 하고, 다른 각도에서는 소비산업의 시대로 또는 냉전의 시대로 특징지어진다. 이러한 다양한 규정 외에도 이전 세기와 근본적으로 구분되는 20세기 삶의 특징은 기술의 엄청난 발전에서 찾아질 수 있다. 오늘날 우리의 삶을 지배하는 여러 기술 제품들은 많은 경우 20세기에 이미 발명되었다. 이처럼 20세기에 기술이 양적인 면에서뿐만 아니라 질적으로도 발전했기 때문에 엘륄이 언급한 바와 같이 만약 마르크스가 20세기에 살았다면 그는 자본주의 경제보다는 기술에 더 많은 관심을 가졌을 것이다. 기술의 이 같은 발전은 이전 세기에 사용했던 전쟁무기와 1차 대전과 2차 대전에 사용된 무기들을 비교해 보아도 분명하게 확인 될 수 있다. 20세기에 들어서서 기술이 삶에서 매우 중요한 역할을 담당하고 있다는 사실을 경험한 하이데거는 자신의 철학적 사유에서 기술의 본질에 관해 고찰한다.

그런데 20세기에 기술에 의해 야기된 문제를 최초로 탐구한 철학자는 하이데거만이 아니다. 그 외에도 많은 사상가들, 예를 들어 O. 슈펭글러, 야스퍼스 그리고 엘륄 또한 기술의 중요성과 위험을 직시하고 이것에 관해 철학적으로 논의한다. 예를 들어 O. 슈펭글러는 하이데거에 앞서 이미 1932년에 출판되어 큰 방향을 일으킨 『인간과 기술』이라는 저서에서 현대 기술이 함축하고 있는 여러 가지의 문제점들을 제시한다. 계몽주의와 진보사관을 비판적으로 보는 그는 수공업적 도구에서 기계로의 발전은 인류를 번영과 평화의 시대로 이끄는 것이 아니라 파국의 길로 인도한다고 주장한다. 이처럼 기술에 관한 다양한 논의들이 이미 존재하기 때문에 하이데거의 기술개념을 이해하기 위한 출발점은 우선적으로 그의 기술에 대한 분석이 어떻게 다른 사상가들이 전개한 기술 분석과 차별화되는가라는 물음에서 시작되어야 한다. 이 같은 비교를 통해 우리는 난해하다고 평가되는 하이데거의 기술개념을 이해할 수 있는 단초를 발견할 수 있다.

『기술과 전향』에서 하이데거는 자신의 기술개념은 다른 사상가들의 기술개념과 엄격하게 구분된다는 사실을 보여주기 의해 다음과 같이 말한다. "그렇지만 이런 고찰의 귀결은 우리에게 매우 낯설다. 사실 그 귀결은 낯설어야 한다. 그것도 가능하면 오랫동안 낯설어야 한다."[1] 이 인용문에서 우리는 기술에 관한 두 가지의 견해가 존재하고 있음을 볼 수 있다. 한편에서는 다른 사상가들에 의해 전개된 우리에게 익숙한 기술개념이 있다면, 다른 한편에서는 하이데거의 기술에 관한 매우 낯선 이론이 있다. 왜 하이데거는 자신의 기술 이론이 우리에게 매우 낯설게 다가온다고 주장하는가? 그 이유는 이미 진행된 기존의 기술논의에 비추어 볼 때, 그가 말하는 기술개념은 매우 고유한 의미를 지니고 있기 때문이다.

---

1 M. 하이데거, 『기술과 전향』, 이기상 옮김 (서광사, 1993), 35쪽.

일반적으로 자연에 대립되는 기술(techne)의 기원은 인간이 생존하기 위해 만든 도구에서 찾아진다. 예를 들어 다른 동물보다 열악한 상황에 처해 있는 인간은 먹이감을 구하기 위해서 칼이나 창 같은 도구를 발명하게 되는데 이러한 행위에서 기술의 발전이 시작된다. 이렇게 볼 때, 도구는 인간이 설정한 목적을 달성하기 위해 사용되는 수단을 의미하며, 결과적으로 기술 또한 인간의 목적을 위한 수단으로 인식된다. 현대의 기술, 예를 들어 발전소 또한 발전기를 갖추고 어떤 목적을 위해 인간에 의해 제작된 도구이다. 하이데거는 이처럼 인간 행동의 하나로 이해되는 일반적인 기술개념은 인간학적으로 규정된 기술개념이라고 주장한다. "따라서 기술은 하나의 수단이며 인간 행동의 하나라고 보는 기술에 대한 통념을 우리는 기술의 도구적, 인간학적 규정이라고 부를 수 있다."[2] 다시 말해 기술을 단순히 수단으로 이해하는 다른 사상가들의 기술개념은 인간학적 토대를 전제로 하고 있다. 하지만 기술에 대한 하이데거의 분석은 이와 같은 인간학적 토대를 부정한다. "그래서 현대 기술은 단순히 인간의 행위도 아니고 더구나 그런 행위 안에서의 단순한 수단도 아니다. 기술을 그저 도구적으로 또는 그저 인간학적으로 규정하는 것은 원칙적으로 충분하지 못하다."[3] 인간학적 규정과는 달리 하이데거는 기술의 본질이 존재 또는 진리의 탈은폐에서 드러난다고 역설한다. "기술은 탈은폐의 한 방식이다. 이 점에 우리가 유의한다면 기술의 본질이 갖는 전혀 다른 영역이 우리에게 열린다. 탈은폐의 영역, 즉 진리의 영역이 그것이다."[4] 여기서 우리는 기술에 관한 하이데거의 고유한 정의를 볼 수 있다.

기술을 단순히 어떤 목적을 위한 수단으로 파악하는 것을 거부하는 하이데거는 기술을 새롭게 정의한다. 그에 있어서 기술은 사물을 탈은폐시킨다. 기술은

---

2 같은 책, 17쪽.

3 같은 책, 57쪽.

4 같은 책, 35쪽.

탈은폐의 한 방식이라는 생소한 명제에서 우리는 왜 하이데거의 기술개념이 낯선지를 알 수 있다. 더 나아가 하이데거에 따르면 기술의 탈은폐는 인간을 전제로 하는 것이 아니라 존재의 영역에 기초해 있다. 따라서 그의 기술개념은 인간학적 규정과 대립되는 존재론적 규정이라 지칭될 수 있으며, 이 규정을 통해 그는 그동안 인간학적 해명에서 망각된 기술의 본질을 새롭게 밝히고자 한다. 이처럼 하이데거의 기술에 관한 존재론적 규정은 인간학적 문맥을 전제로 하기 때문에 그의 기술개념을 이해하기 위해서 우리는 먼저 인간학적 기술개념이 무엇인지를 살펴보아야 한다.

II. 기술에 관한 인간학적 이해

기술에 관한 논의는 일반적으로 기술을 지지하거나 또는 비판하는 상반된 입장으로 나누어진다. 그런데 이러한 입장을 확립하기 위해서는 먼저 기술의 본질을 파악해야 한다. 하이데거는 『기술과 전향』에서 기술의 본질을 새롭게 규정하고자 시도하는데, 그의 시도 이전에 기술의 본질은 주로 인간학적 관점에서 해명되었다. 이 관점에 따르면 기술의 본질은 목적을 위한 수단으로 규정된다. 인간이 목적을 설정하고 기술은 이 목적을 성취하기위한 수단, 즉 도구로 이해된다. 더 나아가 기술에 대한 인간학적 관점은 기술을 인간 행위의 결과물로 간주한다. 인간만이 자연적인 본능으로부터 벗어나 자신의 목적을 위한 기술, 즉 도구를 제작할 수 있다. 하이데거가 기술문제에 관심을 갖기 전에 유행했던 기술의 본질에 관한 이 같은 인간학적 이해는 O. 슈펭글러의 『인간과 기술』에서 체계화 되었다.

저서 『인간과 기술』의 제목에서 볼 수 있듯이, 기술에 관한 슈펭글러의 논의에서 인간은 핵심적인 위치를 차지한다. 사실 기술은 인간과 밀접하게 관련이 있기 때문에 그의 기술개념에 대한 분석에서의 많은 부분은 인간을 해명하는 데 할

애되었다. 하지만 여기서 중요한 점은 슈펭글러가 인간을 말할 때, 그가 의미하는 인간은 합리론적 철학자들의 인간 개념인 이성적 동물이 아니라는 사실이다. 인간을 규정하는 데 있어 슈펭글러는 이성이나 정신적인 영역과 이것에 대비되는 신체를 철저히 부정하고 그 대신에 생명을 강조한다. "신체의 모습이, 오직 인간의 눈에 비치는 그대로의 모습이, 게다가 절단되고 화학적으로 해부되어, 실험으로 인하여 망가진 신체의 모습이 린네가 정초하고 다윈 학파가 고생물학적으로 심화시킨 체계, 즉 정적이고 광학적인 개별성의 체계로 되었다면, 이와 나란히 이와는 전혀 다른 생명의 양식이 갖는 비체계적인 질서가 존재한다... 이렇게 되면 전혀 다른, 신체의 서열이 아닌 생명의 서열이 드러난다."[5] 생명의 영역에 인간은 존립해 있으며, 이 영역에서 인간은 다른 생명들에 비해 높은 서열에 위치해 있다.

살아 있는 생명체의 질서는 동등한 조건이 아니라 서열에 의해 규정되는데 그 이유는 자신들이 생존을 위해 가지고 있는 힘이 각기 다르기 때문이다. 생명의 서열에 입각해 슈펭글러는 동물을 하위단계에 있는 초식 동물과 상위 단계에 있는 육식 동물로 구분하며, 인간은 본질적으로 육식동물로 규정된다고 주장한다. "인간이라는 유형 역시 육식 동물이라는 높은 서열을 점한다."[6] 그에 따르면 초식 동물은 내면적인 본질에 있어 수동적이고 방어적인데 반해 육식 동물은 공격적이고 강인하며 동시에 파괴적이다. 공격적인 육식 동물과 수동적인 초식 동물의 차이는 감각 기관의 차이에서도 확인될 수 있다고 슈펭글러는 역설한다. "고등한 초식 동물은 청각 이외에도 후각에 압도되는 데 반하여 고등한 육식 동물은 눈으로 상대를 제압한다. 후각은 본래 방어의 의미를 갖는다."[7] 여기서 우리

5 O. 슈펭글러, 『인간과 기술』, 양우석 옮김 (서광사, 1998), 22쪽.

6 같은 책, 24쪽.

7 같은 책, 25쪽.

는 왜 육식동물이 초식 동물에 비해 높은 지위를 차지하는지 알 수 있다. 공격적인 힘을 가지고 있는 육식 동물은 초식 동물을 제압할 수 있기 때문이다. 육식 동물인 인간 또한 초식 동물을 파괴함으로써 자연 세계에서 살아남을 수 있다. 하지만 인간은 다른 육식 동물과 비교 했을 때 초식 동물을 사냥할 수 있는 능력이 상당히 제한되어 있다. 예를 들어 사자와 비교 했을 때, 인간은 지그재그로 도망가는 초식 동물을 공격할 수 있는 재빠른 직선적 달리기를 할 수 없으며 또한 인간의 손에는 초식 동물을 공격할 수 있는 발톱이 부재한다. 따라서 인간이 생존하기 위해서는 공격적인 힘외에 다른 수단이 필요한데 이 수단이 바로 도구이다.

슈펭글러에 있어서 도구 또는 기술이란 자연에서 주어지는 것이 아니라 자연에 대립되어 인위적으로 제작(Kunst)된 것을 의미한다. 그리고 육식 동물임에도 불구하고 자연에서 주어진 신체적인 힘만으로 초식 동물을 제압하지 못하는 인간만이 이러한 도구 또는 기술을 사용하여 초식 동물을 사냥한다. 그런데 기술에 대한 논의에서 슈펭글러는 인간만이 아니라 동물 또한 도구를 만드는 능력이 있다고 주장한다. 예를 들어 꿀벌은 여러 가지 재료들을 모아 집을 짓는다. “꿀벌, 흰개미, 해리(海狸)는 놀라운 집을 짓는다. 개미는 식물을 재료로 한 건축, 길 닦기 등을 알고 있다.”[8] 하지만 비록 동물들이 집을 지을 수 있지만, 동물의 기술과 인간은 기술은 근본적으로 구분된다.

자연의 위협으로부터 보호하기 위해 인간이 집을 짓듯이 꿀벌 또한 집을 짓는다. 그런데 꿀벌을 집 짓는 기술은 발명적인 것이 아니다. 또한 이 기술은 배울 수도 발전할 수도 없다. 그래서 꿀벌의 집은 최초로 지상에 만들어진 이래로 오늘날까지 똑같은 집의 형태를 띤다. 왜냐하면 꿀벌의 집 짓는 기술은 종족에 각인된 본능에 기초해 있기 때문이다. 슈펭글러는 이와 같은 동물의 기술을 “종족

8 같은 책, 29쪽.

의 기술"[9]이라 부른다. 그러나 이러한 기술과는 달리 인간의 기술은 개별적인 행위에 의해 가능하다. "동형적, 충동적, 군중적인 '종족 행동'과는 확연히 구별되는 자유롭고 의식적인 개별 행위라는 강력한 인상 아래에 본연의 인간 영혼이 형성되었다."[10] 동물의 도구제작 방식에 대비되어 인간의 도구 만드는 기술은 자유로운 개별적인 행위에 의해 발전한다.

슈펭글러에 있어서 자유 의지란 자연에 대한 능동적인 반항이다. 이런 점에서 볼 때 자연 환경에 대항하여 집을 짓는 동물의 행동 또한 자유로운 행동으로 볼 수 있다. 그러나 앞에서 언급한 바와 같이 자연세계의 본능에 사로잡혀 있는 동물의 능동적인 행위는 종족의 특성에 필연적으로 귀속되어 있기 때문에 개별적 행위가 불가능하다. 그러므로 개별적 행위에 의해 제작되지 않은 동물의 기술은 자유로운 행위의 결과로 간주될 수 없다. 이와 달리 인간의 기술제작은 자유로운 영역에 있다. 하지만 자유를 규정하는 데 있어 슈펭글러는 인간 자유개념이 이성에 기초해 있다는 일반적인 견해를 거부한다. 그는 자연에 대항하는 육식 동물이 도구를 발명할 수 있는 가능조건은 이성이 아니라 손의 출현에 놓여 있다고 주장한다. "언제부터 이러한 유형의 발명적 육식 동물이 존재한 것일까?... 그 대답은 손의 출현이다."[11] 인간의 손은 두 가지 면에서 동물의 앞발과 구분된다. 첫째, 인간의 손은 진화를 통해 서서히 형성된 것이 아니라 갑자기 존재하게 된 신체기관을 의미한다. 둘째, 활동의 기능만을 수행하는 동물의 발과는 달리 인간의 손은 촉각의 기능까지 갖추고 있다. "이처럼 촉각 기능과 활동의 기능을 겸한 손과 비교될 수 있는 수족을 가진 존재는 이 세상에 없다."[12] 다시 말해 슈펭글러에 있어서 인간의 손은 근본적으로 동물의 앞발과 근본적으로 구분되는데 그 이유

---

9 같은 책, 29쪽.

10 같은 책, 37쪽.

11 같은 책, 31쪽.

12 같은 책, 32쪽.

는 인간의 손은 사고하는 손이기 때문이다. 이러한 '손의 사고'로부터 '지능적인 인간,' 즉 '호모 사피엔스(homo sapiens)'기 진화했다.

자유로운 행위의 결과물인 도구의 발명은 인간이 사고하는 손을 가짐으로써 가능하다. 이처럼 슈펭글러의 기술개념은 인간학적 규정에 방향잡혀 있다. 그리고 이처럼 기술을 인간학적으로 이해한 슈펭글러에 따르면 기술의 발전은 개인이 기획한 도구에서 여러 사람들의 기획에 의해 제작된 도구로 발전한다. 우선적으로 최초의 도구는 개인의 도구로 특징지어진다. 왜냐하면 인간은 다른 육식동물처럼 고독한 자로 있거나 무리를 지어 생활하는데, 이러한 집단 사회에서 사용되는 도구들은, 즉 토기나 광주리 같은 것들은 많은 경우 다른 사람의 도움 없이 개인에 의해 제작되기 때문이다. 그런데 기술의 역사에서 이와 같은 개인에 의해 만들어진 도구는 집단적 도구로 발전한다. 예를 들어 기술은 개인이 집을 짓는 것에서 여러 사람이 협력하여 거대한 성을 건축하는 것으로 발전한다. 여기서 성의 건축은 집단적 도구를 의미하는데, 그 이유는 성은 여러 사람들의 기획에 의해 제작된 도구이기 때문이다.

슈펭글러의 인간학적 기술개념을 이해하는 데 있어 기술이 개인 도구에서 집단적 도구로 발전한다는 것을 파악하는 것은 매우 중요하다. 왜냐하면 인간에 의해 만들어진 도구는 자연에서 주어지는 것이 아니라 인위적인 제작을 의미하는데, 이러한 인위적인 제작은 집단적 도구를 만드는 행위에서 보다 분명하게 드러나기 때문이다. "개인 도구의 사용에서 여러 사람의 기획으로의 진보는 조작 절차의 인위성이 엄청나게 성장했음을 나타낸다."[13] 다시 말해 비록 자연적인 집단에서의 집과 고등 문화에서의 성은 둘 다 자연과 대립되는 도구로 간주될 수 있지만, 자연에서 발견되는 나무 재료만으로 만들어진 집보다는 가공된 돌과 철근으로 건축된 성이 보다 인위적이다. 따라서 기술이 궁극적으로 인위적인 제작을

13 같은 책, 48쪽.

지칭한다면, 이 인위적인 제작은 인간의 집단적 행위에서 훨씬 분명하게 볼 수 있다.

인간학적으로 규정된 기술의 본질은 어떤 목적을 수행하는 도구를 의미하는데, 여기서 도구는 자연에 대립되는 인위성으로 특징지어 진다. 나무는 자연적이지만 나무를 가공해서 만든 그릇은 인위적인 도구이다. 그리고 이 인위적인 도구는 손을 자유롭게 움직일 수 있는 인간에 의해서만 만들어질 수 있다. 인간에 의해 제작된 인위적인 도구의 발전은 기계 산업의 시대에 들어서서 정점을 이루는데. 이 시대에서 인류의 삶은 커다란 위협에 놓여 있다고 슈펭글러는 주장한다. "세계의 기계화는 가장 위험한 긴장의 단계에 접어들었다. 지구의 모습은 식물, 동물, 인간과 더불어 변화되었다. 몇 십 년이 지나면 대부분의 큰 숲들이 자취를 감추어 신문의 용지로 변화되며 이로 인해서 기후의 변화가 초래될 것이다. 이는 전 인구의 농업을 위협하게 된다."[14] 그리고 기술은 인간에 의해 발전됐기 때문에 기술의 위협 또한 당연히 기술을 발견한 인간에 의해 야기되었다고 슈펭글러는 역설한다. 하이데거 역시 슈펭글러와 마찬가지로 기술시대에서 인간의 삶은 위험에 처해 있다고 본다. 그렇기 때문에 그는 기술에 대해 철학적으로 사유하고자 한다. 하지만 하이데거는 이와 같은 기술의 위협이 오로지 인간에 의해 초래되었다고 생각하지 않는다. 그에게서 기술의 발전은 한편에서는 인간을 전제로 하지만 다른 한편에서는 인간과 무관하다. 여기서 우리는 이전 기술에 관한 논의와 구별되는 하이데거의 독특한 기술개념을 발견할 수 있다. 기술의 인간학적 규정과 구분되는 하이데거의 기술 개념은 존재의 관점에서 파악된다. 우리는 기술에 대한 하이데거의 이러한 이해를 존재론적 규정이라고 부를 수 있다.

---

14 같은 책, 73쪽.

III. 기술에 관한 존재론적 이해

앞장에서 제시된 슈펭글러의 인간학적 기술개념은 일반적으로 잘 알려진 기술개념과 부합한다. 하이데거는 기술에 대한 논의에서 이러한 일반적인 기술개념을 극복하고자 한다. 그런데 하이데거가 말하는 기술개념을 이해하는 것은 쉬운 작업이 아니다. 그의 논의를 파악하기 힘든 이유들 중에 하나는 기술의 본질을 해명하는 데 있어 그가 기존의 기술에 대한 분석에서는 찾아 볼 수 없는 생소한 단어들, 예를 들어 '탈은폐,' '역운(Geschick),' '진리의 사건,' '몰아세움(Gestell),' '부품 (Bestand),'등을 사용하기 때문이다. 더 나아가 하이데거는 기존의 기술개념에서 필연적으로 전제되는 '인간'을 배제시킨다. 다시 말해 기술의 본질을 구성하는 것은 '탈은폐'인데, '탈은폐'는 인간과는 무관하다. "이렇듯 주문 요청하는 탈은폐로서의 현대 기술은 단순한 인간의 행위가 아니다."[15] 그런데 여기서 주의할 점은 하이데거 기술개념에서 배제되는 인간은 오로지 탈-세계적인 인간을 의미한다는 사실이다. '탈은폐'로서의 기술은 탈-세계적인 인간의 행위 보다 더 근원적인 토대를 전제로 하는데, 하이데거는 이 토대를 '(역사적인) 세계' 또는 '존재의 지평'이라 부른다. 엄격하게 말해서 기술의 제작은 단순하게 인간의 행위만을 요구하는 것이 아니라 존재의 지평을 전제로 한다. 이처럼 존재에 기초해 있는 기술에 대한 하이데거적 이해를 우리는 '존재론적 규정'이라 부를 수 있다.

기술에 대한 존재론적 규정을 정당화하기 위해 하이데거는 기술의 의미를 전통적 방식과는 다르게 해석한다. 잘 알려진 바와 같이 용어 '기술(techne)'은 그리스어 '테크니콘(technikon)'에서 유래됐다. 그리고 일반적으로 '기술(techne)'은 '자연'에 대립되는 것으로 인간의 수공업적 활동에 의해 인위적으로 제작된 것

15 같은 책, 51쪽.

을 의미한다. 그런데 하이데거는 이러한 '기술'의 일반적인 의미는 부차적인 것이라고 역설한다. 기술의 근원적인 의미는 이전의 논의에서 망각된 '포이에시스(poiesis)'와 '인식(episteme)' 찾아진다. "첫째, '테크네'는 수공업적인 행위와 능력만이 아니라 고차적인 예술과 미술도 지칭하는 이름이다. 그것은 밖으로 끌어내어 앞에 내어 놓음, 즉 '포이에시스'에 속한다... '테크네'라는 낱말과 관련해 깊이 생각해 보아야 할 두 번째 것은 앞의 것보다 더 중요하다. 그 낱말은 옛날부터 플라톤 시대에 이르기까지 '에피스테메'라는 말과 같이 사용되어 왔다. 이 두 낱말은 넓은 의미에서의 인식을 지칭하는 이름이다... 인식은 해명하여 열어젖히는 힘이 있다. 해명하는 인식으로서의 인식은 일종의 탈은폐이다."[16] 이처럼 하이데거는 기술개념을 '포이에시스'와 연관지어 해명한다.

사실 수공업적 행위의 결과물로 이해되는 기술은 '포이에시스'와 동일하게 이해될 수 있다. 왜냐하면 일반적으로 '포이에시스'는 자연사물에 대비되는 제작된 것(production)을 지칭하기 때문이다. 그런데 '포이에시스'에 관한 하이데거의 논의는 이러한 일반적인 이해에 머무르지 않는다. 그는 일반적인 이해에서 망각된 '포이에시스'의 근원적인 의미를 강조한다. 근원적인 관점에서 볼 때, '포이에시스'는 앞으로 기투되어 무엇을 끌어내는(ducere) 행위를 말한다. 물론 무엇을 끌어내는 포이에시스의 행위 또한 자유로운 인간을 전제로 한다. 하지만 나중에 보겠지만 포이에시스에서의 자유로운 행위는 근본적으로 존재에 의해 열어밝힌 역사적인 상황을 전제로 한다. 더 나아가 앞으로 기투되어 무엇을 끌어내는 행위를 의미하는 '포이에시스'는 도구 제작뿐만 아니라 예술적 활동도 포함한다. 사실 슈펭글러의 기술에 관한 논의에서 예술개념은 전혀 언급되지 않는다. 그런데 하이데거는 왜 기술의 본질을 규명함에 있어 수공업적인 제조행위보다는 '포이에시스'와 그리고 거기서 드러나는 '탈은폐'를 강조하는가? 그리고 기술의 이러

16 M. 하이데거, 『기술과 전향』, 이기상 옮김 (서광사, 1993), 35쪽.

한 근원적인 의미를 통해 그가 이전 논의와는 다르게 밝히고자 하는 기술의 본질은 무엇인가?

'포이에시스'로 이해되는 하이데거의 기술을 이해하기 위해서는 '탈은폐' 개념을 파악해야 한다. 하이데거에게서 '탈은폐'란 어떤 숨겨져 있는 가능적인 영역을 밖으로 끌어내어 앞에 내어 놓는 것을 말한다. 그리고 이러한 '탈은폐'에 입각해 볼 때 기술은 단순히 자연과 대비되는 제작된 것을 의미하지 않는다. 자연 또한 무엇을 하기 위한 도구로 인식된다. "숲은 삼림이며, 산은 체석장이며, 강은 수력이고, 바람은 '돛을 펼쳐주는' 바람인 것이다."[17] 다시 말해 자연적인 강은 무엇을 하기 위한 에너지를 탈은폐한다. 20세기에 질적으로 발전된 현대 기술에서 우리는 이처럼 '탈은폐'로 규정되는 기술의 근본적인 특성을 발견할 수 있다. 하이데거에 따르면 20세기의 현대 기술은 17, 18세기의 근대 기술과 근본적으로 차이가 나는데, 이러한 차이를 그는 다음과 기술한다. "(현대의 기술 속에서) 지구는 이제 한낱 채탄장으로서, 대지는 한낱 저장고로서 탈은폐될 뿐이다. 농부들이 예전에 경작하던 밭은 그렇지 않았다. 그때의 경작은 키우고 돌보는 것이었다."[18] 다시 말해 농기구를 사용하던 옛날 농토 경작 방식은 20세기 들어서서 "기계화된 식품 공업"[19]으로 탈은폐된다.

하이데거에 의하면 현대기술의 특징은 슈펭글러처럼 기계기술에서만 찾아지지 않는다. 현대 기술은 기계적인 특징 외에 "자연에 숨겨져 에너지를 채굴하고, 캐낸 것을 변형시키고, 변형된 것을 저장하고, 저장한 것을 다시 분배하고, 분배된 것을 다시 한번 전환해 사용함으로써 이루어진다. 채굴하다, 변형하다, 저장하다, 분배하다, 전환시키다 등은 탈은폐의 방식이다."[20] 예를 들어 석탄은 태

17 M. Heidegger, Sein und Zeit, (Tubingen, Max Niemeyer Verlag, 1986), 70.

18 M. 하이데거, 『기술과 전향』, 이기상 옮김 (서광사, 1993), 40-41쪽.

19 같은 책, 41쪽.

20 같은 책, 45쪽.

고적부터 존재했었다. 하지만 석탄을 채굴하는 방법과 그리고 석탄의 중요성, 즉 석탄 에너지를 사용하는 방법을 인류는 몰랐기 때문에 석탄은 그 동안 땅에 묻혀 있었다. 19세기에 이르서서 인간은 비로소 자연에 숨겨진 석탄의 에너지를 발견했으며, 현대 기술의 탈은폐는 바로 이러한 사태를 의미한다. 그런데 하이데거가 말하는 현대 기술의 탈은폐, 즉 석탄의 발견은 단순하게 땅에 묻힌 실체로서의 석탄을 채굴하는 것을 의미하는 것이 아니다. 현대 기술의 탈은폐는 석탄이 가지고 있는 잠재적인 에너지를 용도에 맞게 밖으로 끌어내어 우리 앞에 놓는 것을 지시한다. 더 나아가 현대 기술문명에서 인간은 모든 사물들을 계산하고, 계획하고, 지배하기 위해 무제한적 힘을 행사하는데, 이 무제한적 힘 또한 현대 기술에서 탈은폐된다.

일반적으로 사람들은 석탄의 잠재적인 에너지를 드러나게 하는 현대 기술의 탈은폐는 근대 자연과학과의 관계를 통해 비로소 가능해 졌다고 생각한다. 발전기의 발명으로 시작된 현대 기계기술은 18세기 말엽부터 비로소 발전하게 되는데, 사람들은 이러한 현대 기술의 기원을 근대 자연 과학에서 찾는다. 다시 말해 기계기술은 근대 자연과학적 이론을 응용한 것이다. 슈펭글러 또한 현대 기술의 기원은 그리스의 정역학과 아랍의 연금술과는 대조를 이루는 서양 근대 동역학에 기초해 있다고 주장한다.[21] 이에 대비하여 하이데거는 현대 기술의 기원을 보다 근원적인 토대에서 찾는다. 그에 있어서 '탈은폐'로서의 현대 기술은 궁극적으로 근대 자연과학에서 유래하는 것이 아니라 그리스 문화에서 확립된 '테크네' 개념에서 기원한다.

'테크네'로 이해되는 기술은 탈은폐로 규정된다. 이 외에도 기술의 논의에서 하이데거가 '테크네'를 강조하는 이유는 '테크네'는 기술이 그리스에서 기원했다는 사실을 보여주기 때문이다. 그리고 기술의 기원을 그리스 문화의 '테크네'에

21 O. 슈펭글러, 『인간과 기술』, 양우석 옮김 (서광사, 1998), 64쪽.

찾는 이 같은 시도에서 우리는 하이데거가 기술의 본질을 자연발생적 관점이 아니라 역사적 관점에 입각해 해명한다는 점을 볼 수 있다. 역사적 관점에서 볼 때, 동물의 세계에서도 볼 수 있는 종족의 기술과 인간의 세계에서만 존재하는 개별 행위에 의해 제작되는 기술의 구분은 중요하지 않다. 그 구분보다 더 근본적인 것은 단순히 개인과 종족의 차이가 아니라 개인의 행위에서 제작되는 도구에서 발견되는 문화적 차이다. 사실 근대 이전에 사용된 도구들을 살펴보면 문화적 차이가 별로 드러나지 않는다. 서양 문화의 농기구나 동양 문화의 농기구는 서로 비슷한 특징을 지니고 있다. 그 이유는 농경적인 삶을 지향하는 모든 문화들은 수공업적으로 제작된 비슷한 도구들을 사용했기 때문이다. 하지만 근대를 거쳐 현대에 와서 기술은 더 이상 모든 문화에서 사용되는 도구의 제작을 의미하지 않는다. 현대의 기술은 기계 기술로 특징지어지며 이 기술은 오로지 그리스 문화로부터 영향을 받은 서양 세계에 그 기원을 둔다.

기술의 발전은 존재에 의해 열어 밝혀진 역사적인 지평을 전제로 한다. 현대 기계기술의 발전 또한 서양 역사에서 이루어졌으며, 이 같은 사실을 발견한 하이데거는 슈펭글러가 망각한 근원적인 문제에 주목한다. 이 근원적인 문제란 다름이 아니라 왜 현대 기계기술은 다른 문화권에서가 아니라 서양 문화에서 발전했는가이다. 만약 슈펭글러가 주장한 바와 같이 기술이 인간의 행위에 의해 발전했다면 동양을 포함한 다른 문화권에서도 기계기술의 발명은 가능하다. 하지만 기계의 발명은 다른 문화권에서는 이루어지지 않았다. 하이데거에 따르면 기계의 발명은 오로지 서양 문화의 산물이다. 그리고 현대 기계기술이 필연적으로 그리스 '테크네'에서 유래되었던 것은 기술의 본질은 '역운(逆運)'에 근거하기 때문이다. "현대 기술의 본질은, 인간을 현실적인 것이 언제 어디서나 다소 눈에 띌 정도로 부품으로 되어 버리는 그러한 탈은폐의 길로 보낸다... 우리는 인간을 비로소 탈은폐의 길로 보내는 그러한 집약되는 보냄을 '역운(Geschick)'이라 부르자."[22] 그리고 '역운'을 가능케 하는 것은 존재이다. 하이데거에 있어서 기술의 발전을 포함한 서양 역사는 필연성을 함축하고 있는 존재의 '역운'에 의해 규정된다.

앞에서 언급한 바와 같이 하이데거 기술개념의 중요한 특징은 기술을 수단으로 보는 인간학적 관점을 취하지 않는다는 데 있다. 만약 기술이 인류의 발전에 의거해 자연발생적으로 생겨났다면 기술은 본질적으로 인간을 전제로 한다. 그리고 이렇게 이해된 기술은 서양뿐만 아니라 동양 문화권에서도 발전할 수 있다. 하지만 하이데거가 말하는 기술은 이러한 것이 아니라 서양 문화에서만 발명된 현대 기계기술을 의미한다. 그에게서 현대 기계기술은 철저하게 역사적인 현상이며, 역사성에서 기술은 역운적인 특징을 지닌다. 기술과 존재의 '역운' 연관성에서 우리는 왜 하이데거가 기술에 관한 논의에서 자율적인 인간을 배제하는지를 볼 수 있다. 그런데 여기서 중요한 점은 하이데거가 역운을 말할 때 그가 의미하는 바는 '기술은 우리 시대의 운명'이라는 것이 아니라는 점이다. '운명'은 모든 사람에게 적용되는 필연적인 숙명을 지칭하지만, 역사적인 '역운'은 오직 서양 문화에서만 유효하다. 더 나아가 '역운'에 의해 규정됨에도 불구하고 서양 역사는 자유의 영역에 놓여 있다. 왜냐하면 서양 역사는 여전히 미래에 열려 있기 때문이다. 이와 같은 사실은 '역운'이 함축하고 있는 또 다른 의미에서도 찾아질 수 있다. 한국어 번역에서는 드러나지 않지만 '역운'을 지칭하는 독일어 'Ge-schick'은 '운명적인 것' 외에 '보냄(schicken)'이라는 뜻을 가지고 있다. 다의적인 의미를 종합해 볼 때, '역운'은 '필연적인 보냄'을 지칭한다. 그리고 '필연적인 보냄'은 존재에 의해 수행된다. 그러므로 존재의 '역운'은 한편에서는 그리스 '테크네'에서 유래된 서양에서의 기계기술 발전이 어느 정도 역사적인 필연성이 있다는 사실을 보여주지만, 다른 한편에서는 서양 기술이 열린 미래의 영역으로 보내짐을

22 M. 하이데거, 『기술과 전향』, 이기상 옮김 (서광사, 1993), 65쪽.

의미한다.

존재론적 지평에서 고찰되는 기술의 본질은 어떤 것을 끌어내는 '포이에시스'로 이해된다. 어떤 것을 끌어내는 것을 하이데거는 '탈은폐'라 부르는데, 이 '탈은폐'는 인간 행위 이면에 있는 존재에 의해 규정되는 역사적인 상황을 전제로 한다. 그리고 현대 기계기술이 처한 역사적인 상황은 이전 시대와는 근본적으로 다른 형태를 띤다. 기계 기술의 발전을 가속화하는 새로운 역사적인 상황에서 사물들은 이전시대와는 전혀 다른 방식으로 우리 앞에 탈은폐되며, 이러한 방식을 하이데거는 '닦달 (Ge-stell)' 또는 직역하자면 '몰아세움'으로 부른다. 하이데거에 따르면 현대 기계기술에서 이렇게 경험되는 사물의 존재방식은 다른 문화에서는 발견되지 않고 오로지 서양 근대를 거쳐 현대에서 본격적으로 그 모습을 보인다. 사실 존재론적 기술개념에서 그가 추구하는 것은 현대 기계기술의 본질을 지칭하는 '몰아세움' 개념을 해명하는 것이다. 그리고 기술의 본질을 존재에 의해 규정되는 서양 역사와 관련하여 사유하는 하이데거에게서 '몰아세움'은 현대 기계기술이 등장하는 '기술의 시대'에 이르러 비로서 경험될 수 있다. 그러므로 그의 존재론적 기술개념은 기술 시대의 '몰아세움'과 연관지어 해명될 때 보다 분명하게 이해될 수 있다.

IV. 기술의 시대와 "몰아 세움 (Ge-stell)"로서의 기술

하이데거가 자신의 기술개념을 존재론적으로 규정하는 이유는 서양 역사에서 진행되는 기술의 발전은 존재의 '역운'에 기초해 있기 때문이다. 그리고 존재의 '역운'에 따라 발전하는 기술은 20세기에 들어서서 질적인 도약을 한다. 20세기에까지 서양 문화의 삶에 국한됐던 현대 기계기술의 영향은 전 지구적으로 확대된다. "사람들은 불란서에서 일어난 왕의 살해 음모와 동경의 어떤 교향곡 연주를 동시에 체험할 수 있다."[23] 다시 말해 서양 문화에서 발전했던 현대 기계기술은 이제 전 세계의 모든 인간의 삶의 한 부분이 되었다. 그리고 이와 같은 기술의 발전에서 사물들은 새로운 방식으로 탈은폐된다. 현대 기계기술에서 "공기는 이제 질소 공급을 강요당하고, 대지는 광석을, 광석은 우라늄을, 우라늄은—파괴를 위해서든 평화적 이용을 위해서든—원자력 공급을 강요당한다."[24] 그리고 이 같은 역사적인 상황—하이데거는 이 상황을 '기술의 시대'라고 부른다—에서 사물들은 '몰아세움'으로 규정된다. "몰아세움은 인간으로 하여금 현실적인 것을 주문 요청의 방식을 써서 부품으로 탈은폐하도록 닦아세우는, 다시 말해 도발적으로 요청하는 그런 세움의 집약을 말한다. 현대 기술의 본질 안에서 전개되고 있는, 그러나 그 자신은 기술적인 것이 아닌, 그러한 탈은폐의 방식이다."[25] 여기서 볼 수 있듯이 '몰아세움'에서 하이데거가 말하고자 하는 것은 단순히 현대 기계기술이 아니라 전 지구적으로 확대된 기술을 가능케 하는 '기술의 시대'에서 사물이 이전 시대와는 다르게 탈은폐하는 방식이다.

'몰아세움'으로 규정된 기술개념에서 우리는 존재의 역운에 의해 규정되는 서양 역사가 '기술 시대'와 '기술 시대의 이전'으로 구분된다는 것을 볼 수 있다. 왜냐하면 '몰아세움'은 단순히 현대 기계기술의 지칭하는 것이 아니라 '기술 시대'의 도래를 의미하기 때문이다. 따라서 '몰아세움'은 '기술 시대'와 연관지어 해명되어야 한다. 하지만 현대 기계기술의 본질을 특징짓는 '몰아세움'을 이해하는 데 있어 '기술의 시대'에 대한 논의가 중요함에도 불구하고 하이데거는『기술과 전향』에서 '기술의 시대(das technische Zeitalter)'가 도래했다는 사실에 관해

23 M. Heidegger, An Introduction to Metaphysics, translated by R. Manheim (New Haven, Yale University Press, 1959), 37-38

24 같은 책, 41쪽.

25 M. 하이데거,『기술과 전향』, 이기상 옮김 (서광사, 1993), 55쪽.

단 한번만 언급한다.[26] 이와 같은 상황으로 인해 '몰아세움'에 대한 분석에서 '기술의 시대'는 별로 부각되지 않았다.

하이데거에 따르면 17세기가 '근대 시대'의 도래로 규정된다면, 20세기는 '기술 시대의 도래'로 특징지어진다. 그런데 그에게서 '기술의 시대'의 도래는 일반적인 관점에서 주장되는 것처럼 인간의 삶이 기계에 둘러싸여 지배받고 있다는 사태를 의미하는 것이 아니다. '기술의 시대'는 보다 근본적인 인간 조건을 의미한다.『근거의 원리』에서 하이데거는 기술의 시대에 경험되는 이러한 조건을 다음과 같이 설명한다. "이제 인류는 자신의 역사적인 현존재가 들어서 있는 바로 그 시대를 공급 가능한 원자 에너지에 따라 지칭하기에 이르렀다. 우리는 이른바 원자력(기술적) 시대에 살고 있다는 것이다... 인간의 현존재는 원자에 의해 각인되고 있다. 이 낱말은 오늘날 현재 이 시간 아마 극소수의 사람들만이 '사유'로부터 접근할 수 있는 어떤 것을 지칭하고 있다. 그럼에도 이 세기를 원자력 (기술적) 시대라고 특징짓는 것은 아마도 존재하고 있는바 그것을 적중시키고 있다고 할 수 있다. 왜냐하면 그 외의 존재하는 여타의 것들과 사람들이 문화라고 칭하고 있는 것들이, 즉 연극, 예술, 영화 그리고 방송, 더 나아가 문학과 철학, 아니 신앙과 종교까지도 포함하여—이 모든 것들이 어디에서나 단지 이 시대에게 원자력 (기술적) 시대의 각인을 새겨 준 바로 그것의 뒤만을 절름거리며 따라가고 있기 때문이다."[27] 여기서 볼 수 있듯이 기술 시대에서의 현대 기술은 기계 산업을 넘어 문학, 철학 그리고 신앙의 영역까지 영향을 미친다. 요약하자면 기술의 시대란 이처럼 기계가 전 지구적으로 확대되어 인간 삶의 모든 영역에 영향을 끼치는 역사적인 상황을 말한다. 그리고 기술 시대의 도래는 인간이 근대, 즉 사물

---

26 같은 책, 95쪽.

27 M. Heidegger, The Principle of Reason, translated by R. Lilly (Bloomington: Indiana University Press, 1996), 29.

을 '표상(Vor-stellung)'으로 경험하는 '세계상의 시대'와는 완전히 단절된 새로운 시대로 진입했다는 것을 알린다.

기술의 시대 이전에 서양 사람들은 근대 시대에 살고 있었으며, 중세 시대와 구분되는 근대의 본질은 '세계상의 시대'(die Zeit des Weltbildes)'로 규정된다고 하이데거는 말한다. "세계상은 이전에 중세적인 것으로부터 근대적인 것이 되는 게 아니라, 세계가 상이 되었다는 바로 그 사실이 근대의 본질을 특징짓는다. 반면에 중세에 있어서 존재자는 피조물 즉 최고 원인자이며 인격신인 창조주에 의해 창조된 것이다."[28] 근대 시대가 '세계상의 시대'로 전환될 수 있는 배경에는 근대적 주체에 의해 모든 존재자들이 표상으로 인식된다는 사실이 있다. 그런데 여기서 중요한 점은 세계상 개념은 그리스 철학에서 말하는 '외양(eidos)'에서가 아니라 근대적 표상(Vor-stellung)개념에서 유래한다는 사실이다. 근대 철학에서 매우 중요한 개념인 표상함이 의미하는 바는 인간 주위에 놓여 있는 사물 또는 세계를 자신의 앞으로 가져와 자신과 대립되게 세우는 행위를 말한다. 세계의 상 역시 세계가 인간 앞에 세워진 것을 의미한다. 그러므로 하이데거는 근대 형이상학적 관점에서 구성된 세계상 개념을 세계의 표상과 동일시한다. "따라서 근본적으로 이해될 때의 세계상은 세계에 대한 하나의 상이 아니라, 세계를 상으로 파악하는 것이다. 이제 존재자 전체는, 그것이 앞에 세우고-만들어 세우는 인간에 의해 세워지는 한에 있어서만, 비로소 단지 존재자로 받아들여진다... (세계상의 시대에서는) 존재자의 존재는 존재자의 앞에 세워짐(stellen) 안에서 찾아지고 발견된다."[29] 세계상이란 세계의 표상을 의미하며, 이 표상은 세계를 자신 앞에 대립되게 세우는 인식주체를 전제할 때 가능하다. 결과적으로 하이데거는 '세계상의 시대'에서 모든 사물들은 '앞에 세움'의 형식으로 주어지며. '앞에 세움'은

---

28 같은 책, 45쪽.

29 같은 책, 43쪽.

인식하는 주체를 전제로 한다고 역설한다.

하이데거에게서 존재의 '역운'에 기초해 있는 서양 역사는 '세계상의 시대'를 거쳐 '몰아세움'의 '기술의 시대'로 발전한다. '몰아세움(Ge-stell)'의 '세우다(stellen)'에서 볼 수 있듯이, '몰아세움'은 근대적 표상 시대의 연장선에 놓여 있다. 그럼에도 불구하고 기술 시대의 '몰아세움'에서 사물과 인간의 존재방식은 근본적으로 변한다. '기술 시대'에서 사물은 더 이상 주체에 의해 '앞에 세움' 또는 '대상'으로 규정되지 않는다. "정확하게 살펴볼 때 우리는 이미 더 이상 대상이 존재하지 않는 그러한 세계에서 움직이고 있다."[30] 근대 세계상의 시대로부터 단절된 기술 시대를 특징짓는 '몰아세움'에서 하이데거가 보여 주고자하는 사태는 바로 사물의 존재방식이 더 이상 주체 앞에 놓여 있는 표상 또는 대상으로 인식되지 않는다는 사실이다.

근대 세계상의 시대에서 사물은 대상으로 주어지지만, 기술 시대에서 대상은 사라진다. 이 같은 비교에서 우리는 기술 시대의 '몰아세움'이 함축하고 있는 근본적인 특징을 발견할 수 있다. 근대 시대를 근본적으로 규정하는 주체와 대상의 구조는 더 이상 기술 시대에 들어서서는 유효하지 않다. 더 나아가 대상이 사라져 버렸기 때문에 대상을 가능케 하는 인간 또한 모든 대상들을 관장하는 주체의 방식으로 존재하지 않는다. 여기서 기술의 시대에서 경험되는 사물의 존재방식인 '몰아세움'의 의미를 두 가지의 관점에서 파악할 수 있다. 첫째, '몰아세움'이란 '세계상의 시대'를 구성하는 주체와 객체의 관계가 사라진 상태를 뜻한다. '몰아세움'에서 주체 또한 사물의 경우처럼 기술적인 재료로 여겨진다. 둘째, '몰아세움'이란 인간과 사물이 획일화된 방식으로 존재하는 사태를 말한다. 기술의 시대에서 사물의 고유한 성질 또는 고유한 가치는 상실되고 사물들은 획일적으로

30 M. Heidegger, The Principle of Reason, translated by R. Lilly (Bloomington: Indiana University Press, 1996), 33.

아무것으로나 사용될 수 있는 것으로 간주된다. "이 (기술)시대에는 특수성, 개별화 그리고 개별자의 타당성은 총체적 획일성을 위해 급격한 속도로 사라져 버린다."[31] 유럽 문화에서만 한정된 '세계상의 시대'에서는 적어도 고유한 주체나 각 문화의 고유성이 유지되었다. 그러나 전 지구적으로 영향을 끼치는 기술 시대의 '몰아세움'에서 모든 고유한 문화들은 사라지고 획일화된다. 획일성에서 우리는 '몰아세움'으로 규정되는 기술 시대의 근본적인 특징을 발견할 수 있다. 그리고 모든 것이 획일화된 기술 시대에서 주체를 포함한 모든 사물들은 단일한 방식인 '부품(Bestand)'으로 규정된다.

기술 시대에서 사물들은 근대 시대에서는 경험할 수 없는 다른 방식으로 탈은폐된다. 하이데거는 기술 시대에서 개별적인 사물이 존재하는 방식을 '부품'(Bestand)이라 부른다. "그렇게 요청된 것은 자신의 독특한 신분을 갖는다. 우리는 그것을 부품이라 하자. 이 낱말은 여기서 단지 '제고'보다는 그 이상의 본질적인 것을 말한다.,, 그것은 도발적 요청에 따라 탈은폐되는 모든 것들이 그 자리에 현존하는 방식 바로 그것을 특징짓고 있다. 부품의 의미로 놓여 있는 것은 더 이상 대상으로서의 우리와 마주 서 있지 않다."[32] 주체에 마주 서 있는 대상은 어느 정도 자립성을 간직할 수 있다. 예를 들어 초원에서 방목되어 우리에게 고기를 제공하는 소는 대상으로 간주될 수 있다. 그러나 단순히 고기 공급원으로 취급되어 공장식 방식으로 사육되는 소는 '부품'으로 전락된다. 따라서 기술 시대의 기술, 예를 들어 여객기는 대상이 아니라 '부품'으로 규정될 때 그 본질이 탈은폐된다. "그렇지만 활주로에 놓여 있는 여객기는 분명 하나의 대상이 아닌가? 물론 그렇다. 우리는 그 기계를 그런 식으로 생각할 수도 있을 것이다. 그러나 그 경우 그 기계는 자신이 무엇이며 어떻게 존재하고 있는지를 스스로 은닉하고 있다.

---

31 같은 책, 80쪽.

32 M. 하이데거, 『기술과 전향』, 이기상 옮김 (서광사, 1993), 45쪽.

그것이 운송의 가능성을 확실하게 보장하기 위해 요청받고 거기에 있는 한 그 기계는 활주로에 한낱 부품으로 탈은폐되어 놓여 있는 것이다."[33] 그런데 기술 시대에서 말하는 '부품'은 단순히 사물의 존재방식만을 의미하지 않는다. 하이데거에 따르면 기술 시대에서 인간 또한 하나의 부품으로 전락한다. "비은폐된 것이 더 이상 대상(Gegen-stand)으로서도 아니고 오직 순전히 부품(Bestand)으로서만 인간의 관심거리가 되고 인간은 대상 없는 속에서 그저 부품의 주문자로서 존재하게 되자마자, 인간은 추락의 낭떠러지의 마지막 끝에까지 와 있어 그런 곳에서는 그 자신마저도 그저 한낱 부품으로서 받아들여질 수밖에 없다."[34] 모든 것이 획일화된 기술 시대에서는 인간 또한 사물처럼 부품으로 간주된다. 인간이 부품으로 주어질 수 있다는 사실은 영화 '아일랜드' 에에서 볼 수 있다. 유전공학의 폐해를 보여주고자 한 이 영화에서 인간은 어떤 회사가 운영하는 실험실에서 장기가 필요한 사람과 똑같이 복제되어 장기를 필요로 하는 사람들에게 장기 공급원으로 전락한다. 이처럼 인간이 사물처럼 '부품'으로 간주되는 기술 시대에서 인간은 고유한 문화에 뿌리박고 있는 자신의 고유성을 유지할 수가 없다. 기술 시대에서 모든 것은 도발적 요청에 의해 획일화된 '부품'으로 탈은폐된다.

기술 또는 도구는 인간의 행위에 의해 제작되지만, 인간의 행위는 근원적이지 않다. 역사에서 수행되는 인간의 기획투사 행위는 존재에 의해 열어 밝혀진 보다 근원적인 역사적인 상황을 전제로 한다. 그리고 역사적인 상황은 각기 다른 문화에 따라 다르게 전개될 수 있다. 기술을 인간 행위의 산물로 고찰한 사유한 사상가들은 많았지만, 기술을 인간의 고유한 역사적인 상황에 관련지어 사유한 사상가는 아마도 하이데거가 최초일 것이다. 역사적 관점 또는 존재론적 관점에서 볼 때—하이데거에게서 이 관점들은 동일하게 간주 된다—기술에 대한 근원

33 같은 책, 47쪽.

34 같은 책, 73쪽.

적인 논의는 서양 역사에서 사물이 주어지는 상이한 방식과 연관지어 고찰 되어야 한다. 서양 역사에서 사물들은 각 각의 시대에 따라 '존재자(ontos)' 또는 '대상(Gegen-stand)' 이라는 각기 다른 방식으로 드러나는데, 기술 시대에서 사물들은 '부품(Bestand)'이라는 방식으로 탈은폐된다. 그리고 이러한 사물들의 탈은폐는 인간에 의해서가 아니라 서양 역사에 있어서 그리스 시대부터 전해 내려온 존재에 의해 가능하며 기술 시대의 도래 또한 이러한 존재역사를 전제로 한다. 여기서 우리가 주목해야 할 사실은 하이데거의 관점에 볼 때 서양에서 시작된 존재역사가 '기술 시대'에 이르서서 전 지구적으로 확대되어 전 인류의 역사적인 현실이 된다는 점이다.

V. 나가는 말

기술의 본질을 존재론적 차원에서 규명하는 하이데거는 인간을 포함한 모든 존재자들을 인간이 다룰 수 있는 부품으로 인식하는 기술의 시대에 인류는 위험에 처해 있다고 주장한다. 하지만 여기서 주목되어야 할 사실은 하이데거의 이와 같은 주장을 반기술적 태도로 이해하여 그의 논의를 현대 기술을 가속화하여 파멸의 길을 가고 있는 인류에게 방향을 돌릴 것을 호소하는 탄원문으로 해석해서는 안 된다는 점이다. 이러한 해석은 두 가지 면에서 문제가 있다. 첫째, 물론 과도한 기술의 발전은 인류 전체를 위협하는 수준까지 도달했다. 하지만 이러한 위험으로부터 방향을 돌릴수 있는 능력을 인간은 가지고 있지 않다. 만약 하이데거가 인간이 기술의 위협으로부터 자유롭게 방향을 바꿀 수 있다고 생각했다면, 그의 사유는 자신이 비판했던 기술의 인간학적 규정으로 다시 회귀하는 것이 될 것이다. 둘째, 위에서 언급한 해석에 의하면 하이데거의 기술개념은 자연을 정복의 대상이 아니라 인간에게 생명의 자양분을 제공하는 근원적인 장소이거나 또는 인간이 언제나 아끼고 보호해야 되는 고향으로 대하는 태도로 전환할 것을 요구하는데, 이와 같이 기술을 부정적으로 보는 태도는 이미 낭만주의 철학적 사유에서 발견된다. 하지만 하이데거는 결코 기술을 적대시하는 낭만주의 철학을 지지하지 않는다. 기술에 관한 낭만주의 철학과 하이데거 철학의 차이는 하이데거는 근대과학에 기반을 둔 현대기술의 위대성을 적극적으로 수용한다. 그 이유는 존재의 역운의 의해 규정되는 현대 기술은 서양 역사에서 필연적인 결과이기 때문이다.

더 나아가 하이데거의 기술에 대한 존재론적 규정에서 가장 핵심적인 것은 인간 또는 주체개념이 배제된다는 점이다. 사실 기술에 관한 논의뿐만 아니라 현존재분석에서도 하이데거는 데카르트 이래로 근대 철학에서 중요한 위치를 차지하고 있는 주체개념을 배격한다. 하지만 하이데거가 기술 시대에서 말하는 인간의 배제를 요즈음 기술에 대한 논의에서 각광받는 기계에 의해 인간이 지배되는 트렌스휴머니즘 또는 포스트휴머니즘과 동일시해서는 안된다.

하이데거에 따르면 현대 기술의 영향으로 인해 인간은 근대와 완전하게 결별한다. 그가 말한 바와 같이 현대 기술의 시대에서 경작은 더 이상 식물을 키우고 돌보는 것이 아니라 식품 공업일 뿐이다. 그리고 식품 공업에서의 중심은 인간이 아니라 기계이다. 이처럼 모든 존재자들이 부품으로 간주되는 현대 기술에서 인간은 트랜스휴머니즘이 주장하는 것처럼 더 이상 세계의 중심이 아니라 기계에 의해 정복된다. 현대 기계 기술시대에서 인간은 종말을 맞는다. 하지만 이러한 유사성에도 불구하고 하이데거의 기술 시대와 트랜스휴머니즘은 두 가지 면에서 근본적으로 구분된다. 첫째, 하이데거에 있어서 트랜스휴머니즘에서 말하는 기계가 인간을 정복한다는 것은 중요한 사실이 아니다. 인간이 기계에 의해 지배당할 수 있기 위해서는 이미 인간자신만이 가지고 있는 고유성이 상실되어야 한다. 인간의 고유성은 인간이 부품으로 규정될 때 사라졌다. 다시 말해 인간은 이성의 능력이나 자율성을 통해 다른 존재자들과 구분되었으나, 모든 존재자들을 사용가능한 부품으로 대하는 '기술의 시대'에서 인간은 더 이상 다른 존재자들과 차별화된 자신만의 고유한 위치를 유지하지 못한다. 따라서 하이데거의 기술 시대는 트랜스휴머니즘과 동일한 것이 아니라 이것에 선행하는 근본적인 조건이다. 둘째, 트랜스휴머니즘은 기술의 발전으로 인해 기계가 인간을 정복한다는 것을 당연한 사실 또는 긍정적으로 보는 반면 하이데거는 기술 시대에서 인간은 위험에 처해 있다고 주장한다. 그리고 그에 있어서 이 같은 위험으로부터 벗어나는 길을—물론 인간의 능력으로만 이 위험으로부터 벗어날 수 없다—인간은 서양 역사에 대한 깊이 있는 통찰을 통해 찾아야 한다.

참고문헌

M. Heidegger, *Sein und Zeit*, (Tubingen, Max Niemeyer Verlag, 1986).

M. Heidegger, *The Principle of Reason*, translated by R. Lilly (Bloomington: Indiana University Press, 1996).

M. Heidegger, *An Introduction to Metaphysics*, translated by R. Manheim (New Haven, Yale University Press, 1959).

M. 하이데거,『기술과 전향』, 이기상 옮김 (서광사, 1993).

O. 슈펭글러,『인간과 기술』, 양우석 옮김 (서광사, 1998).

논평과 토론

하이데거의 기술에 관한 논구

홍길표 선생님 발표 잘 들었습니다. 저는 크게 세 개의 질문을 드리고 싶습니다. 하이데거는 근대 시대를 사물 또는 세계 앞에서 인간이 인식의 주체로서 존재 가능했던 시대로 규정하면서 20세기를 이와 단절된 '기술의 시대'로 규정합니다. 이 기술의 시대에는 사물과 인간의 존재 방식에 근본적인 변화가 일어나는데, 사물이 더 이상 인간의 '표상' 혹은 '대상'으로 인식되지 않습니다. 다시 말해 인간 주체와 사물 객체의 관계는 성립하지 않습니다. 나아가 주체 또한 사물처럼 기술적인 재료로 여겨진다고 합니다. 그렇다면 하이데거에게서는 인식과 행위의 주체인 개인이 사라지고 그 자리에 획일화된 인간들, 대중 집단이 등장하는 것인지요?

주체를 포함한 모든 사물들이 단일한 방식으로 존재하는 "부품 (Bestand)"으로 규정된다고 하셨는데, 하이데거의 이 주장은 프리드리히 쉴러가 1795년에 "인간의 미적 교육론"에서 근대인을 '사회의 부품'으로 규정하는 것과 유사합니다. 도구적 이성을 바탕으로 능률과 생산성을 위해 세분화, 전문화되어 가는 근대 사회에서 구성원인 시민 개인은 기능만을 수행할 뿐 더 이상 인식과 성찰, 행위의 주체는 아니라는 것입니다. 이와 같은 쉴러의 주장은 빌헬름 훔볼트의 '교양 이론(Bildungstheorie)'의 핵심이기도 합니다.

반면에 하이데거는 18, 19세기를 자율적인 주체가 존재했던 근대시대로 규정하면서, 이 시대와는 완전히 구분되는 '기술의 시대'로 20세기를 규정하는데, 이와 같은 시대 구분에 문제가 있는 것은 아닌지 궁금합니다. 20세기 '기술의 시대'는 18, 9세기의 근대 시대가 더욱 진전한 시대일 뿐이지 않을까요?
하이데거는 인간을 포함한 모든 존재자들을 인간이 다룰 수 있는 부품으로 인식하는 기술의 시대에서 인류는 위험에 처해있다고 주장하면서, 그와 동시에 근대 과학에 기반을 둔 현대 기술의 위대성을 적극 수용한다고 하는데, 그것은 무엇을 의미하는지 궁금합니다. 또한 기술에 대한 존재론적 규정에서 인간 또는 주체 개념이 배제되는데, 선생님의 견해에 따르면 요구되는 서양역사에 대한 통찰은 어떻게 가능한지요? 통찰은 주체를 전제로 하는 것이 아닌지요? 저는 메타차원에서 하이데거는 자신을 어떻게 규정하고 인식하는지, 그리고 어디에 위치시키는지 궁금합니다.

하피터 하이데거의 기술 개념에서 발견되는 독특한 점은 인간 또는 주체가 배제된다는 사실인데, 사실 이 자리에 계시는 문학전공 교수님들도 잘 알고 계시겠지만, 근대적 주체의 비판은 포스트모던 사상에서 매우 중요한 위치를 차지해요. 그리고 많은 사람들이 포스트모던 사상의 기원을 하이데거에서 찾는데, 하이데거는 어느 저서에서도-물론 근대적 주체를 비판하긴 하지만- '포스트모던'이라는 용어를 사용하지 않아요. 그 용어 대신에 하이데거는 근대와 단절된 새로운 시대의 도래를 '기술의 시대' 또는 Der Satz vom Grund에서는 '원자력 시대'로 규정합니다. 사실 저도 전에는 근대적 주체를 비판하는 하이데거 사상을 포스트모던 사유로 이해했었는데 기술에 관한 글을 쓰면서 새로운 것을 보았습니다. 하이데거에게서 근대적 주체가 사라진 이후 도래된 시대는 포스트모던 시대가 아니고 기술의 시대입니다. 기술 시대에서 주체가 사라진 자리에 획일화된 대중이 등장하는 게 아니냐고 질문하셨는데 그 말씀은 맞는 것 같습니다. 한 강의에서 하이데거는 현대 시대의 인간은 '바탕 없는 규격화된 인간'이라고 비판합니다. 모든 것을 통제하는 현대 기술 시대에서 자율적 주체로서의 인간은 사라지고 조직을 위해서만 일하는 집단적 인간만이 존재합니다. 그런데 여기서 조심해야 할 점은 하이데거의 집단적 인간에 대한 비판이 자율적 주체를 옹호한다는 것이 아니라는 사실입니다. 쉴러 또한 '사회적 부품'으로서의 인간을 언급하고 또한 부정적으로 보기 때문에 쉴러와 하이데거 사유에서 유사성이 있다고 하셨는데, 제가 보기에 두 사상가들은 차이가 있습니다. 저는 쉴러에 대해 잘 모르지만 그가 '사회적 부품'으로서의 인간을 말 할 때 그가 의미하는 인간은 전체적인 사회를 구성하는 하나의 세분화된 부속물로서의 인간일 것 같아요. 그리고 '사회적 부품'은 획일적으로 존재하고요. 쉴러가 자신의 사상에서 강조하는 것은 이와 같은 '사회적 부품'으로부터 벗어나 자율적으로 성찰하고 행위하는 주체인 것 같아요. 그런데 쉴러와는 달리 하이데거가 말하는 '부품'으로서의 인간은 어떤 전체에 속하는 부속물이 아니라 기술 시대에서 인간이 사물과 동일한 방식으로 취급당하는 사태를 의미해요. 더 나아가 이처럼 인간이 사물처럼 '부품'으로 간주되는 기술 시대에서는 자율적으로 성찰하는 주체는 가능하지 않아요. 기술 시대에서 인간이 역사적 상황과 도발적 요청으로부터 벗어나 자율적으로 성찰할 수 있다고 하는 것이 커다란 착각이라고 하이데거는 생각해요. 물론 그렇다고 해서 하이데거가 성찰 그 자체를 포기하는 것은 아니지만요. 그가 추구하는 것은 기술 시대에서 사라진 근대적 주체의 성찰보다는 다른 성찰인 것 같습니다. 그리고 새로운 성찰은 자율적 주체가 아니라 존재의 역운에 의해 열어 밝혀진 역사적 상황에 기초해 있는 성찰을 의미합니다.

마지막으로 20세기 현대 기계 기술과 18, 19세기 근대 기술의 연관성에 대해 질문하셨는데, 현대 기술은 하늘에서 떨어진 것이 아니라 당연히 18, 19세기 근대로부터 영향을 받았어요. 하지만 동시에 근대 시대와 단절합니다. 근대 시대에서는 인간이 기술을 포함한 모든 것의 중심이 되어 사물을 끊임없이 관리 감독하는 (인간)주체가 존재하지만 모든 것이 '몰아세움'으로 규정되는 기술 시대에서는 주체가 사라집니다. 하이데거에 있어서 근대 시대와 주체의 도래도 중세 시대로부터 단절된 하나의 역사적인 사건이라면 주체가 사라진 기술 시대의 도래도 역사적인 사건입니다. 하이데거는 헤겔과는 다른 방식으로 역사의 발전을 보기 때문에 역사의 진보나 연속성보다는 단절을 강조하는 것 같습니다. 현대 기계기술 시대가 근대시대와 단절됐다는 사실은 영화 '아일랜드'의 예에서 보여질 수 있는데요, 영화 '아일랜드'에서 인간은 장기를 필요로 하는 매수자과 꼭 같이 복제되어 장기를 공급하는 부품으로 간주되는데 이러한 방식으로 인간을 취급하는 것은 근대 시대에서는 거의 불가능 하다고 생각합니다. 그리고 기술의 존재론적 규정에서 배제되는 인간은 인간 그 자체가 아니라 자신이 세계의 중심으로 생각하는 초역사적인 근대적 인간입니다. 하이데거에 따르면 근대 데카르트적 주체 또한 역사를 통찰할 수 있지만 이 같은 통찰은 주체와 객체의 분리를 전제로 하기 때문에 파생적입니다. 이와 달리 하이데거가 말하는 역사의 통찰은 주체와 객체 분리 이전에 놓여 있는 근원적인 존재의 영역에서 수행되는 통찰을 의미합니다.

홍길표 자연으로의 회귀를 역사적으로 불가능한 것으로 보는 하이데거의 현대 기술에 대한 입장이 궁금합니다. 현대 기술의 발전을 역사적으로 필연적인 것으로 보는 것은 물론 거기에서 긍정적이고 희망적인 것을 보는 것인지요?

하피터 먼저 제가 지적하고 싶은 점은 기술의 발전이 필연적이고 운명적이기 때문에 하이데거는 기술에 관한 논의에서 자율적 주체를 부정한다는 것입니다. 왜냐하면 기술이 존재에 의해 운명적으로 발전한다는 것과 자율적 주체는 모순적이기 때문입니다. 더 나아가 현대 기술에 관한 하이데거 입장은 이중적입니다. 한편에서 하이데거는 기술에 관한 논의에서 현대 인간은 기술에 의해 위험에 처해 있다고 주장하지만 다른 한편에서는 현대 기술의 긍정적인 측면도 인정합니다. 현대 기술에 의해 인간의 잠재력이 많이 향상됐거든요. 예를 들어 전쟁이나 사고로 인해 다리를 잃은 사람이 의족을 해서 정상적인 사람들보다 더 달리기를 잘 할 수 있는 시대에 우리는 살고 있어요. 더 나아가 인류의 역사에서 보면 굉장히 작은 문화권인 유럽에서 현대 기술의 발명으로 인해 궁극적으로 세계를 지배할 수 있게 되기도 하고요. 하이데거는 이러한 사태를 서양 문화의 힘의 결과라고 긍정적으로 볼 것 같습니다. 하지만 이러한 현대 기술의 발전이 극단화 되어서 모든 것이 획일화되고 도발적 요청의 한 부품으로 전환되는 것은 부정적으로 보는 것 같아요.

홍길표 저는 사실 이런 성찰을 하는 하이데거 자신의 자아인식이 굉장히 궁금하거든요. Bestand로서의 인간들을 성찰을 하고 있는 '자기 자신'은 누구인 거죠? '성찰하는 자, 하이데거의 위치가 궁금한 거죠. 성찰을 하는 자로서의 하이데거는 매우 전형적인 근대의 주체가 아닐까라고 생각됩니다. 그렇다면 근대와 근대 이후의 기술의 시대를 나누는 것이 불가능할 것 같아서요.

하피터 근대와 근대 이후의 기술의 차이는 18, 19세기 있었던 전쟁과 20세기 있었던 1차 세계대전 비교에서 분명하게 볼 수 있습니다. 1870년 니체가 참전했던 독불 전쟁에서도 총이 사용되었지만 이 전쟁은 50년 후에 일어난 1차 세계대전과 비교해서 볼 때 여전히 인간적이고 주체적인 특징이 있었다고 볼 수 있는데요. 왜냐하면 인간이 어느 정도 컨트롤할 수 있는 부분이 있었거든요. 그런데 1차 세계대전에서는 1분에 500발을 쏠 수 있는 총이 발명되고 또한 독가스도 사용됩니다. 무차별 발사되는 총 앞에서 고유한 인간성은 사라질 수밖에 없습니다. 더 나아가 비 오듯이 쏟아지는 총알과 독가스가 어디에서 오는지도 모르는 상황에서 인간은 주체적으로 전쟁을 수행할 수 없습니다. 물론 주체가 배제된 기술 시대에서에 살고 있는 하이데거는 기술에 관해 성찰합니다. 그리고 성찰을 하는 한 하이데거는 여전히 주체개념을 전제로 하고 있는 것이 아니냐 라고 질문 하셨는데요. 여기서 중요한 사실은 서양 역사를 규정하는 존재의 역운을 성찰하는 주체는 역사적인 상황과 세계로부터 분리된 근대 데카르트적 주체를 의미하는 것이 아니라는 사실입니다. 하이데거의 성찰하는 주체는 고공사유에서 벗어나 역사적인 상황에 뿌리박혀 있으며 이러한 성찰에서 주체는 근대 주체와는 달리 더 이상 세계에 관해 주도권을 잡을 수가 없습니다.

윤민우 짧은 질문이 있습니다. 개념의 정의상의 문제인데요, 슈펭글러와 같은 학자의 접근 방식이 '인간학적이다'고 말씀하셨고, 하이데거는 '존재론적이다'라고 말씀하셨잖아요. 그래서 그것을 좀 명확하게 이해하고 싶어서 드리는 말씀입니다. 슈펭글러가 이것을 기술문명을 인간학적으로 봤다는 것은 인간중심이 자연을 어떻게 다루느냐, 도구화하느냐 그런 측면인 것 같고, 하이데거가 이것을 존재론적으로 본다는 것은 지금 이 시점에서 우리가 하나의 존재로서 기계와 떨어질 수 없다는 의식, 기계적인 에피스템의 의식을 공유하는, 즉 기계와 인간이 서로 인터액션 하면서 우리 의식이 도구적이고 기술 문명적인 것을 공유하느냐 인 것 같습니다. 우리의 모든 학문, 즉 인문학이나 종교나 모든 것들이 이런 기술 문명이라는 하나의 에피스템의 지배를 받고 있다, 이런 뜻으로 존재론적이라는 말씀을 하시는 것인지 알고 싶습니다.

하피터 하이데거의 존재론적 기술 개념은 그런 개념이 아닙니다. 슈펭글러는 자신의 인간학적 기술 개념에서 기술 발전을 자연발생적으로 본 반면, 존재론적 기술 개념에서 하이데거는 기술 발전을 역사적인 관점에서 봅니다. 사실 하이데거에게서 존재와 역사는 같이 갑니다. 하이데거가 존재론적 기술 개념에서 문제 삼는 것은 기술 문명의 에피스템의 지배가 아닙니다. 그의 존재론적 기술 개념에서 중요한 것은 왜 기술 시대가 다른 문화에서가 아니라 오직 서양 문화에서만 도래 되었는가?입니다. 기술 발전을 자연발생적으로 보는 슈펭글러에 따르면 인간의 필요에 의해 근대 기술은 다른 문화에서도 발명될 수 있거든요. 그런데 그런 일은 일어나지 않지 않았습니까? 현대 기술은 서양 역사에서 발명되어 전 지구적으로 확산됐거든요. 하이데거에 따르면 현대 기계 기술은 오로지 서양 문화의 결과물입니다. 그래서 그는 한 발 더 나아가 이렇게 묻습니다. 그러면 서양 문화 또는 역사의 토대는 어디에 근거하는가? 좀 이상하게 들리겠지만 그는 서양 역사는 그리스에서 유래된 존재개념에 의해 기초 지어진다고 말합니다. 결과적으로 서양 역사에서 발명된 기술 개념 또한 존재를 전제로 합니다. 하이데거가 말하는 존재론적 기술 개념을 이러한 관점에서 바라봐야 될 것 같아요. 정리하자면 하이데거는 존재론적 기술 개념은 기술 문명이라는 단지 하나의 에피스템을 말하는 것이 아니라 왜 이러한 에피스템이 다른 문화권에서가 아니라 서양 역사에서만 이루어 졌는지를 해명하는 것입니다.

윤민우 그럼 하이데거의 기술 문명이라는 것은 유럽 기술 문명을 한정해서 말하는 것인가요?

하피터 예 제 생각은 그렇습니다. 그런데 유럽에서 발명된 기술이 전 지구적으로 확산되어 모든 사람들에 영향을 끼치고 있거든요. 과연 이러한 역사 발전이 필연적인가는 우리가 좀 더 생각해봐야 할 것 같아요.

윤민우 피터 하 선생님께서 이 문제에 대답을 주고 계시는데, 저로서는 왜 서양에서만 기술문명이 발달하고, 다른 지역 이를테면 동양이나 고대 아프리카 지역이나 아랍권에 대해서는 그 점을 고려치 않는지 더 알고 싶어집니다.

하피터 저는 이 점은 받아들여요. 조그마한 문화권인 서양, 즉 유럽에서 기술이 발명되어 전 지구적으로 확대되어 모든 것이 서양화됐다는 사실이요. 그런데 이러한 발전이 인류 역사에서 필연적인가하는 문제는 공부를 더 해봐야 되겠죠. 다시 말해 현대 기술은 그리스에서 유래된 존재에 의해 필연적으로 발전했는데 과연 이러한 현대 기술이 전 지구적으로 확대되어 모든 문화가 서양화 된다는 사실 또한 존재의 역운에 의해서인가 하는 문제에 대한 답은 공부를 더 해야 얻을 수 있을 것 같아요.

최문규 기술 개념에서도 근대와 탈근대의 문지방에 서 있는 전형적인 하이데거의 모습을 읽을 수 있는 것 같습니다. 근대의 인간 중심주의적이고 주체 중심주의적인 형이상학을 하이데거가 비판했지만, 그렇다고 해서 그가 포스트모더니즘처럼 나가는 것은 아니며 나아가 포스트모더니즘을 옹호하는 것도 아닙니다. 가령 보들리아르는 부품으로 전락된 우리를 냉소적으로 바라보긴 하지만 하이데거는 전혀 그렇지 않은 것 같습니다. 그런데 "포이에시스" 개념을 언급을 언급함으로써 하이데거는 여전히 근대에 머물고 있는 것이 아닌가도 생각해 봅니다. 포이에시스라는 의미에서 기계, 기술의 발전적인 측면의 최소한의 의미가 중시되는 것 같기 때문입니다. 포이에시스에 대한 강조는 더욱이 독일의 관념론 내지는 이상주의적인 흔적을 담고 있다는 생각이 듭니다. 또 다른 질문은 기계, 기술이 유독 동양에는 부재하고 오로지 서양에서만 전제된다는 것은, 서구 철학자들에게서 발견되는 흔한 시각인데, 일종의 서양중심적 시각이 아닌가 하는 생각이 듭니다. 헤겔, 하이데거 등 이들 "위대한" 서구 철학자은 항상 자기네들만이 역사적 필연성을 가졌다는 식으로 논리를 전개하는데, 이것이 약간 거슬린다고 생각됩니다.

하피터 여기서 하이데거가 말하는 포이에시스는 독일 관념론에서의 포이에시스와 좀 다른 것 같아요. 독일 관념론에서의 포이에시스의 활동은 주체를 전제로 하지만 하이데거의 포이에시스는 주체를 부정하거든요. 포이에시스의 활동을 하이데거가 탈은폐라고 강조하는 것은 이 활동이 단순히 실제적인 것을 만들어내는 것이 아니라 가능적인 영역을 드러내기 때문이에요. 예를 들어 근대 기술에 의해 석탄이 연료로 사용되었을 때 여기서 탈은폐 되는 것은 석탄에 잠재되었던 가능성이며, 이 가능성은 또 다른 가능성으로 연결될 수 있지요. 요약하자면 포이에시스는 실제적인 사물에서 또 다른 실제적인 것을 만들어 내는 것이 아니라 모든 사람들에게 은폐되었던 가능적인 것을 끌어내는 것인데, 이러한 가능적인 영역이 우리의 손아귀에서 벗어나 있기 때문에 하이데거는 탈주체적 포이에시스를 말하는 겁니다. 더 나아가 서양 기술이 전 지구적으로 확산되는 것을 필연적으로 보는 하이데거는 당연히 서양 중심적이지요. 우리나라에서도 정조 때 기술이 많이 발전됐는데, 이러한 기술이 전 지구적으로 확산되었다면 하이데거가 기술 발전을 다르게 볼 수 있겠죠. 그런데 물론 하이데거의 사유 또한 서양 중심적인 면이 있지만, 그렇다고 해서 그의 사유를 헤겔 철학과 동일시 할 수는 없을 것 같아요. 역사의 진보를 믿는 헤겔은 기술의 발전과 모든 것이 서양화되는 것을 긍정적으로 보았다면 역사의 진보를 거부하는 하이데거는 서양 기술 발전을 결코 긍정적으로만 생각하지 않아요.

최문규 제가 생각하기에는, 하이데거의 기술에 대한 시각은 언어에 대한 시각과도 상당히 가깝다고 생각이 듭니다. 언어가 근대적 사유 주체에 의해 도구화되고 나아가 소위 "도구"로 전락하는 과정을 하이데거는 비판합니다. 그런 비판과 함께 하이데거는 <언어로 가는 길>(Unterwegs zur Sprache)에서 언어 자체의 내재적 자율성을 옹호하면서 탈은폐적인 언어를 말하기도 합니다. 기술에 대한 시각도 그와 같은 논리로 이해해도 되는지요?

하피터 그리고 하이데거는 언어가 존재의 집이라고 말하는데 기술 또한 존재가 드러나는 장소라고 하거든요. 이런 점에서 언어와 기술 사이에는 유사한 점이 있다고 봅니다. 더 나아가 언어의 토대가 탈세계화된 주체가 아니라 역사적인 상황에 기초해 있다면 기술에 대한 시각과 언어에 대한 시각이 가깝다고 생각됩니다.

최문규 언어가 인간 사회를 드러내는 도구가 아니라 스스로를 드러내는 식이라고 할까요? 인간이 기술을 이용해서 뭔가를 만드는 것이 아니라 포이에

시스로서의 기술도 그와 같이 도구가 아니라 스스로 드러내는 식 말입니다.

하피터 하이데거는 인간이 말하는 것이 아니라 언어가 스스로 말을 한다고 하거든요. 기술에 대한 논의에서처럼 언어에서도 인간 또는 주체는 배제돼요. 주체가 배제된다는 점에서 언어와 기술은 비슷한 논리로 접근될 수 있을 것 같습니다.

이경훈 제가 이해는 잘 못했지만 부품에 대해 말씀하신 부분에 대해 질문하겠습니다. 부품이라면 전체 속의 부품이고 전체가 전제되는 것일 터입니다. 그런데 그렇다면 이 전체는 어떤 것으로 상상될 수 있을지 궁금합니다. 또 하나는 탈은폐 역시 계속되는 과정일 수 있고 또 부품이 진화될 수도 있지요. 그래서 새로운 탈은폐가 일어나겠지요. 소의 경우, 고기 공급원으로 사용되는 소는 부품이라고 말씀하셨는데, 소가 의약품의 재료로 사용되기 위해 키워질 수도 있으므로 또 다른 영역의 탈은폐가 수행되는 것이고, 따라서 부품의 영역이 확대되고 미세화되고 또 복잡화되고 다양화되겠지요. 즉 사물이나 인간이 다른 영역의 부품으로서 새롭게 탈은폐화되는 가능성이 발생한다는 점에서 이런 양상을 일종의 진화로 생각할 수는 없는지 하는 의문이 듭니다.

하피터 조금 전에 이미 언급했지만 여기서 말하는 '부품(Bestand)'은 전체 속의 부속으로 있는 어떤 부품을 말하는 것이 아니라 기술 시대에서 사물이 존재하는 방식을 의미합니다. 하이데거에 의하면 사물들은 각 시대에 다른 방식으로 탈은폐 되는데요. 예를 들어 근대 시대에서는 사물은 주체에 마주하는 '대상(Gegenstand)'으로 탈은폐되지만, 기술 시대에서 사물은 '부품'의 방식으로 드러납니다. '대상'과 '부품'의 차이는 '대상'은 어느 정도 제한적으로 독립적인데 반해, '부품'은 도발적 요청에 따라 무제약적으로 공급되고 소비되는 데 있어요. 물론 기술 시대에서 '부품'의 영역이 확대되고 미세화될 수 있습니다. 예를 소는 고기 공급원이 될 수 있고 아니면 의약품의 재료로 사용될 수 있어요. 그럼에도 불구하고 소의 존재방식은 '부품'으로 규정됩니다. 따라서 '부품'이 복잡하고 다양화될 수는 있지만 존재 방식은 동일하기 때문에 이러한 현상을 기술 시대에서의 진화라고는 볼 수 없을 것 같아요.

이경훈 제가 질문 드리고 싶은 것은 탈은폐를 전략으로만 파악할 수 있는가 하는 문제입니다.

하피터 영화 <아일랜드>가 분명 과장된 것이긴 하지만 충분히 현실화 될 수도 있다고 생각되요. 혹시 다들 그 영화 보셨어요? 이 영화에서는 고객과 꼭 같이 복제된 인간이 고객이 필요로 하는 장기 공급원으로 취급되는데, 당연히 이러한 상황은 전략으로 볼 수 있겠지요. 그래서 하이데거 자신도 기술 시대에 인간은 위험에 처해 있다고도 하고요. 그런데 여기서 인간학적인 것이 무엇을 의미하는지 모르겠어요. 인간이 사물처럼 하나의 부품으로 간주되는 기술 시대에서 인간 삶의 어떠한 면이 인간학적으로 남아 있을 수 있는가 하는 것을 좀 더 공부해 봐야 할 것 같아요. 물론 기술 시대에서도 여전히 중요한 것은 인간의 삶이에요. 그래서 하이데거도 인간의 삶을 위협하는 기술의 문제를 우리한테 제시하려고 하는 것이고요.

이남희 이화여대 기독교학과 박사과정을 밟고 있는 이남희라고 합니다.

하 피터 교수님 수업을 듣고 있습니다. <기술과 전향>이라는 책을 제가 전부 다 읽어보지는 않았어요. 그런데 군데군데 읽어서 낯이 익기는 한데요, 기술과 전향에 있어서 전향은 돌아선다는 의미잖아요? 그래서 하이데거가 그 문제만 던져놓고 답을 이야기하지 않는 것이 특색이기는 하지만 여기서도 낭만주의로 돌아가자는 것이 아니고 앞으로 진전하자는 것이 아닐까. 그것이 역사적이고 필연적이다. 그런데 한편으로는 우리가 AI(artificial intelligence), 즉 인조인간의 대상이 될 정도의 위기에 서 있다고 하는데요. 그러한 상황에서 하이데거가 이런 위험을 직시하면서 이걸 썼을 텐데, 여기서 전향이라고 이야기하는 것은 무엇을 뜻하는 것인지 또 이에 대한 대안이 있는지...(말줄임)

하피터 한편에서 하이데거는 기술의 위험을 이야기 하지만 다른 한편에서는 '세이빙 파워 (saving power)', 즉 구원의 힘도 언급해요. 물론 위험으로부터 구원의 힘으로의 이행을 우리는 전향이라고 할 수 있지요. 그런데 여기서 중요한 점은 이러한 전향은 인간에 의해 수행되는 것이 아니라 역사적인 상황에 의해 만들어진다는 것입니다. 이 점을 이런 식으로 이해하면 될 것 같아요. 그러니까 서양에서 자본주의는 12세기에 도래될 수 없어요. 아무리 인간이 노력을 한다 해도 역사적인 상황이 무르익지 않았기 때문에 자본주의는 12세기가 아니라 18, 19세기에 가능한 것이지요. 비슷한 예로 한국에서 19세기에 어떤 사람이 개인적으로 자본주의를 시작하려고 아무리 노력해도 한국에서는 자본주의가 가능하지 않다고 하이데거는 말 할 것입니다. 따라서 인간보다는 인간에 선행하는 역사적인 상황이 하이데거의 전향 개념에서 중요합니다. 하이데거에 따르면 역사적인 상황이 어느 정도 성숙되면 한 시대에서 다른 시대로의 전환, 즉 기술 시대에서 탈 기술 시대로의 전환이 가능합니다. 하지만 역사적인 상황이 무르

익지 않은 상태에서 인간의 노력만으로 기술의 위험으로부터 벗어나는 것은 불가능 합니다. 따라선 전향에서도 중요한 것은 주체보다도 역사적인 상황이 더 근본적이라는 사실이에요.

이남희 그럼 하이데거의 역사관은 낙관론인가요? 그 분은 목적이 없는 역사관을 가지고 있잖아요? 그럼에도 불구하고 낙관론인가요?

하피터 제가 보기에 하이데거의 역사관은 낙관론도 비관론도 아니고 그저 회의론 같아요. 역사의 원동력은 존재에 있는데 존재의 궁극적인 목적이 무엇인지를 하이데거는 모른다고 하니까요.

한창균 안녕하세요! 한창균입니다. 저는 오늘 후기 구석기시대의 그 기술에 대해서 발표하려고 하는데 구석기 시대의 마음으로 발표를 들으니까, 매우 복잡한 내용이 많은 것 같습니다.(모두 웃음) 그런데 선생님이 정리하신 글을 보면 "기계의 발명은 오로지 서양 문화의 산물이다."라는 표현이 나옵니다. 조금 전에도 논의 대상이 되었는데...

하피터 현대 기계의 발명...

한창균 전 지구적으로 확장된 현대 기술은 오로지 서양 문화에 의해 가능했다는 것에 대해 선생님도 그렇게 생각하시는지... 그러니까 현대 기술이 서양 문화의 산물이라는 점에 대해서 하이데거가 아니라 선생님 자신은 어떻게 생각하시는지요.

하피터 저도 그렇게 생각해요. 전 지구적으로 확장된 현대 기술은 오로지 서양 문화에 의해 가능했다고 봅니다.

한창균 네, 알겠습니다.

(모두 웃음)

홍길표 하하하, 질문하시고 코멘트를 안 하시면 좀 이상한 것 같아요.

최유찬 제가 궁금한 것은, 역사적 상황을 먼저 이야기를 하잖아요, 그런데 우리가 일반적으로 생각할 때에는 역사적이라고 하면 인간적인 것과 결부된 개념인데, 역사적 상황을 개입시키면서도 이것을 존재론적인 것이라고 이야기를 하는 이유는 어디에 있는지 설명을 좀 해주십시오.

하피터 선생님의 질문을 도구의 역사와 관련지어 대답하겠습니다. 곡식을 실어 나르는 마차는 인간의 필요에 의해 모든 문화권에서 발명됐어요. 그런데 산업 제품을 실어 나르는 증기 기관차는 서양에서만 최초로 발명됐거든요. 물론 증기 기관차도 인간에 의해 만들어졌지만 문제는 왜 증기 기관차가 다른 문화권에서가 아니라 서양 문화에서만 발명 되었는가?라는 점이에요. 하이데거가 역사를 존재론적으로 이해하는 부분은 두 번째에 해당됩니다. 물론 자연으로부터 벗어나는 인간은 역사를 형성합니다. 그리고 인류의 역사는 고유한 문화에 따라 다양한 방식으로 발전합니다. 그런데 근대를 거쳐 현대에 이르러 인류 역사에서 조그마한 문화권인 서양이 현대 기계 기술의 발명으로 인해 세계를 제패하게 됩니다. 이런 일이 어떻게 가능할 까요? 어떤 사람은 서양 사람이 우월해서 그렇다고 대답할 수 있겠지요. 그런데 하이데거는 그렇게 생각하지 않아요. 서양 문화가 현대 기계 기술을 발명할 수 있었던 것은 서양 문화에서만 형성된 독특한 역사적인 상황이 있었기 때문이에요. 물론 역사적인 상황은 인간의 활동을 전제로 해요. 하지만 하이데거에 있어서 서양의 역사적인 상황을 근본적으로 규정하는 것은 인간의 활동 이면에 놓여 있는 6세기 그리스에서 발견된 존재개념입니다. 따라서 하이데거는 역사를 이야기하면서 이를 존재론으로 규정하는 것이지요. 더 나아가 현대 기계 기술의 기원을 그리스의 존재 개념 또는 테크네(Techne)로부터 끌어오는 하이데거의 시도가 이상하게 보일 수도 있지만, 유비적으로 볼 때 헤겔 또한 자신의 법철학에서 근대 시대에서 중요한 '인격' 개념은 사실 기독교 전통에서 나왔다고 하거든요. 요약하자면 서양 역사에서는 다른 문화권에서는 볼 수 없는 서양 문화만이 가지고 있는 독특한 면이 있는데 이러한 독특한 면이 그리스의 존재개념으로부터 유래되었다고 하이데거는 생각하기 때문에 그는 역사를 존재론적으로 파악하는 것입니다. 아무튼 하이데거에 따르면 역사의 근본적인 토대는 인간이 아니라 존재에 놓여 있으며, 그는 이러한 사태를『존재와 시간』과 기술 개념에서 보여주고자 합니다.

조대호 예, 발표 잘 들었습니다. 질문이 있는데, 대답하기 쉬운 문제는 아닐 것 같습니다. 하이데거 철학 자체에서 비롯되는 어려움 때문인데, 그렇더라도 개인적으로 두 가지 정도 이야기를 해보고 싶습니다. 하나는 현대기술이 테크네에서 유래하는 것이라고 이야기하셨는데 그 테크네와 현대 기계기술 사이의 본질적인 연관관계는 어디에 있는지, 그게 한 가지 질문이구요. 또 하나는 규범적인 문제입니다. 우리는 기술에 대한 하이데거의 서술, 또 현대 기술문명에 대한 하이데거의 진단을 대할 때 언제든지 규범적인 질문을 안 할 수 없습니다. "그래서 어떻게 하느냐, 우리는?" 이런 질문입니다. 그런데 제가 보기에 하이데거는 그 규범적인 질문에 대해서 대답을 하기 어렵지 않나, 이런 생각이 듭니다. 왜냐하면 이미 그 기계기술에 대해 이야기를 할 때 인간이라는 존재를 빼놓았기 때문에 기계기술에 대한 저항의 힘으로서 인간을 다시 끌어들일 수가 없게 되는 거지요. 이미 기술을 인간이 배제된 역사적인 상황 속에서 설명했기 때문에 이제 다시 인간을 거기에 끌어들일 수 없고, 그렇기 때문에 어쩔 수 없이 횔덜린 시를 인용해서 '위험이 있는 곳에 구원의 힘도 자라난다'고 말합니다. 결국 인간을 역사적 상황 속에서 배제할 수밖에 없는 처지에 하이데거 철학이 놓여 있다는 생각이 드는데, 과연 이것을 우리가 어떻게 받아들여야 할지, 하이데거의 그런 식의 관점에서 우리가 수용할 수 있는 것은 어느 정도인지, 피터하 선생님의 생각이 궁금합니다. 어떻게 보면 하이데거는 그리스인들의 새로운 존재개념을 찾아내고 그런 존재에 대한 이해에 의거하여 현대 기술문명까지 추적하고 있는데, 실제로 제가 아는 한에서는 그리스에서 철학자들이 존재에 대한 이해를 얻고 그 존재에 대한 이해를 확대해 나가는 것은 굉장한 투쟁의 과정이었거든요. 그 이전의 세계이해와의 엄청난 투쟁의 과정이었기 때문에 실제로 그것을 단순히 '존재의 역운'이라던지, 그런 식으로 보지 않을 수도 있습니다. 이런 문제에 대해서 혹시 말씀해 주실 수 있는 것이 있으면, 간단하게라도 대답을 해 주셨으면 좋겠네요.

하피터 원래 테크네는 단순히 기술이 아니라 가능적인 것을 끌어내는 탈은폐를 의미하는데 현대 기술, 특히 가공적인 에너지가 탈은폐하는 원자력 기술이 이렇게 이해된 테크네와 부합하기 때문에 하이데거는 현대 기술이 테크네로부터 유래되었다고 주장하는 것입니다. 두 번째로 하이데거의 기술 논의에서 인간 또는 주체가 배제되었기 때문에 기술의 위험으로부터 대처할 수 있는 규범적인 행위가 불가능하다는 데 대한 저의 의견을 물으셨는데요. 먼저 우리가 유의할 점은 하이데거가 인간 또는 주체의 배제를 말 할 때 그가 말하는 인간이나 주체는 근대적 주체를 의미한다는 것입니다. 하이데거 철학에서 한편에서는 세계로부터 분리된 데카르트적 주체와 이 주체를 전제로 하는 규범적인 행위가 있다면 다른 한편에서는 역사적인 상황에 뿌리박고 있는 주체와 이 주체의 규범적인 행위가 있습니다. 인간이 역사적인 상황을 무시한 채 절대적 확신에 따라 기술의 위험을 대처하는 규범적인 행위를 하이데거는 부정적으로 봅니다. 하지만 이와 달리 존재에 의해 형성되는 역사적인 상황에 의거해 행위하는 인간은 긍정적으로 받아들일 것 같아요. 따라서 하이데거 기술개념에서 근본적인 것은 인간의 규범적인 행위가 가능한가라는 질문이 아니라 근대적 주체와 구분되는 새로운 주체와 이 새로운 주체로부터 유래되는 규범이 과연 무엇인가입니다. 마지막으로 존재의 역운에 관해 질문하셨는데요. 하이데거에게서 존재의 역운은 철학자의 사유보다는 역사에 더 관계합니다. 선생님도 잘 알고 계시겠지만, 그리스 시대에서는 플라톤과 아리스토텔레스가 존재 이해에 대해 투쟁을 벌였고, 근대 시대에서는 대상의 규정에 대해 많은 철학자들이 논쟁을 했는데, 그들이 이처럼 존재이해에 관해 투쟁을 할 수 있었던 것은 그 이전 시대와는 다른 역사적 상황이 존재역운에 의해 주어졌기 때문입니다. 요약하자면 하이데거에게서 중요한 것은 사유에 선행하는 역사적 상황이 있고 이 상황은 존재역운에 의해 형성된다는 사실입니다.

윤민우 저 짧게 코멘트 하나 할 수 있을까요? 인문학과 자연과학이 근대

16세기 이후로 서양에서 분화되어 그 후로 한 번도 다시 만나지 못하고, 자연과학은 매우 빨리 발전하는데 인문과학은 뒤쳐져 있어서 오늘날 자연과학에 대해서 인문과학이 시의적절한 대답을 못해주기 때문에 도덕이나 윤리나 인간의 존엄성이 많이 상실되는 시대가 왔다고들 이야기하죠. 하이데거는 어쨌거나 인간의 현존재라든가, 세계 속에 던져진 존재라는 것을 인정을 하고 기술문명과 인간을 어떻게든 조화롭게 병치하려는 시도를 한 사람이 아닌가 생각이 돼요. 우리는 인문학을 공부하면서 낭만적인 감상주의에 빠질 때가 많거든요. 자연만이 가장 좋은 것이고 기계문명은 너무나 삭막한 것이고, 또 기계문명은 디스토피아일 뿐이니, 골든 월드로 돌아가고 싶어 하는 식으로 말이죠. 그런데 하이데거는 근대적 인간을 비판하면서도, 이 시점에서 인간 존재가 기계문명을 어떻게 바라보아야 하느냐 라는 과제에 대해 막연히 추상적이기 보다는, 좀 더 현실적으로 가능한 긍정적 생각을 갖게 하는 사상가인 것 같아요. 선생님 강의를 들으니까, 하이데거를 좀 공부해야겠다는 생각이 듭니다. 자연과학과 인간학이 만날 수 있는 실마리를 좀 찾을 수 있을 것 같습니다.

하피터 저도 공부하면서 역사의 중요성을 많이 배웠는데요. 자연과학과 인문과학이 나뉜 것도 16세기의 역사적인 상황의 결과라면 21세기에 들어서서 역사적 상황이 바뀌면 자연과학과 인문학이 만날 수 있는 계기가 마련될 수도 있겠지요.

윤민우 아, 예..감사합니다.

후기 구석기시대의 기술 혁신과 문화적 진보

한창균(연세대, 사학과)

후기 구석기시대의 환경 조건과 시간적 위치

후기 구석기시대는 지역마다 약간의 차이는 있지만, 대체로 4.5만 년 전부터 1만 년 전 사이에 해당하며, 약 3.5만 년 동안 존속했던 것으로 연구되고 있다. 이 기간은 마지막 빙하기(Last glacial period)의 후반기에 속한다. 해양 산소동위원소 단계(Marine isotope stage)와 비교할 때, 그 시기는 3기(5.7-2.4만 년 전)의 초중반 이후부터 2기(2.4-1.1만 년 전)까지 포함한다. 2기가 시작될 무렵을 전후한 시기는 최종 빙하 극성기(Last Glacial Maximum, 2.3-1.8만 년 전)[1]에 해당하는데, 이 시기에 대륙 빙하는 북아메리카의 대부분 지역, 전체 스칸디나비아 지역을 포함하여 영국 북부와 우랄 지역에 이르는 북유라시아 대륙으로 확장되었다. 빙하 작용의 영향으로 해수면은 약 130m 아래로 낮아졌으며, 지구의 기온은 현

1 이 연대는 보정되지 않은 연대(uncalibrated date)이다.

재보다 적어도 5℃ 이상 떨어졌다(Burroughs 2005:40-41).

최근 발표된 자료(Harmand et al. 2015)에 따르면, 고인류가 석기를 제작하고 사용했던 시기는 종전에 알려졌던 260만 년 전보다 약 70만 년 정도 빠른 330만 년 이전으로 거슬러 올라간다(표 1 참조). 이를 기준으로 셈할 때, 구석기시대의 전체 기간에서 후기 구석기시대가 차지하는 시간 폭은 대략 1%에 지나지 않는다. 매우 짧은 이 시기 동안, 후기 구석기인은 그 이전에 비할 수 없을 정도로 다양하고 독특한 기술적, 사회적, 문화적, 행위적 속성의 변화와 발전을 이룩하였다.

〈표 1〉 구석기시대의 시기 구분과 석기 문화(아프리카/서유럽)

구분	문화 단계	연대	고인류
전기	(자른 자국)	약 340만 년 전	*Australopithecus afarensis*
	로메크위안(Lomekwian)	약 330만 년 전	*Kenyanthropus platyops*
	올도완(Oldowan)	260–180만 년 전	*Australopithecus garhi* *Homo habilis*
	아슐리안(Acheulean)	180–30만 년 전	*Homo ergaster* *Homo erectus* *Homo antecessor* *Homo heidelbergensis*
중기	무스테리안(Mousterian)	30–5/4만 년 전	*Homo neanderthalensis*
후기	오리냐시안(Aurignacian)	44000–34000 cal. BP (35000–28000 BP)	*Homo sapiens*
	그라베티안(Gravettian)	34500–25000 cal. BP (28000–22000 BP)	
	솔류트리안(Solutrean)	25000–20500 cal. BP (22000–17000 BP)	
	막달레니안 (Magdalenian)	20500–13000 cal. BP (17000–12000 BP)	

* 위 표에서 "BP"는 "Before the Present"(1950년 기준)의 약자임. 후기 구석기시대의 연대는 눈금연대(calibrated age)를 가리키며, ( )의 연대는 보정하지 않은 연대임(Piel-Desruisseaux 2012:280-281).

후기 구석기시대 동안 호모 사피엔스(*Homo sapiens*)는 빠른 속도로 구대륙 곳곳으로 생활 터전을 넓혀나갔고, 시기적인 차이는 있지만 오스트레일리아를 비롯하여 아메리카 지역으로 진출하였다. 또한 그들은 네안데르탈인(*Homo neanderthalensis*)의 영역 범위를 훨씬 벗어나, 시베리아 북부 지역과 같이 혹독한 환경 조건을 지녔던 곳으로 살림터를 확장하기도 했다(Klein 2009:674). 최근에는 북위 72도에 해당하는 시베리아 북극권 지역(Arctic Siberia, SK mammoth site, 약 4.5만 년 전)에서 사냥된 흔적을 지닌 털코끼리(매머드) 화석이 발굴된 것으로 발표되어 주목을 받고 있다(Pitulko et al. 2016).

해부학적 현생인류의 등장과 확산: 아프리카에서 유라시아 대륙으로

해부학적 현생인류(anatomically modern human), 곧 "해부학적으로 머리통과 턱을 비롯하여 몸체 뼈대의 구조와 형태가 호모 사피엔스 범주에 속하는 형질을 소유한 인류" 화석은 약 20만 년 전 아프리카에 처음 등장하는 것으로 알려져 있다. 가장 이른 시기에 해당하는 해부학적 현생인류 화석은 에티오피아에서 발견되었다. 오모(Omo Kibish)에서 출토한 것은 약 19.5만 년 전에 해당하며, 호모 사피엔스 이달투(*Homo sapiens idaltu*)로 명명된 헤르토(Herto Bouri) 화석의 연대는 약 16만 년 전으로 측정되었다. 한편 북아프리카의 모로코(Jebel Irhoud 유적)에서는 헤르토와 비슷한 시기의 현생인류 화석이 출토하였고, 남아프리카(Klasies River Mouth 유적)에서는 11.5-5만 년 전 사이에 드는 현생인류 화석이 발견되었다(Crevecoeur 2012). 이것들은 아프리카의 중기 석기시대(Middle Stone Age, MSA)를 대표하는 현생인류 화석으로 연구되고 있다.

해부학적 현생인류의 화석은 이스라엘의 콰프제(Qafzeh) 동굴과 스쿨

(Skhul) 동굴에서도 발굴되었는데, 두 유적의 연대는 10-9만 년 전 사이에 속한다. 서남아시아 지역을 경유하여 퍼져나간 것으로 추정되는 현생인류 화석으로 동유럽에서 가장 오래된 것이 루마니아(Peştera cu Oase 유적, 37.800-42.000년 전)에서 발견되었다(Wilford 2011). 또한 서부 시베리아(Ust'-Ishim 유적)에서는 약 4.5만 년 전에 해당하는 현생인류 화석이 발견되어 주목을 받고 있다(Qiaomei Fu et al. 2014). 요컨대 이와 같은 점을 고려할 때, 현생인류가 유럽 및 서부 시베리아 지역으로 이주하였던 시기는 적어도 4.5-4.2만 년 이전 무렵으로 올라갈 가능성이 높은 것으로 나타난다. 이들이 유럽 및 서부 시베리아 지역으로 이주했을 당시 선주민(先住民)은 무스테리안(Mousterian)[2], 곧 중기 구석기 문화(Middle Paleolithic)를 소유했던 네안데르탈인으로 대표된다.

후기 구석기문화의 주인공은 우리의 직접적인 선조가 되는 호모 사피엔스이며, 이보다 앞선 시기에 등장했던 네안데르탈인은 약 4-3만 년 전경 지구상에서 갑작스럽게 그 자취를 감추고 사라져버린다. 그 요인에 대해서는 여러 가지 가설이 제기된 바 있다. 예를 들어 재레드 다이아몬드(Jared Diamond)는 "우월한 기술을 지닌 크로마뇽인의 질병, 살육, 침략에 의하여 네안데르탈인이 멸종되었고, 크로마뇽인과 네안데르탈인의 혼혈이라 할 만한 인골은 전혀 발견되지 않았다"고 주장했다(재레드 다이아몬드, 김정흠 옮김 1996:95-99). 그런데 근래에 발표된 유전자 분석 결과에 따르면, 네안데르탈인과 현생인류 사이의 이종교배(interbreed)가 BP 8.6-3.7만 년 전에 일어났던 것으로 연구되어 흥미롭다(Sankararaman et al. 2012). 서부 시베리아(Ust'-Ishim 유적, 약 4.5만 년 전)의 해부학적 현생인류 화석에서는 2.3%에 이르는 네안데르탈인의 유전자(Qiaomei Fu et al. 2014)가 섞인 것으로 밝혀졌다. 포르투갈(Abrigo do Lagar

2 방사성탄소 연대측정 자료를 종합적으로 비교하여, 무스테리안 문화는 약 4만 년 전 무렵까지 지속된 것으로 최근 연구되었다(Higham et al. 2014 참조).

Velho 유적, 약 2.45만 년 전)에서는 유럽의 초기 현생인류와 네안데르탈인의 형질적 특징을 공유한 어린아이의 화석(Duarte et al. 1996)이 발견되어 이종교배에 대한 관심을 더욱 불러일으키고 있다. 이러한 이종교배 현상은 두 집단 사이에 문화적인 접촉이 있었음을 간접적으로 알려준다.

도구 제작 기술의 발전

석기

널리 알려진 것처럼, 돌날(특히 좀돌날) 제작 기술은 후기 구석기시대의 전반적인 석기 양상을 특징짓는 요소 가운데 하나이다. 비록 모든 유형의 석기가 돌날을 기반으로 제작된 것은 아니지만, 각종 석기의 생산에서 이전 시기보다 훨씬 진전된 돌날 기술(blade technology)의 적용은 기술·경제적인 측면에서 중요한 의의를 지닌다. 서유럽의 경우, 오리냐시안 초기 단계부터 보편화된 돌날 제작 기술의 전문화는 단단한 망치 떼기(hard hammer percussion)보다는 무른 망치 떼기(soft hammer percussion)가 자주 이용되는 변화를 수반하였다. 그리고 논란의 여지는 있지만 정(punch)을 이용한 간접떼기가 응용되었을 가능성도 있는 것으로 알려지고 있다(Mellars 1995:393). 또한 하나의 몸돌에서 얻을 수 있는 격지(돌날) 수량의 생산성이 크게 증가되었을 뿐만 아니라 비교적 얇고 길쭉한 형태의 돌날 몸체는 다양한 종류의 도구 제작에 유용한 밑감으로 널리 활용되었다.

〈표 2〉 프랑스의 후기 구석기시대 석기 유형(Piel-Desruisseaux 2012:280-286)

구분	특징적인 석기	비고
오리냐시안	오리냐시안 돌날(프리즘 형태)을 잔손질한 석기, 두터운 밀개(콧날 등, 배밑모양), 매부리코모양 새기개(*burin busqué*), 잔손질된 잔석기(*microlithe*) 등.	그림 1 참조
그라베티안	돌날을 이용하여 만든 밀개, 가로등(*troncature*)을 이용한 새기개, 노아유식 다중 새기개(*burin de Noailles*), 세로등을 다듬은 석기, 퐁로베르식 슴베찌르개(*pointe de Font-Robert*), 그라베트식 찌르개(*point de la Gravette*), 그라베트식 소형 석기(*microgravette*) 등.	그림 2 참조
솔류트리안	밀개가 새기개보다 많음. 월계수잎모양 찌르개, 버들잎모양 찌르개, 솔뤼트레안식 슴베찌르개(*pointe à cran solutréenne*), 뚜르개 등. 눌러떼기 등장.	그림 3 참조
막달레니안	좀돌날떼기 발달, 새기개 풍부, 앵무새 부리모양 새기개(*burin en bec-de-perroquet*), 복합석기(밀개-새기개 등), 세로등을 다듬은 좀돌날, 막달레니안식 찌르개(*pointe à cran magdalénienne*), 로즈리바스식 찌르개(*pointe de Laugerie-Basse*), 세로등이 굽은 찌르개, 뚜르개 등.	그림 4 참조

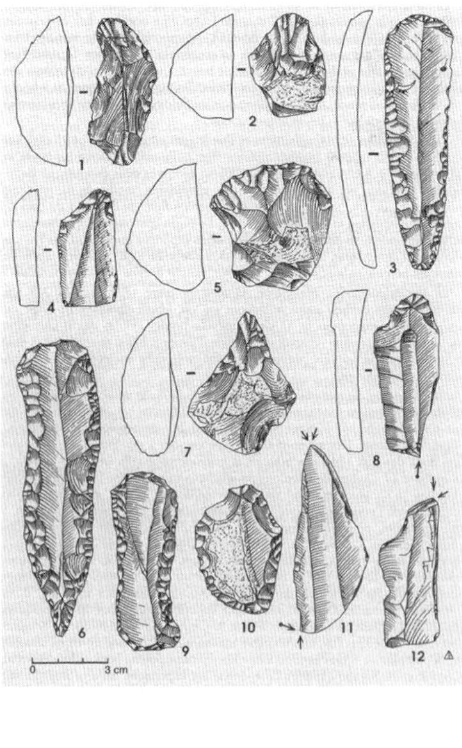

〈그림 1〉 Le Grand-Abri de la Ferrassie 유적(Le Bugue, Dordogne)의 오리냐시안 석기(Piel-Desruisseaux 2012:282). 1, 2, 5(배밑모양 밀개), 3, 6, 9(오리냐시안 돌날), 4, 7, 10(콧날등 밀개), 8(밀개-새기개), 11(마줏날 새기개), 12(매부리코모양 새기개).

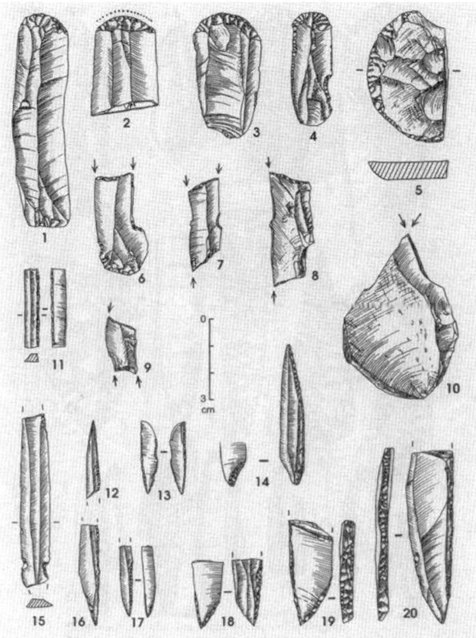

〈그림 2〉 L'Abri Pataud 유적(Les Eyzies-de-Tayac, Dordogne)의 그라베티안 석기(Piel-Desruisseaux 2012:283). 1, 2, 3, 4, 5(밀개), 6, 7, 8, 9(노아유식 새기개), 10(마즛날 새기개), 11(세로등을 다듬은 좀돌날), 12, 13, 14, 16, 17(그라베트식 소형 석기), 15(홈날이 잔손질된 좀돌날), 18, 19, 20(밑부분을 다듬은 그라베드식 찌르개).

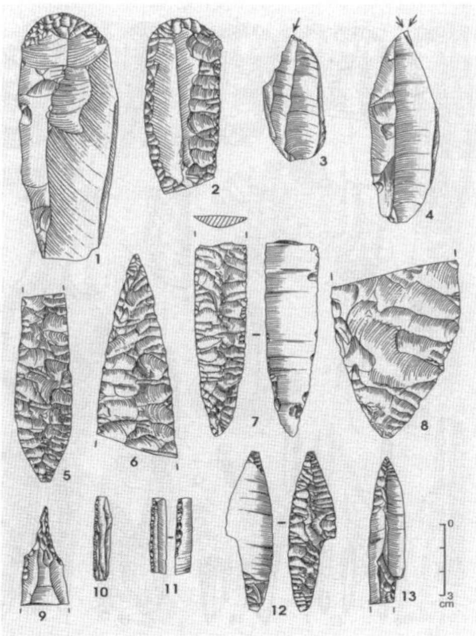

〈그림 3〉 Le Fourneau-du-Diable 유적(Bourdeilles, Dordogne)의 솔류트리안 후기 석기(Piel-Desruisseaux 2012:284). 1, 2(밀개), 3(가로등에 만든 새기개), 4(마즛날 새기개), 5, 6, 8(월계수잎모양 찌르개), 7(버들잎모양 찌르개), 8(뚜르개), 10, 11(세로등을 다듬은 좀돌날), 12, 13(솔류트리안식 찌르개).

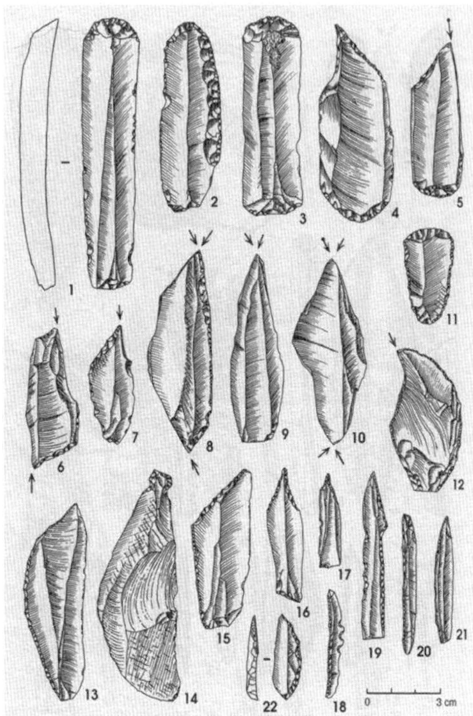

〈그림 4〉 La Madeleine 유적(Tursac, Dordogne)의 막달레니안 후기 석기(Piel-Desruisseaux 2012:286). 1, 2, 3, 11(밀개), 4(밀개-뚜르개), 5(밀개-새기개), 6, 7, 8(가로등에 만든 새기개), 9, 10(마줏날 새기개), 12(앵무새 부리모양 새기개), 13, 14(잔손질된 돌날), 15(가로등을 다듬은 석기, *pièce tronquée*), 16, 17(뚜르개), 18, 20(세로등을 다듬은 좀돌날), 19(막달레니안식 찌르개), 21(로즈리바스식 찌르개), 22(세로등이 굽은 찌르개).

후기 구석기시대의 석기 갖춤새에서 잘 드러나는 특징은 중기 구석기시대에 비하여 종류가 많아질 뿐만 아니라 형태도 다양하다는 점이다(표 2). 찌르개, 긁개, 톱니날 등과 같은 석기가 중기 구석기시대를 대표하는 반면에, 후기 구석기시대에는 밀개, 새기개, 뚜르개 등이 뚜렷하게 증가하며 보편화되는 양상을 지니며, 전체적인 석기 유형의 변화 속도도 중기 구석기시대보다 빠르게 변모되는 경향을 띤다. 아울러 한 몸체에서 같은 형식의 석기 유형이 위치를 달리하여 두 차례 이상 나타나는 이중 또는 다중석기(double or multiple stone tool, 예를 들어, 새기개-새기개 등), 그리고 한 몸체에서 서로 다른 형식의 석기 유형이 만들어진 복합석기(composite stone tool, 예를 들어, 밀개-새기개 등)의 등장도 주목된다.

특정한 기능을 이루어내기 위하여 재질이 서로 다른 물질, 다시 말해서 나무, 뼈, 뿔 등에 석기(또는 뼈연모)를 부착하여 만든 결합식도구(compound or combination tool)[3]는 후기 구석기시대에 이르러 중기 구석기시대보다 좀 더 다양하고, 정교한 형태의 도구로 발전한다. 결합식도구가 차츰 널리 쓰임에 따라 석기의 표준화, 곧 형태와 크기의 규격화 비율이 높아졌다. 결합식도구는 어느 한 부분이 부서지거나 깨져나갔을 경우라 할지라도, 망가진 부위만을 고치거나 또는 다른 것으로 대체하여 수선하는데 편리한 이점을 지니고 있었다. 잔석기 중 일부도 결합식도구 제작에 활용되었을 가능성이 많은 것으로 연구되고 있다.

요컨대 후기 구석기시대에 이르러 석기를 비롯한 도구 전반에 대한 인지 능력과 사회적인 지식의 축적이 폭 넓은 범위로 널리 증대되었다. 이것은 석기 제작 기술의 발전과 어울리며 효용성 높은 돌감의 선택과 확보에 따른 정보의 공유와 전파 등을 통하여, 돌감의 교역(또는 교환)을 활발하게 촉진시키는 역할을 하였다. 서유럽의 경우를 예로 들자면, 중기 구석기시대에 돌감의 이동 거리가 대부분 100㎞ 이내로 국한되었지만, 후기 구석기시대에는 320-450㎞ 또는 그 이상의 먼 거리로부터 도구 제작에 필요한 돌감을 공급받기도 하였다. 후기 구석기시대의 지리적 공간에서 이루어진 고고학 유적의 상대적인 수량 증가는 인구 증가와 더불어 집단 사이의 사회적 네트워크가 이전 시기보다 훨씬 긴밀한 관계를 유지하며 형성되었음을 반영해준다고 볼 수 있다(Féblot-Augustins 1999).

---

3 이러한 종류의 도구로는 밀개 등과 같은 석기를 나무나 뼈 등에 부착하여 만든 것, 뿔로 만든 창끝을 나무 창대에 부착하여 만든 것 등을 예로 들 수 있다. '조합식도구'라고도 한다.

뼈연모

후기 구석기시대로 넘어오며 석기 제작 기술의 전반적인 발전과 병행하여 뼈 또는 순록이나 사슴 뿔 및 털코끼리 상아 등을 가공하여 연모를 만드는 기술은 오리냐시안 단계에 들어와 더욱 다양한 모습을 띠며 진전되었다. 지금까지 프랑스에서 알려진 뼈연모의 종류는 10여 가지가 넘는데, 비교적 크기가 큰 창끝이나 굼대 등은 크고 두터운 순록의 뿔을 이용하여 목적에 맞도록 가공되었다. 원하는 형태의 도구 몸체를 마련하기 위하여 깨기, 자르기, 쪼개기와 같은 다양한 마름질 수법이 응용되었다. 뼈연모의 마감질 작업은 거의 대부분 겉면을 매끄럽게 갈아 마무리되었고, 유물에 따라서는 동물 형상을 조각하거나 새겨 넣어 시각적인 장식 효과를 높이기도 하였다. 마름질에서 마감질에 이르기까지 완성된 뼈연모의 공정 과정은 석기 제작보다 더 많은 숙련된 기술을 필요로 하였다.

뼈연모 종류의 구성, 그리고 동일한 종류라 할지라도 부분적인 형태에서 나타나는 차이점 등은 석기 못지않게 시기별로 변화된 양상을 보여준다(표 3 참조). 오리냐시안 시기부터 여러 종류와 형태로 구성되었던 뼈연모는 막달레니안 단계에 이르러 제작 기법 및 형태적 다양성 등에서 가장 발전된 특징을 지닌다.

〈표 3〉 프랑스의 후기 구석기시대 뼈연모(Piel-Desruisseaux 2012:280-286)

구분	특징적인 연모	비고
오리냐시안	창끝(spear point, *sagaie*), 송곳(awl, *poinçon*), 정(punch, *ciseau*) 등, 굼대(pierced baton, *bâton percé*)가 처음으로 나타남.	그림 5, 그림 6 참조
그라베티안	창끝, 송곳 등. 오리냐시안 시기보다 뼈연모가 적음.	
솔류트리안	창끝, 바늘(eyed needle, *aiguille à chas*) 등. 창던지개(spearthrower, *propulseur*)가 후반기에 처음으로 나타남.	그림 7 참조
막달레니안	창끝, 바늘, 창던지개, 활과 화살 등. 후기 구석기시대 가운데 뼈연모 제작이 가장 발달한 시기, 후반기에 작살(harpoon, *harpon*)이 처음으로 나타남.	그림 8 참조

후기 구석기시대의 뼈연모 가운데 솔류트리안 단계에 등장하는 창던지개(그림 7 참조), 곧 긴 창을 던지는데 필요한 발사체(projectile)로 기능이 알려진 이 도구는 사냥 기술을 획기적으로 개선하는데 크게 이바지하였다. 창던지개의 사용은 먼 거리에서의 사냥을 가능하게 해주었다. 또한 강한 무게가 실려 빠른 속도로 목표물을 향하여 날아간 창은 사냥 대상물(육상 및 해양 동물)에 치명적인 영향을 주어 사냥의 효율성을 크게 높여 주었다.

뼈바늘은 당시 구석기인들의 복식 관계를 이해하는데 도움을 준다. 후기 구석기시대의 바늘로 연대가 가장 올라가는 것은 시베리아 남부 지역(Kostenki 15 지점, 약 3.5-3.0만 년 전)에서 발견된 상아질 바늘(Hoffecker 2005:188; Klein 2009:673)인데[4], 프랑스에서는 이보다 시기가 늦은 솔류트리안 단계이다. 조지아 공화국(Dzudzuana cave, 약 3만 년 전)에서는 염색된 야생 아마 섬유질(wild flax fiber)이 다량으로 발견되어 관심을 받고 있다(Kvavadze et al. 2009). 이를 고려하면, 유라시아에서 후기 구석기인이 직물을 마름질해서 만든 옷(tailored cloth)을 입었던 시기는 3만 년 이전으로 충분히 소급될 수 있다고 보인다.

최종 빙하 극성기가 끝나면서 지구상의 기온은 전체적으로 차츰 온난하게 바뀌었다. 해수면의 높이도 급격하게 상승되기 시작하였으며, 강물의 수량도 풍부해졌다. 유럽에서는 막달레니안 후기(약 1.4만 년 전경)에 이쑤시개처럼 양쪽 끝부분이 뾰족한 일자형(역T자형) 낚싯바늘이 등장한다(Klein 2009:680-681). 낚싯바늘[5]은 작살과 더불어 수산자원을 좀 더 집중적이고 안정적으로 획득하는데 이바지하였을 뿐만 아니라, 이동생활을 반정착 단계의 살림살이

4 알타이 산맥 지역의 Denisova 동굴 유적에서는 4만 년 이전의 지층에서 뼈바늘이 발견되었는데, 학자에 따라서는 그보다 연대가 늦은 시기에 형성된 위층으로부터 이 유물이 유래되었다고 가늠하기도 한다(Hoffecker 2005:188).

5 한편 동티모르 제리말라이 바위그늘(East Timor, Jerimalai shelter)에서는 4.2-3.8만 년 전의 지층에서 깊은 바다에 서식하는 물고기의 뼈(15종 이상)와 함께 2.3-1.6만 년 전으로 측정된 낚싯바늘이 발견되었다(O'Connor et al. 2011 참조).

(semi-permanent dwelling)로 촉진하는데 필요한 매개체가 되었을 것으로 추정된다. 이와 아울러 막달레니안 말기에 등장하는 활과 화살[6]과 같은 사냥용 도구의 전문화는 사냥 기술의 발전과 아울러 사냥감의 획득이 체계적으로 이루어졌음을 반영한다.

뼈와 뿔 등을 가공하여 도구를 만드는 기술은 뼈연모의 제작에만 국한된 것은 아니었다. 그러한 원자재는 결합식도구를 구성하는 몸체의 일부로도 활용되었다. 이전 시기에 비하여 생계 유형이 복잡하게 분화되면서, 뼈와 뿔 등의 원자재는 다양해진 일상생활에서 요구하는 각종 도구의 생산에 필요했던 물품으로 자주 사용되었다.

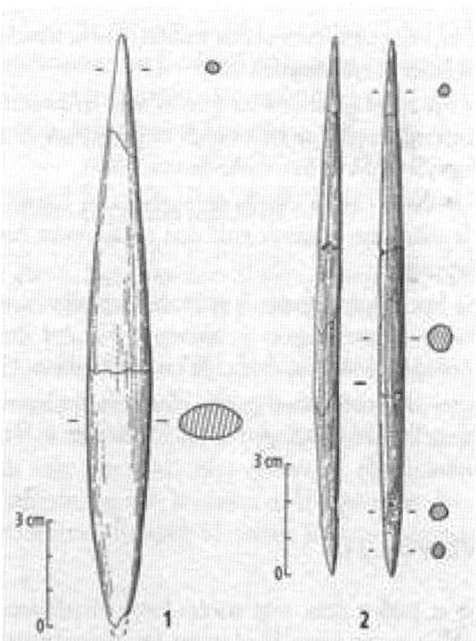

〈그림 5〉 후기 구석기시대의 뼈창끝(Piel-Desruisseaux 2012:229). 1: La Ferrassie 유적(Le Bugue, Dordogne), 오리냐시안, 2: Laugerie-Haute-Est 유적(Les Eyzies, Dordogne), 그라베티안 말기.

6 반면에 Piel-Desruisseaux(2012:280)는 그라베트식 소형 석기가 화살촉으로 사용되었을 가능성이 있다고 추정하였다.

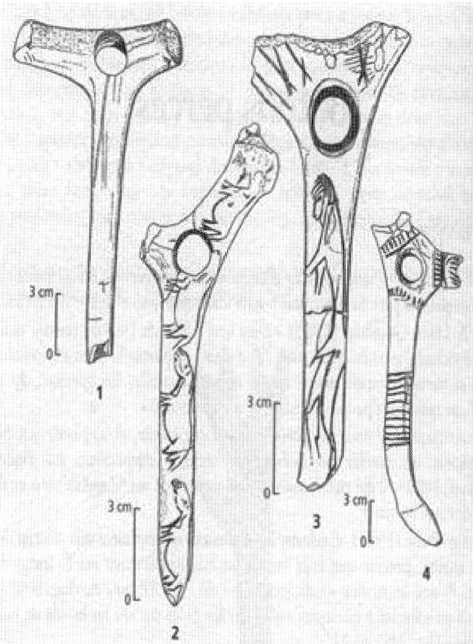

〈그림 6〉 후기 구석기시대의 굼대(Piel-Desruisseaux 2012:236). 1: Abri-Blanchard 유적(Sergeac, Dordogne), 오리냐시안, 2: La Madeleine 유적(Tursac, Dordogne), 막달레니안, 3: Gourdan 유적(Haute-Garonne), 막달레니안, 4: Laugerie-Basse 유적(Les Eyzies, Dordogne), 막달레니안.

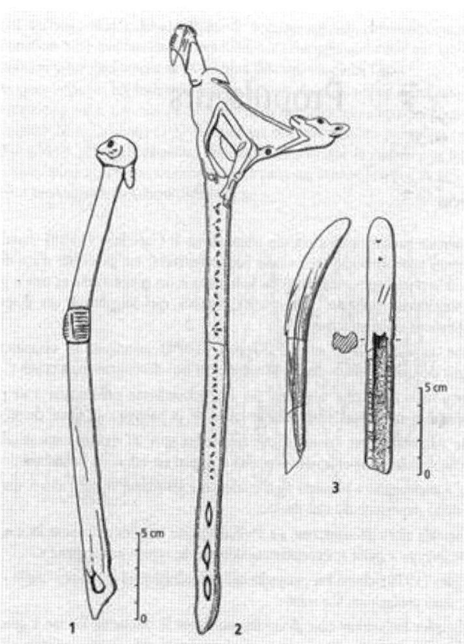

〈그림 7〉 막달레니안 시기의 창던지개(Piel-Desruisseaux 2012:264). 1: Gourdan 유적(Haute Garonne), 2: Mas d'Azil 유적(Ariège), 3: Laugerie-Basse 유적(Les Eyzies, Dordogne).

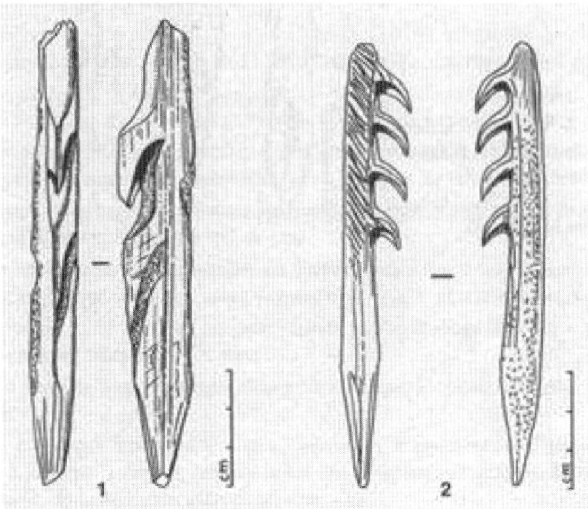

〈그림 8〉 La Madeleine 유적(Tursac, Dordogne)의 작살(Piel-Desruisseaux 2012:261). 1: 미완성품, 2: 결합식도구로 제작되었을 것으로 추정됨.

예술 활동의 다양성

미술

구석기시대의 미술품[7]은 제작 대상물과 표현 기법에 따라 동굴그림(cave painting), 야외 바위그림(rock art), 조각(sculpture), 공예품 등으로 구분된다. 작품이 표현된 소재의 성질에 따라, 고정된 물체를 이용하여 제작된 벽화(wall art or parietal art: 동굴그림, 바위그림), 그리고 이동이 가능한 소재(뼈, 뿔, 상아, 돌, 흙 등)를 이용하여 제작된 지닐 미술품(portable art: 조각품, 공예품)의 두 가지 유형으로 크게 나누어 볼 수 있다. 이 같은 유형의 미술품은 후기 구석기시대에 들어와 시기별로 지역에 따라 다양하고 독특한 양상을 띠며 제작되었다. 무덤의 사례와 마찬가지로 미술품은 당시 구석기인들의 사고, 관념, 믿음, 가치 부여

7 구석기시대 미술의 기원, 창작 동기, 의미 등에 관해서는 스티브 미슨(윤소영 옮김 2001:249-259), 엠마누엘 아나티(이승재 옮김 2008:59-76), 미셸 로르블랑셰(김성희 옮김 2014)의 글을 참조하기 바람.

등을 이해하는데 도움을 주는 고고학 증거가 된다(Klein 2009:684).

유라시아의 후기 구석기시대 벽화는 서유럽에서 우랄 남부 지역(Kapova cave, Ignatiev cave 등)(Bahn and Vertut 1997:45-46) 및 서몽골 알타이 지역(Khoit Tsenkher cave 등)(노브고라도바, 정석배 역 1995:53-69)에 이르기까지 폭넓게 분포하는 것으로 알려져 있다. 지금까지 420군데가 넘는 곳에서 유적이 조사되었다. 그 가운데 동굴그림은 특히 스페인 북부와 프랑스 동남부를 아우르는 프랑코-칸타브리아 지역(Franco-Cantabrian region)에 집중적으로 분포한다(40% 이상). 프랑스 동북부와 독일 등지에서는 지닐 예술품이 발견되었던 반면에 동굴그림은 확인되지 않았다. 동굴그림은 유럽에서 동쪽으로 멀리 벗어날수록 수량도 적으며 산발적으로 나타난다(Bahn and Vertut 1997:45-47).

후기 구석기시대 현생인류의 가장 이른 동굴그림은 스페인 북부의 엘카스티요 동굴(El Castillo cave)에서 발견되었다. 이 동굴에는 여러 시기에 걸치는 그림이 그려졌는데, 그 중에서 붉은 점, 손자국(hand stencil)[8], 곤봉 모양의 상징 부호 등의 제작 연대는 약 4.1-3.6만 년 사이에 해당하는 것으로 측정되었다(Pike et al. 2012).

유럽에서 오리냐시안의 이른 시기를 대표하는 동굴그림은 프랑스 남부의 쇼베 동굴(Chauvet cave, cal. BP 3.6만 년)(Clottes et Geneste 2015:4)에서 발견되었다. 벽화는 물감을 이용하거나 또는 선 새김(engraving)에 의하여 표현되었다. 동물 형상이 가장 흔하게 그려졌다. 그 다음은 손자국 모양과 점 모양인데 상징 부호는 드문 편이다. 한편 상부에는 들소 머리가 그려졌고, 그 바로 하부에는 여성의 성기가 묘사된 하체가 표현된 그림이 있어 주목된다. 동물의 종류를 구분할 수 있는 400여 짐승 가운데 출현 빈도가 높은 것은 코뿔소(65마리), 사자

---

8 한편 인도네시아 술라웨시 섬(Sulawesi)의 마로스(Maros) 지역 동굴에서도 약 4만 년 전의 손자국 그림이 발견되어 주목을 받고 있다(Aubert et al. 2014).

와 같은 고양이과(71마리), 털코끼리(66마리)로 각각 16% 이상을 차지한다. 그 다음으로 말(40마리), 소과(31마리), 산양(20마리), 사슴과(25마리), 곰(15마리) 등이다. 소 종류에는 오늘날 극지방에 사는 사향소(musk ox)도 묘사되었고, 이 밖에 하이에나와 부엉이 그림도 있다(Clottes ed. 2003:174-195). 코뿔소, 그리고 사자와 하이에나 및 곰 등과 같은 식육류 종류는 후기 구석기시대의 고고학 유적에서 발견되는 사례가 드물기 때문에(Klein 2009:667), 쇼베 동굴에 자주 등장하는 동굴 그림이 전반적으로 사냥의 성공이나 사냥감의 번성을 바라는 의도나 주술적 목적에서 그려진 것이 아님을 충분히 짐작할 수 있다.

독일 남부의 스타델 동굴(Stadel cave)에서 발견된 홀렌스타인 스타델의 사자-사람 형상(lion-man of the Hohlenstein-Stadel, 약 4만 년 전)(Bailley 2013)과 홀레 펠스 동굴(Hohle Fels cave, 약 3.5만 년 전)의 여인상(venus)(Conard 2009)은 오리냐시안 이른 시기를 대표하는 조각품이다. 상아로 만든 이들 조각품은 입체적으로 표현되었다. 사자-사람 형상은 두발로 바로 선 사람 모습에 머리 부분은 사자 얼굴로 표현되었다. 여인상은 머리 부분이 묘사되지 않았으나 젖가슴, 배, 성기 등을 강조하여 표현되었다.[9]

그라베티안 시기에 이르러, 기학적인 상징 기호는 도구와 무기를 비롯하여 지닐 예술품에서도 다양하게 표현되었다. 동물로는 산양, 사슴 종류, 말 등이 우세하게 등장한다. 특히 다양한 수법으로 표현된 손자국과 인물상(거의 대부분 여인상)은 그라베티안 문화를 대표한다(White 2003:82). 이 문화는 오리냐시안 단계의 동유럽을 벗어나 시베리아 지역에 이르기까지 확장되었다(Mohen and Taborin 2005:142). 바이칼 호수 근처의 말타(Mal'ta, 2.5-2.0만 년 전) 유적에서는 모자(hood)가 달린 옷을 입은 여인상이 발견된 바 있다.

---

9 후기 구석기시대 여인상은 "첫째, 당시 여인의 실제 모습이다. 둘째, 여성의 이상적인 아름다움을 묘사하였다. 셋째, 다산의 상징이다. 넷째, 무녀(巫女)와 같은 종교적인 의미를 지닌다. 다섯째, 조상의 이미지 표현이다" 등과 같이 다양하게 해석되고 있다(Delporte 1979).

프랑스 지역의 바위그늘 또는 동굴에 채색되거나 새겨진 동물 종류의 빈도수를 비교할 때, 오리냐시안과 그라베티안의 두 시기에 걸쳐 산양이나 미확인 초식 동물이 자주 표현되었던 반면에 그라베티안 시기에는 사슴 종류가 우세하게 등장한다. 이러한 차이는 환경적인 변화나 신앙체계(belief system)의 변화, 또는 이 두 가지의 요인 모두를 반영하는 것으로 볼 수 있다(White 2005:93)

솔류트리안 문화는 프랑스와 이베리아 반도 지역에 국한되었고, 지금까지 이들 지역에서 발견된 동굴그림은 다른 시기에 비하여 상당히 적은 편이다. 입구가 바다 속에 있는 마르세유 근처의 코스케 동굴(Cosquer cave, 1.9만 년 전)이 잘 알려져 있다. 그라베티안과 마찬가지로 손자국 및 기하학적인 추상 기호와 더불어 산양 그림이 즐겨 묘사되었다. 그러나 사람 형상은 매우 희귀하게 나타난다(White 2005:94-95). 한편 포르투갈(Côa Valley 유적)에서는 후기 솔류트리안(또는 전기 막달레니안)의 야외 바위그림이 발견되어 관심을 끌고 있다(안드레 산토스 2015).[10]

막달레니안 문화는 대체로 마지막 최종 빙하기가 끝나는 때부터 전신세(Holocene)가 시작되는 무렵 이전까지 지속되었다. 이 문화는 솔류트리안보다 지리적인 범위가 넓어 서유럽에서 폴란드 및 루마니아에 이르기까지 분포한다(Mohen and Taborin 2005:156-159). 막달레니안 시기에 각종 기하학적인 상징 기호가 급격하게 증가한다. 다양하고 정교하게 만든 지닐 예술품의 수량도 전체적으로 많아지고, 300군데가 넘는 유적에서 동굴그림이 발견되었다(White 2005:95). 알타미라 동굴(Altamira cave, 스페인, 약 1.5만 년 전)과 라스코 동굴(Lascaux cave, 프랑스, 약 1.7만 년 전)에는 막달레니안을 대표하는 벽화가 제작되었다.

10 바위그림 제작에 사용되었던 것으로 추정되는 석기 출토 유적의 방사성탄소연대는 약 3-2.7만 년 전으로 밝혀져, 코아 계곡의 바위그림 가운데 일부는 그라베티안 시기에 해당할 가능성이 있는 것으로 연구되고 있다(안드레 산토스 2015:73).

후기 구석기시대의 공예품에 속하는 치레거리(장신구)는 오리냐시안 시기에 등장한다. 치레거리는 자의식의 발현과 소통 수단이었던 동시에 집단의 정체성과 소속 여부를 상징적으로 나타내는 물품에 속한다고 볼 수 있다. 치레거리의 소재는 짐승의 이빨, 뼈, 상아, 돌, 호박(amber), 조개류 등이 있다. 이들 가운데 먼 거리에서 운반된 호박과 같은 보석 종류나 바다 조개류 같은 고급 품목(luxury item)은 그러한 원자재에 대한 진전된 인지 능력과 정보 교환망이 형성되었음을 보여준다(Klein 2009:683).[11]

무덤에 매장된 치레거리와 지닐 예술품 등은 당시의 사회 구조를 간접적으로 이해하는데 도움을 준다. 시베리아의 숭히르(Sunghir) 무덤 유적에서는 상아를 이용하여 만든 13,000개 이상의 구슬(bead)[12]을 비롯하여 수많은 기하적인 형상과 동물 형상이 출토하였다. 제작 연대는 그라베티안 시기(약 2.7-2.6만 년 전)에 해당한다. 실험에 의하면 숙련공이 구슬을 만드는 데는 1,000시간 이상이 소요되었던 것으로 밝혀졌다(Dobrovolskaya et al. 2012). 후기 구석기시대의 전체 유적 중에서 그렇게 많은 구슬이 발견된 것은 숭히르 유적이 유일하다. 청소년기에 갓 접어든 아이들 무덤에서 공력을 들여 만든 구슬이 다량으로 출토한 사실은 그들의 사회적 지위가 세습되었던 복합사회(complex society)의 한 모습을 보여주는 것으로 해석되었다(White 2005:142-143).

프랑스 남서부의 막달레니안 유적(Saint-Germain-la-Rivière burial site, 약 1.5만 년 전)의 젊은 여성 무덤에는 치레거리, 뼈연모, 짐승뼈, 석기 등이 풍부하게 묻혀 있었다. 치레거리에는 붉은 사슴의 앞니에 구멍을 뚫어 만든 것과 바다

---

11 예를 들어, 스페인 카탈로니아 지방(Catalonia)의 막달레니안 유적(Parco cave)에서는 150㎞ 이상 떨어진 지중해 서식의 바다 달팽이 종류(*Homalopoma sanguineum*)가 발굴되었다(Fullola et al. 2007).

12 약 60살의 남자가 묻힌 무덤(Grave Ⅰ)에서는 2,936개, 약 7-9살 소녀와 약 13살 소년이 머리를 맞댄 상태로 함께 묻힌 무덤(Grave Ⅱ)에서는 각각 5,274개와 4,903개의 구슬이 출토하였다(Sunghir / Sungir – Don's Map from Google 참조).

조개 등이 있다. 분석이 이루어진 69점의 붉은 사슴 앞니는 63개체(수컷 55마리, 암컷 8마리)에 해당하는데, 이 사슴 종류는 모두 유적에서 적어도 300㎞ 이상 떨어진 곳에서 교환에 의하여 반입되었을 것으로 연구되었다. 그리고 붉은 사슴 앞니와 바다 조개 등과 같은 치레거리 품목은 무덤에 묻힌 주인공의 위세품(prestige good)으로 간주되어 당시 사회 구성원의 불평등한 상호 관계를 반영하다는 주장도 제기되었다(Vanhaeren and d'Errico 2005). 이러한 점들은 농경사회의 등장 이전인 후기 구석기시대에 이미 지역에 따라 서열화된 복합사회가 움트기 시작하였음을 짐작하게 해주는데, 중기 구석기시대의 유적에서는 그와 같은 요소가 관찰되지 않는다(Klein 2009:683-684).

음악

음악은 언어와 마찬가지로 의사소통의 중요한 수단이며, 한 세대에서 다음 세대로, 한 사회에서 다른 사회로 전승되는 과정에서 생긴다. 음악의 사회적 기능은 다양하여, 오락적인 요소와 함께 집단 구성원의 사회적 결속력을 다지고 사회제도의 정당성을 확인시키는데 널리 쓰인다(스티브 미슨, 김명주 옮김 2008:27-32).

디베 바베 동굴(Divje Babe cave, 슬로베니아, 약 4.3만 년 전)에서는 무스테리안 단계의 뼈피리(bone flute)로 추정되는 유물이 출토되어 주목을 받은 바 있다. 동굴곰의 허벅지뼈로 만든 이 유물은 네안데르탈인에 의하여 만들어진 것으로 알려졌다. 그런데 뼈에 뚫린 구멍이 식육류 짐승에 의한 것으로 분석됨에 따라(D'Errico et al. 1998) 이 유물이 의도적으로 제작되었는지에 대해서는 논쟁거리가 되고 있다. 네안데르탈인이 뼈피리와 같은 악기를 제작할 능력이 있었는지를 뒷받침하는 고고학적 증거는 여전히 수수께끼로 남아 있다.

해부학적 현생인류가 만든 뼈피리 가운데 연대가 오랜 것은 남부 독일의 홀레 펠스 동굴(Hohle Fels cave, 약 4.2-4.3만 년 전)과 가이쎈클뢰스테를레 동굴(Geißenklösterle cave, 약 3.3-3.7만 년 전)에서 발굴되었다. 전자는 독수리 날개뼈, 그리고 후자는 흑고니의 날개 뼈와 상아를 이용하여 제작되었다. 이스튀리츠 동굴(Isturitz cave, 프랑스)에서는 오리냐시안에서 막달레니안 시기에 걸치는 뼈피리가 발견되었다(Goss 2012).

문화적 진보를 보는 관점: 혁명적인가? 또는 점진적인가?

후기 구석기시대는 중기 구석기시대에 비하여 도구 제작 기술, 상징적 행위, 생활상의 변화를 비롯한 사회적 전반에 걸쳐 매우 괄목할 만한 문화적 진보가 이룩되었다. 이에 따라 중기-후기 구석기시대의 전이 과정이 점진적이었는가, 또는 갑작스럽게 혁명적으로 변화되었는가에 관하여 많은 학자들의 연구와 논의가 있었다.[13] 다시 말해서 변화와 발전의 기본적인 성격과 특성을 평가하는 기준 설정, 거기에 부합되는 세부적인 접근 방법은 연구자들 사이에 차이가 있다. 이로부터 다양한 논쟁거리가 야기되었고, 지난 20여 년간 이와 같은 내용을 담고 있는 수많은 연구 성과가 발표되었다.

특히 이는 현생인류(modern human)와 동질적인 행위 유형(modern behavioral pattern 또는 behavioral modernity)의 성격, 등장 시기 및 그 선후 맥락을 비교, 분석하는 작업과 밀접하게 결부되었다. 넓은 의미에서 이 주제는 각기 다른 여러 지역에서 발견되는 고고학 증거, 두뇌 신경구조의 변화와 현생인류의 속성을 반영하는 상징적인 사고와 언어의 출현, 현생인류 이전의 고인류(예를 들어, 네인데르탈인)와의 유전적인 상호 연계성을 비롯하여 환경 적응, 인

13 이 주제와 관련하여 국내에서 발표된 글은 성춘택(2005; 2010)을 참고하기 바람.

구 증가 및 확산과 같은 문제와 관련을 맺는다(Mellars 2015).

아프리카와 유럽의 경우, 구석기시대 중기에서 후기로의 전이 과정은 고인류 진화 단계에서 서로 다른 배경을 지니고 있다. 아프리카에서 중기 석기시대(Middle Stone Age)와 후기 석기시대(Later Stone Age)[14]는 약 20만 년 전에 등장하는 해부학적 현생인류와 밀접한 관계를 맺는다. 다시 말해서 해부학적 현생인류의 생물학적인 진화와 문화적인 변화 과정을 배경으로 중기 석기시대에서 후기 석기시대로의 전이가 진행되었다. 반면에 유럽의 중기 구석기시대(Middle Paleolithic)는 네안데르탈인, 그리고 후기 구석기시대(Upper Paleolithic)는 크로마뇽인으로 대표된다. 프랑스와 스페인의 샤텔페로니안(Châtelperronian, 약 4.5-4만 년 전), 이탈리아의 울루치안(Uluzzian, 46000-44000 cal. BP), 중유럽의 셀레티안(Szeletian, 약 4-3만 년 전) 등은 네안데르탈인이 남긴 마지막 문화 단계에 속하는 것으로 알려졌다(Roussel and Soressi 2014; Peresani 2014; Mester 2014).

후기 구석기시대의 문화 및 사회 전반에 걸쳐 두루 나타난 변화를 가리켜, 후기 구석기 혁명(Upper Paleolithic revolution) 또는 인류 혁명(human revolution)으로 설정하려는 경향은 대체로 1980년대 말부터 폭넓게 논의되기 시작하였다. 멜라스(Mellars 1989)는 『인류혁명(The Human Revolution)』이라는 제목의 책에 실린 논문에서, 유럽의 후기 구석기시대(약 4-3만 전)의 기술적인 변화가 중기 구석기시대와 다른 점을 언급하였다(표 4). 그리고 그는 중기-후기 구석기시대의 전이 과정을 "(1) 행위 유형의 변화(개선된 돌날 제작 기술의 가파른 증가, 새로운 형태의 석기 등장, 표준화·정형화된 뼈연모 제작 기술, 개인적인 다양한 장신구의 출현, 미술과 장식품에서 상징적인 표현의 급증, 살림

14 아프리카의 중기 석기시대와 후기 석기시대는 유럽의 중기 구석기시대와 후기 구석기시대에 각각 대응하는 시기 구분 체계이다.

터의 확장과 교역망), (2) 인구 확산, (3) 집단 사이의 상호작용"에서 찾으며, 이와 같이 복잡한 기술적·문화적 변화는 후기 구석기 혁명을 통하여 물려받은 것이라고 주장하였다(Mellars 1995:392-419).

〈표 4〉 후기 구석기시대의 기술적 변화와 완전하게 현생인류적인 행위 유형 (fully modern behavioral pattern)

	평가 기준
기술 변화 (Mellars 1989)	① 일반화된 돌날 제작 기술, ② 형태가 명확한 복합석기(밀개-새기개 등)의 출현과 수량적인 증가, ③ 새로운 형식의 다양한 석기 등장, ④ 빠르고 급격한 석기의 시기별 변화 속도, ⑤ 다양한 뼈연모 제작, ⑥ 표준화된 형태의 석기 제작, ⑦ 경제적·기능적으로 효율성이 높은 결합식도구 제작, ⑧ 도구의 전문화된 경제적(또는 사회적) 역할, ⑨ 도구 전반에 대한 인지 능력, ⑩ 벽화와 조각품에서 보이는 매우 발전된 추상적 상징체계.
행위 유형 (Klein 1995)	① 유물 형식의 다양성과 표준화에서 큰 폭의 발전, ② 시간의 흐름에 따른 유물의 변화 비율과 지역에 따른 유물의 다양성 정도가 급격하게 증가, ③ 뼈, 상아, 조개 그리고 이와 관련된 물질을 이용하여 정연한 형태의 유물(찌르개, 뚜르개, 바늘, 핀 등) 제작, ④ 논란의 여지가 없는 명백한 예술의 출현, ⑤ 정교하게 만든 화덕을 포함하는 살림터 바닥의 공간적인 짜임새와 구조적인 살림터의 유구 흔적, ⑥ 석기 제작에 매우 유용한 돌감을 수십 또는 수백 킬로미터에 이르기까지 대량으로 운반, ⑦ 예술과 비교적 정교하게 만든 무덤에 분명하게 표현된 의례 또는 의식, ⑧ 가장 추운 유라시아 대륙 지역(유럽 북동부와 아시아 북부)에 들어가 살았던 인간의 능력, ⑨ 유사한 환경에 적응한 역사시대 수렵채집민에 근접하는 인구 밀도, ⑩ 자연에서 에너지를 얻는 인간의 능력을 보여주는 물고기잡이를 비롯한 그밖에 진전된 양상.

〈표 5〉 현생인류적인 행위 유형의 고고학적 징후((McBrearty and Brooks 2000:492)

	고고학적 징후
생태	① 이전 시기보다 점유 지역의 범위 확장(열대삼림의 저지대, 섬, 유라시아 최북단 지역), ② 증가된 식단의 폭(diet breadth).
기술	① 새로운 기술(돌날, 좀돌날, 세로등을 다듬은 석기), ② 정연한 도구 종류 제작에 따른 표준화, ③ 자루식 도구와 결합식 도구, ④ 새로운 소재(뼈, 뿔 등)로 만든 도구, ⑤ 전문화된 용도의 도구(창던지개, 기하학적인 석기 등), ⑥ 도구 종류의 수량 증가, ⑦ 도구 종류의 지리적인 변화, ⑧ 도구 종류의 시기별 변화, ⑨ 불을 다루는 능력 증대.

경제, 사회조직	① 원자재의 장거리 획득과 교환, ② 외래품의 수집과 활용, ③ 사나운 대형 동물 사냥의 전문화, ④ 자원 이용의 계획성과 계절성, ⑤ 살림터 재점유, ⑥ 자원 채취의 강화(특히 수산자원과 식물자원), ⑦ 장거리 교환망, ⑧ 유물 양식(style)을 통한 집단과 개인의 정체성, ⑨ 구조적인 살림터 공간 이용.
상징적 행위	① 지역적인 유물 양식, ② 몸치장(구슬과 장신구), ③ 홈을 내거나 새긴 물품(뼈, 알, 조개, 붉은흙, 석기), ④ 형상을 그리거나 만들어 표현, ⑤ 껴묻거리, 붉은흙, 의례품을 매장한 무덤.

한편 클라인(Klein 1995; 2000; 클라이브 갬블, 성춘택 옮김 2013:66-68)은 "후기 구석기 혁명 또는 인류 혁명"과 같은 용어를 직접적인 거론의 대상으로 삼지 않았지만, 약 5-4만 년 전을 기점으로 유럽과 아프리카 지역에서 완전하게 현생인류적인 행위 양상(fully modern behavior)이 급격하게 진전되었던 것으로 파악하였다. 그는 일부 네안데르탈인도 현생인류적인 완전한 행위 능력을 갖추었고, 아프리카의 일부 고인류(9만 년 이전)에서도 행위적으로 현생인류적인 요소가 있다는 점을 인정하였다. 그러면서 그는 약 5-4만 년 전을 시작으로 고고학 증거에 나타나는 현생인류적인 완전한 행위 속성을 제시하였다(표 4, Klein 1995:168).

중기-후기 구석기시대의 전이 과정에서, 후기 구석기시대 기술적·문화적 변화 양상을 '혁명적'으로 규정한 멜라스의 관점에 대하여 맥브러티 등(McBrearty and Brooks 2000)은 매우 비판적인 접근을 가하였다. 그들은 추상적 사고, 계획성의 깊이, 행위적·경제적·기술적 혁신, 상징적 행위에 의하여 현생인류적 행위 유형의 특성을 판단할 수 있으며, 그에 따른 고고학적 징후(표 5)는 고인류의 인지적·문화적 능력과 명확하게 유대 관계를 맺을 수 있다고 언급하였다(McBrearty and Brooks 2000:492-493). 아프리카 지역을 대상으로 연구를 진행하며, 그들은 전이 과정을 올바르게 이해하려면 무엇보다 유럽 중심적인 편향된 시각을 벗어나야 할 것을 주장하였다. 그리고 아프리카 지역에서 알려진 고고학적, 고인류학적 자료를 통하여 현생인류적 행위 유형은 중기 석기시대부터 점진적으로 축적된 결과라는 점을 강조하였다. 그들은 이른바 '인류 혁명 모델'의 구성 요소, 곧 돌날 및 좀돌날 제작기술, 뼈연모, 지리적으로 증가된 활동 영역, 전문화된 사냥, 수산자원(水産資源)의 이용, 장거리 교환, 물감의 체계적인 사용, 예술, 몸치장 등은 중기 석기시대를 거치며 점진적으로 축적되었기 때문에 유럽 중심적인 "후기 구석기시대의 인류혁명은 존재하지 않았던 혁명(The revolution that wasn't)"에 지나지 않는다고 단언하였다.

이처럼 맥브러티 등은 혁명 가설의 논리적 정당성을 강하게 부정하였던 반면에, 바르요셉(Bar-Yosef 2002)은 그 가설을 지지하는 입장의 글을 뒤이어 발표하였다. 그는 후기 구석기 혁명의 개념을 "급격한 기술적 변화, 자의식과 집단 정체성의 출현, 증가된 사회적 다양성, 장거리 협력 관계의 형성, 상징적으로 정보를 기록하는 행위 능력 등은 현생인류의 문화(modern culture)에 대응하는 후기 구석기인의 수용 능력을 가장 전형적으로 보여주며, 후기 구석기인은 이와 같은 문화적 자취의 창조자이자 소유자였고, 역사적으로 기록된 사냥채집사회에서 그들은 선구자로서 그 역할을 담당하였는데, 이러한 것들은 그들이 현생인류적인 인지 능력(modern cognitive capacity)을 지녔음을 의미한다"고 정의하였다.[15] 그는 유럽과 서남아시아에서 알려진 후기 구석기유적의 연대를 비교

---

15 이와 관련하여 그는 후기 구석기시대의 물질적인 구성 요소와 후기 구석기시대의 유구, 생계 전략, 현생인류적 행위 유형과 관련된 구성 요소가 다음과 같은 특징을 지니는 것으로 설명하였다. (1) 물질적인 구성 요소: ① 석기의 전체적인 양상(일반격지보다 주로 돌날 및 좀돌날 생산, 좀돌날을 이용한 잔석기 제작), ② 석기 유형(표준화 정도가 높고, 석기의 형태가 매우 다양함), ③ 뼈·뿔과 같은 원자재의 활용(이를 개발하여 생활용품, 의례용품을 생산하는 것이 일반화되었음), ④ 갈고 빻는 석기의 체계적인 사용(식물성 먹거리가 중요한 역할을 하였던 것은 지중해 연안과 아프리카 지역 등에서 알려졌음), ⑤ 몸을 꾸미기 위한 장식품의 체계적인 사용(장식품은 자의식, 사회집단과 개인의 정체성을 알려주는 것으로 생각됨), ⑥ 필요한 물품의 장거리 교환망(수백 킬로미터에 이르는 돌감, 원자재, 바다조개의 교환망 형성), ⑦ 사냥용 도구(창던지개, 활과 화살, 부메랑과 같은 기능이 개량된 사냥용 도구가 발명되었음), ⑧ 예술(3.7만 년 전 무렵, 사람 및 동물 형상, 조각품, 추상적이고 사실적인 이미지 표현이 동굴, 바위그늘, 야외의 암벽에 등장하기 시작). (2) 유구, 생계 전략, 현생인류적 행위 유형과 관련된 구성 요소: ① 저장 시설(일반적으로 북위도 지역에서 식품 냉장용 구덩이와 같은 저장 시설이 발견됨), ② 화덕 시설(온기를 보존하고 물기를 말리기 위한 화덕 시설. 때로는 돌을 이용하여 화덕 시설 축조), ③ 공간 구조(기능에 따라 살림터와 사냥터의

하여, 유럽보다 레반트(Levant) 지역에서 먼저 후기 구석기문화, 곧 후기 구석기 혁명이 진전되었던 것으로 보았다.

한편 헨실 등(Henshil and Marean 2003)은 현생인류적 행위 유형을 확인하는데 이용된 여러 학자들의 다양한 검색 목록을 참고하여 그 특징을 다음과 같은 13가지 속성으로 요약, 정리하였다. ① 의례적인 행위를 보여주는 주검의 매장, ② 예술, 장신구 착용, 몸치장, ③ 붉은흙(ochre)의 상징적인 사용, ④ 뼈와 뿔의 가공, ⑤ 돌날 기술, ⑥ 유물의 표준화, ⑦ 유물의 다양성, ⑧ 복합적인 화덕 시설 축조, ⑨ 살림터의 체계화된 공간 구조, ⑩ 장거리 교환망, ⑩ 대형 젖먹이동물 자원의 효율적인 이용, ⑪ 계절적으로 집중된 이동 전략, ⑫ 거친 환경의 이용, ⑬ 낚시질과 새 사냥.

그들은 이와 같은 목록이 유럽 중심적인 고고학적 기록에 의하여 추출되었기에 그에 대한 비판적인 검토를 간과하여 현생인류적 행위 유형의 기원을 아프리카에서 찾으려는 데 문제가 있다고 지적하였다. 그들은 현생인류적인 행위를 판별하는데 가장 중요한 기준은 상징적 사고 능력이 아니라, 행위를 조직화하기 위한 상징성의 이용, 곧 상징적 행위 체계를 밝히는 것이 되어야 한다고 주장하였다. 그러면서 그들은 약 5만 년 전에 현생인류적 행위 유형이 갑자기 출현하지 않았으며, 행위 유형 자체도 유럽 중심적인 항목의 존재 여부를 기준으로 정의될 수 없다고 말하였다.

『인류혁명(The Human Revolution)』(Mellars and Stringer (eds) 1989)이 출판된 지 8년 뒤에 『인류혁명을 다시 생각함(Rethinking the human revolution)』(Mellars et al. (eds) 2007)이라는 제목의 단행본이 출간되었다. 이 단행본의 주제도 이전과 마찬가지로 중기-후기 구석기시대의 이행에 대한 점진론과 혁명론

공간구조가 뚜렷함), ④ 확실한 매장 행위, ⑤ 생계활동의 잠재적 차별성(지역에 따라 사냥감 선택, 사냥 기법, 동물 사체의 운송 등에 차이가 있음. 식단 폭의 변화는 인구 증가 또는 환경 조건의 변화를 반영).

이 다양한 측면에서 논의되었다. 여기에서 멜라스(Mellars 2007)는 “유라시아에서 중기-후기 구석기시대의 전이 과정에서 보이는 급진적인 행위 변화의 전체적인 유형은 생물학적·행위적으로 아프리카에서 기원한 현생인류가 네안데르탈인을 상당히 빠르고 급격하게 대체하면서 진행되었다. 남아프리카에서는 약 8-6만 년 전 사이, 문화적·기술적·상징적으로 좀 더 복잡한 행위 유형이 개시되었으며, 이 과정의 결과는 혁명적이었던 것”으로 서술하였다.

반면에 맥브러티(McBrearty 2007)는 “아프리카에서 중기와 후기 석기시대의 경계는 약 4만 년 전에 해당한다. 후기 석기시대에 보이는 다양한 행위 양상(그림 9)의 구성 요소는 중기 석기시대부터 연속적으로 축적되며 진행되었다. 따라서 유럽의 후기 구석기시대 또는 중기-후기 구석기시대의 전이를 논하면서 유래된 유럽 중심적인 인류혁명이라는 용어는 폐기되어야 한다”고 거듭 주장하였다.

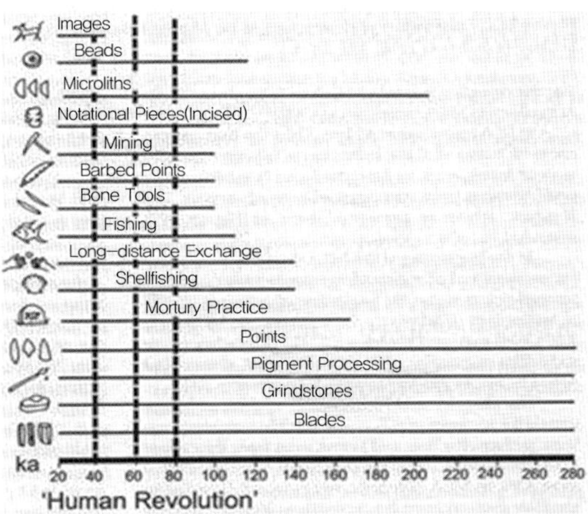

〈그림 9〉 아프리카 중기 석기시대(MSA)의 행위적 혁신(McBrearty 2007:135, Fig. 12.1)

상징적 행위(미술, 장신구, 몸치장, 음악, 껴묻거리 등)는 현생인류적 행위 유형의 속성을 판별하는 중요한 요소로 흔히 언급되고 있다. 상징적 행위의 등장은 아프리카, 서남아시아, 유럽 지역의 고고학적 기록을 중심으로 진지하게 논의되고 있다. 블롬보스 동굴(Blombos cave, 남아프리카, 약 8-7만 년 전)의 추상적 기호가 새겨진 붉은흙 덩어리, 붉은흙 물감과 용기, 바다조개 장신구, 아테리안 문화(Aterian, 북아프리카, 약 8만 년 전)의 바다 조개 장신구, 스쿨 동굴(Skhul cave, 이스라엘, 약 10만 년 전)의 붉은흙 물감 재료, 안톤 동굴(Cueva Anton, 스페인, 약 5만 년 전)에서 나온 붉은흙을 바른 가리비조개, 약 5만 년 전), 렌느 동굴(Grotte du Renne, 프랑스, 샤텔페로니안)의 장신구와 물감 재료 등은 중기 구석기시대(아프리카의 중기 석기시대)의 상징적 행위를 알려주는 대표적인 물질문화의 잔존물이다(D'Errico 2012).

중기 구석기시대의 동굴 벽화는 아직까지 확인되지 않았지만, 안톤 동굴과 렌느 동굴에서 알려진 고고학 증거는 네안데르탈인도 상징적 행위를 구현할 수 있었던 지적 능력의 소유자였음을 보여준다. 근래 보고된 고르함 동굴(Gorham's cave, 이베리아 반도 지브롤터, 약 4만 년 전)의 벽에 새겨진 기호('#' 모양)는 네안데르탈인도 현생인류와 마찬가지로 복합적이고 추상적인 사고를 했을 것이라는 사실을 암시해준다. 한편 샤텔페로니안에서는 돌날을 이용하여 만든 찌르개(*pointe de Châtelperron sur lame*)가 특징으로 나타나는데, 뼈로 제작된 찌르개는 샤텔페로니안과 울루치안에서 공통적으로 관찰된다(Roussel et Soressi 2014; Peresani 2014).

기하학적인 무늬 또는 줄무늬는 네안데르탈 이전 시기의 유적에서도 발견되어 관심을 받고 있다. 호모 에렉투스에 속하는 자바인 유적(인도네시아)에서는 상어 이빨로 민물조개 겉면에 지그재그 무늬를 새긴 유물(약 50만 년 전)이 최근 알려졌고, 빌징스레벤 유적(Bilzingsleben, 독일, 약 37만 년 전)에서는 의도적으로 여러 줄의 평행선을 새긴 동물 뼈(코끼리 정강뼈)가 발굴되었다. 이와 아울러 아슐리안 시기의 탄탄 여인상(venus of Tan-Tan, 모로코, 약 30만 년 이전), 무스테리안 시기의 베레크핫람 여인상(venus of Berekhat Ram, 이스라엘, 약 23만 년 전), 돌에 뼈를 끼워 만든 료슈코타르 유적의 얼굴 형상(mask of La

Roche-Cotard, 프랑스, 약 3.5만 년 전) 등은 후기 구석기시대 이전에 등장했던 상징적인 사회적 행위의 소산으로 볼 수 있다.[16]

비록 산발적이기는 하지만, 여인상과 같은 지닐 예술품은 후기 구석기시대에 앞서 이미 등장하며, 유럽 지역에서 장신구는 네안데르탈 말기에 제작되어 오리냐시안 시기로 가며 수량적으로 증가한다. 따라서 유럽과 아프리카 지역에서 나타나는 "상징적인 창작 활동의 증가 현상은 후기 구석기시대로 접어들어 급변하게 진행된 것은 아니며, 중기 구석기시대부터 축적된 문화적·상징적·미적 행위의 질적 성장이라는 측면에서 고찰해야 한다"는 미셸 로르블랑셰(김성희 옮김 2014:139-150)의 설명은 매우 설득력이 높다고 생각된다.

1990년대 초반부터 발굴된 블롬보스 동굴 유적의 고고학 자료는 현생인류적인 상징적 행위 유형(치레거리, 물감을 이용한 몸치장 등)이 후기 구석기시대 이전에 등장한다는 사실을 밝히는데 크게 이바지하였다. 최근에는 기학적인 무늬가 새겨진 유물이 자바인 유적에서 보고되어 고인류의 추상적인 인지 능력의 등장은 종래 우리가 생각했던 것보다 훨씬 이전 시기로 올라감을 알려준다. 자바인 유적의 경우, 수산자원의 활용과 관련된 유물이기에 매우 흥미로운 자료가 된다. 수산자원의 획득과 관련된 도구는 확인되지 않았지만, 만약 그 가능성을 염두에 둔다면 그것은 아프리카 카탄다 유적(Katanda, 콩고공화국, 약 9만 년 전)의 중기 석기시대 뼈작살보다 무려 40만 년 정도 앞선다.

수만 년 또는 수십만 년 동안 진행된 고인류의 상징적인 행위 유형을 체계적으로 재구성하기 위해서는 시간적·공간적 범위에서 새로운 고고학 자료의 축적이 지속적으로 이루어져야 한다. 그리고 다양한 자료의 비교 분석에 근거하여 "현생인류적인 행위 유형"과 관련된 개별적인 또는 부분적인 구성 요소의 연계성 여부도 재검토될 필요가 있을 것으로 생각된다.

---

16 이에 대한 자세한 내용은 미셸 로르블랑셰(김성희 옮김 2014)를 참고하기 바람.

〈표 6〉 북유라시아 지역의 고고학 기록에서 보이는 주요 기술 혁신
(Hoffecker 2005:190; Klein 2009:673)

ka BP	WESTERN EUROPE	CENTRAL EUROPE	EASTERN EUROPE	SOUTHERN SIBERIA
10				
12	활, 화살			
14	낚싯바늘 개 가축화			작살머리
16	작살머리			던지는 화살
18		낚싯바늘	사냥용 구덩이 개 가축화	
20			털코끼리 뼈로 만든 막집	
22	창던지개 미늘식 찌르개			
24	자루식 돌 등잔		밧줄	마름질한 옷
26	귀바늘	밧줄, 바구니, 천	지방질 사용 뼈 등잔 대형 겨울 막집	
28		불에 구운 찰흙, 가마		
30		저장구덩	냉장용 구덩	
32	기호체계(?)	귀바늘	마름질한 옷	
34	바람막이 시설 지방질 사용 돌 등잔		살림터 내부 난방시설 귀바늘 부삽 모양 뼈	살림터 내부 난방시설 귀바늘
36	물감 배합			
38	밑부분을 가른 찌르개	밑부분을 가른 찌르개		
40	뼈 송곳		뼈 찌르개 사냥용 올가미(?) 활비비(?) 뼈 송곳	뼈 송곳 뼈 찌르개
42				
44				

현생인류적인 행위 유형의 목록(Mellars 1989; Klein 1995; McBrearty and Brooks 2000; Bar-Yosef 2002; Hensil and Marean 2003 등)에서 제시된 여러 항목의 전후 맥락을 "점진적 또는 혁명적"인 시각에서 설명하던 간에, 후기 구석기시대의 전반적인 문화적 진보는 중기 구석기시대에 비하여 속도가 빠르고 다양한 모습으로 전개되었다. 그런데 <표 6>에 요약된 바와 같이 사냥채집과 이동생활을 기반으로 한 후기 구석기시대의 개별적인 물질문화 양상은 일시에 이루어진 것이 아니며, 기술적 혁신을 구성하는 요소들은 지역별·시기별로 서로 다른 편차를 보인다(Hoffecker 2005). 따라서 수만 년이라는 "엄청나게 긴 시간 척도에서 이루어진 변화를 연구하는데 적용된 혁명이라는 개념은 올바른 도구가 된다고 볼 수 없다"는 견해(클라이브 갬블, 성춘택 옮김 2013:87)는 매우 타당하다고 생각된다. 요컨대 중기-후기 구석기시대의 전이 과정에서 나타난 기술적인 혁신과 지식의 축적·계승·발전 그리고 그에 수반하는 사회적 변화 양상을 종합적으로 재구성하는 작업은 후기 구석기시대에 이룩된 문화적 진보의 성격을 체계적으로 이해하는데 매우 중요한 의미를 지닐 것이다.

참고문헌

E.A. 노브고라도바(정석배 역) 1995.『몽고의 선사시대』, 53-69, 학연문화사.

미셸 로르블랑세(김성희 옮김) 2014.『예술의 기원』, 알마.

성춘택 2005.「유럽 중•후기 구석기시대의 전이에 대하여: 구석기시대 문화변화를 보는 시각」,『호남고고학보』 21, 5-33.

성춘택 2010.「"후기 구석기 혁명" 재고: 현생인류 진화의 행위•문화적 배경」,『한국고고학보』 77, 191-221.

스티브 미슨(윤소영 옮김) 2001.『마음의 역사: 인류의 마음은 어떻게 진화되었는가?』, 영림카디널.

스티브 미슨(김명주 옮김) 2008.『노래하는 네안데르탈인: 음악과 언어로 보는 인류의 진화』, 뿌리와 이파리.

안드레 산토스 2015.「코아 계곡의 구석기 미술」,『기적의 바위그림, 코아계곡의 암각화』, 68-79, 울산암각화박물관.

엠마누엘 아나티(이승재 옮김) 2008.『예술의 기원: 5만 년 전 태초의 예술을 찾아』, 바다출판사.

이형우 2004.「구석기시대 인지능력 변화에 대한 고고학적 고찰」,『한국상고사학보』 45, 5-30.

재레드 다이아몬드(김정흠 옮김), 1996.『제3의 침팬지』, 문학사상사.

클라이드 갬블(성춘택 옮김), 2013.『기원과 혁명: 휴머니티 형성의 고고학』, 영남문화재연구원 학술총서 10, 사회평론.

Aubert, M., et al. 2014. Pleistocene cave art from Sulawesi, Indonesia. *Nature* 514, 223-227.

Bahn, P.G. and Vertut, J. 1997. *Journey Through the Ice Age*. University of California Press.

Bailey, M. 2013. Ice Age Lion Man is world's earliest figurative sculpture. *The Art Newspaper*.

Bar-Yosef, O. 2002. The Upper Paleolithic Revolution, *Annual Review of Anthropology* 31, 363-393.

Burroughs, W.J. 2005. *Climate Change in Prehistory*. Cambridge University Press.

Clottes, J. ed. 2003. *Return to Chauvet Cave. Excavating the Birthplace of Art: The First Full Report*. Thames & Hudson.

Clottes, J. et Geneste, J.-M. 2015. La Recherche scientifique dans la grotte: Une aventure collective et un esprit. *Dossiers d'Archéologie*, hors-série 28, 2-5.

Conard, N.J. 2009. A female figurine the basal Aurignacian of Hohle Fels Cave in southern Germany. *Nature* 459, 248-252.

Crevecoeur, I. 2012. Homo sapiens en Afrique. *Dossiers d'Archéologie* 351, 10-15.

D'Errico, F. 2012. Les premières cultures matérielles symboliques. *Dossiers d'Archéologie* 351, 16-21.

Delporte, H. 1979. *L'Image de la Femme dans l'Art Préhistorique*. Picard, Paris.

Dobrovolskaya, M. et al. 2012. Direct Radiocarbon Dates for the Mid Upper Paleolithic (Eastern Gravettian) Burials from Sunghir, Russia. *Bulletins et Mémoire de la Société d'Anthropologie de Paris* 24, 96-102.

Duarte, C. et al. 1996. The early Upper Paleolithic human skeleton from the Abrigo do Lagar Velho (Portugal) and modern human emergence in Iberia. *Proceedings of the National Academy of Sciences of the United States of America* 96(13), 7604-7609.

Féblot-Augustins, J. 1999. La Mobilité des Groupes Paléolithiques. *Bulletin et Mémoire de la Société d'Anthropologie de Paris*, n.s.t. 11(3-4), 219-260.

Fullola, J.M. et al. 2007. Circulation des matières premières lithiques et des coquillages dans le Paléolithique supérieur du Nord-Est ibérique. *La notion de mobilité dans les sociétés préhistoriques*, Ed. du CTHS, Paris.

Goss, C. 2012. The Develope of Flutes in Europe and Asia. *Flutopedia* (www.flutopedia.com).

Harmand, S. et al. 2015. 3.3-million-year-old stone tools from Lomekwi 3, West Turkana, Kenya. *Nature* 521, 310-315.

Henshil, C.S. and Marean, C.W. 2003. The Origin of Modern Human Behavior: Critique of the Models and Their Test Implications. *Current Anthropology* 44(5), 627-651.

Higham, T. et al. 2014. The timing and spatiotemporal patterning of Neanderthal disappearance. *Nature* 512, 306-309.

Hoffecker, J.F. 2005. Innovation and Technological Knowledge in the Upper Paleolithic of Northern Eurasia. *Evolutionary Anthropology* 14, 186-198.

Klein, R.G. 1995. Anatomy, Behavior, and Modern Humans Origins. *Journal of World Prehistory* 9-2, 167-198.

Klein, R.G. 2000. Archaeology and the Evolution of Human Behavior. *Evolutionary Anthropology* 9, 17-36.

Klein, R.G. 2009. *The Human Career: Human Biological and Cultural Origins* (3rd ed.). University of Chicago Press.

Kvavadze, E. et al. 2009. 30,000-Year-Old Wild Flax Fibers. *Science* 325, 1359.

Lee, Hyeong-Woo, 2006. A Mosaic Aspect oh the Modern Human Mind. 『선사와 고대』 25, 249-266.

McBrearty, S. 2007. Down with the Revolution. P. Mellars et al. (eds), In: *Rethinking the human revolution*, 133-151. McDonald Institute for Archaeological Research, University of Cambridge.

McBrearty, S. and Brooks, A.S. 2000. The revolution that wasn't: a new interpretation of the origin of modern behavior. *Journal of Human Evolution* 39, 453-563.

Mellars, P. 1989. Technological Changes across the Middle-Upper Palaeolithic Transition: Economic, Social, and Cognitive Perspectives. P. Mellars and C. Stringer (eds), In: The *Human Revolution: Behavioural and Biological Perspectives on the Origins of Modern Humans*. Princeton University Press.

Mellars, P. 1995. *The Neanderthal Legacy: An Archaeological Perspective from Western Europe*. Princeton University Press.

Mellars, P. 2007. Rethinking the Human Revolution: Eurasian and African Perspectives. P. Mellars et al. (eds), In: *Rethinking the human revolution*, 1-11. McDonald Institute for Archaeological Research, University of Cambridge.

Mellars, P. 2015. Some Key Issues in the Emergence and Diversity of "Modern" Human Behavior. Y. Kaifu et al. (eds), In: *Emergence and Diversity of Modern Human Behavior in Paleolithic Asia*, 3-22. Texas A&M University Press.

Mellars, P. and Stringer, C. (eds) 1989. *The Human Revolution: Behavioural and Biological Perspectives on the Origins of Modern Humans*. Princeton University Press.

Mellars, P. et al. (eds) 2007. *Rethinking the human revolution*, 1-11. McDonald Institute for Archaeological Research, University of Cambridge.

Mohen, J.-P. and Taborin, Y. 2005. *Les sociétés de la Préhistoire*. Hachette, Paris.

O'Connor, S. et al. 2011. Pelagic Fishing at 42,000 Years Before the Present and the Maritime Skills of Modern Humans. *Science* 334, 1117-1121.

Otte, M. (sous la direction de) 2014. *Néandertal / Cro-Magnon: La Rencontre.* Eds. Errance, Arles.

Peresani, M. 2014. L'Uluzzien en Italie. M. Otte (sous la direction de), In: *Néandertal / Cro-Magnon: La Rencontre*. 61-80. Eds. Errance, Arles.

Piel-Desruisseaux, J.L. 2012. *Outils préhistoriques: Du galet taillé au bistouri d'obsidienne* (6e éd.). Dunod, Paris.

Pike, A.W.G. et al. 2012. U-Series of Paleolithic Art in 11 Caves in Spain. *Science* 336, 1409-1413.

Pitulko, V.V. et al. 2016. Early human presence in the Arctic: Evidence from 45,000-year-old mammoths remains. *Science* 351, 260-263.

Qiaomei Fu et al. 2014. Genome sequence of a 45,000-year-old modern human from western Siberia. *Nature* 514, 445-449.

Roussel . M. et Soressi, M. 2014. Le Châtelperronien. M. Otte (sous la direction de), In: *Néandertal / Cro-Magnon: La Rencontre*. 31-60. Eds. Errance, Arles.

Sankararaman, S. et al. 2012. The Date of Interbreeding between Neandertals and Modern Humans. *PLoS Genetics* 8(10): e1002947.

Vanhaeren, M. et d'Errico, F. 2005. Grave goods from the Saint-Germain-la-Rivière burial: Evidence for social inequality in the Upper Paleolithic. *Journal of Anthropological Archaeology* 24, 117-134.

White, R. 2003. *Prehistoric art: the symbolic journey of humankind.* Harry N. Abrams, Inc., New York.

Wilford, J.N. 2011(2 Nov.), Fossil Teeth Put Humans in Europe Earlier Than Thought. *New York Times*.

논평과 토론

후기 구석기시대의 기술 혁신과 문화적 진보

이지연 우리 인류의 진화가 일찍이 시작된 것을 다시금 확인할 수 있는 발표에 감사드립니다. 세 가지 질문을 드리려고 합니다. 첫 번째 질문입니다. 후기 구석기시대의 자연환경은 현재와 비교해서 상당히 달랐던 것으로 알려졌으며 이에 따라 지역별로 후기 구석기시대인들의 생계전략도 다양한 양상을 띠고 있는데요, 당시의 자연환경 연구는 어떤 방법을 통해서 이루어지고 있는지 궁금합니다.

한창균 농사를 짓거나 동물을 기르면서 양식을 마련했던 신석기시대 사람들과는 달리 구석기인들은 사냥과 채집을 기반으로 생활을 영위했는데, 구석기인들의 삶과 그 문화를 제대로 이해하기 위해서는 당시의 자연환경과 자연환경의 변화를 이해하는 것이 무엇보다도 중요하다고 말씀드릴 수 있겠습니다. 오늘날 에스키모가 사는 북아메리카 지역이나 열대 사바나 지역 같은 경우를 보면 동물이라든지 식물이라든지 종의 차이가 있는데, 구석기 시대에도 추웠던 시기와 더웠던 시기가 있었고, 우리는 그것을 빙하기나 간빙기라고 부릅니다. 이 시기마다 바닷물 높이나 그 지역에 서식하는 식물이나 동물의 분포, 또 인간의 이동관계에 있어서 많은 차이점이 있었고, 또 동물이나 식물에 따라 구석기인들이 먹이로 활용했던 내용의 차이가 있고, 그에 따라 그들도 생계전략을 환경에 맞게 바꿨다고 볼 수 있죠. 대개 구석기시대의 자연환경을 연구하는 분야로는 지질학, 고동물학, 고식물학 등이 있는데 지질학 같은 경우에는 바다 속 깊은 데, 또는 호수 속 깊은 데에 쌓인 퇴적물을 시추, 분석해서 전 지구적인 기후 변화의 양상이나 특징들을 연구하고 있습니다.

이지연 두 번째 질문을 드리겠습니다. 후기 구석기 혁명, 또는 인류혁명 또 나아가서 우리의 동질적인 근대적 행위 양상들에 관하여 언급할 때, 후기 구석기시대의 예술 활동, 아까 말씀하셨던 동굴 벽화라던가 인물 형상 등의 미술품이 자주 거론되고 있는데, 그와 같은 미술품이 제작된 동기나 의도가 무엇이었는지 궁금합니다.

한창균 짧게 말씀드리겠습니다. 첫 째는 '예술을 위한 예술', 단순한 심미안의 결과입니다. 이런 관점이 있습니다, 그 다음에 또 사냥의 성공을 기원하는 주술이 담겨있다, 이것은 동굴 벽에 그림을 그리면 그 동물을 그림 속에 잡아둔다는 의미가 있지요. 그래서 그것을 토대로 해서 사냥의 성공을 이룰 수 있다는 믿음, 또 동물 세계를 주제로 한 토템신앙의 상징 또는 여인상의 경우는 다산의 의미라든지 종족의 번식이라고 보는 의미도 있고, 최근에는 이런 동굴 벽화를 샤머니즘과 연결을 시켜서 어떤 샤먼의 종교적 행위의 결과로서 보는 그런 관점들도 있습니다.

이지연 마지막 질문입니다. 우리와 생물학적으로 매우 유사한 형질을 소유했던 해부학적인 현생인류는 언제 등장하는지요? 그리고 또 구석기 문화의 전개과정에서 그들은 중기구석기시대의 네안데르탈인과 어떠한 관계가 있는지요?

안상균 그것은 이제 DNA를 분석하고 유석에서 나온 인골, 사람의 뼈를 가지고 분석을 하는데, 현재로서는 지구상에 퍼져 있는 현생 인류는 20-15만 년 전 아프리카에서 처음 등장하고 그네들이 서남아시아를 거쳐서 퍼져 나갔다, 그렇게 이야기를 진행하고 있습니다. 그래서 중기 구석기시대, 약 한 20-15만 년 전의 유럽과 아프리카의 세계를 그려보면, 유럽에는 네안데르탈 사람들이 살았고 아프리카에는 이른바 해부학적 현생인류, 우리하고 형질적으로 유사한 사람들이 살고 있었다, 네안데르탈 사람 다음에 호모사피엔스가 등장했다, 과거에는 그렇게 단순하게 설명을 했었어요. 그런데 최근의 DNA 분석 결과에 따르면, 근동지역에서는 약 한 6-5만 년 전에 호모 사피엔스. 즉 해부학적 현생인류하고 네안데르탈인의 이종교배가 있었다는 것이 밝혀지게 되면서 호모 사피엔스- 호모 네안델탈렌시스로 구분하는 학명이 문제가 있다, 다시 얘기해서 지금 어떻게 해야 하느냐 하면 호모 사피엔스 사피엔스, 호모 사피엔스 네안델탈렌시스로 구분하는 것이 맞다는 이야기도 나옵니다. 또 한 가지 포르투갈에서 유적을 발굴을 했는데, 거기서 약 2만 5천년 전 4살짜리 아이가 나왔습니다. 그런데 신체 비율로 봤을 때 그 아이의 팔다리는 네안델탈인과 유사한 특징을 가지고 있었고, 이빨이나 엉덩뼈 등은 현생인류와 유사한 특징을 가지고 있었어요. 결국 그것이 무엇을 의미하느냐 하면 네안델탈인과 현생인류가 지역과 시기에 따라 서로 짝짓기가 가능했었고 재생산이 가능했다는 것을 보여주는 것입니다.

최문규 선생님의 개인적인 용어 사용은 아닌 것 같습니다만, 헨실이라는 학자의 <The Origin of Modern Human Behavior>라는 논문에서 사용되는 것 같은데, 구석기 시대에 이미 근대적인 행위 또 행위적인 근대성의 뿌리가 보인다는 말이 나옵니다. 우리는 흔히 선사시대, 고대시대, 중세시대, 근대시대 등으로 시대를 구분합니다. 구석기시대에 근대성의 뿌리가 보인다고 할 때, 그것이 17세기 이후 근대가 아닌 것 같습니다. 그럼에도 "근대성"이라는 용어를 사용하는 것이 이해가 되지 않습니다..

한창균 맞습니다. "Modern"이라는 용어 사용에 문제가 있다는 점을 미국이나 유럽의 학자들도 지적한 바 있습니다. 그 단어를 우리말로 적절하게 번역하는 것이 쉽지 않은데 "현생인류적"이라는 의미로 생각하면 큰 무리가 없을 것 같습니다. 지나치게 서구적인 관점을 기준으로 삼아 구석기시대를 바라보는 시각에는 문제가 있습니다.

하피터 발표 잘 들었습니다. 후기 구석기시대의 도구들에 대해서 말씀하셨는데, 그 도구들 중에 돌로 만든 것, 예를 들어 긁개, 톱니날과 같은 것은 무엇을 자르기 위한 도구인가요?

한창균 긁개는 학자들이 붙인 이름이에요. 뭘 긁거나 자르는데 사용되었을 것이라고 추정된...

하피터 만약에 이게 칼이라면 어떤 용도로 사용되었는지 궁금합니다. 예를 들어 동물을 자르는 위한 것인가요?

한창균 가죽! 고기! 살...

하피터 아, 그렇군요.

최유찬 아까 보여주신 알타미라 석굴의 들소 그림에 보면 들소 앞에 사람이 쓰러져 있고 새같은 것도 있지 않아요?

한창균 네, 얼굴을 마치 새 부리 모양으로 한 인물 형상이 있지요.

최유찬 사람이 쭉 뻗어있고 그 옆에 새가 있는데 그 죽은 사람의 성기가 발기되어있는 형태로 표현되고 있거든요. 그런데 제가 이와 똑같은 것을 이집트의 카르낙 신전에서 보았어요. 신전의 벽화에 똑같은 것이 있어요. 그래서 고대에는 왜 저렇게 발기 되어있는 성기를 그렸는가, 죽은 사람의 그림에서조차 발기된 성기를 표현했는가 하는 의문을 가졌었습니다. 그리고 그 죽은 사람 옆에 그려져 있는 새는 어떤 것과 관련되는지에 대해서 말씀해주시면 고맙겠습니다.

한창균 아까 제가 창던지개라고 하는 사진을 하나 보여드렸습니다. 거기에 보면 사냥 도구가 그려져 있는데 어떤 것에는 새가 얹혀 있는 것도 있어요. 그러니까 요런 부분에, 여기에 새가 얹혀 있는 거예요. 새, 새를! 어떤 사람은 이걸 가지고 토템신앙이라고 얘기하는 경우도 있지만, 토템보다는 실제 생활에 사용되었던 도구를 그대로 그렸던 것으로 이야기되고 있습니다.

최유찬 발기된 성기에 대해서는...

(웃음소리)

한창균 그것은 저도 지금 모르겠습니다.

홍길표 저는 그냥 간단한 질문인데요, 선생님. 여기 예술과 상징 기호 관련해서 라스코 동굴 벽화라든가 아니면 뒤에 인물 형상들이 우연인지 아닌지 다 독일 아니면 프랑스, 스위스, 오스트리아에서 발견된 것들이어서, 혹시 여기에 어떤 의미가 있는 것인지 궁금합니다.

한창균 의미를 부여하는 학자들도 있습니다. 그래서 프랑코 칸타브리아 지역을 설정했는데 그쪽 지역이 동굴 벽화가 굉장히 중점적으로 나타나는 지역입니다. 거기에 다양한 부호들이 등장하고 그 부호들의 분포가 차이가 있어요. 그래서 어떤 사람들은 그런 어떤 기호라든가 분포가 특정 집단의 정체성을 나타내는 게 아니냐, 이렇게 해석하는 경우도 있고. 그 다음에 여인상 같은 경우에 있어서는 시베리아 지역까지 폭넓게 나오는 특징을 가지고 있습니다. 그런데 이런 것들이 어디에서 나오지 않느냐 하면은 중국, 한국, 일본에서는 안 나오고 있어요. 결국 그 문화를 소유했던 집단들이 이쪽에 살았던 사람들과 서로 이질적인 집단이었는가 하는 점을 연구하는 데에 그런 자료들이 쭉 활용되고 있는 것 같습니다.

홍길표 그럼 혹시 고고학의 역사하고는 전혀 관계가 없는 건가요? 결국은 서양인들이 일찍부터 역사의식, 뭐 여러 차원에서…….

한창균 그런 것도 관계있고요. 또 한 가지가 뭐냐 하면, 우리나라 같은 경우에 야외 유적은 토질이 산성이에요. 그래서 유기물이 하나도 남아 있지 않아요. 연구 상에 한계가 굉장히 많습니다. 우리나라에서 뼈와 같은 재료를 이용해 만든 예술품은 동굴에서만 발견될 가능성이 아주 높아요. 그런데 동굴을 조사하려면 여러 가지로 쉽지 않지요. 그런 동굴을 찾기도 어렵고, 발굴 비용을 지원받는 문제도 있고. 그래서 지난번에 저희가 영월군에 있는 연이굴을 발굴하고 이번에 또 하나 동굴 조사를 하려고 해요. 거기서 우리가 제일 찾기 원하는 것은 사람 뼈입니다. 사람 뼈 찾는 게 가장 급선무인데, 어떻게 될지 모르겠습니다.

윤민우 여기 선생님께서 보여주신 조각상 사진을 보니까, 여자들의 가슴이 매우 크고 엉덩이도 그렇게 만들어져 있어요. 혹시 다산과 연결되는 것이 아닌가 생각됩니다만....

한창균 일반적으로는 다산과 관련시켜서 보는 사람도 있고 또 어떤 사람은 그렇게 안 보는 사람도 있어요. 예를 들어서, 이 조각상에 대해 앙드레 르루아 구랑이는 학자가 이야기했는데, 이 머리하고 여기 다리 있는 데 하고 엉덩이를 보면 마름모 구도가 되거든요. 마름모 구도에 내접원을 그리면 그 내접원 속에 배, 엉덩이, 젖가슴이 다 들어가요. 이것은 무엇을 의미하느냐, 이 시기에 이런 작품을 제작했던 그 작가들의 공통된 스타일의 유행이랄까요, 그런 것이 여기 있었다. 자꾸 이런 걸 가지고 뭐 다산이나 종족을 이야기하면서 대개 원시적인 관점으로 보는 것 같은데, 그게 아니라 그때 당시에 어떤 심미안적인 스타일이 있었다. 이렇게 보는 사람들도 있어요.

홍길표 그러니까 작가라는 개념을 정말 사용하는 건가요?

한창균 아티스트를 이야기합니다. (웃음)

이경훈 먹을 게 별로 없었기 때문에 이렇게 살 좀 찌고 싶다는 소망을 표현한 것일 수도 있겠습니다.

한창균 먹을거리가 없었던 게 아니라, 진짜 이렇게 생겼을 거라고 추측하는 사람도 있어요.

이경훈 그렇게 살찔 만큼 먹을 수 있었을까요?

한창균 그렇다고 생각하는데, 그런데 이게 재미있는 게, 유럽 지역에서 나오는 것은 이렇게 통통하고 시베리아 지역에서 나오는 것은 아까 그림에서 보신 것처럼 홀쭉하게 나와요.

윤민우 그리고, 남자는 다리가 너무 길고, 정말 잘생기게 그려져 있어요. 여자와 비교가 안 될 정도이거든요. 여자는 왜 저렇게 원시적으로 그렸으며, 남자는 왜 저렇게 훨씬 더 사실적으로 잘 생기게 그렸을까요?

한창균 시베리아에서 나온 게 또 뭐가 있느냐 하면, 후드가 달린 이런 모습으로 나오고 저기 이렇게 머리 모양이 똬리처럼 생겼잖아요. 아마 당시의 머리 장식이었을 가능성도 상당히 있습니다.

윤민우 또 하나, 저한테 중요한 질문은 이를테면 후기 구석기 시대가 3만 년, 4만 년 전이라면, 그나마 동양의 중국은 발전이 빨라서인지 철기 문화, 청동기 문화 유적 같은 것이 이미 기원 전 몇 천 년에 있었고, 그 때의 유적이 발굴되었다고 박물관에 전시되어 있던데, 우리나라는 기껏해야 기원전 2천 년, 3천 년, 4천 년 전 것들이 대부분 같아 보이던데요.

한창균 기원전 2천 년, 3천 년이면 그때 막 국가가 만들어지는 거고.

윤민우 우리나라 박물관 가보면 지금 본 것과 같은 기원전 3만 년, 4만 년 것은 많지 않은 것 같던데요?

한창균 중국에는 180만 년 전 유적도 있고, 200만 년 전 유적도 있고. 우리나라에도 최소한 30만 년 전까지는 올라갈 수 있을 걸요.

홍길표 울주 암각화인가? 그건 언제 건가요?

한창균 그게 과거에는 청동기시대에 되었다고 나왔어요, 교과서나 이런 데에. 그런데 남해안 일대에 유적을 조사하면 고래가 많이 등장합니다. 그런데 그 고래가 유적에서 제일 많이 나오는 예가 바로 어디에 해당이 되냐면 신석기 시대에 해당이 돼요. 그러면 예전에는 왜 신석기시대가 아니고 청동기시대로 봤느냐. 그 이유는 여러 가지가 있겠지만, 첫 번째로는 당시 사람들이 어떻게 먼 바다에 가서 고래 같은 걸 사냥할 수 있겠는가, 그렇게 의심했던 겁니다. 그런데 그 뒤에 창녕의 비봉리 유적에서 가장 오래된 배가 발견이 됐어요. 기원전 수천 년 전으로 올라갈 수 있는 배가 발견됨으로 인해 신석기시대인들도 배를 이용해 먼 바다까지 나가서 사냥을 할 수 있는 능력이 있었다는 것이 밝혀졌습니다.

조대호 발표 하시는 것 듣고서 여러 가지 질문이 생겨서 나중에 선생님께 찾아가 공부를 좀 해야겠다는 생각을 했습니다.

한창균 아이고, 아닙니다. (웃음)

조대호 제가 드리고 싶은 한 가지 질문은 예컨대 침팬지의 도구 사용과 후기 구석기인, 중기 구석기인들의 도구 사용의 근본적인 차이가 뭔지, 이런 문제에 대한 논의가 고고학에서도 가능한가요?

한창균 침팬지도 도구를 사용하죠. 사용을 하는데 침팬지 같은 경우는 예를 들어서 단단한 호두 같은 게 있다고 하면 그걸 이런 판판한 돌에다가 올려놓고 다른 걸로 내려쳐서 깨서 먹어요. 그런 능력도 있고, 또는 나무 구멍 속에 작은 원숭이 종류가 있으면 나무로 다가 계속 구멍을 찔러서 잡아먹기도 합니다. 그런데 구석기시대 석기의 변화 과정에서 보듯이 어떤 인위적인 문화의 체계적인 학습에 의한 도구 제작 기술, 그런 것들은 전혀 나타나고 있지 않죠.

조대호 도구 사용의 관점에서 침팬지와 전기 구석기인들의 차이를 들려고 하면, 도구를 만드는 도구를 쓰느냐 그렇지 않느냐, 이런 것 가지고 구분을 할 수 있지 않을까 생각을 하는데, 그런 식의 논의도 혹시 이루어지고 있습니까?

한창균 자연 상태의 침팬지가 도구를 사용하는 몇 가지 예는 나타나고 있어요. 그런데 그 도구 자체가 인공을 가해서 만드느냐. 인공을 가해서 만드는 도구는 거의 찾아볼 수가 없는 거죠, 고릴라도 도구를 사용을 해요. 어떤 게 관찰이 되었느냐면 물을 건너가는데, 고릴라 한 마리가 나무 막대기를 하나 물속에 세워 그 바로 옆에 서 있는 거예요, 이렇게. 그런데 너 지금 뭐하냐고 물어볼 수도 없고. (웃음) 추측컨대 아마 물의 깊이를, 자기가 지나가도 되는지, 그걸 알기 위해서 그렇게 한 게 아닌지. 대화가 되면 참 좋을 텐데. (웃음)

조대호 그렇다면 결국 둘 다 도구를 사용하긴 하는데, 사용할 도구를 만드는 도구를 사용하느냐 그렇지 않느냐에 따라서, 고생인류하고 침팬지를 구분을 할 수가 있겠다. 이런 식의 이야기가 가능하겠네요. 그러니까 도구 사용의 관점에서 인류하고 그 다음에 침팬지를 구분을 하려고 한다면.

한창균 침팬지와 사람의 구분은 도구 사용뿐만 아니라 생물학적, 문화적, 사회적 성격과 특징을 모두 고려해서 이루어져야 하겠지요.

조대호 자연산 도구를 사용하느냐 가공된 도구를 사용하느냐를 도구 사용과 관련된 인간과 동물의 차이로 볼 수 있을 것 같아서 이런 말씀을 드립니다.

한창균 그러니까 그러려면 아까 제가 말씀드린 것처럼 석기가 언제부터 누구에 의하여 제작되었는지를 살필 필요가 있지요. 과거에는 호모만이 도구를 사용할 수 있는 능력이 있었고 가장 시초가 호모 하빌리스라고 이야기했는데, 교과서에도 그렇게 많이 나와 있어요. 그런데 그 이전에 침팬지 정도의 뇌 용량을 갖고 있는 오스트랄로피테쿠스나 케냔트로푸스 같은 경우에도 이미 만들어 사용했어요. 뇌 용량이 침팬지하고 차이가 없는데도 말이지요.

조대호 더 많이 질문을 하면 나중에 쓸 게 많아지기 때문에 이 정도 습니다. 고맙습니다.

디지털 시대의 문화와 지각 방식

최유찬(연세대학교 국어국문학과)

Ⅰ. 디지털 사회와 인간의 문화

디지털 기술은 흔히 디지털 혁명이라는 수사로 장식된다. 디지털 혁명은 간단히 말하여 아톰에서 비트로 이동함으로써 인류의 생활세계에서 일어난 일련의 변화를 가리킨다. 이 단순한 사실이 혁명이라는 이름으로 수식되는 것은 그 기술적 변화가 사물의 지각과 인식과 표현, 정보의 저장과 전달과 처리과정, 사회적 소통체계 전체를 뒤바꾸는 효과를 내기 때문이다. 그러므로 디지털 기술은 아날로그 세계를 비트 단위의 배열로 전환하고 그 비트의 세계를 다시 아날로그 세계로 변환함으로써 유의미한 정보를 생산 전달하는 기능을 한다. 이 디지털화 과정에서 사물의 속성은 탈물질화된다. 무게도 색깔도 없이 빛의 속도로 여행하는 비트의 순수한 효과들, 그 효과들이 백여 년 전 니체가 예고한 여러 단계의 가상성의 세계를 만들어내는 것이다.

디지털 사회라고 하지만 이 시대의 문화가 모두 디지털 기술에 의해서 조정

배치되고 있는 것은 아니다. 선사 시대 이래 인류에게 축적된 다양한 문화적 산물들이 현재의 문화에 배경적 조건을 제공하며 그것들 나름대로 시간의 흔적을 지닌 채로 첨단기술체계와 공존하고 있다. 그러나 그 이질적인 문화들은 모든 데이터를 하나의 평면에 묘사 처리하는 디지털 기술에 의해 감싸여진다. 이 양상을 노르베르트 볼츠는 디지털 이펙트의 개념을 통해 설명하고 있다.

"현실은 오늘날 순수한 효과(이펙트)들의 연출임이 점점 더 분명하게 드러나고 있다. 이로써 '현실원칙'은 위력을 잃게 된다. 전자적 영상들의 새로운 미디어 현실은 현실성을 가능성과 혼융시킨다. 이 테제는 우선 철학적 문예물의 인상을 풍긴다. 그러나 그것은 하나의 단단한 기술적 핵심을 지니고 있다. 우리는 점점 더 합성적 지각들로 장치되고 있다. 프랑스의 미디어 철학자 폴 비릴리오의 개념인 시각기계들이 현실의 분석을 넘겨받는다. 이것이 전제하는 사실은, 현실적인 것은 그것의 우연적 분산 속에서 디지털화가 가능하다는 것이다. 우리의 눈들은 초당 25개의 형상들을 실제로 움직이는 것으로 지각하고, 우리의 귀들은 2만 헤르츠 이상은 들을 수 없다. 그 때문에 영상 · 단어 그리고 음향에 대해 똑같이 적용되는 하나의 새로운 디지털 알파벳이 존재할 수 있다."[1]

볼츠는 현재의 포스트모던 문화가 이 새로운 알파벳을 매개로 규정된다고 본다. 이 알파벳이 지닌 특성은 영상 · 언어 · 음향에 똑같이 적용된다는 점에 있다. 그러므로 그 외양이 영상이든 소리이든 언어이든 간에 배후에서 작동하는 메커니즘은 동일하다. 이와 같은 특징은 각 분야의 문화에 새로운 가능성을 열어줄 뿐 아니라 분야들 상호간의 교류와 통합을 활성화한다. 비트의 배치를 바꿈으로써 영상을 편집하는 것이 가능하고 음향과 언어와 영상을 혼합하여 새로

1 노르베르트 볼츠,『컨트롤된 카오스』, 윤종석 옮김, 문예출판사, 2000. 330-331쪽.

운 형태의 문화를 만들어내는 일 또한 다반사가 되었다. 실재보다 더 실재 같은 디지털 이미지들은 가상현실을 눈앞에서 확인할 수 있게 해주며 하이퍼텍스트는 종래 예술의 금과옥조처럼 떠받들어졌던 완성된 작품의 개념을 무화시킨다. 이 상황에서 중요한 문제로 부각되는 것은 지각의 문제다. 스마트폰과 같은 복합매체가 시각 · 청각 · 촉각 등의 감각을 새로운 방향으로 이끈다는 점에서뿐만 아니라 디지털 매체의 주도권 아래서는 상호작용성과 몰입 같은 현상이 지각의 내용 자체를 바꾸기 때문이다. '중요한 것은 작품 분석이 아니라 수용자의 체험과 지각방식'이란 관점이 대두된 것은 이와 관련된다.

발터 벤야민은 「기술복제시대의 예술작품」에서 부르주아 사회에서 관조와 침잠이 쇠퇴하는 데 비해 사교적 행동의 한 변형으로서 '정신분산적(기분전환적) 오락, 촉각적 수용'이 늘어난다고 말한 바 있다. 그는 특히 다른 감각보다 촉각을 중시하는데 시각적 수용까지도 결정하는 촉각적 수용이 "본래 한 번의 긴장된 주의를 통해서가 아니라 우연히 어떤 대상을 주목함으로써 이루어지는 것"[2]이라고 강조하고 있다. 맥루언 또한 전자미디어가 달성하는 감각을 촉각이라고 파악하고 있는데, 촉각성에 대해서 김성민은 이렇게 설명한다.

"촉각성이란 무엇인가? 맥루언이 말하는 촉각성이란 적정한 비율로 구성되어 있는 감각들이 적절한 상호작용을 할 때의 감각성을 의미한다. 그는 '재편된 은하계'가 어떤 것인지를 제시하기 위해 블레이크가 '감각비율이 변할 때 인간도 변한다'는 사실을 아주 명백하게 보여준다고 말한다. 맥루언은 블레이크의 조각과 판화에서 공감각이라고 하는 일종의 촉각성을 떠올린다. 그가 상상이란 기술에 의해 물적인 것으로 외화 되지 않은 지각과 감각능력들이 특정한 비율로 합쳐졌을 때 생기는 현상이라고 말할 때, 촉각성이란 외화 되지 않은 내용까

---

2 발터 벤야민, 『발터 벤야민의 문예이론』, 반성완 옮김, 민음사, 1983, 228쪽.

지 포함하는 것을 함축한다. 그래서 맥루언이 말하는 촉각이란 5개의 감각이 적절히 상호작용하는 상태만을 의미하는 것이 아니라 무의식에서 작용하는 감각들까지 상호작용하는 차원을 포함한다."[3]

벤야민은 영화가 시각뿐만 아니라 청각의 세계에 이르기까지 지각의 심화를 가져다주었다는 입장에 서있다. 그렇지만 그는 기술복제품이 아우라의 붕괴를 가져온다는 견해를 통해 미디어와 관련해 제기되고 있는 지각론에 선편을 쥐었다. 아우라가 구체적으로 무엇인지에 대해서는 아직까지도 의견이 분분한데, 맥루언이 촉각성이란 개념을 통해 설명하는 내용은 그에 관해서 검토해볼 만한 자료를 제공한다. 촉각성이 '외화 되지 않은 내용'까지 함축하고, '무의식에서 작용하는 감각들까지 상호작용하는 차원'을 포함하는 것이라면 그것은 구체적으로 무엇을 의미하는가. 디지털 매체가 첨단기술체계의 핵심으로 등장하면서 매체가 전달하는 내용에 초점을 맞추는 매체미학보다 수용자의 체험과 지각에 초점을 맞추어야 한다는 매체 감성학의 주장이 대두되고 있다. 그렇지만 맥루언이 말하고 있는 '외화 되지 않은 내용'은 아우라라는 말이 내포하는 예술작품의 일회적 현존성이라든가 원본성, 진품성, 의식(儀式)가치와는 또 다른 차원을 함축하고 있다. 더욱이 무의식에서 작용하는 감각들의 상호작용을 상상이나 공감각과 연결시키기 위해서는 아우라에 대한 새로운 조명이 필요하다. 여기에 참조할 수 있는 것이 베르그손의 이미지론과 들뢰즈의 운동이미지론 등이다. 베르그손의 이미지론은 우리가 이미지를 지각할 때 모든 자극요소를 받아들이는 것이 아니라는 것을 감산법을 통해 설명하고 있으며 들뢰즈 또한 베르그손의 이론에 기대어 이미지의 유형을 분류하고 있기 때문이다. 그런데 이러한 이론들은 화이트헤드의 느낌이론, 가스통 바슐라르의 이미지 현상학, 동양의 취

---

3 김성민, 「매체철학이란 무엇인가」, 『매체철학의 이해』, 인간사랑, 2005. 22쪽.

상법과 연관을 지어 검토해야할 소지를 지니고 있다. 이렇게 지각에 대한 이론들을 면밀하게 검토해야 하는 것은 디지털 시대에 이르러 지각의 혁신이 일어나고 있고, 그 변화는 우리의 삶에 이러저러한 방식으로 막대한 영향력을 행사하여 사회현실에 지각변동을 일으키고 있다는 인식에 말미암는다.

Ⅱ 디지털 시대의 문화

우리가 기술이라고 표현하는 테크놀로지는 원래 '짓다', '짜다'라는 뜻을 지닌 테크(tek)의 어간에서 유래한다. 따라서 그 말은 테크네와 텍스트의 동족성 내지 동질성을 함축하는 것으로 관계항의 연결을 기본 조건으로 하는 디지털 기술의 산물들이 테크놀로지의 전형적인 존재양태임을 나타내준다. 이 시대의 대표적인 디지털 매체들은 텍스트 · 이미지 · 음성을 대체하는 숫자들의 흐름을 이용하여 고유의 컴퓨팅 기능을 수행할 뿐만 아니라 인터넷을 통해 커뮤니케이션 기능까지도 가능하게 하고 있다. 이 양태는 디지털 시대의 문화가 존재하는 방식을 상징적으로 말해준다. 하드웨어는 소프트웨어의 효과 속에 숨어 자신의 존재를 은폐하고 있으면서도 그 내용을 근원적으로 구조화하는 역할을 떠맡는 것이다. 디지털 기술의 이러한 특성은 일찍부터 주목의 대상이 되어왔다. 매체의 발달을 기준으로 인류역사의 시대를 구분하는 관점은 그 구체적인 사례로서, 그 속에서 우리는 디지털 시대의 문화가 어떤 양태를 지니고 있는지 윤곽을 파악할 수 있다.

1. 시대구분론

이전에 인류 역사의 시대를 구분하는 데는 각각의 시기에 사용된 지배적인 도구가 무엇인가가 기준이 되어 왔다. 구석기 · 신석기 · 청동기 · 철기문화 등의 구분은 사용된 원재료와 기술수준을 고려한 것으로 지금도 역사학뿐만 아니라 여러 영역에서 활용되는 시대구분법이다. 그러나 전자매체가 등장한 이후에는 직접적으로 생산과 관련되는 도구보다도 지배적인 매체가 시대구분의 기준으로 더욱 합당한 것으로 받아들여지고 있다. 이 점에서 구텐베르크 은하계의 종말과 관련하여 역사를 4단계로 나눈 맥루언의 시대구분은 참조할 만한 가치가 있다. 맥루언은 인류의 역사를 1) 구술이 중심인 부족문화 2) 문자를 중심으로 한 필사문화 3) 인쇄술의 발전으로 등장한 구텐베르크 은하계 4) 전기시대의 네 단계로 나눈다. 여기서 다른 매체이론가들의 견해와 비교해보면 맥루언의 구분 방법은 주로 언어에 비중을 두고 있다. 이러한 특징은 구술문화와 문자문화를 크게 나누고 현대의 전자 매체가 생산하는 전화 · 라디오 · 텔레비전 · 비디오 등을 2차적 구술성으로 따로 구분한 월터 옹의 시대구분법과 상통하는 측면이 있다. 맥루언의 구분법에서 또 하나 색다른 점은 전기가 새로운 문물로 등장한 이후의 시대별 차이점이 뚜렷하게 인식되고 있지 않다는 점이다. 물론 우리는 디지털 기술이 아직 명확하게 자태를 나타내지 않았었다는 시대적 한계에서 그 원인을 찾을 수도 있을 것이다. 그럼에도 불구하고 맥루언의 미디어에 대한 견해 속에는 다가오는 전자매체 시대에 세계와 인간의 지각방식에 어떤 변화가 일어날 것인가를 시대를 앞서 멀리 내다보는 통찰이 일정하게 드러나 있다. 노르베르트 볼츠는 맥루언이 분석한 전자시대 매체의 특징 가운데 접촉성에 대해서 다음과 같이 설명한다.

"우리는 매스미디어의 소음과 영상의 흐름들에 의해 결코 헤매서는 안 된다. 전기는 우선 눈과 귀에만 유익한 것이 아니다. 그것은 오히려 아주 새로운 방식으로 우리를 모든 세계 사물들과 '접촉'하게 하고 그것을 탐색하는 것을 가능케 한다. '터치(touch)'라는 유행어는 우선 사물들의 생명 자체를 의미한다. 촉감은 관계를 심화시키는 실재이다. 그러나 전기 역시 전적으로 관계를 증진시키는 요소이고 그 때문에 촉각적이라고 성격 지을 수 있다. 전기는 하나의 극단적인 상호의존성과 동시다발적 사건 발생의 세계상을 창출한다. 그럼으로써 전기는 시각적인 도서 문화와 촉각적인 뉴미디어 세계의 중개자로 특징지어진다."[4]

맥루언의 전기시대에 대한 고찰 속에는 전기의 속도로 인해 시각 우위가 끝날 것이라는 전망, 시간성의 약화로 인해 원인 결과의 관계가 더 이상 유지되지 못하리라는 예측이 들어 있다. 또한 피드백을 통해 사유의 선형성이 무너지리라는 견해, 중심과 주변의 구별이 더 이상 유효하지 않게 됨으로써 공간적 질서가 다채롭게 나타날 것이라는 분석이 들어 있다. 그는 "전자적으로 결합된 세계는 하나의 촌락 그 이상이다"는 말로써 지구촌의 미래를 상상하고 있다.

맥루언이 전기시대에 시간보다 공간의 논리가 지배적인 양상이 될 것이라고 내다본 것은 시대구분에서 관건이 되는 사항을 나타내주는 의미가 있다. 월터 옹 역시 "쓴다는 것은 말을 공간에 멈추는 일"[5]이라고 말하고 있는데, 구술이 시간적 흐름을 갖는 것과 대비하여 공간적 전개를 갖는 문자문화의 특성을 파악한 것이라고 할 수 있다. 그러나 시공간을 중심으로 시대구분을 한 전형적인 사례는 누구보다도 빌렘 플루서에게서 뚜렷이 드러난다. 플루서는『피상성 예찬』의 첫머리에서 추상게임이란 이름으로 시공간이 어떻게 각 시대마다 다르게 처리되고 있는가를 간략하게 설명하고 있다.

"모든 '실제적인 것'-외부로부터 우리에게 작용하는 것의 의미에서-은 시공간의 4차원을 가지고 있다. 움직이는 입체가 문제다. 그러나 우리는 이 입체로

---

4 노르베르트 볼츠, 앞의 책, 277쪽.

5 월터 J. 옹,『구술문화와 문자문화』, 이기우 · 임명진 옮김, 문예출판사, 1995, 17쪽.

부터 추상할 수 있다. 예를 들면 우리는 시간 차원을 실제적인 것으로부터 생략하고 나서, 한편으로는 '시간'을, 다른 한편으로는 '공간'을 상상과 개념 속에서 파악하려는 시도를 할 수 있다. 이와 같은 방식으로 상상되고 파악된 공간으로부터 우리는 '깊이'를 생략하고 나서, 한편으로는 평면을, 다른 한편으로는 용기(容器)를 상상과 개념 속에서 파악하려는 시도를 할 수 있다. 이와 같은 방식으로 상상되고 파악된 평면으로부터 우리는 '표면'을 생략하고 나서, 한편으로는 선을, 다른 한편으로는 선의 체계[직물(織物)]를 상상과 개념 속에서 파악하려는 시도를 할 수 있다. 그리고 그러한 방식으로 상상되고 파악된 선으로부터 우리는 '광선'을 생략하고 나서, 한편으로는 점을, 다른 한편으로는 점의 체계('모자이크')를 상상과 개념 속에서 파악하려는 시도를 할 수 있다. 따라서 이러한 추상게임에서 다양한 '비실제적' 세계들이 창조된다. 조각품의 세계-시간 없는 입체-, 그림의 세계-깊이 없는 평면-, 텍스트의 세계-평면 없는 선-그리고 컴퓨터화된 세계-선 없는 점들. 그리고 이러한 추상게임은 한 걸음 한 걸음 전진할 것이며 수천 년의 세월을 필요로 할 것이다."[6]

플루서는 움직이는 입체라는 4차원의 실재에서 점차 시공간의 특정한 성분들을 하나씩 추상함으로써 디지털 세계의 0차원에 이르는 과정을 역사적 단계로 구분 짓고 있다. 프리드리히 키틀러는 플루서의 시대 구분 방법이 일종의 컴퓨터의 발전사로서 '모든 차원이 철폐되는 과정'을 제시하고 있다고 설명한다. 즉 선사시대에는 움직이는 입체란 4차원의 시공간에서 3차원의 기호를 추출했으며 두 번째 단계에서는 3차원의 기호를 2차원의 기호로 추상하는 작업이 나타났다는 것이다. 세 번째 단계에서는 1차원적인 것이 2차원의 기호를 대체하며 등장했고 네 번째 단계에서는 1차원의 기호가 0차원으로 압축되었다는 해석

6 빌렘 플루서,『피상성 예찬』, 김성재 옮김, 커뮤니케이션북스, 2006, 2쪽.

이다. 키틀러는 이것을 n-1차원의 기표가 n차원을 은폐하고 숨기고 왜곡하는 것이라고 일반화한다.[7]

플루서의 시대구분 또는 매체 역사에 대한 이해는 시공간이란 실재를 이루는 가장 근원적인 요소에 기반을 두고 있고, 일관된 행정으로 각 시대를 처리하고 있다는 점에서 설득력이 있다. 그렇기에 플루서의 관점은 디지털 시대의 문화가 지닌 특성을 파악하는 데 많은 이점을 지닌다. 우선 디지털 기술은 0차원에 속하기 때문에 거기에서 산출된 정보나 이미지는 시공간의 제약에서 자유로울 수 있다. 뿐만 아니라 0차원의 점들로 구성되는 세계는 인과의 사슬에도 구속을 받지 않는다. 이것의 의미는 플루서가 자신의 시대구분에서 특히 선형문자의 발명과 기술적 이미지의 발명을 인류문화의 전환점으로 중시한 사실과 연관 지어 볼 때 그 의미를 좀 더 쉽게 파악할 수 있다. 선형문자는 텍스트 형식을 취한다는 그 근본 속성 상 논리적 사유를 중시한다. 이에 비해 전기시대의 기술적 이미지는 점들의 모자이크를 통해 세계를 나타내므로 거기에는 텍스트를 통해 개념화된 세계가 관여될 수밖에 없다. 디지털 기술에 입각한 여러 장치의 매개가 필수적인 사항이 되는 그 과정에서 텍스트의 개념화된 세계와 시공간의 제약으로부터 자유롭고자 하는 디지털적 사유방식은 길항 또는 조정관계에 들어가게 된다. 기술적 이미지의 이미지가 일차적으로 세계에서 추상된 이미지와 상이한 특성을 지니게 되는 것은 그와 관련된다. 피에르 레비는 "가상은 절대 실재의 반대개념이 아니다. 그것은 반대로 풍요롭고 강인한 존재방식이며, 창조과정을 확장하고 미래를 열어주며, 즉각적이고 물리적인 존재의 단조로움 속에 의미를 부여한다"[8]고 말하고 있는데 이미지-언어-기술적 이미지로 시대를 구분하는 방법의 세 번째 단계의 추상물로서 기술적 이미지가 지닌 특성을 감안한

---

7 프리드리히 키틀러, 『광학적 미디어: 1999년 베를린 강의』, 윤원화 옮김, 현실문화, 2011, 345쪽.

8 피에르 레비, 『디지털 시대의 가상현실』, 전재연 옮김, 궁리, 2002, 12쪽.

발언이라고 할 수 있다. 이 양상은 하이퍼텍스트의 읽기에서도 같은 방식으로 나타난다. 선형적인 전개를 갖는 것이 아니라 병렬 · 합성 · 분리된 기표들의 공존 속에서 확정적인 의미를 추출한다는 것은 현실적으로 가능하지 않다. 이 사실은 디지털 이미지가 실재 또는 현실의 특정한 대상에 대한 재현임을 부정한다는 점을 상기하면 쉽게 납득할 수 있다. 그 기표와 이미지들이 의미를 가지기 위해서는 텍스트의 개념화된 세계와 어떤 식으로든 연관되어야 하는 것이다. 더욱이 디지털 기술은 텍스트를 관조하는 위치에 서있던 수용자가 텍스트 형성에 개입하는 상호작용을 허용한다. 이에 따라 디지털 텍스트, 이미지들은 수용자마다 서로 다른 세계를 체험할 수 있게 만든다. 이 시대의 첨단기술체계를 통해 창출되는 문화의 새로운 양상은 디지털 기술과 기존의 재현 방식이 빚어내는 갈등과 긴장, 조정과 화해 속에서 이해될 필요가 있는 것이다.

2. 디지털 문화의 여러 양상

디지털 매체는 현대사회의 커뮤니케이션에서 주도적인 역할을 하고 있다. 텔레비전이나 라디오 같은 대중매체뿐만 아니라 페이스북이나 카카오톡 같은 개인들 사이의 소통, 예술작품의 창작 전반에도 깊이 관여하고 있어서 가히 디지털 기술이 사회 전체를 지배하는 형국이다. 일찍이 장 보드리야르는 디지털 시대에 생긴 새로운 변화를 미메시스에서 시뮬라시옹으로의 전환, 곧 대상을 재현하는 미메시스가 대상과 무관하게 이미지를 생산하고, 그 뿌리 없는 이미지가 실재보다도 더 강력하게 힘을 발휘하는 시뮬라시옹으로 전환한 것으로 설명한 바 있다. 그는 "재현의 축조물 자체를 송두리째 시뮬라크르로서 감싸버"리는 시뮬라시옹을 다음과 같은 이미지의 연속적 단계로 제시한다.

"이미지는 깊은 사실성의 반영이다.

이미지는 깊은 사실성을 감추고 변질시킨다.
이미지는 깊은 사실성의 부재를 감춘다.
이미지는 그것이 무엇이건 간에 어떠한 사실성과도 무관하다.
이미지는 자기 자신의 순수한 시뮬라크르이다."[9]

인용문에 나타난 보드리야르의 핵심 논지는 우리가 실재라고 믿는 현실이 원천적으로 시뮬라크르에 지나지 않는다는 견해다. 이 견해에 따르면 세계는 실재론의 영역이라기보다 해석의 영역에 속하며, 가상과 실재 사이의 구분도 가치론적으로 규정될 수 있는 것이 아니다. 더욱이 이 가상현실에서는 실재와 가상의 경계가 모호해질 뿐만 아니라 창작자와 수용자, 주체와 객체의 위상도 확연하게 구분되지 않는다. 수용자라 할지라도 가상현실의 구성에 개입할 수 있으며 주체의 위치에 있는 존재가 다른 사람에게는 객체로 파악된다. 이것은 디지털 세계가 상호작용이란 메커니즘을 통해 다양하게 변형될 수 있음을 알려준다. 디지털 시대에 이미지의 복제보다 이미지의 변형이 더 중요한 사안이 되는 이유는 여기에 있다. 그 변형으로 인해 예술의 개념이 바뀌고 지시대상이 해체되는 효과가 발생하는 것이다. 이와 같은 디지털 기술의 여러 가지 파급효과를 우리는 하이퍼텍스트를 통해 확인할 수 있다. 그러므로 여기서는 가상현실 · 상호작용성 · 하이퍼텍스트를 연계시켜 디지털 문화의 양상을 살펴본다.

가상현실에 대한 논의는 그것의 포괄 범위가 넓고 다양한 만큼 착종되어 있기 일쑤다. 가장 일반적인 관점에서 이야기하면 가상현실은 디지털 기술 또는 좀 더 넓게 말해서 전자적 기반을 가진 생활의 모든 영역에 관련된다. 그 매체를 이용해 접촉하는 가상의 사람들과 그들의 관계도 가상현실에 포함될 것이다. 거기에서는 일상의 영역과 예술 영역의 분리가 그 대표적인 한 사례이지만

9 장 보드리야르, 『시뮬라시옹』, 하태환 옮김, 민음사, 1995, 27쪽.

이미지와 언어, 실재와 가상, 지각과 기술의 관계 역시 가상현실과 관련된 논의에서 만만치 않은 주제가 된다. 마이클 하임은 그 가운데서도 가상현실이 기술적 문제이기보다는 예술의 문제라는 관점을 제시하여 문제를 구체화한다. 마이클 하임은 가상현실에 대한 간단한 정의 다음에 시뮬레이션 · 상호작용 · 인공성 · 몰입 · 원격현전 · 온몸몰입 · 망으로 연결된 커뮤니케이션 등을 열거하여 가상현실의 특성을 설명하고 있다. 이 설명들은 분명히 유용성을 가지고 있다. 예컨대 시뮬레이션이라는 개념만 해도 컴퓨터가 실제로 존재하는 대상이 아니라 가상적으로만 존재하는 대상을 우리의 눈앞에 제시한다는 사실을 잘 말해주고 있다. 그러나 컴퓨터가 만들어내는 것은 회화와 같은 그림이 아니라 언어와 프로그래밍에 바탕을 두고 진행되는 계산과정에서 생성되는 일종의 설계도이다. 그 설계도가 일정한 처리과정을 통해 아날로그적 세계로 구현되는 것은 그 다음 일이다. 이와 같은 개념들의 설명을 통해 가상현실이란 현상을 설명하는 데는 제약이 있다. 더욱이 디지털 기술과 관련하여 가상현실을 설명하기 위해서는 관측을 위한 전략적인 지점이 필요하다. 이에 대해서는 다음과 같은 견해를 참조할 수 있다.

"그로스클라우스의 문제의식은 보드리야르와는 달리 실재의 가상성과 조작가능성에 있지 않다. 그는 가상공간, 즉 사이버스페이스라는 매체공간을 어떻게 이해해야 하는가에 주목하고 있다. 그는 보드리야르처럼 결코 실재 그 자체를 부정하지는 않는다. 그가 매체공간을 주목하는 이유는 지극히 일상적이다. 즉 가상공간과 실제 공간의 경계가 허물어지고 있으며, 이는 일상생활에서도 누구나 쉽게 체험할 수 있다는 데서 출발한다. 그렇기 때문에 그는 가상공간과 실제 공간이 어떻게 상호작용하고 있는지를 검토하는 것이 더 현실적이라고 본다. 그가 사이버스페이스라는 매체공간을 탐색하는 이유도 바로 거기에 있다. 그는 무엇보다도 '전자적 · 디지털적 상황들이 이러한 물질성을 해체시키고

낡은 시공간을 비물질적 예술작품, 즉 가상현실로 변형'시키고 있다는 사실에 주목한다. 낡은 시공간의 물질성을 해체시킨다는 것은 현실적이고 구체적인 시공간이 비현실적이고 비물질적인 공간으로 대체되고 있다는 것을 의미한다. 즉 현실적인 시공간에서 배회하는 시간만큼, 아니 그보다 더 많은 시간들을 이 새로운 공간에서 배회한다는 것이다. 도시에서의 '산책자'는 이제 사이버스페이스 안에서 정보의 바다를 항해하는 '항해사'가 된 것이다."[10]

인용문의 저자는 사이버스페이스의 등장과 함께 이원화된 전통적 공간코드가 소멸하고 하이브리드 공간이 등장했으며, 그것은 "외부공간도, 세계적인 공간도 아니라, 관계의 동시성에 따라 이해해야만 하는 공간"이라고 설명한다. 디지털 매체로 인해 전통적 시공간은 "흐름의 공간과 시간을 초월한 시간"으로 바뀌었으며 거기서는 사람들이 특정한 장소에서 상호작용을 하는 것이 아니라 통신을 중심으로 이동하면서 상호작용하는 양상이 나타난다는 것이다. 이처럼 각 개인의 경험과 기억과 흔적이 장소와 맺는 연결은 사이버스페이스에서도 나타나지만 그것이 네트워크를 통해 연결됨으로써 장소의 공간적 의미가 소멸된 것이 현재의 상황이라는 설명이다. 이렇게 가상현실을 시공간과 연관 지어 파악하는 일이 중요한 것은 그것이 디지털 매체에 대한 지각과 긴밀하게 결부되기 때문이다. 우선 시공간이 사람의 경험과 기억에 가장 근본적인 조건을 제공하고 매체의 변화는 인간의 지각방식을 바꾸기 때문에 시공간 자체가 이전과는 다른 형식으로 모습을 드러내는 것이다. 이 점에서 디지털 매체의 공간이 근본적으로 이미지 공간이라는 파악은 우리의 논의에 중요한 지반의 하나를 제공한다.

디지털 문화에서 상호작용성과 직접 관련시켜볼 수 있는 사항은 컴퓨터를 비롯한 뉴미디어와 거기에서 핵심적 자리를 차지하는 그래픽 사용자 인터페이

10 심혜련, 『20세기의 매체철학』, 그린비, 2012, 315-316쪽.

스이다. 인터페이스는 말 그대로 사람과 사람, 사람과 도구, 매체와 이용자의 관계를 이어주는 역할을 한다. 디지털 기술을 통해 이 인터페이스가 변모한 사실은 그래픽 사용자 인터페이스(Graphical User Interface)라는 개념 속에 나타난다. 컴퓨터와 뉴미디어를 사용할 때 마주치는 데스크톱, 윈도, 링크 등은 새로운 인터페이스가 전래의 인터페이스의 속성을 간직하고 있음을 은유로 표현하고 있다. 사용자는 직관과 직접 조작의 방식으로 인터페이스를 통해 매체나 다른 사람과 상호작용한다. 이 상호작용의 양태가 가장 일반적으로 나타나는 영역은 SNS(Social Network Sites/Services)라고 할 수 있다. SNS는 사회적 관계망이라고 번역할 수도 있는 개념이지만 이재현은 'Social'이 거시적 수준에서는 '사회적'이라는 의미를 갖는다고 해도 미시적 수준에서는 '교호적'이라는 의미로 번역해야 마땅한 특성을 갖는다고 설명한다.[11] SNS가 컴퓨터로 매개된 커뮤니케이션이나 정보의 전달에만 초점을 맞춘 개념이 아니라 "현대사회의 지배적인 커뮤니케이션 양식을 드러내는 발현(articulation)"을 나타낸다고 보는 견해이다. 그러나 우리는 가상현실에 대한 논의에서와 마찬가지로 상호작용의 양태를 가능한 한 우리의 관심 영역인 문화형식들과 연관해서 고찰할 필요가 있다. 예컨대 독자와 저자, 창작가와 수용자, 작품과 독자의 관계 등을 설정하여 문제를 검토할 수 있는 것이다. 이러한 맥락에서 소통과 네트워킹을 전제로 하는 미디어 문학은 상호작용성을 고찰하기에 적합한 한 사례가 된다. 독자가 행위자로서 작품의 주인공이 되고 그로 인해서 사건의 진행과 결말을 일정한 방향으로 이끌어가는 주체의 역할을 맡는 경우를 상정할 수 있다. 이러한 형태의 상호작용성은 홀로그램문학이나 바이오문학 같은 실험적 미디어 문학에서 쉽게 찾아볼 수 있다. 또한 컴퓨터 게임에서 아바타의 존재는 상호작용의 양태를 시험하기에 적합한 소재가 된다. 게임이란 형식 속에 사용자의 자리가 마련되어 있

11 이재현, 『디지털 문화』, 커뮤니케이션북스, 2013, 58쪽.

기 때문이다. 하지만 이 아바타를 사용자를 대리하는 것으로만 볼 수는 없다. 유현주는 이 사실을 지적하며 아바타가 "사용자와 함께 프로세서의 계산/정보처리 능력도 함께 지니고 있다"[12]고 설명한다. 여기에서 보는 바와 같이 게임의 여러 층위에 대한 사용자의 적극적 개입은 주위의 다른 문화 형식들에 영향을 주지 않을 수 없다. 크리스티앙 방당도르프는 상호작용성이 여러 요인의 결합에 근거하는 것으로 본질적으로 두 가지 특성을 갖는다고 파악한다. 첫째는 독자와 맺는 대화이며 둘째는 '텍스트 망 안에서 다양한 갈래가 생기는 가능성'이다. 첫째 항목은 문학과 게임의 사례를 통해서 살펴 볼 수 있는 것으로 '대화'라는 말 속에는 상호작용의 여러 단계, 곧 대화-직접 조작-위임의 양태가 포괄적으로 지시된다. 컴퓨터 게임의 발달사를 사례로 들어 설명하면 초기의 게임이 대화에 해당하고, 1990년대 이후의 게임은 직접 조작, 최근 게임의 '무심한 관찰' 경향은 위임에 해당한다고 할 수 있다. 이에 비해서 둘째 항목은 근본적으로 하이퍼텍스트에 관련된 사항으로 볼 수 있고 그 점에서 쓰기보다 읽기, 텍스트에 대한 해석과 연관된다. 포스트모던 미학과 상호작용성의 이념 사이에 일정한 유추가 가능하다는 것은 그에 대한 방증이다. 하이퍼텍스트 이론가들이 포스트모던 미학을 뒷받침 할 수 있는 이론을 제공했을 뿐만 아니라 새로운 글쓰기의 주창자이기도 했다는 것은 여러 곳에서 확인할 수 있는 사실이다.

하이퍼텍스트(hyper text)라는 말에서 hyper 가 뜻하는 것은 '과도한'이나 '지나친'이란 개념을 지니기도 하면서 '들뜬', '흥분된' 상태를 나타내기도 한다. 이런 뜻을 전체적으로 고려하면 hyper 가 '매우 활동적인 상태'를 말하는 것이며 그런 의미에서 하이퍼텍스트는 "텍스트성이 고도로 활성화된 텍스트"를 가리킨다는 견해를 인정할 수 있다. 텍스트는 텍스트이되 다른 텍스트에 비해 활동성이 높은 텍스트가 되는 이유는 하이퍼텍스트가 지닌 여러 조건들을 통해 추

12 유현주,『하이퍼텍스트-디지털 미학의 키워드』, 연세대출판부, 2003, 54쪽.

론해 볼 수 있다. 우선 하이퍼텍스트는 처음부터 조각들로 나뉘어 있는 단편들을 통해 구성되고 그것들은 어느 것도 딱히 중심이라고 할 만한 자리를 차지하지 못한 채 분산되어 있기 십상이다. 따라서 독자가 하이퍼텍스트를 읽기 위해서는 암암리에 중심을 설정하여 자신에게 적합한 맥락을 스스로 만들어나가는 과정이 필요하다. 하이퍼텍스트는 기원적으로 독자의 선택적 읽기에 바탕을 두고 있는 것이다. 이 선택적 읽기가 가능한 것은 하이퍼텍스트가 텍스트로서 열린 구조를 갖추고 있으며 수용자의 텍스트에 대한 개입을 제도적 기술적으로 지원해 주는 도구적 시스템이기 때문이다. 『하이퍼텍스트 3.0』의 저자 조지 P. 란도가 하이퍼텍스트를 "텍스트의 덩어리와 그것을 결합시켜주는 전자적 링크들로 구성되는 텍스트를 의미한다"[13]고 정의하는 것은 정확히 그 사실을 반영하고 있다. 란도는 이 하이퍼텍스트가 롤랑 바르트에 의해 이상적인 텍스트로 묘사된 것과 정확히 일치하는 것이라고 지적하며 "이 텍스트는 링크, 노드, 네트워크, 웹, 경로와 같은 용어들로 묘사되는 자유로운, 궁극적으로는 끝이 없는 텍스트성의 다중경로, 체인(chain) 혹은 흔적 같은 것과 전자적으로 연결되는 단어(혹은 이미지)의 덩어리로 구성된다"[14]고 설명한다. 란도의 지적은 하이퍼텍스트에서 논란이 되는 지점이 특히 읽기와 관련되며 그 가운데서도 중심의 기능을 설정하는 문제에 결부되어 있다는 사실을 알려준다. 그렇다면 조각으로 되어 있는 텍스트 덩어리들의 조합, 수용자의 선택을 위한 개입이라는 상호작용성, 그로 인해 빚어지는 텍스트의 개방성이라는 하이퍼텍스트의 읽기에서 이루어지는 읽기의 변화, 읽기의 혁명은 무엇인가. 다음의 글은 그 변화의 실마리가 무엇인지 잘 보여준다.

---

13 조지 P. 란도, 『하이퍼텍스트 3.0』, 김익현 옮김, 커뮤니케이션북스, 2009, 4쪽.

14 앞의 책, 3쪽.

“당초에 조각의 형태로 구상된 텍스트일지라도 책이라는 물리적 구조에 통합되고 나면 분리되어 있는 파편으로 읽힐 수 없을 것이다. 파편들이 삽입되어 있는 모음집의 특성은 통합하는 역할과 문맥화하는 역할을 자동으로 수행하는 것이기 때문이다. … 그러므로 책과 인쇄물의 세계에서 언급하는 조각들은 언제나 사실상 통합된 저서의 요소들이며 그러한 것으로 읽힌다. 독자가 그 요소들 사이를 쉽게 연결할 수 있도록 하는, 그리고 완벽하게 이어지는 읽기를 할 수 있도록 하는 일관성의 관계만이 거기에 결핍되어 있다. 조각의 쓰기는 그 의미 효과를 만들어 내기 위하여 접속 생략과 단절을 구사하기 때문이다. 화면에서 이루어지는 하이퍼텍스트 읽기의 경우는 전혀 다르다. 이 경우, 책의 개념이 없으므로, 아니면 적어도 동일한 조판형태와 동일한 의도를 통한 통일된 실체가 없으므로, 각 조각은 분리되어 있으며 완벽한 고리모양의 의미를 구성한다. 독자는 자신이 작동시킨 링크로부터 이 고리 모양의 의미에 무작위로 접근하는 것이다. 웹의 항해에 있어서는 특히 그러하다. 주어진 링크를 클릭할 때마다 독자를 출발 문맥으로부터 점점 더 멀어지게 할 위험이 있으며, 주의와 이해가 매우 짧은 시간 동안에만 동원되기 때문이다. 인쇄된 텍스트는 고정된 생각과 일관성의 승리를 훌륭하게 신성화시키는 반면에 하이퍼텍스트는 수다쟁이가 누리는 자유를 독자와 그 작가에게 부여한다. 그것은 화제의 비약, 일탈, 즉흥적인 결합을 향해 열린 문이다.”[15]

수다쟁이의 자유는 다른 곳에서는 항해의 개념으로 설명된 사항이다. 디지털 복합매체의 표면에서 항해를 하며 서핑을 하는 순간 속에서만 누릴 수 있는 행복이기 때문에 수다쟁이의 자유는 많은 대가를 치러야 한다. 그 대가 가운데

---

15 크리스티앙 방당도르프, 『파피루스에서 하이퍼텍스트로』, 박정준 옮김, 연세대출판문화원, 2013, 260-261쪽.

가장 중요한 것은 텍스트의 덩어리들, 조각들이 상위서사를 위한 지표들을 제공하기가 쉽지 않다는 점이다. 순간순간의 현재만이 초점으로 되기 때문에 과거와 미래가 서사의 넓이와 깊이를 증진시킬 수 있는 자료로 작용하지 못하고, 그에 따라 텍스트는 언제까지나 표층의 수준에 머물게 된다. 이러한 양상을 방당도르프는 "하이퍼텍스트는 여기 그리고 지금의 이데올로기가 훌륭하게 승리하는 장소"라는 말로 표현한다. 하이퍼텍스트의 기초 단위가 되는 텍스트 덩어리가 줄어들면 줄어들수록, 그것이 웹에서 비트의 단위로 미분되면 될수록 상위서사를 구성하는데 기여할 수 있는 기회는 더욱더 사라질 수밖에 없다. 이 사실은 방당로르프가 제시하는 읽기의 구체적 과정을 통해 확인할 수도 있다. 방당도르프는 읽기를 지각의 영역과 인지의 영역으로 나누어 설명하고 있는데, 전자는 '주어진 코드에 속하는 글자나 낱말들을 적합한 표면 위에서 모으는 것'으로 주로 시각기관에 의해 수행된다. 후자는 지각된 요소들을 기호론적으로 처리하여 대상을 인지하는 과정이다. 이 구분이 말하고 있는 것은 우리가 시각으로 본 모든 것을 읽을 수 없으며, 지각된 모든 것이 기호의 의미로 전환하는 것도 아니라는 사실이다.

우리는 흔히 '책을 읽는다'고 하기도 하고 '책을 본다'고 하기도 한다. 이때 보는 것과 읽는 것 사이에는 어떤 차이가 있는가. 우리말의 용례에서 두 단어는 거의 동의어로 이해된다. 그러나 하이퍼텍스트에 적용되는 수다쟁이의 자유와 전통적 텍스트에 대한 명상적 읽기나 집중적 읽기를 비교하면 그 낱말들은 단순하게 처리될 수 없는 차이점을 지닌다. 방당도르프는 심리학자 장 피아제가 읽기와 관련하여 제시하고 있는 동화와 적응의 기제를 원용하여 그 차이를 구분하고 있다. 즉 동화라는 것은 읽기의 주체가 "적절한 심리구조를 필요에 따라 만들어냄으로써 인식된 대상들을 통합"하는 것을 가리키고 적응이라는 것은 "자신이 이미 알고 있는 것에 대하여 새로운 대상들이 갖는 차이점을 시험하기 위하여, 주체가 자신의 심리구조를 새로운 대상들에게 임시로 맞추는 것에 만족"

하는 것을 가리킨다. 방당도르프는 이 두 번째 방식이 "언제나 불만족스러운 피상적 호기심의 방식"으로서 읽기에서 지식을 획득한다든가 자신의 인생을 바꿀 수 있으리라는 큰 기대를 하지 않고 그저 "읽기가 자신을 권태로움으로부터 보호해 주는 것으로 충분하다"고 여기는 태도와 관련된다고 설명한다.

이 읽기의 기제는 비단 텍스트에서만 관철되는 것이 아니라 이미지에 대한 수용에서도 나타나고 질 들뢰즈의 『천 개의 고원』같은 저작의 독서에도 적용될 수 있다. 들뢰즈의 저작에서 텍스트 구성원리가 되는 리좀은 접속이라는 측면과 이질성이라는 측면을 함께 지니고 있다. 따라서 수용자는 자신의 관심이 뻗히는 대로 이질적인 텍스트 덩어리들을 연결하여 읽을 수 있다. 이때 수용자에게 일어나는 현상을 조지 P. 란도는 폴 리쾨르의 술어적 동화란 개념을 빌려 설명하고 있다. 즉 "다양하고 흩어져 있는 사건을 한 곳에 모아서 하나의 전체 그리고 완전한 이야기로 통합"[16]한다는 것이다. 이것은 데리다가 말하는 탈중심화 개념을 통해 보충 설명될 수도 있는 현상이다. 탈중심화는 텍스트에서 중심이 없어진다는 것이 아니라 각기 다른 상황에서 중심에게 부여되는 기능을 말하는 것이기 때문이다. 이 기능의 적실성은 이미지에 대한 성찰을 통해 확인할 수 있다. 텍스트가 읽기 능력을 지닌 사람에게만 해독의 단초가 되는 기호를 제공하는 데 비해서 이미지는 기호가 아니기 때문에 수용자의 적극적 코드 독해를 요구하지 않는다. 이 양태를 방당도르프는 "이미지의 관심은 방정식으로 만들 수도 있을 의미구조에 존재하는 것이 아니라, 그것보다는 관람객에 대하여 만들어 낼 수 있는 감정적 차원의 효과에 존재하는 것"[17]이라고 설명한다.

하이퍼텍스트는 기존의 텍스트와는 달리 정형화된 패러다임을 벗어나 텍스트 덩어리들의 새로운 네트워크를 형성한다. 기존의 텍스트들도 하이퍼텍스

16 조지 P. 란도, 앞의 책, 348쪽.

17 크리스티앙 방당도르프, 앞의 책, 155쪽.

트로 전환될 때는 링크와 경로들을 가져야 하며 그 일을 위해서는 전자시스템에 의지하지 않을 수 없다. 이 점에서 하이퍼텍스트를 만들기 위한 모든 활동은 네트워크를 기반으로 해야 한다. 하이퍼텍스트에서 통합관계보다 계열적 관계가 우선이 되는 것은 그와 연관되는 사항이다. 계열적 관계에 있는 요소들이 상호작용을 하는 가운데 특정한 중심이나 위계체계를 확정할 수 없는 상태로 존속하는 것이 하이퍼텍스트의 특징이다. 이러한 특징은 하이퍼텍스트의 주체를 작가보다 수용자 쪽으로 이전시키는 효과를 낳는다. 수용자의 선택과 텍스트에 대한 개입이 큰 비중을 차지하게 되는 것이다. 이것은 일면 작가의 전제권에서 수용자를 해방시키는 효과를 낳지만 다른 일면에서는 하이퍼텍스트에 굴레를 씌우는 일이 된다. 이 사실은 한때 붐을 이루었던 하이퍼픽션의 창작이 어느 새 시들해지고 최근에는 관심권역에서조차 벗어나는 현상을 통해 확인할 수 있다. 하이퍼텍스트가 점차 사람들의 관심권역에서 벗어나는 현상은 많은 사람들이 인지하고 있는 사실이다. 몇 가지 구체적 사례를 들면, 유현주는 "독일을 중심으로 한 서유럽권 문화에서 90년대 초반부터 약 10년 동안 지속되었던 하이퍼텍스트 문학현상의 눈부신 성공과 그 후의 극적인 추락은 디지털 문학이 가진 미학적 가능성과 한계를 논의하는 데 매우 시사적"[18]이라고 말하고 있고, 심보선은 『디지털 구보 2001』의 창작 등 두 세 번의 시도 이후 한국 하이퍼텍스트 문학의 명맥이 끊기고 말았음을 지적하고 있다. 심보선은 특히 "2000년대 중반 이후 하이퍼텍스트 문학은 소위 인터넷 아트와 함께 쇠락의 길에 접어든다"[19]고 개괄하면서 마크 아메리카의 하이퍼텍스트『글래마트론』이 2000년 휘트니 비엔날레에 소개되었지만 2004년부터는 하이퍼텍스트 문학을 비롯하여 인터넷 아트 전체가 비엔날레에 포함되지도 못 하게 되었다고 저간의 소식을 전하고 있다. 또

18 유현주, 「하이퍼미디어 문학의 미학전략」, 『브레히트와 현대연극』, 2007,

19 심보선, 「전자문학과 감각의 공동체 구성」, 『한국영상학회논문집』, 11권, 2014.

한『새로운 내러티브들』의 저자는 "이 책은 그다지 새롭게 보이지 않을 것이다. 기껏해야 디지털 서사학의 첫 번째 파고에서 초점이었던 하이퍼텍스트 픽션과는 이미 상당히 달라진 내러티브 실천들의 선택적인 스냅샷으로나 간주될 것"이라고 전제하면서도 "여기서 우리는 디지털 서사학의 새로운 국면을 향한 뚜렷이 구분되는 움직임을 논의한다"[20]고 밝히고 있다. 하이퍼텍스트의 첫 번째 파고가 지나갔음을 확인한 바탕 위에서 새로이 대두되는 내러티브 현상에 논의를 집중하겠다는 취지를 말하고 있는 것이다. 이 같은 상황은 미국의 이스트게이트(eastgate)사에서 많은 하이퍼텍스트 소설이 만들어졌음을 생각하면 과장된 측면이 있다고도 할 수 있을지 모른다. 그렇지만 전반적인 추세가 쇠락의 상태에 있음은 부인할 수 없는 사실로 보인다. 더욱이 이스트게이트사에서 나온 상업용 하이퍼텍스트들이 폐쇄적 구조를 지니고 있어 진정한 하이퍼텍스트가 아니라는 진단까지 내려지고 있는 상황은 하이퍼텍스트의 전도를 어둡게 만든다. 다만 도표나 이미지, 그림 등을 이용하는 간략한 형태의 하이퍼텍스트의 경우에는 아직까지 대중적 기반을 잃지 않고 있다. 예컨대 모두 17자로 구성되는 짧은 시형식인 일본의 하이쿠 사이트가 현재까지도 존속한다는 것은 하이퍼텍스트의 존재조건이 무엇인지를 엿볼 수 있게 해준다. 그 존재조건에 대한 질문은 우리가 하이퍼텍스트에서 부단히 선택을 해야 할 이유가 있으며 그 선택에 의해서 이루어지는 결과가 선형적인 기존의 텍스트의 독서보다 좋은 것이라고 평가할 수 있는 근거가 있는가 하는 근원적인 물음을 포함한다. 곧 하이퍼텍스트가 수용자의 선택이란 상호작용에 의해 네트워크를 갖추게 되고, 그 선택으로 인해 순간순간 변해가는 맥락 속에서 새로운 중심의 기능을 재설정해서 의미를 구축하는 구조라면, 하이퍼텍스트에서는 필연적으로 읽기의 문제가 초점 사안이 될 수밖에 없다. 하이퍼텍스트는 쓰는 쪽이 아니라 읽는 쪽의 방법이란

---

20 Ruth Page & Bronwen Thomas (ed), New Narratives, Nebraska Univ. press, p. 3.

말에서 시사되듯이 수용자는 어떤 목적을 가지고, 어떤 방법으로 텍스트를 읽어나가는 것이며, 그 읽기를 가능하게 하기 위해서 작가는 어떤 작업을 해야 하는가 하는 문제이다. 여기에는 컴퓨터 게임의 제작자와 게이머의 실행이 좋은 실례를 제공한다.

컴퓨터 게임은 제작자에 의해 만들어지는 데이터베이스와 알고리즘, 그리고 그에 입각해 이루어지는 게이머의 실행이라는 두 개의 층위를 갖는다. 이것은 컴퓨터 게임이 이중 재현 구조를 가지고 있음을 말해 준다. 작동논리는 그 이중 재현구조에서 게이머에 의해 수행되는 텍스트 쓰기라고 할 수 있다. 이 두 번째 쓰기를 가능하게 하기 위해서 제작자는 각 캐릭터에 적합한 행동을 모델링하여 유형화해야 하고 사건이 발생하는 규칙을 도출해야 하며 다양한 행동들에 대해 게이머가 대응하는 방법을 프로그램화해야 한다. 컴퓨터 게임에 대한 정의는 대부분 이 이중 재현 구조에 대한 규정으로 이루어진다. 예컨대 "비디오 게임은 상호작용적 차원과 운동이미지로 구성된 정보 형태의 놀이 행위의 집합" 이란 M. 루스탕의 정의나 이를 좀 더 정교하게 다듬은 박상우의 "컴퓨터 게임은 놀이를 통해 전달하고자 하는 전체적인 차원의 표상과 그를 실현하는 놀이 행위의 표상이라는 이중적 표상을 실현하기 위한 규칙과 시청각 이미지 그리고 실현을 가능케 하는 대체 행위의 집합이다"[21]는 정의는 모두 이중 재현 구조에 초점을 맞추고 있다. 이 정의들을 통해서 드러나는 것은 컴퓨터 게임이 근원적으로 상호작용성을 지니고 있고, 그 상호작용의 행위 각각이 개별적인 표상, 운동이미지를 산출할 뿐만 아니라 그 표상들 전체가 집합을 이루어 힘의 중심을 갖는 하나의 단위가 된다는 사실이다. 여기서 주의해야 할 부분은 행위의 표상이 규칙과 시청각 이미지를 수반하고 있다는 서술이다. 이 서술 속에는 데이터 구조의 작동논리와 함께 행위의 배경이 되고 있는 공간과 음향효과가 함축되고

21 박상우, 『컴퓨터 게임의 일반 문법』, 커뮤니케이션북스, 2009, 83쪽.

있다. 또한 전체적인 차원의 표상과 놀이 행위의 표상을 구분하는 의도가 어디에 있는가 하는 것도 주목할 부분이다. 게이머를 대신하고 있는 캐릭터의 행위는 루스탕이 말하는 운동이미지의 근원이 된다는 인식이 필요한 것이다. 그 이유는 컴퓨터 게임의 실행에서 얻게 되는 운동이미지와 공간에 대한 파악이 게임에서 이루어지는 스토리텔링의 핵심과 연결되는 데 있다.

게임을 실행한다는 것은 계열체의 요소를 일시적으로 결합하여 통합체를 만드는 일이다. 여기서 계열체는 숨겨져 있다. 그러나 게임의 실행이 반복되면 일시적으로 생성되었던 통합체는 사라져가고 계열체가 은연히 존재를 드러낸다. 이와 같은 반전은 모바일 게임 같은 간단한 형식의 게임에서뿐만 아니라『스타크래프트』나『삼국지Ⅱ』같은 게임의 고전들에서도 쉽게 확인할 수 있다.『스타크래프트』에서 전략적 요충지를 장악하는 것은 승패의 분수령이 되는 일이 비일비재하다. 그러므로 많은 게임 경험을 지닌 게이머가 기억하는 것은 특정한 스토리 라인이라기보다 전투가 벌어졌던 지역의 지형도이며 제작사는 수시로 지형도를 바꿈으로써 수요를 창출하고자 한다. 또『삼국지Ⅱ』는 각 군주가 할거하는 지역의 지형들이 서로 연관을 가지게끔 전체 지형도를 만들어놓고 있다. 따라서 게이머가 많은 게임의 실행 이후에 기억에 간직하게 되는 것은 각 지역의 지형과 전체의 지도이다. 특정한 공간을 상기하면 거기에서 벌어졌던 상황이 재현되고 그 기억이 게임의 데이터베이스와 알고리즘을 파악하게 한다. 그 점에서 게임에서 중요한 것은 통합체라기보다 계열체라고 할 수 있다. 그 계열체는 겉으로는 숨겨져 있지만 반복되는 수행 속에서 자신의 존재를 드러낸다. 이와 같은 양상은 하이퍼텍스트에서도 유사하게 나타난다. 독서가 반복되면 될수록 독자는 하이퍼텍스트 전체를 구성하는 구도를 파악할 수 있게 된다. 1995년 미국의 셸리 잭슨이 이스트게이트 사를 통해 펴낸『패치워크 걸』은 여기에 좋은 사례가 될 수 있다. 다섯 개의 단편으로 되어 있는 이 작품은 독자가 그 단편들을 하나씩 실행함으로써 전체 구조를 체험할 수 있게 만들어져 있기도 하고, 누더기로 이루어진 여성의 신체가 통일된 구조를 형성할 수도 있게 하는 방식으로 만들어져 있기도 하다. 이 사례에서 볼 수 있는 바와 같이 하이퍼텍스트에서 낱낱의 스토리 라인은 그 자체로 독립되지 않는다. 그것들은 다른 스토리 라인과 차이를 지닌 채로 새로운 연대관계를 모색한다. 볼프강 벨쉬는 들뢰즈의 리좀 모형이 차이를 통해 결합관계와 이행을 고려하는 모형이라는 관점에서 "차이가 나는 것은 그 자체로 교차관계나 측면적 혹은 횡단적 작업을 통해 생성되며, 차이는 결합관계와의 철저한 대립 속에 존재하지 않고 이를 경유하여 형성되며, 그러한 결합관계들은 서로 포섭하면서 새로운 결합관계를 낳는"[22] 것이라고 설명하고 있다. 이질성과 연관이 쌍을 이루고, 차이와 이행이 결합하는 데 리좀 개념의 결정적인 성과가 있다는 견해이다. 디지털 기술의 문화적 산물에 접근하는 데 제작자보다도 사용자의 역할이 더 중요하고 작가보다 독자의 개입이 더 비중 있는 요소가 되는 것은 그에 말미암는다. 컴퓨터 게임이 최종적 국면에서 공간의 형식으로 파악되는 것도 제작자의 의도라기보다는 사용자의 체험 영역에서 변환이 이루어지면서 우발적으로 일어난 일에 속한다. 그 점에서 우리는 디지털 기술이 첨단기술체계의 중심을 차지하는 사회가 되면서 지각의 문제가 대두된 원인도 그와 연관된 사항이 아닌지 검토해볼 필요가 있다.

Ⅲ. 지각론

전통적인 문학작품과 하이퍼텍스트를 단순 비교하면 어느 쪽에서나 다른 쪽을 결함이 있는 것으로 비판할 소지가 있다. 그것은 '작품'이란 용어와 '텍스트'란 용어로 지칭되는 대상들이 각기 다른 특성을 가지고 있고, 그에 따라 서

---

22 볼프강 벨쉬, 『이성 I』, 조상식 옮김, 이학사, 2010, 465쪽.

로 다른 지각 방식과 상이한 의미해석을 가능하게 하기 때문이다. 우리가 앞에서 컴퓨터 게임의 사례를 들어 디지털 기술에 의해 만들어진 텍스트에서 공간이 시간의 성분보다 중요해진다고 밝힌 것도 그와 연관된다. 그것은 컴퓨터 게임의 데이터베이스가 계열체로 되어 있다는 사실만을 유념하는 것이 아니다. 제베데이 바르부는 현대회화의 공간 시각화와 관련하여 "공간은 이미 사물을 거두어들이는 정적(靜的)인 용기(容器)로서 시각화되지는 않는다. 오히려 공간은 사물이 그 형상 및 의미를 영속적으로 창조하고 또 재창조하는 '무수한 힘의 장(場)'으로서 시각화되고 있는 것"[23]이라고 언급하고 있다. 여기서 제베데이 바르부는 새로운 기술에 의해 조성되는 공간의 기능에 초점을 맞추고 있다. 하이퍼텍스트나 컴퓨터 게임에서 우리는 시간적 전개를 갖는 수많은 스토리 라인을 경험한다. 그러나 그 스토리의 체험들은 독자적으로 완성된 개체를 형성하지 못하고 공간형식으로 전환한다. 그렇게 전환된 공간은 '형상 및 의미를 영속적으로 창조하고 또 재창조하는 무수한 힘의 장'으로서 기능한다. 이러한 논리의 전개에서 관건이 되는 것은 수많은 스토리 라인이 과연 공간형식으로 바뀌는가 하는 문제이다.

볼츠는 작가가 소프트웨어 디자이너와 프로그래머로 대체되고 예술가가 상아탑으로부터 컨트롤 타워로 옮겨가는 것이 현재의 상황이지만 그럼에도 불구하고 "확고한 관점을 피하고 판단을 유보시킴으로써 새로운 개방적인 지각의 장을 창출하는 것"[24]이 중요하다고 말한다. 이렇게 수용자와 지각의 문제를 매체미학의 중심적 의제로 삼는 것은 기술과 인간의 형성을 연결시키는 관점과 결부된다. '우리 몸이 사회적 기술'이라는 말에 압축적으로 표현되어 있듯이 인간의 정체성은 기술과 긴밀한 연관관계를 맺으면서 형성되었다. 클라이브 갬블

---

23 제베데이 바르부, 『역사심리학』, 임철규 옮김, 창작과비평사, 1983, 59쪽.

24 앞의 책, 355쪽.

은 "변화에 대한 연구는 인류 정체성의 물적 토대를 인정해야 한다. 내가 인류 정체성으로 이해하는 자아와 개인성은 언제나 보편적이라기보다는 지역적으로 만들어졌다"[25]는 기본 입장에서 인류의 기원과 변화를 설명하고 있다. 갬블은 그 물적 토대에 해당하는 인공물의 다양성에 대한 자신의 접근법이 마음뿐만 아니라 몸까지 고려하는 관계론적인 시각이라고 밝히고 신석기에서는 마음의 전환이 상징의 혁명을 통해 이루어진 데 비해 모더니티의 중요성은 "상징을 상징의 대상으로부터 분리시킴으로써 문화적 정체성을 변화"[26]시킨 데 있다고 주장한다. 이와 같은 관점들을 참고하면 매체미학이 인간의 지각에 관심을 기울이는 것도 거시적인 차원에서 인류 정체성의 물적 토대에 대한 성찰에 연결된다고 할 수 있다. 기술이 인류의 통제에서 벗어나 자립하기 시작한 전기시대에 지각에 대한 관심이 크게 증대한 것은 그 사실을 말해주고 있다. 그 첫 주자는 발터 벤야민으로서 그의 아우라론은 기술복제시대 예술작품의 지각과 관련된 논의의 중심점에 놓여 있다.

1. 아우라에 대한 논의

벤야민의 『기술복제시대의 예술작품』은 공식적으로 1936년에 처음으로 프랑스어 번역본이 발표되었다. 이 논문에서 벤야민이 기술복제로 인해 초래된 변화 가운데 맨 먼저 손꼽는 것은 '예술작품의 일회적 현존성'이 소멸하고 있다는 점이다. 그 일회적 현존성을 아우라(Aura)라는 개념으로 요약한 벤야민은 "물리적 변화의 흔적은 오로지 화학적 · 물리적 분석을 통해서 밝"혀야 한다는 입장에서 복제된 것과 전통의 영역에 있는 것을 비교한다. 그의 입장은 '전통의

25 클라이브 갬블, 『기원과 혁명-휴머니티 형성의 고고학』, 성춘택 옮김, 사회평론, 2013, 16쪽.

26 앞의 책, 85쪽.

청산'이라는 말에서 암묵리에 드러나는 것이지만 그보다 더 중요한 것은 이 지점에서 벤야민이 지각의 문제를 끌어들이고 있다는 점이다. 앞에서 이미 '일회적 현존성', '물리적 변화'와 연관 지어 언급했던 아우라의 붕괴를 '현대인의 지각작용의 매체에서 일어나고 있는 변화'로 파악하고 있는 것이다. 이러한 양상은 벤야민이 아우라를 대상의 측면에서 파악함과 동시에 주관적 측면에서 접근하고 있다는 사실을 알려주는데, 그가 예술작품의 의식적(儀式的) 가치와 전시적 가치를 나누어서 설명하는 것은 주관적 측면, 즉 수용자의 역할에 초점을 맞춘 것이라고 할 수 있다. 여기서 환기되어야 할 것은 아우라의 주관적 측면이 강조됨으로써 벤야민이 대상의 측면에서 아우라를 어떻게 파악하고 있는가 하는 문제가 벤야민은 물론 그의 논의를 이어받은 후대 사람들에게서도 상대적으로 소홀히 다루어지게 되었다는 사실이다. 이 문제는 이 글에서 핵심적인 논의사항이 된다. 아우라를 대상의 측면에서 접근하느냐 주관적 측면에서 접근하느냐 하는 것은 논의 결과에 결정적인 차이를 노정할 수 있기 때문이다.

벤야민은 자신의 논문에서 현대의 예술작품이 종교적 숭배의 대상에서 전시적 가치로 비중이 옮겨간 것을 사진과 영화를 사례로 들어 설명하고 있다. 회화와 사진을 비교하고 영화가 예술 전반에 준 충격을 거론하면서 그는 그러한 일련의 변화와 함께 문학에서도 필자와 독자의 차이가 근본적으로 의미를 잃게 되었다고 서술한다. 영화의 관람객이 촬영기사가 작동시키는 카메라의 태도를 취하는 데서 알 수 있듯이 이 시대에는 독자와 필자의 차이가 기능상의 차이로 환원되어 버린다는 견해이다. 이와 같은 수용자의 태도 변화를 통해, 그리고 사진과 영화의 특성에 대한 분석을 통해 벤야민은 "복제된 예술작품은 날이 갈수록 점점 더 복제를 겨냥해서 제작되는 예술작품의 복제품"이 되어가고 있으며 그 속에서 예술은 '정신분산적 기분전환적 오락'의 대상이 되어가고 있다고 밝힌다. 그는 이러한 현상이 지니는 부정적인 측면을 우려함과 동시에 그것이 촉각적 수용을 통해 어느 정도 극복될 수 있음을 암시하고 있다.

여기서 드러나듯이『기술복제시대의 예술작품』에서 가장 비중 있게 다루어진 논점은 아우라의 붕괴라는 현상이다. 이 사실을 감안하면 아우라가 무엇인지 파악하는 일은 벤야민의 논지를 이해하는 데서 뿐만 아니라 기술의 발달과 지각방식의 관계를 파악하는 데에도 필수적인 사항임을 알 수 있다. 그러나 그동안 이루어진 벤야민에 대한 수많은 논의들 속에서 아우라의 개념에 대한 일치된 견해는 나타나지 않고 있다. 낱말의 어원을 찾아 '공기'나 '영기(靈氣), '숨결'이라고 정의하거나 '신의 입김'이나 '육체 주위를 맴도는 빛의 너울'이라고 파악하는 데서부터 '어떤 사람이나 장소에 서려 있는 독특한 기운, 분위기', 또는 '인체에서 나온다고 믿어지는 눈에 보이지 않는 유동체', '초능력자에게 보인다고 하는 인체의 후광'이라는 사전적 정의, '살아 있는 사람 혹은 사물과 같은 한 존재로부터 퍼져 나오거나 뿜어져 나오는 혹은 퍼져 나온다고 생각되는 그 어떤 무엇'이라는 신비주의적 해석까지 아우라의 뜻은 다종다양하게 제시된다. 이와 같은 착종이 있는 가운데서도 "아우라는 근본적으로 대상이 지닌 미묘한 분위기이지만 동시에 그 대상에 대해 관찰자가 갖는 주관적 인상과도 밀접한 관계를 갖는다"[27]는 최문규의 설명은 전후맥락을 고려할 때 대체로 요령 있게 요점을 짚고 있는 것으로 판단된다. 이 설명이 상대적으로 요점을 파악하고 있다고 하는 것은 그것이「기술복제시대의 예술작품」에 나타난 아우라 개념의 핵심을 포착하고 있을 뿐만 아니라 이 논문 전후에 발표된 벤야민의 다른 논문들과 에세이의 관점까지도 유기적으로 연관시키고 있기 때문이다. 익히 알다시피 벤야민은『기술복제시대의 예술작품』의 발표 이전인 1931년에「사진의 작은 역사」라는 논문에서 대상을 분위기에서 해방시키는 전위예술작품을 사례로 들어 이렇게 말하고 있다.

27 최문규,『파편과 형세』, 서강대학교 출판부, 2012, 287쪽.

“분위기란 도대체 무엇인가? 그것은 공간과 시간이 서로 얽혀 짜여지는 교묘한 거미줄과 같은 것이다. 다시 말해 그것은 어떤 먼 곳의 것이-비록 그 먼 곳이 아무리 가깝게 있는 것처럼 보여지더라도-일회적으로 나타나는 현상인 것이다. 어느 여름 한낮 고요한 휴식 속에서 보는 사람의 눈에 그 그림자를 던지고 있는 지평선상의 산맥이나 아니면 작은 나뭇가지를 바라보고 있는 바로 그 순간, 이 순간의 시간은 이들 현상과 혼연일체가 되어 하나로 어울리게 되는 것이다.”[28]

최문규는 이 인용문에 나오는 ‘그림자’를 ‘그늘’로 번역하면서 그것이 뒷날 흔적과 아우라를 구분하는 벤야민의 글과 관련된다는 점을 지적하며 다음과 같이 말하고 있다.

“흔적과 아우라는 대상과 주체의 관계에 따라서 구분되는 셈이다. 어떤 대상의 아우라를 경험한다는 것은 결국 우리가 그 대상의 효과 속으로 빨려 들어간다는 것이며, 이와 정반대로 우리가 대상(실상)의 잔존을 우리의 것으로 삼을 경우 흔적이라는 개념을 사용할 수 있다. 아우라의 경우 능동적 주체는 다름 아닌 대상이나 실상 자체이지만, 흔적의 경우 인간이 능동적 주체인 것이다. 그림 같은 전통적 예술작품이 아우라를 지닌다는 것은, 그림이 감정이입 같은 것을 요구하면서 수용자(관객 · 독자)를 자신 속으로 끌어들이는 것을 뜻한다.”[29]

아우라의 경험이 대상의 효과 속으로 빨려 들어감을 의미한다는 것은 대상과 주체가 혼연일치를 이루는 가운데서 대상의 주도적인 역할을 긍정하는 것으

28 발터 벤야민, 「사진의 작은 역사」, 『발터 벤야민의 문예이론』, 반성완 옮김, 민음사, 1983, 245쪽.

29 최문규, 앞의 책, 286쪽.

로 아우라를 대상이 지닌 속성으로 이해하는 길을 열어준다. 일회적 현존성을 아우라의 특성으로 이야기할 때 벤야민은 분명히 그러한 관점을 드러내보여 주었지만 후대의 논의에서 그 사실은 충분히 고려되지 못했다. 이러한 사정은 「기술복제시대의 예술작품」보다 3년 늦게 발표된 「보들레르의 몇 가지 모티브에 관해서」에 대한 논의에서도 찾아볼 수 있다. 예컨대 이 논문에서 벤야민은 "우리가 분위기(Aura)를, 원래 무의지적 기억에 자리 잡고 있는 어떤 지각대상의 주위에 모여드는 연상작용이라고 규정한다면, 그 대상에 있는 분위기는 실용적 대상에서 연습으로 남게 되는 경험에 해당한다."고 서술하고 있는데, 최문규는 '연상작용'을 '표상'으로 번역하면서 다음과 같이 그 의미를 해설하고 있다.

"전통적인 예술작품의 경우 관조대상의 아우라와 무의지적 기억이 서로 밀접한 관계를 맺는다면, 기술복제시대에서는 사용 대상의 경험과 의지적 기억이 밀접한 관계를 맺는다. 예를 들면 아우라를 사라지게 만드는 카메라는 의지적 기억을 확장시키는데, 여기서 의지적 기억이란 '기술적 장치를 통해서 원하는 시간에 언제나 특정 사건의 소리나 형상을 가져오는 것'을 뜻한다. 이밖에도 노발리스의 주의력 개념을 인용하면서 벤야민은 대상의 아우라를 느낀다는 것은 곧 그와 같은 '주의력으로서의 지각가능성'을 갖는 것이라고 설명하기도 한다."[30]

이 해설 역시 벤야민의 논지를 비교적 선명하게 그려 보여주는 장점이 있다. 벤야민이 앙리 베르그송의 『물질과 기억』에 제시된 이론을 원용하면서 전통적인 예술작품과 새로운 매체예술의 차이를 아우라의 경험 여부를 통해 구분하고 있으며, 그 논의 속에는 뛰어난 시인과 독자 사이에서 일어나는 교감능력까지

---

30 앞의 책, 287쪽.

포함되어 있음을 언급하고 있기 때문이다. 이처럼 벤야민의 여러 저작에 나타난 아우라 개념이 비교적 상세히 설명되고 있음에도 불구하고 벤야민의 아우라 개념에는 여전히 석연치 않은 부분이 남는다. 그렇게 말할 수 있는 근거는 벤야민이 다른 예술에 비해서 기술복제의 역사가 훨씬 긴 문학 영역에 대해서 아우라와 관련하여 깊이 성찰하거나 구체적으로 논의한 흔적이 눈에 띄지 않는다는 점에 있다. 물론 이 문제에 대해서는 기왕에 많은 논의가 이루어졌고 우리나라에서도 그 경과를 간략하게 정리한 논문이 나와 있다. 오창호는 맥루언과 벤야민을 비교하는 자리에서 문학사가인 아놀드 하우저가 영화보다 책이 기계적으로 제작된 최초의 매체라는 맥루언의 주장을 배척했다는 사실을 전하고 있다. 하우저는 벤야민의 글이 복제의 선후를 가리는 일보다 재생산 기술의 새로운 단계에 초점을 맞추었으며 "유사한 기계적 과정에도 불구하고 인쇄된 텍스트의 재생산과 회화적 예술의 재생산 사이에는 분명한 간격이 있다"[31]는 관점에서 맥루언의 관점을 배척했다는 것이다. 아우라의 상실에 대해서도 맥루언은 인쇄술에서 원인을 찾았으며, 전자매체의 도래가 촉각성의 회복을 가져다주리라고 예측한 데 비해 벤야민은 그 상실이 테크놀로지의 본질에서 귀결된 사태로서 사람들에게 대상으로부터 비판적 거리를 갖게 해준다는 점에서 부정적인 것으로만 간주하지는 않았다는 것이다. 오창호는 이처럼 맥루언과 벤야민 두 사람이 많은 차이점을 갖지만 근본적으로는 개념을 공유하는 부분이 더 크다고 말하고 있다. 특히 그는 벤야민의 아우라 개념과 맥루언의 촉각성은 근원적으로 동질성 또는 친연성을 지니는 것으로서 똑같이 커뮤니케이션의 양식으로서 경험의 직접성을 추구하고 있다고 파악한다.

"벤야민의 아우라에 해당하는 맥루언의 개념은 촉각성 혹은 청각적 공간 개

31 오창호, 「맥루한과 벤야민」, 한국언론학보, 2004, 418쪽.

념이다. 맥루언에 따르면 촉각성 혹은 청각적 공간은 어떤 예술적 효과이다. 그가 조각가 힐데브란트의 설명을 빌어 제시하는 촉각성은 일종의 감각들의 상호작용 혹은 통합이 가져오는 핵심적인 예술적 효과로서, 촉각적 양식의 저밀도 이미지는 관찰자로 하여금 적극적인 참여자로 만든다. 이러한 예술적 효과는 전형적으로 원시시대의 동굴벽화에서 찾아볼 수 있는 것으로서, 송진이나 동물의 기름을 태워 희미한 빛을 내는 등잔 아래서 드러나는 동굴화의 선과 색은 주술적 힘을 갖는다고 한다. 맥루언은 이러한 촉각성이라는 아이디어를 토마스 아퀴나스의 지각이론에서 차용한 것으로 알려져 있다. 아퀴나스는 우리가 5개의 감각기관을 통해서 각각 별도의 감각적 자료를 얻음에도 불구하고 그것이 파편적으로 수용되는 것이 아니라 하나의 전체로서 수용되는 것은 여러 개를 하나로 전환하는 통합적 감각기관이 있기 때문이라고 주장하면서 그 공통감각을 통감각이라고 불렀는데, 이것은 촉각성의 다른 이름이다. 촉각성은 마치 3원색이 적절한 비율로 혼합되었을 때 흰색이 되듯이, 감각들이 적절한 비율로 작용할 때 발생하는 효과이다."[32]

아우라와 촉각성이 똑같은 예술적 효과를 가리키는지 아닌지는 엄밀한 검토를 요청하는 문제이다. 아우라라는 낱말이 벤야민의 신비주의자로서의 면모를 대표하는 개념이라는 사실을 상기하면 중세신학의 대표자인 아퀴나스의 지각이론에 연원을 둔 통감각 개념과 일맥상통하는 측면이 있으리라는 추론은 충분히 개연성을 갖는다. 그렇지만 그것들이 '똑같은 예술적 효과'를 갖는지에 대해서는 단언을 하기 어렵다. 다음 절에서 감각으로부터 지각과 공감각, 통각을 차례로 고찰하고자 하는 것은 그 점을 고려하기 때문이다. 하지만 현재의 단계에서는 기계복제의 문제를 성찰하는 데서 문학의 영역에까지 시야를 확대해야

32 오창호, 앞의 글 419쪽.

한다는 맥루언의 문제의식을 높이 사줄 필요가 있다. 그 이유는 아우라 개념을 확대해서 적용해야 한다는 견해가 여러 사람에게서 제기되고 있고, 그 점에서 로만 인가르덴이 『문학예술작품』에서 독자적으로 개척한 '형이상학적 특질' 개념은 발터 벤야민이 아우라에 대한 논의 속에서 공백으로 남겨놓은 공간을 탐험하는 데 최적의 장소가 된다는 데 있다.

실제로 제르노 뵈메는 벤야민의 아우라 개념이 일상적 경험의 영역으로까지 확장되어야 한다고 생각했다. 그 이유는 예술행위가 특정한 공간에 갇혀 이루어지는 것이 아니라 일상의 경험 혹은 상황에서 일어나는 느낌과 긴밀히 결부된다는 데 있다. 제르노 뵈메의 관점은 분위기를 "일정한 환경이나 장면을 휩싸고 도는 어떤 느낌"이라고 규정하는 우리말 사전의 정의와 일정하게 상통한다고 할 수 있다. 아우라를 어떤 경험이나 상황에서 일어나는 '느낌'으로 파악한 사람은 제르노 뵈메에 그치지 않는다. 장 뤽 마리옹 또한 아우라를 인간의 감각과 직관의 '포화' 또는 '과잉'을 나타내는 일반적인 현상으로 보았다.

제르노 뵈메나 장 뤽 마리옹이 아우라 개념을 일반적으로 확장할 수 있다는 논지를 펴고 있다면 미리암 B. 핸슨은 좀 더 구체적인 검토를 통해 아우라 개념이 사진이나 영화의 기술에도 적용될 수 있음을 논증하고 있다.[33] 핸슨은, 통상 사람들이 알고 있는 바와는 다르게, 벤야민이 예술의 아우라만 말한 것이 아니라 "아우라는 사람들이 생각하는 종류의 것들만이 아니라 모든 사물에서 나타난다"고 초기(1930년 3월)의 논고에서 쓰고 있으며, 그 사실을 바탕으로 벤야민이 현대사회의 실재들을 파악할 수 있는 개념으로서 아우라를 재창안하려 했던 것이라고 추론하고 있다. 핸슨의 이러한 관점은 일반에게 알려져 있는 벤야민의 견지와 정면으로 대립된다. 벤야민이 당시의 첨단 매체인 사진과 영화의 기술적 복제와 관련해 아우라의 소멸을 이야기하고 있는 데 반해서 핸슨은 바로

---

33 Mirriam B. Hansen, Cinema and Experience, California Univ. press, 2012, 4장 참조.

그러한 문화적 기술적 산물들 속에도 아우라가 깃든다는 논리이기 때문이다. 이와 같이 아우라의 개념이 벤야민이 사용한 것보다 좀 더 넓은 의미영역을 차지한다는 주장들의 몇 가지 사례를 제시하는 것은 로만 인가르덴의 '형이상학적 특질'이란 개념을 아우라와 관련시켜 논의하기 위해서이다.

로만 인가르덴은 1931년, 그러니까 벤야민이 「기술복제시대의 예술작품」의 초고를 쓰고 있을 무렵 자신의 주저인 『문학예술작품』을 발간하는데 이 저작에서 논의되는 형이상학적 특질에 관한 내용은 발터 벤야민이 아우라의 개념으로 설명하고 있는 사항과 거의 그대로 일치한다. 바꾸어 말해서 벤야민이 인가르덴의 저작을 참고할 수 있었더라면 그의 아우라론은 좀 더 튼실한 기반 위에 설 수 있었고 그에 따라 체계성을 갖추어 공백을 남기지 않을 수 있었으리라고 판단된다. 그렇지만 불행히도 인가르덴의 논의는 현상학자들에게만 알려져 있었고 당시의 사회적 상황 때문에 그에 대한 학술적 담론도 왕성하지 못했다. 이것은 발터 벤야민이 인가르덴의 형이상학적 특질에 대한 논의를 알지 못한 채 아우라에 대한 논의를 전개했을 가능성을 시사한다. 그렇다면 형이상학적 특질이란 무엇인가.

로만 인가르덴은 『문학예술작품』에서 문학작품을 다층적 형상으로 파악한다. 작품은 여러 개의 층들이 겹쳐지면서 만들어진다고 보고 그 층들의 양태와 기능을 면밀히 분석하여 문학작품의 층조적(層組的) 구조를 해명한 것이다. 이 책이 문학계에서 어떻게 받아들여졌는가 하는 것은 르네 웰렉과 오스틴 워렌의 공저인『문학의 이론』에 인가르덴의 관점이 수용되고 있다는 사실을 통해 저간의 사정을 얼마간 이해할 수 있다. 인가르덴은 문학작품이 기본적으로 언어적 음성형상의 층, 의미단위체들의 층, 표시된 대상성들의 층, 도식화된 시점들의 층이란 4개의 층으로 구성된다고 파악하고 있다. 그런데 인가르덴은 자신의 책에서 이 4개의 층 외에 형이상학적 특질이란 사항을 덧붙여 기술하고 있다. 이로 인해 『문학의 이론』의 저자들은 인가르덴의 책에 문학작품의 다섯 개의 층이 구분되어 있다고 서술한다. 이에 대해 인가르덴은『문학예술작품』3판 서문에서 자세하게 비판한다. 형이상학적 특질은 작품의 근본구조에 해당하는 것이 아니라 "서술된 세계 속에서의 어떠한 생기(生起)들이나 삶의 상황들을 근거로 해서 단지 상관 속에서만 드물게 현시(顯示)"[34]되는 현상이라는 것이다. 바꾸어 말해서 문학작품은 4개의 층이 층조성을 형성하는 것이고 형이상학적 특질은 그것들과는 다른 차원에서 뛰어난 작품에 드물게 나타나는 현상일 뿐이라는 견해다. 인가르덴은 이 형이상학적 특질이 '문학예술작품의 가장 중요한 요소'로서 4개의 층이 공동으로 작용해서 이루어지는 것이지만 그 가운데서도 대상적인 층이 결정적인 역할을 한다고 밝힌다. 그는 형이상학적 특질의 구체적인 양상을 숭고한 것, 무서운 것, 충격적인 것, 악령적인 것, 거룩한 것 등 수십 가지로 열거하고 그 가치를 다음과 같이 설명한다.

"이러한 특질들은 통상적인 의미에 있어서의 어떠한 대상적인 속성들이나, 그리고 일반적으로 이러한 또는 저러한 정신적인 상태들의 징표들도 아니며, 오히려 이것들은 일반적으로 복잡하며, 상호간 아주 상이한 상황들, 사건들 속에서, 자주 이러한 상황들 속에서 존재하는 사람들이나 사물들 위에 떠돌며 모든 것을 꿰뚫고 그 빛으로 밝히는 일종의 분위기로서 자체를 시현한다."[35]

인가르덴이 사용하는 분위기라는 말은 벤야민이 사용한 아우라 개념에 해당한다. 이 분위기에 대해서 인가르덴은 몇 페이지에 걸쳐서 계속해서 서술한다. 그것은 "해당하는 사건을 삶의 정점으로 만드는 것"으로 "존재자들의 정점과 마지막 깊은 곳을 형성"하며 "일상의 회색인 그리고 특징이 없는 경험들에

34 로만 인가르덴,『문학예술작품』, 이동승 옮김, 민음사, 1985, 14쪽.

35 앞의 책, 327쪽.

대해서 적극적인 가치를 표시"하는 것이지만 "특정한 상황들 속에서만 황홀하게 통찰될 뿐"이라는 것이다. 이러한 표현들은 대상에 대한 최상의 수사들을 동원하는 것이라고 할 수 있는데 인가르덴은 형이상학적 특질이 우리들의 행위들의 신비한 원천이며, 철학적인 인식과 인식충동의 원천, 다른 편에서는 예술적 창작과 향수의 근원이라고 덧붙이고 있다. 인가르덴의 논의가 가치를 지니는 것은 그 형이상학적 특질, 아우라가 어떻게 해서 작품에서 생기는가 하는 문제에 일정한 답변을 제공함으로써 작품론을 공동으로 남겨 놓은 채 작품 주위의 상황이 조성하는 분위기나 감성학만으로 매체예술에 접근하는 한계를 벗어날 수 있게 해준다는 점에 있다. 즉 인가르덴은 4개의 층들이 공동작용해서 형이상학적 특질을 빚어내지만 그 가운데서도 대상성의 층이 주도적인 역할을 한다고 밝힌다. 이 대상성의 층이란 언어음성층이 의미층을 형성하고, 의미층과 도식층이 언어음성층과 상호 규정적으로 작용하여 만들어내는 것인데, 형이상학적 특질은 대상층의 주도적인 기능 속에서 시현되는 것이지만 그 대상층은 "문학예술작품의 모든 열거된 층들의 조성과 공동작용에 종속된다"는 것이다. 이것은 인간의 뇌가 자극을 받고 그에 반응하는 과정에서 수행하는 선별기능의 메커니즘을 보여 주는 의미가 있다. 이 선별기능은 우리가 4부에서 다루게 될 베르그손의 이미지론에 나오는 감산법과 긴밀히 연결된다. 우리가 앞에서 아우라의 대상적 측면과 주관적 측면을 구분하는 데서 논의를 시작하여 인가르덴의 형이상학적 특질에 대한 검토를 통해 전자의 대상적 측면을 규명했음을 상기하면 이제 다루어야할 문제는 아우라의 주관적 측면에 대한 석명이다. 그 작업은 인간의 감각과 공감각, 나아가서는 통각이 여러 종류로 나뉠 뿐 아니라 서술 차원도 한 가지로 통일되지 않기 때문에 불가피하게 지각의 여러 양태 또는 단계에 따라 순차적으로 진행되는 형태를 띠게 된다.

2. 지각의 여러 단계

발터 벤야민이 현대인의 지각작용에서 일어나고 있는 변화를 읽어낸 주요 대상은 사진과 영화였다. 매체미학이 문자문화에서 시각문화로의 전환을 주요 관심 사항으로 삼는 일반적 경향을 일찍부터 보여준 셈인데, 여기에는 아우라를 대상의 객관적 특성으로만 파악하는 것이 아니라 주관적 경험의 과정에서 생기는 효과와 관련짓는 양상이 나타난다. 심혜련은 이 주관적 경험의 과정을 '지각 가능성'이라고 파악하는 입장에서 "아우라는 자연의 대상을 바라볼 때 주체가 대상과의 교감 속에서 그 대상이 주는 미묘한 분위기의 경험이라든가, 혹은 타인과의 관계 속에서 자기가 느낀 '시선을 되돌려 줄 수 있는 능력'으로(서)의 상호작용적인 지각형식을 의미한다"[36]고 설명한다. 곧 대상과 주체가 혼연일체를 이루는 가운데 교감하는 능력에서 일어난 변화를 위기로 보는 것이기 때문에 그것은 새로운 어떤 '지각의 신호'를 나타낸다는 관점이다. 실제로 벤야민은 영상매체에 대한 새로운 지각방식이 관조적 침잠 대신에 정신 분산적(기분 전환적) 오락으로 되고 있음을 지적한다. 그러나 벤야민의 관점은 그리 단순하지 않다. 영화가 지각의 심화를 가져다주었다는 점을 인정하면서도 정신분산적이라고 말하고, 촉각적 수용을 말하면서도 정신이 산만한 시험관을 언급하고 있다. 그처럼 대립적인 혹은 이율배반적인 사항들을 병치하는 진의가 어디에 있는가를 판정하기는 쉬운 일이 아니지만 여기서 우리가 주목해야 할 사항은 벤야민이 자신의 담론 속에 건축을 끌어들여 건축물의 수용이 사용과 지각, 촉각과 시각을 통해 이루어진다는 사실을 환기하고, 그것을 통해 자신의 결론을 대신하고 있다는 점이다. 그는 이렇게 말한다.

36 심혜련, 「매체에 대한 미학적 접근」, 『매체철학의 이해』, 매체철학연구회 (편), 인간사랑, 2005, 131쪽.

"촉각적 수용은 주의력의 집중을 통해서라기보다는 익숙함을 통해 이루어진다. 건축의 경우 그러한 촉각적 수용은 상당할 정도로 시각적 수용까지도 결정하게 된다. 또 이러한 촉각적 수용은 본래 한 번의 긴장된 주의를 통해서가 아니라 우연히 어떤 대상을 주목함으로써 이루어지는 것이다. 그런데 이처럼 건축물을 통해 형성되는 수용방법은 경우에 따라서는 규범적인 가치를 갖게 되는데, 그 이유는 역사의 전환기에서 인간의 지각구조에 부과된 과제는 단순히 시각, 다시 말해 관조를 통해 해결될 수가 없기 때문이고, 또 그러한 과제는 촉각적 수용의 주도하의 익숙함을 통해 점차적으로 해결될 수가 있기 때문이다."[37]

벤야민이 기술복제시대의 지각변화를 논하는 글의 마지막 단계에서 촉각적 수용을 들고 나온 이유를 이해하기 위해서는 직접적인 설명보다는 우회하는 전술이 필요하다. 감각이라고 하면 우리는 흔히 불교에서 5근과 6근으로 구분하는 안 · 이 · 비 · 설 · 신 · 의를 떠올린다. 색깔과 형태를 지각하는 눈과 소리를 듣는 귀, 냄새를 맡는 코, 맛을 감별하는 혀, 사물을 직접 감촉하는 신(몸)이 5근이며 거기에다가 현재의 모든 법(法)이 그 작용을 그치고 과거로 사라지는, 그리하여 과거 경험의 총체를 이루는 의를 포함할 때 6근이 된다. '근(根)'이란 뛰어난 힘 또는 뛰어난 작용력을 뜻하는 것으로 일정한 영역의 물질적 대상을 식별하는 인간의 능력, 지각의 뿌리를 말한다. 감각은 이 지각의 뿌리와 관련된다. 메를로 퐁티는 지각에 접근하는 방식에 따라 '지각을 이루는 근본 벽돌'이란 개념을 감각으로 이해하는 경우 감각은 주체 안에서 만들어지는 대상에 대한 '인상'이 되고, 대상의 속성으로서 '결정적 성질'이라고 이해할 경우 감각은 주체의 밖에 있는 어떤 것의 객관적 성질이 된다고 말한다. 이는 우리가 아우라를 주관적 경험과 연결시키는 경우와 대상 자체의 속성으로 파악하는 경우를 구분한

37 발터 벤야민, 「기술복제시대의 예술작품」, 228쪽.

데서 이미 나타났던 관점이다. 인류의 역사를 돌아보면 각 시대마다 주도적인 감각은 끊임없이 자리를 바꾸어왔다. 원시-고대에 청각과 촉각이 주도적인 역할을 해온 데 비해서 알파벳이 등장한 이후에는 그 역할이 시각에 맡겨졌다. 그리고 전기시대에 이르면 그 양태는 또 다시 변한다. 이 과정을 맥루언은 다음과 같이 설명한다.

"만일 하나의 새로운 기술이 우리의 감각 가운데 어떤 하나의 감각 혹은 감각들을 우리들 밖의 사회적 세계로 확장한다면, 그러한 문화 속에서는 우리의 감각들의 새로운 비율이 발생할 것이라는 것은 아주 쉽사리 할 수 있는 말이다. 이는 마치 기존의 어떤 멜로디에 새로운 음부(音符)가 첨가되는 것과 같은 것이다. 그리고 어떤 한 문화에 있어서 감각 비율이 변화하게 되면 지금까지는 명료하게 보이던 것이 불명료해지고 희미하거나 불명료하게 보이던 것이 투명하게 될 것이다. 뵐플린은 1915년 이 문제를 혁명적인 그의 저서 『미술사 원리』에서 논한 바 있는데, '그 효과는 심미적인 감각의 문제가 아니라 감각들 간의 비율변화라는, 보다 근원적인 것이다'라고 말하였다. 뵐플린은 조각가 힐데브란트가 발견한 문제에서부터 그의 이야기를 시작한다. 그의 『조형 미술에 있어서의 형식의 문제』는 먼저 통상적인 인간의 감각 기관의 지각에 있어서의 무질서를 설명한 후 이러한 혼란을 명료화하는 데 있어서의 미술의 역할을 설명한다. 힐데브란트는 촉각이 일종의 공감각 혹은 감각들이 상호작용하는 감각이고, 이것이 최고의 예술적 효과의 핵심이라는 것을 보여준다."[38]

월터 J. 옹은 인간과의 친밀도에 따라 감각을 서열화한 바 있다. 그 순서는 촉각-미각-후각-청각-시각 순으로 배열되는 것으로서 촉각이 인간에게 가장 근원

38 마샬 맥루한, 『구텐베르크 은하계』, 임상원 옮김, 커뮤니케이션북스, 2001, 87-88쪽.

적이자 친숙한 감각이고 시각은 인간에게서 가장 멀리 떨어져 있는 감각이다. 이 관점에 따라서 맥루언은 문자보다 말이 선행했고, 말은 신체의 움직임을 원형으로 하는 것이라고 보았다. 그는 제임스 조이스가 언어와 커뮤니케이션에서 제스추어가 중심이 된다고 보았기 때문에『피네간의 경야』에서 '귀로 읽는 것'을 기획했으며 인간의 무의식을 꿈의 언어로 기록하려 했다고 설명한다. 맥루언이 공감각과 촉각성을 중시한 것은 조이스가 하나의 단일한 통합체계를 이루는 기호를 통해 커뮤니케이션을 시도한 것에 상응하는 시도였던 것이다. 인용문에서 촉각을 일종의 공감각, 감각들이 상호작용하는 감각으로 보고 그것이 최고의 예술적 효과를 낳는다고 말하는 것도 동일한 인식에 입각해 있다. 움직이는 입체로부터 추상하는 게임을 통해 예술의 여러 단계를 설명하는 빌렘 플루서가 말하는 바와 같이 예술의 근원에는 움직이는 실체가 있다. 이 실체를 표상하는 방법은 역사적으로 변화해 왔는데 그 과정에서 주도적인 감각, 지배적인 매체는 바뀌어왔다. 그와 같이 감각이 분화된 양태를 프리드리히 키틀러는 '세분화된 노동 분업적인 지각 구조'라고 파악한다. 각각의 매체에 따라 듣기와 보기와 읽기가 따로 구분되어 적용되어 왔다는 것이다. 그러나 이 단순매체는 20세기에 들어 복합매체로 바뀌게 된다. 그 대표적인 사례가 벤야민의 시대에는 영화였으며 디지털 시대에는 컴퓨터이다. 이 새로운 사태 앞에서 현저하게 드러난 지각 방식이 벤야민에게는 대중적, 정신오락적, 분산적 지각이다. 이것은 텍스트에 집중하도록 만드는 인쇄매체와만 비교하더라도 매우 퇴행적인 지각방식으로 판명된다. 아우라가 위축되고 있다는 진단은 그 인식에 입각해 있다. 벤야민은 이 상태가 극복될 수 있는 가능성을 건축물의 수용에서 찾는다. 주의력의 집중보다 익숙함을 통해 지각되는 건축물의 촉각적 수용은 정신이 산만해진 사람에게도 가능한 지각방식이다. 그 익숙함을 체득하기 위한 연습의 대상은 영화이다. 비록 영화가 관중의 주의력을 효과적으로 끌어내지 못하고, 그럼으로써 종교의식적 가치를 뒤로 밀어낸다는 부정적인 측면이 있다고 할지라도 충격

효과라는 고유의 기제는 정신이 산만한 시험관에게도 촉각적 수용의 가능성을 열어놓고 있다. 발터 벤야민의 논지를 대강 이렇게 읽을 경우 그가 자신의 앞에 전개되고 있는 당대의 매체현상에 대해 비관만을 하고 있었던 것이 아니라는 사실을 알 수 있다. 그렇다고 하더라도 촉각과 공감각, 나아가서는 통각의 상호 관계가 명쾌하게 정리되는 것은 아니다. 매체학자들은 종종 촉각과 공감각, 통각을 거의 동일한 것으로 간주하고 있는 양상을 드러낸다. 과연 그것들은 동일한 것인가.

노르베르트 볼츠는 전자미디어에 대한 맥루언의 지각론이 탁월한 것임을 인정하는 입장에서 그 특징을 몇 가지로 나누어 설명한 바 있다.[39] 접촉성, 공감각, 인스턴트성, 비선형성, 탈중심작용, 내부폭발 등이 그가 전자미디어의 등장으로 인해 지각에 나타난 특징들로 손꼽고 있는 것들이다. 그 가운데서 '접촉성'과 '공감각'은 각기 촉각과 공감각에 대한 언급이라고 보아 크게 틀리지 않는다. 볼츠는 '터치(touch)'라는 유행어가 피부적 접촉만이 아니라 "인간 정신 속에서의 사물들의 생명들 자체를 의미"한다고 서술하며 "촉감은 관계를 심화시키는 실재"라고 언급하고 있다. 접촉을 통해 인간과 사물의 관계가 심화되고 그로 인해 우리는 사물들을 자신 속에 생명적 존재로 받아들일 수 있다는 견해라고 해야 할 것이다. 볼츠는 이 관계가 전기미디어를 통해 더욱 촉진되며 마침내는 '시각적인 도서문화와 촉각적인 뉴미디어 세계의 중개자' 역할을 수행할 것이라고 내다본다. 볼츠의 이러한 관점은 "뉴미디어들이 존재한 이래로, 비로소 '인류'라는 것이 존재했다. 개개인에게 일어나는 일이 다른 사람에게도 해당되었기 때문이다"는 말이나 "전자화된 세계에서는 표면과 심연, 가상과 진실 사이에 긴장들이 더 이상 존재하지 않는다. 순수한 데이터 흐름들로부터 더 이상 비판적으로 거리를 취할 수 없는 지경이 된다"는 진술로 뒷받침된다. 이 진술들 속에는

---

39 노르베르트 볼츠, 『컨트롤된 카오스』, 277쪽.

촉각에 의한 접촉이 세계에 대한 지각을 근본적으로 바꾸어가는 양태가 잘 표현되어 있다. 그가 공감각에 대한 진술 속에서 언급하는 내용도 촉각으로 인한 관계의 심화가 핵심 개념이 된다. 볼츠는 공감각에 대해서 "전기를 통한 가속은 이제 형상적으로는 전혀 표상할 수 없는 관계들을 창출한다. 이로써 서양문화에서 시각 우위가 끝난다. 전기는 감각들과 미디어의 공동 유희를 보증하고 있다"고 서술하고 있는데 이 언술에서는 촉각이 공감각을 이끌어가는 존재임을 드러내주는 내용이 핵심을 이룬다. 촉각과 공감각 간의 이러한 관계는 다음의 서술 속에서 압축적으로 표현된다.

"통각과 같은 감각을 통일하는 감각 기관의 필요성을 최초로 주장한 사람은 아리스토텔레스이다. 그는 감각이 작용하기 위해서는 각 감각을 통합시키는 매체가 필요한데 그것을 촉각이라고 하였다. 토마스 아퀴나스는 이를 받아들였다. 토미즘(Thomism)에 따르면, 통각은 보편적인 감각인 촉각을 통해 만들어진다. 다시 말해 촉각이 가장 기본적인 감각이다. 맥루한은 이를 받아들인다. 그리하여 그는 촉각을 강조하게 된다. 그는 촉각에 의한 지각을 가장 완전에 가까운 감각으로 주장한다. 그래서 맥루언은 통각인 '공감각(synesthesis)'을 강조한다. 공감각이란 다섯 개의 감각이 하나의 공동체를 이루고 있는 상태를 말한다. 공감각이란 원래 하나의 감각기관이 자극을 받으면 여타의 다른 감각 기관을 자극하는 것을 의미하는 것인데, 다시 말하면 하나의 감각이 다른 감각으로 번역되는 것을 의미하는 것이다. 요컨대 맥루언의 이야기는 위에서 말한 감각의 공동체의 유기체적 성격이 파괴되었으며 이와 함께 기호의 공동체의 유기체적 성격 또한 파괴되었다는 것이다. 이러한 파괴는 알파벳이라는 표음 문자의 발명으로 시작되어 구텐베르크의 인쇄술로 극대화되었다는 것이다. 그러나 이들 파괴된 유기체적 공동체는 전기나 TV 와 같은 전자 매체에 의해 회복되었다는 것 또한 그의 주장이다."[40]

인용문에 따르면 통각은 공감각과 거의 같은 내용이다. 그러나 통각과 공감각이 유사한 측면을 지니고 있다고 할지라도 통각을 공감각과 동일시하는 경우 생각지 않은 문제가 발생한다. 공감각의 사전적 의미는 자극이 주어졌을 때 다른 영역의 감각을 동시에 불러일으키는 현상이다. 공감각은 감관이 다른 영역 사이에 동시적으로 감각이 발생하는 현상을 가리키는 말로 감각 전이, 감각 유추라는 개념으로도 표현되는 현상이다. 이와 같이 공감각이 하나의 자극에 대하여 여러 감관이 동시적으로 발동하는 양상을 가리키는 개념인데 반해 통각은 전혀 다른 현상이다. 통각이 그 개념을 최초로 사용한 라이프니치에게서도 지각과 관련되는 개념인 것은 사실이지만 지각이 외부 세계를 비추는 내적 상태인데 비해 통각은 모나드의 내적 상태에 대한 의식적 반성이다. 칸트는 이 개념을 더 발전시켜 경험적 통각과 순수한 근원적 통각을 나누었는데, 칸트 사전에 따르면 전자가 "경험적이고 심리적인 상대적 자기의식"을 가리키는 데 반해 후자는 "모든 인식내용으로서의 지각을 통일하면서 자기 자신을 통일하는 양면성을 지닌다." 곧 "통각은 언제나 표상내용, 즉 지각을 종합하고 통일"하는 특성을 지니는 것이다. 이것이 뜻하는 바는 다음 인용문을 참조하면 이해에 도움이 된다.

"모든 주관에 공통적으로 주어져 있는 선험적 통각은 잡다한 표상들로부터 하나의 통일성을 이끌어낸다. 즉 그것은 인식 능력에 대상을 부여하는 원인이며, 일종의 혼돈상태로부터 대상을 창조해내기 때문에, 칸트는 그것을 상호주관적이고, 필연적이고, <객관적>이라고 규정했다. '그러나 대상들 속에 결합하

---

40 임상원, 「맥루한의 사상과 철학」, 『구텐베르크 은하계』, 2001, 558-559쪽.

는 그 무엇이 들어 있어서, 가령 지각을 통해 이를 대상으로부터 가져와, 오성이 이를 받아들일 수 있는 것이 아니다. 오성의 작용은 그 자체 아 프리오리하게 결합하는 능력에 다름 아니며, 표상에 주어진 다양한 것을 통각으로 통일하는 능력인데 이는 인간의 인식 전체에 있어서 최고 작용의 원칙이다.' 선험적 통각은 순수오성의 범주들과 판단의 형식에 그 뿌리와 통일성을 부여해 주는 궁극적 근거이다."[41]

사전은 통각이 인식활동의 능동성을 입증해주는 증거로서, "지각은 객관적인 소여의 수동적 반영이 아니라, 인식 주관이 객관적인 실재를 능동적으로 소화해가는 복잡한 과정"을 나타내주는 개념이라고 평가한다. 단순히 지각의 내용에만 매이는 상태에서 벗어나 적극적으로 통일적 표상을 만들어내는 과정을 통각의 개념이 포함한다는 것이다. 이 사전적 정의들에서 보는 바와 같이 통각은 감각들의 동시적 작용에만 초점을 두는 개념이 아니다. 통각은 철학에서도 매우 중시되는 개념이다. 그것을 주로 예술 영역과 관련지어 살펴보기 위해서는 그 개념이 다양한 소여로부터 표상의 통일에 이르는 기능을 중시한다는 점에 유의할 필요가 있다. 통각이 상상력의 종합에 관계된다는 설명 또한 공감각과의 거리를 엿보게 해준다. 이렇게 공감각과 통각의 차이를 부각시키는 것은 그 개념들이 무차별적으로 혼용되는 데 대한 자각이 필요하기 때문이기도 하지만 인간의 지각에 대한 근본적인 이해가 요구되기 때문이기도 하다. 곧 인간에게 지각은 무엇이며, 그것을 통해 인간에게는 어떤 변화가 일어나는가, 나아가서 지각이 이루어지는 과정은 어떻게 이해될 수 있는가 하는 문제가 검토되어야 하고 '다양한 소여로부터 표상의 통일에 이르는 기능'은 어떤 효과를 갖는가 하는 데 대해서 답을 마련해야 하는 것이다. 여기에 참조할 수 있는 것이 화이트

---

41 한국철학사상연구회 (편), 『철학대사전』, 동녘, 1990, 1309쪽.

헤드의 파악이론이다.

화이트헤드의 철학은 과정철학으로 일컬어진다. 화이트헤드의 주저 『과정과 실재』의 제목이 말해주는 것처럼 과정이 실재라는 인식이 그의 철학의 근본 명제이다. 그의 철학은 현실적 존재라고 명명되고 있는 원자 하나하나가 성장, 성숙, 소멸하는 과정에 대한 설명으로부터 시작되는데, 현실적 존재가 그와 같이 변화해가는 과정에서 핵심적 역할을 하는 것이 파악이다. 현실적 존재는 여건을 파악함으로써 합생을 이루어 자기초월체가 되고 자기를 초월한 그 결합체는 다시 다른 현실적 존재에 의해 파악되는 여건이 됨으로써 과정적 실재가 된다. 이 과정에서 파악은 중심적인 기제로 작용한다. 화이트헤드는 파악을 이루는 세 가지 요인으로 1)파악하는 주체(현실적 존재) 2) 파악되는 여건 3) 주체가 여건을 파악하는 방식인 <주체적 형식>을 손꼽는다. 그는 이 세 가지 요인으로 구성되는 파악을 두 종류로 나누는데 1) 느낌(feeling)이라고 불리는 긍정적 파악과 2) 느낌으로부터 배제하는 것이라고 하는 부정적 파악이 그것이다. 여기서 파악의 한 방식으로서 '느낌'이라고 표현한 것은 현재의 우리에게 매우 중요한 개념으로 화이트헤드는 그것을 다음과 같이 설명한다.

"느낌이란 우주의 일부 요소들을, 그 느낌의 주체의 실재적인 내적 구조를 이루는 구성요소로 만들기 위해 사유화(私有化)하는 것을 말한다. 이때의 요소들은 최초의 여건이고, 그것들은 느낌이 느끼는 것이다. 그러나 그것들은 어떤 추상 아래에서 느껴진다. 느낌의 과정은 제거(elimination)를 낳는 부정적 파악을 수반하고 있다. 따라서 최초의 여건은 느낌의 객체적 여건인 <전망>아래에서 느껴지게 된다. 이 제거에 의해 복합적인 객체적 여건의 구성요소들은, 느낌의 주체의 구조에 개입하는 <객체>가 된 것이다. 수리물리학의 용어로 말하자면, 느낌은 <벡터>의 성격을 갖는다. 느낌은 합생 과정에 있는 자신의 한 주체의 구조 속으로 다른 사물들을 짜서 넣는 작용이다. 느낌들은 결합체를 구성하며, 이 결합체를 근거로 하여 우주는, 새로운 합생에 의해 항상 쇄신되는 자신의 통일성을 확보하게 된다. 우주는 항상 일자이다. 왜냐하면 우주는 그것을 통일하는 하나의 현실적 존재를 입각점으로 삼지 않고서는 개관될 수 없기 때문이다. 그리고 직접적인 현실적 존재는 본질적으로 새로운 것들인 느낌들의 자기초월체이기 때문에, 우주는 항상 새롭다."[42]

느낌은 현실적 존재가 합생을 이루어가는 과정에서 여건을 긍정적으로 파악하는 지각의 일종이다. 이 말에서 알 수 있듯이 화이트헤드에게 지각은 다른 심리학이나 미학과는 다르게 실재를 구성하는 일과 관계된다. 이 사실은 인간에게 지각이 무엇이며 그것을 통해 인간에게 무슨 변화가 일어나는가를 알려준다. 화이트헤드는 이 느낌이 단순히 감각지각만을 의미하지 않으며, 거기에는 감각지각 이전의 비감각지각이 포함된다는 것을 말하고 있다. 여기에서 '감각지각 이전의 비감각지각'이라고 하는 것은 우리가 지금까지 감각에 대한 논의에서 제외했던 6근 가운데 하나인 의근(意根)에 가까운 것이라고 할 수 있다. 화이트헤드는 느낌의 두 차원을 명확히 하기 위해서 인과적 효능성의 지각 양식과 제시적 직접성의 지각을 구분하는데, 전자가 '가장 단순하고 가장 원초적인 지각유형으로' "신체에 의해 느껴지는 경험의 특징으로서 과거의 경험으로부터 나타나며, 무의식적이고 불확정적이고 애매하고 복합적이며 강요된 경험양식"이라면 후자는 '지각 내부에 있는 비감각지각, 인과적 효능성의 지각'에서 파생된 것으로 "인과적 효능성의 지각 양식에 의한 감각여건만을 기반으로 해서 형성되거나 추론되며, 고급한 유기체들만이 가지고 있는 경험양식"[43]이다. 지각에 대한 이러한 이해에 입각하여 화이트헤드는 인식보다도 느낌을 높게 평가하는

---

42 A. N. 화이트헤드, 『과정과 실재』, 오영환 옮김, 민음사, 1992, 421쪽.

43 윤자정, 「화이트헤드의 지각론과 미적 경험」, 『화이트헤드연구』. 2003, 6. 17쪽.

입장을 드러낸다. 분석 종합의 방법에 의지하는 인식활동에서는 순수경험과 직접 경험이 이루어질 수 없음에 반해 파악으로서의 느낌은 순수 경험이자 직접 경험으로서 전체에 대한 통각을 가져온다고 보기 때문이다. 느낌에서 이루어지는 통각은 '개별적 감각기관을 통하여 사물을 단편적 분별적으로 인지'하는 것이 아니라 '전체를 단번에 통합적으로 감수'하는 대상포착의 방법이라는 데 특징이 있다. 어떤 사람에게 이 느낌이 일어나기 위해서는 의식의 긴장과 집중이 요구되리라는 것은 누구나 추측할 수 있는 사실이다.

촉각은 현재의 경험이 과거 경험의 총체와 접근할 수 있게 하는 가장 유력한 감각이다. 이 사실을 입증해 줄 수 있는 증거의 하나는 프루스트가 '종합적 기억의 토대가 되는 지속의 흔적들을 모으는 일'을 의식과는 다른 신체 조직이 맡고 있는 사례로서 사지(四肢)를 자주 거론했다는 데서 찾을 수 있다. 프루스트는 사지 속에 저장되어 있는 기억의 이미지들이 "의식에 조금도 속하지 않으면서도 느닷없이 그 의식 속으로 침입해 들어온다"고 주장하였다. 벤야민은 이와 관련해 "사지에 저장된 무의지적 기억은 프루스트가 애용한 대상들 가운데 하나"라고 언급하고 있다. 우리가 사물을 감각기관을 통하여 접촉할 때 하나의 감각만을 사용하는 것이 아니다. 공감각의 개념은 그 사실을 나타내준다. 뿐만 아니라 현재의 경험은 과거의 경험과 부단히 교감하고 교류한다. 이때 과거의 경험은 개별적인 성질로서 현재의 경험에 간섭하는 것이 아니라 지평이나 상황, 장을 형성하여 작용한다. 이에 따라 현재의 경험은 개별 감각이 제공하는 정보보다 훨씬 풍요로워지고 깊어지기도 하지만 뜻하지 않은 방향으로 흘러갈 수도 있다. 몰입은 이 과정에서 발생한다. 비록 현재의 경험이 마주치고 있는 대상이 일시적이고 순간적이며 빠른 속도를 지니고 있다고 해도 몰입이 불가능한 것은 아니다. 그 몰입은 과거의 경험이 개별 감각과 기억을 넘어서 지평, 상황, 장을 형성하듯이 현재의 경험을 단편적이고 개별적인 이미지의 수용에 머물게 하는 것이 아니다. 과거의 경험이 총체적으로 작용하는 것과 마찬가지로 현재의 경험 또한 감각과 기억, 개별적인 이미지들을 통합하여 집합적인 표상을 만들어낸다. 이 과정에서 많은 자극 요소들은 전체의 표상을 형성하는 데 기여하기도 하지만 더 많은 요소들은 의식의 방어기능에 의해 거부된다. 벤야민이 쇼크적 충격의 본질을 '자극에 대한 방어선이 분쇄되는 것으로 이해'하려 했던 것은 한편으로는 기술적 영상들의 특성으로서 충격의 효과를 이야기하는데 초점을 맞추고 있지만 다른 한편에서는 개별적인 이미지들이 전체적인 영상을 만들어가는 메커니즘에 대한 이해로서 받아들일 소지가 있다. 몰입은 바로 그와 같이 개별적인 감각과 기억, 이미지들을 수용하고 배제하는 속에서 전체의 표상을 만들어나가는 데 핵심적 역할을 한다. 우리가 4부에서 베르그손의 이미지론과 들뢰즈의 운동이미지론 등에 대하여 살펴보려는 것은 개별적인 이미지들이 집합을 이루어 전체적 표상을 만들어내는 지각의 메커니즘을 설명할 필요가 있기 때문이다. 그 지각의 메커니즘은 디지털 시대의 가상현실 텍스트, 예술작품의 수용 과정을 해명하는 데 필수적 과정이다. 그것은 전통적인 작품론과 새로이 대두되고 있는 매체 감성학의 통일을 통해 우리가 이룰 수 있는 행동학의 가능 영역에 대한 탐색이 된다.

Ⅳ. 이미지와 운동

발터 벤야민의 아우라 개념은 문맥에 따라 그리고 시기에 따라 서로 다른 뜻으로 사용되고 있어서 다채롭고 풍성하기도 하지만 어스름 달빛과 같은 신비의 그늘을 거느리는 매혹의 대상으로서 손색이 없다. 그 그늘로 인해 아우라는 경배가치를 지니는 물질적 대상만으로 규정될 수 있는 것도 아니고 수용자의 관점에 따라 진폭이 생길 수 있는 주관적 현상만도 아닌 모호한 성질을 지닌다. 그 점에서 자연의 사물과 혼연일체를 이루는 가운데 숨 쉬게 되는 아우라는 벤야민에게 인간의 가장 근원적인 동경과 맞물려 있는 현상으로 파악되고 있었다고 할 수 있을지도 모른다.

벤야민이 현대의 기술적 영상과 모사물이 지닌 특성으로서 순간성과 반복성을 이야기함과 동시에 상(像)이 지닌 일회성과 지속성을 아우라와 연결시켜 대비하는 것도 그 신비의 그늘이 지닌 한 모습이다. 여기서 벤야민이 말하는 상(像)이 기술적 영상과 모사물의 단편적이고 분절된 이미지들의 흐름과 대비되는 표상의 한 형태라는 사실도 유의해야할 사항이다. 벤야민을 따라 그것을 '무의지적 기억에 자리 잡고 있는 어떤 지각대상의 주위에 모여드는 연상작용'이라고 규정하면 아우라의 개념은 은연중 앙리 베르그손의 기억이론에 연결된다.

실제로 「기술복제시대의 예술작품」에 베르그손의 이름이 직접적으로 등장하고 있지는 않지만 그 논문을 발표할 무렵에 작성된 벤야민의 다른 글들에는 베르그손의 흔적이 뚜렷이 나타나 있다. 특히 「보들레르의 몇 가지 모티브에 관해서」에는 베르그손의 『물질과 기억』이 직접적으로 거론되고 있고 벤야민은 베르그손의 이론을 자신의 논지 전개를 위해 처음부터 끝까지 적극적으로 활용하고 있다. 구체적으로 벤야민은 '멀리 떨어져 있는 어떤 것의 일회적 현상'을 내포하는 아우라의 경험이 베르그손이 말하는 '무의지적 기억의 자료들과 일치'하며 마르셀 프루스트 또한 아우라의 문제에 정통해 있었음을 환기하고 있다. 벤야민이 1929년에 발표한 「프루스트의 이미지」에서 "텍스트의 통일성을 형성하는 것은 오로지 기억이라는 순수행위 그 자체일 뿐"이라고 말했음을 상기하면 아우라에 대한 그의 논의가 이미지와 상(像), 텍스트의 통일성과 일정하게 관련되고 있다는 사실은 분명해 보인다.

그렇기 때문에 이미지의 여러 양상과 관련하여 벤야민의 논의를 되짚어보면서 현대의 지각방식이 지닌 특성을 파악하기 위해서는 베르그손이라는 매개지점을 통과해야 한다. 난점은 베르그손의 이미지론이 이미지 존재론이란 특수한 형태이고 거기에서 이미지들은 운동하는 물질세계의 모습이라는 데 있다. "물질은 운동하는 이미지들의 총체"라는 말로 대변되는 베그르손의 이미지론은 그것이 색다른 만큼 처음 발표될 때에는 주목의 대상이 되지 못했지만 시간이 흘러가면서 점차 사람들의 이목을 끌었고, 그에 따라 많은 사람들에게 영향을 끼쳤다. 마르셀 프루스트의 『잃어버린 시간을 찾아서』가 베르그손의 이론에 크게 영향을 받았다는 사실은 널리 알려져 있다. 또한 후기구조주의의 대표적 이론가의 한 사람인 질 들뢰즈는 자신의 영화론에서 베르그손의 이론을 적극 도입하여 운동=이미지의 개념을 전개하고 있다. 우리가 Ⅳ부에서 '이미지와 운동'에 대한 주제를 다루려는 것은 일차적으로 이러한 양상에 주목하는 것이지만 다른 한편으로는 지각에 관한 기존의 이론들과 디지털 사회에서 새로이 나타난 지각의 방식 사이에 성립된 관계를 고찰하여 통일의 가능성을 살피려는 데 목적이 있다. 이 고찰에서 중요 사항의 하나로 다루는 베르그손의 감산법과 동양 전래의 취상법은 비교분석을 위한 대조의 쌍을 이루기에 모자람이 없다.

1. 베르그손의 이미지론

베르그손의 이미지론은 정신과 신체를 이원론적으로 구분하는 서양의 전통적인 심신이론에 대한 반성 속에서 산출되었다. 이미지에 대한 그의 주요 사상이 『물질과 기억』에서 표명되고 있다고 해도 그 바탕을 이루는 생각은 첫 저서인 『의식에 직접 주어진 것들에 관한 시론』에서 심도 있게 다루어진 '지속'의 개념 속에 나타나 있다. 곧 사람의 의식상태가 시간의 흐름 속에서 질적으로 변화한다는 생각인데 베르그손은 그 변화가 일어나는 가운데서도 '의식상태의 지속'이 이루어지고 있다고 본 것이다. 이 생각은 『물질과 기억』에서 기억의 개념을 통해 좀 더 구체화된다. 심신이론에서 정신에 부여되었던 의식의 활동을 기억과 지각의 연관 속에서 해명하고자 한 것인데 이 과정에서 이미지 실재론이 등장하게 된다. 베르그손은 사유, 존재, 우주라는 용어들을 통해 표현되는 종래의 이원론적인 사고의 틀을 벗어나 물질과 정신을 이미지라는 하나의 개념 속에 포괄하고자 한다. 그 실제적인 양상은 "우리는 사물을 단지 이미지들의 형태 아래서만 포착하기 때문에, 문제를 이미지들과 관련하여 그리고 오로지 이미지들과 관련해서만 제기해야 한다"[44]는 언급 속에서 찾아볼 수 있다. 베르그손의 이미지에 대한 사고를 이미지 존재론이라고 하는 것은 그 때문이지만 여기에는 반문이 따르지 않을 수 없다. 곧 어떻게 물질과 지각을 같은 차원에 놓고 이야기할 수 있는가 하는 질문이다. 이에 대해서 베르그손은 실재론자와 관념론자들의 경우를 사례로 들어 두 입장이 모두 '지각하는 것'을 '인식'과 동일시하는 데 문제가 있음을 지적하며 이렇게 말한다.

"실제로 단충(무핵의 단세포 원시생물)에서부터 고등 척추동물에 이르기까지 외적 지각의 진보를 한 발짝씩 따라가 보면 어떨까? 단순한 원형질 덩어리의 상태에서 생명적 물질은 이미 감응을 하고 수축할 수 있으며, 그것은 외적 자극요인들의 영향을 받고 거기에 기계적이고 물리화학적인 반응으로 응답한다는 것을 알 수 있다. 유기체들의 계열을 올라갈수록 생리적 작업들이 분담되는 것을 볼 수 있다. 신경세포들이 나타나고, 다양화되며, 체계를 이루는 경향이 있다. 동시에 동물은 외적 자극에 더욱 다양한 운동들로 반응한다. 그러나 받은 진동이 곧바로 완성된 운동으로 이어지지 않을 때조차, 그것은 단순히 자신의 기회를 기다리는 것처럼 보인다. 유기체에다 주변의 변양들을 전달하는 동일한 인상이 유기체로 하여금 그것들에 적응하도록 결정하거나 준비하게 한다. 고등 척추동물에 있어서 특히 척수에 자리 잡고 있는 순수 자동기제와 뇌의 개입을 요구하는 의지적 활동 사이의 구별은 아마도 근본적인 것이 될 것이다. 사람들은 받은 인상이 계속 운동으로 펼쳐지는 대신에, 인식으로 정신화 된다고 상상

---

44 앙리 베르그손, 『물질과 기억』, 박종원 옮김, 아카넷, 2007, 52쪽.

할 수 있을지도 모른다. 그러나 뇌의 기능들과 척수 체계의 반사 활동 사이에 본성의 차이가 아니라, 단지 복잡성의 차이만 있다는 것을 납득하기 위해서는 뇌의 구조와 척수의 구조를 비교하는 것으로 충분하다."[45]

베르그손의 반론은 무생물이나 원시생물, 고등 생물들 사이에는 자극에 대한 반응이라는 기제가 공통으로 작용하고 있다는 전제에 입각해 있다. 사물은 자신에게 가해지는 자극에 대하여 반응하게끔 되어 있는데 고등 생물일수록 반응의 방법이 복잡해지지만 그것들은 정도의 차이일 뿐 본성의 차이는 아니다. 이 관점에서 베르그손은 사람의 뇌가, 받아들인 운동과 관련해서는 분석기관이고, 반응하는 운동에 대해서는 선택기관인 것처럼 보이지만, 두 가지 경우 모두 운동을 전달하고 분할하는 역할을 한다는 점에서는 차이가 없다고 주장한다. 곧 지각이라는 것도 궁극적으로 순수인식을 지향하는 것이 아니라 행동의 한 방식을 선택하는 것이므로 지각의 풍부성이란 생명체의 가능한 선택 가운데 많은 부분을 비결정성의 지대에 남겨놓는 일이란 견해다. 따라서 비결정성의 지대는 생명체가 관계하는 사물들을 선험적으로 평가하게 해주고, '지각의 폭은 행동의 비결정성의 정확한 척도'가 된다. 이 지점에서 베르그손은 지각과 기억의 관계를 밝힌다.

"우리 감관의 직접적이고 현재적인 소여들에 우리는 우리의 과거 경험의 무수히 많은 세부적 내용을 혼합하고 있다. 이 기억들은 종종 우리의 실제적 지각들을 바꾸어 놓는다. 그래서 우리는 이 실제적 지각들로부터 단지 몇몇 지시들, 즉 우리에게 과거의 이미지들을 상기하도록 만들어진 단순한 <신호들>만을 붙잡는다. 지각의 편리함과 신속성은 바로 이것을 대가로 한다. 그러나 거기서부

---

45 앞의 책, 57쪽.

터 또한 모든 종류의 착각들이 생겨나기도 한다. 우리의 과거가 완벽하게 스며들어 있는 이 지각을, 이미 형성된 성인의 의식이 가질지도 모르는 지각, 즉 현재 속에 갇혀서 모든 다른 일들을 배제하고 외적 대상을 본뜨는 일에만 몰두하는 지각으로 대치하는 것을 가로막는 것은 아무 것도 없다."[46]

기억과 지각의 관계를 설명하기 위해서 베르그손은 비유를 들고 있다. 직접적 지각이라는 바닥을 기억들의 담요가 덮고 있고, 기억은 경험의 무수한 순간들을 응축시키고 있는 모습을 상상하라는 것이다. 베르그손에게 기억은 단순한 심리적 활동이 아니다. 베르그손은, 외적 이미지들이 감각기관에 도달하여 뇌 속으로 퍼져 나가면, 뇌는 어떤 유예기간을 가지더라도, 결국에는 의지적 행동으로 피어나게 되는 이미지 운동의 전체 과정을 머리 속에 그리고 있다. 그 속에서 기억은 과거를 보존하여 현재로 연장함으로써 아직 불투명할 뿐인 미래를 열어가는 지속 그 자체다. 존재론적 지속의 역동적 구조에 초점을 맞추는 지속의 핵심적인 기능이 기억과 지각의 운동에 맡겨져 있다는 생각이다. 이 관점에 따르면 우리가 가지게 되는 사물의 표상은 실재 그 자체와 동일한 것이 아니다. 사람이 사물에 대해, 나아가서 현실 전체에 대해 가지고 있는 감정과 인식, 취향 등이 복잡한 관계를 형성하여 만들어진 것이 인간적인 경험이므로 그 경험은 지각과 기억이 복합적으로 만들어낸 혼합물이라고 해야 마땅하다. 베르그손이 지각과 기억의 복합체에서 순정화된 순수지각과 순수기억을 말하는 것은 혼합물이 어떻게 만들어지는가를 경험적 수준을 넘어 이론적으로 파악하기 위한 조처이다. 이 조처가 직관적 사유 방법으로까지 이어지고 있음은 주지하는 바이지만 우리의 현재적 관심에서는 베르그손이 이미지의 존재론 전체를 환기하면서 "따라서 당신이 설명해야 하는 것은 어떻게 지각이 생겨나는가 하는 물음이

---

46 앞의 책, 63-64쪽.

아니라, 어떻게 그것이 제한되는가 하는 물음"이라고 말하는 부분이 중요하다. 논의의 방향을 전면적으로 전환시키는 이 물음에 대해 베르그손 자신은 어떻게 대답하고 있는가,

자신이 제기한 문제에 대해 베르그손은 자극과 그에 대한 반응이라는 감각-운동의 과정을 통해 설명하려고 시도한다. 자극이 주어지면 그 운동은 신경요소의 진행에 따라 중추에 전달되고, 거기서 의식적 이미지로 변형된 다음에 구체적 운동 이미지로 외재화된다는 감각-운동 과정에 대한 일반적인 이해 속에 함정이 있다는 것이다. 그 함정을 베르그손은 "지각의 세부사항은 정확하게 이른바 감각 신경들의 세부사항 위에서 주조되지만, 지각은 전체적으로 볼 때 신체의 운동하려는 경향 속에 그것의 진정한 존재이유를 갖는다"[47]는 말로 시사한다. 지각에서 행동이 차지하는 절대적인 비중을 강조하는 것이다.

"이러한 [행동에 대한] 촉구야말로, 우리가 본 바와 같이, 지각 자체이다. 우리는 여기서 지각이 우리의 운동적 활동성에 제기된 일종의 물음으로부터가 아니라, 이른바 감각적인 진동으로부터 생겨난다고 하는 사람들의 오류를 분명히 알게 된다. 그들은 이 운동적 활동을 지각과정으로부터 분리시킨다. 그리고 이 운동적 활동은 지각이 소멸해도 존속하는 것처럼 보이기 때문에, 그들은 거기서부터 지각은 이른바 감각 신경 요소들에 위치하고 있다는 결론을 내린다. 그러나 사실상 지각은 운동중추들 속에 있지 않은 것과 마찬가지로 감각 중추들 속에 있는 것도 아니다. 지각은 이것들의 관계의 복잡성을 측정하는 것이며, 그것이 나타나는 바로 거기에 존재한다."[48]

---

47 앙리 베르그손, 앞의 책, 82-83쪽.

48 앙리 베르그손, 앞의 책, 84쪽.

인용문에서 주의해야 할 사항은 '관계의 복잡성'이란 개념이다. 모든 사물은 이미지이고, 그 이미지들 속에 개별적인 행동의 중심이 있으며, 이미지들은 그 중심에 반사됨으로써 지각이 생기고 행동들이 준비된다. 여기서 <행동의 중심들>은 점차 다른 물체로부터 구별되기 시작한다. 그런데 이 과정에 대한 이해에서 기존의 이론들은 많은 오해와 잘못 제기된 질문들을 내놓게 된다. 그 원인은 '관계의 복잡성'을 충분히 고려하지 않은 데 있다. 베르그손은 기왕의 해석을 바로잡는 데 필요한 세 가지 사항을 말하고 있지만 그것은 크게 두 가지로 요약된다. 하나는 이미지 감산법이고 다른 하나는 정념(affections)의 역할에 대한 인식이다. 사실 정념은『물질과 기억』의 첫 페이지에서부터 중요한 개념으로 등장하고 있다. 그렇지만 정념의 의의는 이미지 감산법의 종속 요인이라고 해야 마땅하다. 이미지 감산법은 '관계의 복잡성을 측정하는' 지각의 이해에서 핵심적 요소이고 그 감산법이 작용하는 기제를 설명하기 위해 도입된 사항이 정념의 개념이다. 실상이 이러함에도 베르그손의 감산법은 그 동안 충분히 조명을 받지 못했다. 그 원인은, 지각에서 이루어지는 감산의 효과에 대한 이해가 동서양 어디서나 심화되지 못했다는 점 등 여러 가지 사정이 있을 수 있겠지만 베르그손의 설명 방식도 한 요인으로 작용했을 수 있다. 감산법을 말하는 대목의 첫째 명제는 "우리 감관은 교육을 필요로 한다"는 말로 제시되고 있어 감산의 개념이 표면으로 부각되지 않고 있다. 그러나 베르그손의 글에서 감산법은 '감관의 교육 필요성'을 설명하는 처음부터 등장한다. 베르그손은 우리의 감각이 '자신의 인상들을 곧바로 국재화하지' 못하기 때문에 비교와 귀납을 통해 정돈하는 일이 필요한데, '이 사실로부터 사람들은 본질상 비연장적이고, 서로 병렬되어 연장을 구성할 수 있을 감각들을 관념으로 비약'시킨다는 사실을 환기한다. 그는 감관의 교육이 필요한 것은 '사물들과 일치하기 위해서가 아니라 [감관들] 서로 간에 일치되기 위해서'라는 관점에서 이렇게 말한다.

“바로 여기에 모든 이미지들 가운데에 내가 나의 신체라고 부르는 어떤 이미지가 있는데, 이 이미지의 잠재적 행동은 주변의 이미지들이 [그것을] 자신들 위에서 명백히 반사하는 것으로 나타난다. 나의 신체에 대해서 일종의 가능적 행동들이 있는 만큼 다른 물체들에 대해서도 상이한 반사 체계들이 있을 것이며, 이 체계들의 각각은 나의 감관들 중 하나에 상응할 것이다. 따라서 나의 신체는, 다른 이미지들 위에 행사할 다양한 행동들의 관점에서, 그 이미지들을 분석하면서 반사하게 될 어떤 이미지처럼 행동한다. 따라서 같은 대상 안에서 나의 여러 감관들에 의해 지각된 성질들 각각은 나의 활동의 어떤 방향, 어떤 필요를 상징한다. 이제 나의 다양한 감관들에 의한 어떤 물체의 지각들 전체는 서로 결합함으로써 이 물체에 대한 완전한 이미지를 제공할 것인가? 아마 그렇지 않을 것이다. 왜냐하면 그것들은 전체 속에서 모아진 것이기 때문이다. 모든 물체들의 모든 점들의 모든 영향들을 지각한다는 것은 물질적 대상의 상태로 내려가는 것일지 모른다. 의식적으로 지각하는 것은 선택하는 것을 의미하고 의식은 무엇보다도 이 실천적인 분별로 이루어진다. 따라서 나의 다양한 감관들이 제공하는 동일 대상의 상이한 지각들은 서로 결합된다고 해서 대상의 완전한 이미지를 재구성하지는 못할 것이다. 이 지각들은 나의 욕구들 속에서, 말하자면 그만큼의 공백들을 측정하는 간격들에 의해 서로 분리된 채 머무를 것이다. 바로 이 간격들을 메우기 위해서 감관들의 교육이 필요한 것이다. 이 교육은 나의 감관들을 상호간에 조화시키고, 감관들의 소여들 사이에서 나의 신체적 욕구들의 불연속성 자체에 의해서 끊어졌던 연속성을 회복시키며, 결국 물질적 대상의 전체를 대략적으로 재구성하는 것을 목적으로 한다.”[49]

베르그손에게 물질은 이미지들이고, 그 이미지를 지각하는 인간의 신체 또

49 앙리 베르그손, 앞의 책, 89쪽.

한 이미지이지만 후자는 특권적 지위를 갖는다. 그 지위는 신체가 자극에 대한 반응을 유보하는 가운데서 얻어진다. 즉각적인 반응을 유예함으로써 신체에는 내부가 형성될 계기가 마련되는데 그 계기는 모두 운동과 관련되는 것으로서 한편으로는 지각의 작용이 되고 다른 한편으로는 행동을 준비할 수 있게 해준다. 이때 지각의 단계에서 중요한 것은 각 감각기관에서 행해지는 감산, 곧 뺄셈의 기능이다. 주어진 자극 가운데 수용할 수 있는 것과 수용할 수 없는 것을 구분하여 선별하는 것인데, 똑같이 주어졌지만 선택되는 것과 거부되는 것이 나누어지는 것은 주관적 의지나 의도, 과거의 경험, 취향 등이 복합적으로 작용하기 때문이다. 하지만 감각기관이 선택했다고 해서 사물의 표상이 곧바로 만들어지는 것은 아니다. 표상이 신체에 의해 지각된 이미지를 하나로 통합해 만들어진 단일한 상이라 했을 때 감각기관에 의해 수용된 이미지들이 서로 간격을 지닌 채 분리되어 있는 상태는 통일에 장애가 아닐 수 없다. 베르그손이 감관의 교육이 필요하다고 하는 것은 이 상태를 지양하기 위한 배려이지만 그 일이 손쉬운 것은 아니다. 베르그손이 정념으로 시선을 옮기는 것은 그와 관련된다.

베르그손의 이론에서 내부를 지닌 생명체는 지각과 운동의 양 측면을 보유하고 있는 것으로 파악된다. 생명체가 운동의 경향을 나타내는 것은 감각기관에 주어진 자극이 자신을 위태롭게 하는 상황을 타개하기 위한 노력의 일환이다. 생명체가 느끼는 고통은 그 노력의 과정에서 나타나는데 자극을 수용할 때가 아니라 거부할 때 그것이 개입한다. 베르그손이 정념을 지각과 본성상의 차이가 있는 것으로 보는 것은 그 때문이다. 그에 따르면 '지각은 신체의 반사하는 능력을 측정'하는 것이고 정념은 '신체의 흡수하는 능력을 측정'하는 것이다. 그러나 이러한 구분은 일면적인 것으로 정념은 지각 자체로부터 생겨난다. 여기에 나타난 베르그손의 입장은 "정념이 없는 지각은 존재하지 않는다"는 말 속에 집약적으로 표현된다. 곧 정념은 외적 물체의 이미지와 신체의 내적인 것을 혼합한 것으로서, '이미지의 순수성을 되찾기 위해 지각으로부터 우선적으로 추출해내야 하는 그런 것'이란 견해이다. 여기서 베르그손이 정념의 개념을 끌어들인 이유가 '관계의 복잡성'을 설명하는 일과 관련된다는 사실이 드러난다. 곧 "그것에 관해 아무것도 말할 수 없는 정념으로부터 출발하는 대신에, 우리는 행동으로부터 출발"해야 한다는 것이다. 이러한 주장은 지각과 정념이 뒤섞인 상태를 그것들의 특성에 대한 검토를 통해 선후의 관계를 정리하고 순수지각에 대한 논의를 통해서 기억의 문제로 이행하려는 의도와 관련된다. 베르그손은 이미지의 감산법을 언급한 다음 "물질에 대한 우리의 지각은, 적어도 원리적으로는 그리고 우리가 곧 보겠지만 정념과 특히 기억을 제외한다면, 더 이상 상대적인 것도 주관적인 것도 아니다"고 말하고 있다. 이 말을 거꾸로 음미하면 정념과 기억은 물질의 지각을 상대적인 것이나 주관적인 것으로 만드는 요인이다. 인용문에 이어서 베르그손은 '이미지와 정념적 감각', '정념적 감각의 본성' 등을 검토한 다음 최종적으로 "이미지들의 전체 속에는 어떤 선호된 이미지가 있는데, 그것은 더 이상 단지 자신의 표면에서가 아니라 자신의 심층 속에서 지각되며 행동의 근원임과 동시에 정념의 자리이기도 하다. 바로 이 특별한 이미지를 나는 나의 우주의 중심으로 받아들이고, 내 인격성의 물리적 기초로서 받아들인다"고 말하고 있다. '관계의 복잡성' 속에서 정념이 놓인 위치를 규정하는 이 문장 다음 부분에서 순수지각, 기억의 문제로 이행해간다는 사실을 감안하면 베르그손은 지각 속에는 근원적으로, 강도와 차원이 다를지라도, 정념과 기억의 동질적인 기능이 작동하고 있음을 분명히 하고 있는 셈이다.

2. 들뢰즈의 운동이미지론

베르그손은 기존의 심신이론과 확연히 구분되는 이미지 실재론을 제기했다. 그 이론에 따르면 우주만물이 이미지일 뿐 아니라 그것을 지각하는 인간의 뇌와 몸도 모두 이미지이다. 그 이미지들은 서로 간에 자극하고 자극받으며 상호작용한다는 점에서 빛처럼 움직인다. 운동이미지라는 개념이 이미지와 운동의 등가성을 나타내는 것임을 감안하면 운동=이미지=빛의 3자 관계가 정립된다.

질 들뢰즈는 1981년『감각의 논리』에서 예술을 힘의 포획으로 정의했고『시네마 Ⅰ, Ⅱ』에서 다시 예술을 이미지로 정의한다.[50] 들뢰즈가 많은 부분에서 베르그손의 이미지 실재론에 의거했다는 사실을 상기하면 그가 말하는 이미지는 사물의 표상이나 정신의 재현물이 아니라 질료의 양태, 실재적 운동이다. 그렇다면 예술의 정의로서 힘의 포획과 이미지 사이에는 어떤 관계가 성립되는가. 이에 대해서는 모나드에 관한 라이프니츠의 강령적 테제를 부연 설명하고 있는 크리스토프 멘케의 견해를 참조하는 것이 도움이 된다.[51] 그의 설명에 따르면 운동은 내적 상태의 현상이고 이 내적 상태가 곧 힘이다. 힘 개념은 공간과 시간의 영역에 놓여 있는 것인데, 그러한 까닭에 그것은 하나의 사건 내지 하나의 대상과 같은 것이 아니라 하나의 '관계'를 가리킨다. 이런 관계의 구조는 하나가 타자에 미치는 영향이다. 그것은 타자의 표면 위에 미치는 외적인 영향이 아니며 그 영향을 통해 하나는 다른 것으로 변신되거나 정련된다. 이 설명은 힘→운동→자극→반응→변화→창조란 도식의 형태로 이해할 수도 있다. 여기에는 물리학에서 운동이 정력학적으로는 위치의 이동일 뿐이지만 동력학에서는 힘의 작용, 전체의 질적 변화로 설명된다는 사실도 참고가 된다. 이 같이 물리학의 기초적인 사실을 운위하는 이유는 들뢰즈의 예술에 대한 정의로서 힘의 포획과 이미지라는 낯선 개념들 사이에 어떤 관계가 있는 것인지를 파악하기 위해서이다.

들뢰즈는 힘의 포획과 이미지가 감각의 층위에서 사유를 촉발하는 실재, 힘

50 안 소바냐르그,『들뢰즈와 예술』, 이정하 옮김, 열화당, 2009, 34쪽.

51 크리스토프 멘케,『미학적 힘』, 김동규 옮김, 그린비, 2013, 70-71쪽.

의 평면에서 실질적 효과들을 창출하는 것으로서 '이미지들이라는 수단을 통해서만 존재할 수 있는 구체적 사유'로 파악한다. 이와 같은 인식의 바탕 위에서 그는 힘 이론과 이미지의 문제를 결합하여 자신의 예술철학의 토대를 구축한다. 들뢰즈가 "힘과 더불어 힘의 감응에 대한 지도를 그릴 새로운 관계를 물질적으로 구성함으로써 힘의 유형을 평가"하는 작업을 영화를 통해 본격적으로 시도한 것은 그에 말미암는다. 안 소바냐르그는 들뢰즈가 자신의 철학을 펼치기 위해 영화를 전략적인 지점으로 선택한 이유를 다음과 같이 설명하고 있다.

"운동은 이미지이며, 원자는 그 작용과 반응이 이르는 곳까지 하나의 이미지이다. 불확정성의 주관적 중심인 뇌 또한 이미지이며, 이러한 이유로 뇌는 외부의 운동성과 본성상 다른 심리적 표상으로서의 이미지들을 포함하지 않는다. 뇌 자체가 이미지이기 때문에 뇌는 이미지들을 포함할 수 없다. 즉 엄밀히 말해 운동들만이 존재하며, 이 운동들이 이미지로 전파된다. 이렇게 들뢰즈는 흐르는 질료의 질료론을 정의한다. 질료는 에너지이며, 빛-질료의 등가성이 존재하는데, 이것이 바로 영화의 발명에 대한 과학적 상관물이자 그 가능성의 조건이다. 빛을 발하고, 반짝이고, 조명하는 운동-질료의 능력은, 이미지란 현실 혹은 힘들의 관계로서 그 자체로 즉자적으로 주어진 것임을 설명한다. 즉 운동-이미지는 고정된 물체가 아닌 떨림을 갖는 시공간의 블록, 하나의 즉자적 이미지이다. 운동-이미지의 동일성과 빛-질료의 동일성은 상응한다. 그러므로 영화는 우리 시대에 상응하는 장치, 그리고 '운동-이미지의 기계적 배치'에 부합하는 장치이다."[52]

영화에 관한 들뢰즈의 책들은 베르그손이 『창조적 진화』에서 전개한 운동에

52 안 소바냐르그, 앞의 책, 75쪽.

관한 논제들에 대한 주석의 형태를 취하고 있다.『시네마 I』의 서문에서 들뢰즈는 자신의 저작이 영화의 역사가 아니라 분류학, '이미지와 기호의 분류에 대한 수기'라고 규정한다. 그는 자신이 미국의 논리학자 퍼스의 분류이론을 참조했으며, 특히 일부 오류가 있음에도 불구하고 베르그손의 영화에 대한 논의에 크게 빚지고 있음을 스스럼없이 밝힌다. 들뢰즈는 '외부세계의 물리적 현실로서의 운동과, 의식 속의 심리적 현실로서의 이미지'를 대립시키는 일이 오늘에 와서는 더 이상 가능하지 않게 되었으며 그 점에서 운동-이미지와 시간-이미지에 대한 베르그손의 발견은 현재까지도 유효하다는 입장을 표명한다.『시네마 I』에서는 베르그손의 논제에 대한 두 개의 주석, 운동에 관한 논제와 운동-이미지의 세 가지 양상에 관한 논의가 이루어진다. 들뢰즈가 운동-이미지를 세 개의 이미지로 나눈 것은 베르그손이 운동-이미지를 작용과 반작용, 그리고 간격이라는 세 개의 국면으로 이해한 것과 관련된다. 임세은은 "이 이미지의 세 개의 국면을 구분하는 것은 일상적 지각이 생성을 물체(명사), 질(質: 형용사), 행동(동사)이라는 범주로 나눈다는 베르그손의 지적에서 유래한다. 들뢰즈는 이 세 개의 국면을 각각 지각, 감정(affect), 행동과 연관 지으면서 운동-이미지의 변종으로 간주해서 지각-이미지, 감정-이미지, 행동-이미지라고 부른다. 또한 이 각각에 대해 롱 숏, 미디엄 숏, 클로즈업을 대응시키고 있다"[53]고 설명하고 있다. 들뢰즈가 구분한 세 개의 영화 유형이 과연 베르그손이 말한 생성의 세 국면과 대응하느냐 하는 것은 입장에 따라 의견 차이가 있을 수 있다. 그렇지만 이 자리에서 그에 대해 상론하는 것은 그다지 적합하지 않기 때문에 영화이미지의 특성에 관한 안 소바냐르그의 요약을 간략하게 소개하고자 한다. 이것은 다음 절에서 이루어질 들뢰즈의 이론에 대한 비판이 공정한 토대 위에서 진행될 수 있게끔 영화에 대한 들뢰즈의 관점을 가급적 객관적으로 제시할 필요가 있기 때문

53 임세은,「운동-이미지와 시간-이미지」,『필름 컬처』, 한나래, 2000, 40-41쪽.

이다.

안 소바냐르그가 들뢰즈의 영화이론에서 맨 처음 주목한 내용은 주체화의 문제이다. 자극-반응의 과정에서 반응을 유예한 이미지는 그 간극을 통해 내부를 갖게 된다. 이 간극은 이미지에게 '다른 이미지들을 비축할 수 있는 힘', '지각할 수 있는 힘'을 부여하는데 이때 이미지가 저장하는 것은 다른 이미지에서 흥미로운 것들이다. 그러므로 지각은 이미지에서 흥미 없는 것을 제거하는 일이다. 베르그손에 대한 논의에서 이미 여러 차례 언급한 이 감산적 조명이 이루어질 때 주체효과는 생산된다. "결국 주체는 작용과 반응 사이를 벌리고 분리하는 간극, 유예, 작은 칸에 불과하다. 즉 주체는 절단 혹은 시간적 유예로 정의될 수 있다." 안 소바냐르그는 이 특별한 이미지들이 지각-이미지로서 받아들인 작용에 대한 분석의 도구라 할 수용된 운동과, 실행될 운동과 관련한 선택의 도구인 운동적 반응 사이에 개입된 살아 있는 이미지라고 본다. 그는 이 틈새에서 '힘의 포획이자 능동적 프레임화라 할 주관적 이미지들이 추출'되어 나오고 그 주관적 이미지가 영화의 이미지라고 설명한다.

"운동-이미지는 작용과 반응 사이의 유예가 확정되자마자 지각-이미지 상태로 팽창되므로, 결국 주체성은 하나의 중심, 즉 수용된 작용을 감각적 국면으로 이중화하면서 반응을 연기하는, 불확정성의 중심이자 간극으로 이해될 수 있다. 그러나 이미지는 지각작용을 운동성으로 해소시키므로, 결국 우리는 상당히 느린 감각-운동 방식을 통해 '부지불식간에 지각작용에서 행동으로' 이행하며, 여기서 운동의 대응은 지각(지각-이미지)과 주관적 감응(감정-이미지), 즉 내부를 얻는다. 즉 주체는 감산적 지각작용과 자신 주위로 세계를 만곡시키는 행동 사이에서 팽창된다. 결국 지각작용은 간극의 한편, 그리고 행동은 그 다른 편을 이룬다. 주체성은 단순히 감산적일 뿐만 아니라, 제거나 삭제를 통해 자신이 정립한 지각의 중심 주위로 세계를 만곡시키는 능동적인 것이기도 하다."[54]

들뢰즈는 지각-이미지의 제거, 선택, 프레임화의 작용과는 다른 '세계의 만곡'과 관련된 감정-이미지를 언급하면서 이것이 주체성의 두 번째 물질적 측면이라고 밝힌다. 안 소바냐르그는 이 대목에서 동일한 간극이 행동에서는 시간의 용어로, 지각작용에서는 공간의 용어로 표현된다는 사실을 적시하고 그 의미를 부연하고 있다. 곧 "주체인 이미지들은 수용된 작용을 운동적 반응으로 순간적으로 추출하는 대신 '검은 스크린'을 제공하여, 여기서 작용하는 이미지 곧 수용된 작용이 반응이 되어 행동하기(행동-이미지) 이전에 감각적으로 힘들의 관계를 프레임화하고(지각-이미지) 느낌으로써(감정-이미지), 힘들의 관계를 밝히고 포획할 수 있게 한다"[55]는 것이다. 여기서 논의되는 내용은 들뢰즈가 운동이미지를 지각이미지, 행동이미지, 감화이미지로 구분하는 분류의 문제이다. 내부를 가진 이미지가 지각이미지와 행동이미지를 갖는다는 것은 그 동안 여러 국면에서 논의되었다. 문제는 세 번째 유형으로 꼽고 있는 감화이미지 또는 감정이미지를 어떻게 추출하고 있는가 하는 부분이다. 들뢰즈는 간격이 지각적인 면과 행동적인 면으로만 나누어지지 않고 그 사이에 있다는 것을 언급하며 이렇게 말한다.

"감화작용은 그 간격을 채우지도 메꾸지도 않으면서 단지 점하는 것이다. 그것은 불확정한 중심, 즉 어떤 점에서 혼란스런 지각과 주저스런 행위 사이에 있는 주체 안에서 떠오른다. 그것은 주체와 대상의 우연한 일치이며 혹은 주체가 스스로를 지각하는, 아니면 자신을 체험하거나 안으로부터 느끼는 방식이기

54 안 소바냐르그, 앞의 책, 78쪽.

55 앞의 책, 78쪽.

도 하다(주관성의 세 번째 물질적 측면). 감화작용은 운동을 체험된 상태로서의 어떤 특질과 결부시킨다. 사실상 거리 덕분에 지각이 우리의 흥미를 끄는 것은 포착하거나 반영하고 그렇지 못한 것은 그냥 흘려보낸다고 믿는 것은 불충분하다. 분명 우리가 흡수하거나 굴절시키기는 하지만 지각의 대상이나 주체의 동작으로 변형되지는 않는 외재적 운동들의 일부가 있다. 그것들(외재적 운동들)은 오히려 순수한 특질 속에서 주체와 대상의 일치를 가리킬 것이다. 그것이 운동이미지의 마지막 전신인 감화이미지이다. 이것을 지각-행동 체계의 오류로 간주하는 것은 잘못이다. 그것은 반대로 절대적으로 필요한 세 번째 전제가 된다."[56]

들뢰즈는 감화-이미지에 대해서 베르그손이 '민감한 신경에 대한 일종의 운동적 경향'으로 표현한 바 있고, 그것은 부동화된 수용판 위에 가해지는 운동 노력을 뜻한다고 본다. 이 감화 이미지에 대해서는 잠시 뒤에 다시 검토할 계획이므로 원래의 논의 주제로 되돌아가면, 안 소바냐르그는 영화이미지가 특별한 이미지인 지각작용을 프레임화하고. 안정시키는 이미지라는 특징을 지닌다고 설명한다. 그 이유는 영화가 관객이 프레임화할 수 있는 주관적 이미지를 스크린에 팽창시키기 때문이라는 것이다. 그는 영화에서 스크린이 인간의 뇌 역할을 하기 때문에 살아 있는 이미지처럼 기능하며 시간이미지, 몽타주 등이 운동-이미지의 이중적 체계를 탐구할 수 있도록 해준다는 점에서 흥미롭다는 견해를 제시한다. 그는 영화의 운동이미지가 분류를 가능하게 하는 일종의 프레임 구실을 하기 때문에, 그리고 지각이미지는 이미지가 수용한 작용을 감각적 막으로 이중화하여 지각이미지와 운동이미지 사이에 감응지대를 전개시키기 때문에 유형 분류에 좋은 입지를 제공한다고 결론짓는다.

---

56 질 들뢰즈,『시네마 I』, 유진상 옮김, 시각과 언어, 2002, 127쪽.

3. 들뢰즈 이론에 대한 비판

들뢰즈의 영화이론은 한 세기 이전에 나온 베르그손의 이미지 실재론을 현대화하였다는 의의를 가지고 있을 뿐만 아니라 그 이론에 의거하여 영화라는 특정한 장르에 대해서 풍부하고도 깊이 있는 통찰을 보여준다는 점에서 큰 반향을 낳았다. 물론 들뢰즈는 영화에 대한 작업 이전에 문학, 미술 등 예술 전반에 관해서 광범위하게 논의한 바 있고, 그 논의들을 통해 자신의 철학을 전개했다는 점에서도 특별한 의의를 지닌다. 현대의 문화형식들에 대한 그의 성찰이 여러 분야의 사람들에게 공명을 일으키고 있음은 우리가 주위에서 쉽게 목격할 수 있는 장면들이 입증해준다. 그 가운데서도 리좀이라든가 주름, 기관 없는 신체, 차이와 반복 등의 개념은 현대의 문화형식과 관련된 담론에서 일반 개념이나 다름없이 일상적으로 쓰이고 있다. 그러한 개념들 가운데 하나가 영화의 클로즈업 기법 등과 관련해서 들뢰즈가 사용한 '감화'란 말이다. '감화(affection)'란 낱말은 베르그손의 번역자들이 '정념'이라고 옮기고, 질 들뢰즈의 번역자들은 '감화', '감정', '정감'이라고 옮기는 단어이다. 이 낱말에 대해서 황수영은 그 어원이 고대 그리스어의 '파토스(pathos)'로서 "우리의 내면에서 소용돌이치면서 우리를 사로잡는 모든 종류의 감정"을 뜻했고 현대프랑스어에서는 'passion(정열)'이라고 쓰이고 있지만 베르그손은 '육체적인 쾌감과 고통의 감정' 가운데 특히 후자의 측면을 부각시키는 데 주로 사용했다고 설명한다.[57]

문제는 베르그손이 사용한 이 '정념'의 개념이 들뢰즈의 영화이론에서는 '감화-이미지'라는 영화이미지의 한 유형으로 변모했다는 데 있다. 들뢰즈는『시네마 Ⅰ』의 세 장을 할애하여 감화이미지를 구체적으로 분석하고 있다. 예컨대 6장에서는 "감화-이미지, 그것은 근접화면(클로즈 업)이며 근접화면은 또한 얼

57 황수영,『물질과 기억-시간의 지층을 탐험하는 이미지와 기억의 미학』, 108-109쪽.

굴이다"는 전제 하에 얼굴의 클로즈업이 갖는 효과를 분석한다. 이 장에서 들뢰즈는 '정념'에 대한 베르그손의 개념을 두 가지로 정의하며 참고하고 있는데, '감각 신경 위에서의 운동적 경향', 다시 말해 '부동화된 신경판 위에서 일어나는 일련의 미세한 움직임'이 그 하나라면 '동적인 것은 그 연장의 운동을 잃게 되고 운동은 단지 표현의 운동'이 된다는 것이 그 두 번째다. 그는 얼굴의 클로즈업이 전율과 같은 충격을 줌으로써 관객이 서사로부터 벗어나 어떤 정념을 가지게 할 계기를 제공한다고 설명한다. 들뢰즈가 들고 있는 사례는 예술에서 스토리와 내러티브에 대해 적대적인 태도를 표현한 사람들, 예컨대 지가 베르토프와 같은 사람을 대표로 한다. 베르토프는 영화에 내러티브나 연극적 요소가 들어오는 것을 반대했으며 그러한 요소들로부터 카메라를 해방시켜야 한다고 주장한 사람이다. 그는 카메라에 의한 지각이 '인간의 자연적 지각의 한계를 넘어 세계의 다른 모습을 보여주는 것'이고, '인간의 몸에 구속되지 않는 자유로움을 갖고 있다'는 관점에서 영화가 서사의 지배를 벗어나야 한다고 보았다.[58] 곧 들뢰즈는 영화의 장면들 사이에 간격을 둠으로써 자연스러운 서사의 연결에 간격을 초래하는 기법들, 클로즈업이나 스펙터클, 암전의 기법 등을 주목하고 높이 평가한 것이다. 그 입장이 전통적인 서사중심의 영화를 이데올로기적이라고 평가하는 판단 위에 서 있음은 물론이다. 이와 같은 들뢰즈의 영화이론은 근래에 마크 핸슨에 의해 비판을 받은 바 있다. 핸슨은 들뢰즈의 영화에 대한 이론이 지닌 문제성과 그에 관련된 베르그손 지각론의 왜곡을 비판한다. 박영욱에 따르면 핸슨의 들뢰즈 비판은 크게 세 부분으로 나누어진다.[59] 그 첫 번째는 들뢰즈의 '감화-이미지'에 대한 것이고 두 번째는 베르그손의 정념의 개념에 대한 오해, 세 번째는 들뢰즈의 뉴미디어론이 몸의 역할을 부정하는 쪽으로 작용한다

58 박성수, 『들뢰즈와 영화』, 문화과학사, 1999, 212-213쪽.

59 박영욱, 「디지털 예술과 몸의 개입」, 『드라마 연구』, 제44호.

는 점이다. 이 세 개의 사항은 내면적으로 서로 긴밀히 연결되는데 그 줄기에 해당하는 것이 '감화-이미지'다. 박영욱은 들뢰즈가 베이컨의 회화를 분석한『감각의 논리』에서 '감각'을 "단일한 감각기관에서 비롯하는 것이 아닌 몸 전체의 반응임을 명시"하고 있다는 점을 긍정적으로 서술한다. <교황 이노켄티우스 10세의 초상>에서 '교황의 전율적인 모습'이 아닌 '전율 자체'를 표현하고 있는데, 그것은 '서사루부터 이탈함으로써 감각을 발생'시키고 있다고 본다. 이 관점에서 그는 들뢰즈의 '감화-이미지'가 얼굴의 클로즈업을 통해 '관객의 몸에 직접 정서적 반응'을 낳는 효과를 노리고 있고, 그것이 '영화에서 서사의 연결을 방해하는 정지와 간격'의 역할을 하고 있다는 점을 지적한다. 곧 들뢰즈는 간격을 통해 이데올로기적 서사로부터 거리를 취하고 대상에 대한 '객관적 시선을 극대화'하기 위해 클로즈업이나 스펙터클과 같은 요소를 뉴미디어의 장점으로 파악했다는 것이다. 들뢰즈에게 걸작의 표지는 사유에 충격을 주는가의 여부이며, 진부한 형태나 클리셰의 재생산과 대립하는 '형상(Figure)'이란, 감각에 직접 호소할 형태를 갖추었느냐의 여부에 따라 결정된다. 안 소바냐르그는 그 '형상'들이란 '힘의 직접적 틈입적 방식을 통해 형태가 구체적으로 감각에 감응'하는 것일 때" 얻어지는 것이라고 설명하고 있다.[60] 영화란 장르의 경우 클로즈업과 같은 기법은 '기계적인 시선을 통해서 인간의 새로운 지각과 사고를 유발'할 수 있고, 그것을 통해 '현실이 지닌 무한한 특성 중 우리에게 알려지지 않은 잠재적 가능성, 즉 잠재성'을 무한히 확장하여 보여주리라고 들뢰즈가 기대했다는 해석이다. 안 소바냐르그는 창조적 예술이 지닌 이러한 특성을 새로운 '이것임' 혹은 '그 자체로 새로움을 가져오는 시공간의 병합체'라고 규정하며 그것의 의미를 설명하기 위해 직접적으로 "특정 시간과 공간에서 어떤 이야기를 하는 것이 문제가 아니라, 리듬 · 빛 · 시간 · 공간이 그 자체로 진정한 인물이 될 수 있게 해야 한다"는

---

60 안 소바냐르그, 앞의 책, 71쪽.

들뢰즈의 말을 인용하고 있다. 그렇지만 마크 핸슨은 들뢰즈의 감화-이미지론이 근본적으로 베르그손의 정념 개념에 대한 오해에 입각하고 있음은 물론 디지털 예술에 적용될 경우 치명적인 효과를 낳을 수 있는, 몸의 역할을 부정하는 이론이라고 비판한다. 들뢰즈는 서사의 진행을 방해하는 클로즈업 같은 기법이 관객에게 지각의 풍부함을 가져다주고 그로 인해서 인간이 알고 있지 못하던 비결정성의 지대에 대한 새로운 인식을 가져다주리라고 기대하지만 그 기대는 결코 충족될 수 없는 것이라는 입장을 다음과 같이 말한다.

"핸슨은 들뢰즈의 해석이 베르그송의 지각이론이 제시하는 또 다른 핵심을 놓치고 있다고 주장한다. 인간의 지각은 몸의 작용, 즉 행위에서 비롯된다는 베르그송의 원칙은 몸의 정서적인 영역인 정념이 애초에 지각활동에 개입하고 있다는 것을 전제한다. 우리가 무한한 이미지를 지닌 비결(정)성(indetermination)의 물질을 하나의 이미지로 표상함으로써 지각이 발생한다면 이때 사물이 지닌 무한한 이미지들 중 일부를 걸러내어서 하나의 표상으로 만드는 작업을 필터링이라고 할 수 있다. 지각활동은 이 필터링의 활동을 반드시 전제한다. 베르그송의 이론에서 이러한 필터링의 행위가 '정념'의 활동이며, 이 정념의 활동은 전적으로 몸에 의해서 이루어진다. 그러나 이미 살펴본 바와 같이 들뢰즈에게 정념은 자연스러운 서사의 연결고리가 끊기는 간격에서 발생하는 정서적인 반응으로 간주되었다. 이는 들뢰즈가 영화에서 정념 또한 지각의 이미지 중 한 형태로 간주하는 데서도 잘 나타난다. 들뢰즈에게 정념은 지각을 발생시키는 몸의 메커니즘이 아닌 영화라는 매체가 제공하는 신선한 충격적 효과일 뿐이다."[61]

핸슨의 책은 기존의 이미지와 디지털 이미지 사이에 생긴 차이를 규명하여

61 박영욱, 「디지털 예술과 몸의 개입」, 22-23쪽.

뉴미디어이론을 구성하는 데 일차적 목적이 있다. 그 작업의 과정에서 핸슨이 첫 번째로 주목한 사항은 얼굴의 클로즈업이 야기하는 정서적 반응을 들뢰즈가 감화-이미지로 유형화하여 과도하게 강조하는 양상이다. 핸슨은 이러한 문제가 생긴 원인을 들뢰즈가 베르그손의 '정념'을 잘못 이해한 데서 찾는다. 베르그손에게서 '정념'은 지각의 원초적 단계에서부터 작용하는 요인으로 지각에서 감산법이 나타나는 이유는 정념의 필터링 활동에 있다. 그런데 들뢰즈는 정념을 '자연스러운 서사의 연결고리가 끊기는 간격에서 발생하는 정서적인 반응', '영화라는 매체가 제공하는 신선한 충격적 효과'로 보면서 그것을 이미지의 한 형태로 간주하고 있다. 이와 같은 양상은 지각작용이 어떻게 표상을 만들어내는가 하는 문제에 대해 숙고하게 만든다. 박영욱은 표상이 "내 앞에 있는 물질에 대해서 나에게 알려진 이미지들을 조합하여 하나의 단일한 상으로 만들어낸 것"이고 그 행위가 지각작용이라고 본다. 그 관점은 영화가 지각-이미지, 감화-이미지, 행동-이미지 등 모든 요소가 다 함께 관여하여 작용하는 가운데 만들어진다는 인식에 해당한다. 그럼에도 불구하고 들뢰즈가 클로즈업을 감화-이미지로 유형화하면서 강조하는 이유는 서사의 단절을 높이 평가하는 입장과 관련된다. 들뢰즈는 일상에서 불가능한 지각을 영화의 카메라가 가능하게 하며 그 기계적인 시선을 통해 우리는 새로운 지각과 사유를 향유할 수 있다고 보는 셈이다. 여기서 자연히 핸슨이 제기한 세 번째 비판, 몸의 문제가 등장한다.

핸슨에 따르면 베르그손의 이론에서 몸은 프레임의 역할을 맡는다. 프레임의 역할이란 우리가 이미 여러 차례 언급한 감산법, 필터링의 작용이다. 박영욱은 프레임의 역할을 "무한한 비결정성의 지대에서 일정한 이미지를 선택하여 표상을 만들기 위해서는 마치 사진이나 회화가 현실의 일부분을 선택하여 하나의 이미지로 만들 듯이 프레임화하는 것"이라고 말하고 있다. 이 프레임의 역할을 맡는 것이 우리의 몸이고 더 구체적으로는 베르그손이 말하는 정념이라는 해석이다. 그런데 들뢰즈의 이론에서는 "이미 기계에 의해서 프레임화된 이미지가 단일한 감각기관이 아닌 몸에 수용되는 방식"만이 관심의 대상이다. 그 이론에서는 디지털 미디어의 장점이란 기존의 미디어가 제공할 수 없었던 프레임을 제공한다는 것뿐 몸의 역할에는 특별한 것이 없다. 이에 대해서 핸슨은 디지털 미디어에서는 상호작용이 가능함으로써 몸과 이미지가 하나가 되고 그러한 까닭에 "몸은 투사된 이미지를 수용하는 수용체가 아닌 이미지 자체를 선택하거나 결정짓는 프레임의 역할을 하게 되는 것"이라고 주장한다. 박영욱은 몸의 역할을 이렇게 인식하는 것은 정념을 또 하나의 지각형태로 보는 것과는 완전히 다른 관점으로서 '이미지의 지각활동에 개입하는 근원적인 몸의 활동'을 인정하는 것이고, 그 몸의 능동적인 프레임활동은 '절대적인 프레임'의 역할을 하는 것이라고 설명한다. 그 절대적 프레임은 기왕에 만들어진 프레임이 없는 상태와 동일하다는 견해이다. 프레임이 미리 주어져 있지 않으므로 몸의 정념이 프레임이 되어 개입하게 된다는 논리이다. 그렇지만 디지털 예술에서 상호작용성이 중요하다고 해도 그것만이 절대적 위상을 차지하지는 않는다. 핸슨은 그 사실을 입증하기 위해 제프리 쇼의 <레저블 시티>를 사례로 들어 분석하는데, 그 내용을 박영욱은 다음과 같이 설명한다.

"물론 이 작품에서 상호작용의 위상을 제거할 수는 없다. 그러나 많은 미디어 아트 이론가들이 항상 거론하는 상호작용은 보다 근본적인 심층적인 영역의 표면이자 현상일 뿐 상호작용 자체가 디지털 예술의 본질은 아니다. 페터 바이벨이 이 작품에서 관객과 상호작용하는 이미지보다는 이 작품이 구현하고 있는 공간이나 공간적 구축을 강조하는 것도 이러한 맥락에서이다. 핸슨이 거듭 강조하는 것처럼 디지털 공간은 미디어에 의해서 프레임화되는 공간이 아닌 몸 자체가 프레임의 역할을 하는 공간을 창출할 수 있다. 제프리 쇼의 작품이 추구하는 것도 결국은 자전거에 앉아 있는 관객의 몸 자체가 프레임이 되는 공간, 즉 절대적인 프레임의 공간인 것이다."[62]

인용문은 디지털 예술에서 상호작용 그 자체보다도 몸이 프레임의 역할을 하여 창출하는 새로운 공간을 강조한다. 디지털 예술에서 공간적 요인이 중요한 역할을 한다는 이 새로운 관점은 몇 가지 사례를 통해 그 의미를 음미할 수 있다. 예컨대 E. M. 포스터는 헨리 제임스의 소설『대사들』을 작품 전체가 형성하는 패턴과 관련하여 분석하는 가운데 등장인물들이 활동하는 파리라는 공간이 뜻밖에 소설의 중심으로 부상하는 양상을 설명하고 있다. 즉 "파리가 처음부터 끝까지 이 작품을 빛나게 하고, 항상 구체적으로 나타나지는 않지만 이것은 행동체이며 인간의 감수성을 측정하는 거울이기도 하다. 그리고 소설을 다 읽고 나서 패턴을 명확하게 보기 위해 그 사건들을 흐려지게 내버려두면, 모래시계 가운데서 빛나는 것은 바로 파리"[63]라는 것이다. 이와 같이 행동들의 무대에 불과한 것이라고 생각했던 공간이 의외로 작품에서 은연히 중심적인 행동체로 부각되는 사례는 디지털 시대의 중요한 문화형식으로 등장한 컴퓨터 게임에서도 쉽게 찾아볼 수 있다. 게임 주체를 대신한 아바타의 활동으로 사건과 이미지가 다채롭게 변형되는 가운데 공간이 배경으로부터 지각의 표적물로 변모하는 메커니즘이라고 할 수 있다. 핸슨은 디지털 얼굴 이미지를 설명하는 가운데서 수용자의 반응에 따라 얼굴 이미지 자체가 다른 모습으로 변형되는 양상이 나타나고 있음을 언급하는데 이 또한 컴퓨터 게임의 고전 가운데 하나라고 할 수 있는『블랙 앤드 화이트』에서 이미 구체적으로 시도되었던 형상화 방식이다. 이처럼 핸슨은 들뢰즈의 영화이론과 디지털 예술을 비교하여 전자에 몸의 개입이라는 요인, 몸이 개입하여 프레임의 역할을 한다는 사실이 충분히 감안되지 않

62 박영욱, 앞의 글, 25-26쪽.

63 E. M. 포스터,『소설의 이해』, 이성호 옮김, 문예출판사, 1996, 170쪽.

고 있음을 설득력 있게 제시한다.

그렇다면 들뢰즈가 베르그손의 정념을 지각의 한 형태, 이미지로 보고 감화-이미지란 유형을 설정한 이유는 어디서 찾을 수 있는가. 클로즈업이나 스펙터클, 묘사의 장면, 암전과 같은 기법에 대한 그의 강조가 서사의 총체성이나 이데올로기성에 대한 비판과 맞물려 있음은 부정할 수 없다. 보들레르의 알레고리 수법이 등장한 이후에 단편적인 이미지나 충격효과, 몽타주의 방법 등에 대한 선호는 근대사회에서부터 포스트모던의 이론가들에게까지 부단히 이어지고 있다. 들뢰즈 또한 그 이론을 구축하는 데 주춧돌을 놓은 한 사람이다. 그 이론들은 임마누엘 칸트의 "상상력의 초월적 종합에 의거한 지성의 도식기능은 다름 아니라 내감에서의 직관의 모든 잡다(雜多)의 통일에 귀착하고, 그래서 간접적으로는 내감(수용성)에 대응하는 기능인 통각의 통일성에 귀착한다"[64]는 개념이나 로만 인가르덴의 "문학작품에 있어서의 시점들의 첫 번째며 가장 중요한 기능은 이 기능에 의해서 표시된 대상성들이 작품 자체에 의해서 사전 규정된 방식으로 현상되어질 수가 있다는 점에서 형성된다. 작품 속에서 시점들이 결핍되면, … 표시된 대상들은 독서를 하는 동안에 다만 공허하게 상념되며, 완전히 비직관적인 방식으로 사고되지 않으면 안 된다"[65]는 관점과 대척되는 자리에 선 미학이라고 할 수 있다. 그렇다고 해서 현대에 이르러 후기구조주의로 통칭되는, 니체와 프로이트와 기호학에 뿌리를 내리고 있는, 이 미학이 유일한 존재로서 입지를 구축하고 있다고도 할 수 없다. 들뢰즈가 의거하고 있는 베르그손의 기억에 관한 이론은 지속을 전제하며, 인가르덴은 형이상학적 특질에 관한 관심을 통해 작품의 통일성 이론을 한층 더 발전시켰다. 철학에서도 작품 존재를 '존재자의 비은폐성이 작품-속으로-정립되어-있음'이라고 파악한 하이데

64 임마누엘 칸트, 『순수이성비판 Ⅰ』, 백종현 옮김, 아카넷, 2008, 384쪽.

65 로만 인가르덴, 『문학예술작품』, 312쪽.

거의 예술이론과 A. N. 화이트헤드의 파악이론은 후기구조주의 이론과 어깨를 겨루고 있다고 할 만큼 저력을 지니고 있다. 더욱이 동양의 전통적인 사물 인식 방법인 취상법은 베르그손의 감산법에 견주어서 손색이 없다. 그러한 까닭에 디지털 시대의 지각방식에 대하여 숙고가 요청되는 이 시점에서 동서양의 대표적인 지각론인 취상법과 감산법을 비교하고 대조하는 작업은 필요불가결하다.

4. 취상법과 감산법

앙리 베르그손이 이미지 감산법을 본격적으로 제기한『물질과 기억』을 펴낸 해가 1896년이다. 그로부터 한 세대, 약 30여년이 지난 다음 발터 벤야민은 경험의 본질을 '지속'으로 파악한 베르그손의 생각을 바탕으로 마르셀 프루스트와 보들레르의 작품을 설명하고 있다. 이로부터 다시 거의 두 세대가 지난 1980년대에 질 들뢰즈는『시네마 Ⅰ, Ⅱ』에서 베르그손의 논제들에 대한 주석의 형식으로 자신의 영화이론을 개진하고 있다. 로만 인가르덴의『문학예술작품』이 1930년 무렵에 나왔고 그로부터 한 세대 뒤에 화이트헤드의 과정철학과 가스통 바슐라르의 이미지현상학이 나왔음을 생각하면 근 백년 사이에 서양에서는 베르그손의 감산법에 대한 재평가가 이루어졌고 철학에서도 생성철학이 큰 흐름을 타고 있다고 해야 할 것이다. 그렇지만 베르그손의 감산법과 일정한 공통성을 갖는 동양의 취상법의 역사는 세기 단위로 잴 수 있는 것이 아니라 밀레니엄, 즉 천년 단위로 재야 마땅하다. 취상법의 근원이라고 할 수 있는 관물취상(觀物取象)의 개념이『주역』에 나와 있음을 고려하면 개념의 생성은 약 5천년의 역사를 지닌다. 그럼에도 불구하고 취상법은 아직 관심의 대상에서 멀리 떨어져 있다. 그 이유는 무엇인가.

역학(易學)을 하나의 관상철학(觀象哲學)으로 보는 김경탁은 그 원인을 생성철학의 대상 및 방법과 연관 짓는다. 생성철학은 생성 변화를 주안점으로 하고 서양의 철학은 존재에 대한 탐구를 목적으로 한다. 그러므로 생명의 움직임을 다루는 전자에게는 직관작용이 요구되고 후자에게서는 인식작용이 요구된다. 인식작용은 사물을 의식계로 끌어들여 추상화하여 개념화하고 생성철학은 생명의 움직임 전체에 대한 인식을 추구하므로 분석 종합의 방법을 적용하기에 어려움이 따른다. 김경탁은 "생성자의 움직임은 우리가 감각할 수 있지만 생성의 움직임은 순수동작이므로 다만 느낄 수 있을 뿐이요, 감각할 수는 없다"[66] 고 말하고 있는데, 이 견해는 하이데거가 존재와 존재자를 구분하고 있듯이 생성과 생성자를 구분하는 관점을 밑바탕에 깔고 있다. 곧『역전』「계사」에서 "적연부동 감이수통(寂然不動 感而遂通)"이라는 말, "고요히 움직이지 않고 있다가 느껴서 마침내 천하의 이치에 통한다"는 말에서 '느끼는 것'은 순수동작을 대상으로 한 것이고 그 방법은 직관이라는 것이다. 여기에 나타나 있는 '느껴서 통한다'는 '감통(感通)'의 사상은 취상법, 곧 사형취상(捨形取象)하는 방법의 근원이다. 사형취상이라는 직관의 방법을 김경탁은 다음과 같이 설명한다.

"직관작용의 장점은 현상계의 사물을 의식계로 끌어 들이지 않고, 오히려 나의 정신력을 현상계의 사물 속으로 투입하여 그것을 사형(捨形)하여 취상화(取象化)한다. 인식되어진 것은 이미 죽은 물건이지만 직관되어진 물건은 그대로 산 물건이다. 인식되어진 것은 사물의 그림자에 불과하지만 직관되어진 것은 사물의 실상이다. 예를 들면 여기에 달아나는 말 한 마리가 있다고 하자. 인식작용은 달아나는 말의 상(象)을 추출하여 정적인 말을 의식계로 끌어들인 뒤에 이것을 개념화한다. 일단 개념화된 말은 사실의 말과는 아무 상관없이 독립되어 불변한다. 그러나 직관작용은 나의 정신력이 달아나는 말에게로 들어가서 말의 속성인 형상(形狀) 성질 색채 같은 것을 다 버리고 순수동작인 <상(象)>을

66 김경탁,『중국철학개론』, 범학도서, 1970, 14쪽.

취한다. 일단 취상화된 말은 사실의 말이 비록 정지되어 있더라도 그 달아나는 모습은 영구히 마음 속에 인상되어 남아 있다. 이런 것을 중국철학에서는 관상법이라 하고 불교철학에서는 인식작용이 정지된 뒤에 오는 이체합명중도법(二諦合明中道法)이라 한다."[67]

'관상법'이란 낱말은 관물취상(觀物取象)의 줄임말이다. 인용문에서 맨 처음 언급된 사실은 직관의 과정에서 주체와 대상이 맺는 관계이다. 흔히 직관을 말할 때 가정되는 것처럼 주관과 객관이 나누어져 있는 상태에서 주체에 의해 직관이 이루어지는 것이라고 보는 것이 아니라 나의 정신력이 사물 속으로 투입되어 흔적도 없이 주관이 사라져버리는 상태를 상정하고 있다. 그것은 통상 인식에서 요구되는 지성과 감성, 오성을 초월한 대상의 총체적 파악이다. 둘째로 언급된 것은 직관을 통해 얻어진 직관의 내용에 대한 것이다. 김경탁은 사형 작용과 취상 작용을 구분하고 있다. '사형'이란 사물의 형상(形相)이라고 생각되는 생김새, 됨됨이, 크기 등을 지각 과정에서 버리는 것을 일컫는다. 이 말은 베르그손의 감산법, 필터링이라는 용어가 함축하는 기능과 유사하다. 다른 점은 필터링에서는 무엇이 제거되고 걸러지는지 불분명하여 다분히 주관적 성향이나 임의적인 선택에 의해 이루어지는 기능으로 간주되지만 취상법에서 '사형'은 버려지는 것이 색깔, 모양새, 됨됨이, 크기, 강유(剛柔) 등이란 것을 구체적으로 나타내고 있다. 김경탁은 이러한 요소들이 공간적 속성에 속한다고 일반화한다. 이 사형의 작용은 취상의 작용과 함께 짝을 이루어 직관의 과정에 동시에 작동한다. 김경탁은 이 직관에 대하여 "본래 직관이라는 것은 인식이 의식의 영역에서 사물의 공통되는 성질을 개념적으로 파악하는 데 대하여 이것은 감각의 영역에서 사물의 공통된 동작 즉 상(象)을 직각적으로 파악함을 이름이다. 직관

---

67 앞의 책, 18쪽.

이 이 목적을 달성하는 데 앞서서 먼저 사형작용(捨形作用)과 취상작용(取象作用)이 있다"고 설명한다.

'취상'의 작용은 사물의 시간적 속성에 속하는 동작, 그 가운데서도 순수동작을 선택한다는 것을 제일의적 특성으로 한다. 이 동작에는 운동 자체와 함께 움직임의 방향과 같은 성분도 포함된다. 이 취상의 과정에서는 공간적 속성이 간과되는데 그것이 포함되면 사물의 참다운 상(象)을 볼 수 없기 때문이다. 김경탁은 취상의 작용에 세 단계가 있다고 구분한다. 개개 사물의 동작을 선택하는 단순취상과 복수의 사물에서 공통되는 동작을 포착하는 일반취상, 모든 사물을 대상으로 하여 상을 취하는 복합취상이 그것이다. 이 세 개의 단계는 취상법이 개별 사물로부터 전체 세계까지를 지각의 대상으로 할 수 있음을 시사한다. 곧 개별 사물의 동작이나 문학예술작품에 대한 취상이 가능함은 물론 특정한 유형에 포함되는 사물들의 취상, 나아가서는 모든 사물을 대상으로 하는 취상까지도 가능하다는 논리를 내포한다. 실제로 필자는 박경리의 『토지』에 대한 취상을 통해서 작품의 구조를 일거에 파악할 수 있었음은 물론, 그 방법을 사용하여 채만식의 작품들이 공통으로 지니고 있는 특성을 새롭게 발견할 수 있었다. 그 취상의 방법이 컴퓨터 게임에 대한 체험 속에서 획득된 것이라는 점은 취상이 천하만물의 도를 깨우치는 길이기도 하지만 일상에서는 다양한 문화형식들의 향유나 인식에 적용될 수 있는 직관법이라는 사실을 간접적으로 입증해주고 있다.

김경탁은 취상법이 유교, 불교, 도교 등과 관련되는 것으로 본다. 공자의 "흘러가는 것은 이와 같도다. 밤낮을 가리지 않음이여!"라는 말이나 『주역』의 '감통'에 대한 언급, 도(道)를 순수형상(純粹形相)이자 순수동작(純粹動作)으로 파악한 『노자』의 관점 모두 생성철학에 속한다고 볼 수 있고 그 점에서 취상법의 근원이 될 수 있다고 이해한다. 그렇지만 그는 무엇보다도 『노자』의 관점이 『주역』의 주석인『역전』에도 채택되는 등 취상법의 형성과정에서 가장 큰 영향력을 행사한 것으로 보고 있다.

"실은 『역전』은 진한지제(秦漢之際)에 나온 작품이다. 그러므로 노장사상의 영향을 받은 것이 확연하다. 『역전』가운데 특히 <상(象)>의 사상은 노자의 <상>을 발전시킨 것을 보아도 알 수 있다. 그러므로 '일양일음지위도(一陽一陰之謂道)'의 <도>는 노자의 '도생일(道生一)'의 <도>로 보아야 한다. <도>는 '음양이기 미분(陰陽二氣 未分) 이전의 순수동작인 원기(原氣)를 말한 것이다."[68]

인용문의 필자는 공자와 노자 두 사람을 '도'의 발명자로 인정하면서도 전자의 도는 도덕법칙에 속하고 후자의 도는 자연법칙에 속한다고 파악하고 있다. 곧 공자의 도는 '덕(德)'과 관련되고 노자의 도는 '기'와 관련되고 있어서 전자는 덕화(德化)주의자이고 후자는 기화(氣化)주의자라는 것이다. 두 사람이 모두 덕을 말하면서도 공자는 인간의 내적 측면에 중점을 두면서 덕성(德性)을 말한 것이고 노자는 인간외적 측면, 자연주의적인 측면에 비중을 둔다는 견해다. 이러한 두 사람의 차이는 『역전』에 들어 있는 '적연부동 감이수통'에 대한 해석에도 일정한 영향력을 행사하고 있다. '감통'이 지니는 의미에 대한 다음의 해석은 그 양상을 엿볼 수 있게 해준다.

"결국 감통이란 모든 것을 사(邪)된 표상과 논리로써 이해하려는 망념이 타파되고, 일체의 차별 대립이 파기된 진실무망(無妄)한 자리로서, 이는 '사유적인 관념지(觀念知)와 조작적 인위성을 넘어서서 진리 그 자체의 묘용(妙用)의 경지를 주체적으로 깨달아서' 존재의 근원적 지평에서 내가 우주와 더불어 일체가 되는 종극(終極)의 경지를 말한다. 이 지평으로부터 확연히 열려지는 세계

---

68 김경탁, 「노자의 도」, 『신역 노자』, 현암사, 1987.

의 확보가 곧 천명의 주체적 자각이라고 할 수 있다. 그렇다면 감통은 인간에게만 고유한 것이며, 이 의미에서 본래적인 것이면서 인간의 특징을 규정하는 개념인 것이다. 그러므로 감통의 체현(體現)은 부단한 자기초월을 감행하여 하늘과 합일하려는 인간존재에 의해서만 가장 확실한 것으로 드러나고, 이것은 오직 자기의 마음을 세정(洗淨)하여 '밀은(密隱)'의 차원으로 퇴장(退藏)함으로써만 얻어지는 그것으로부터 일어난다."[69]

논자는 감통의 궁극적인 실천을 위해서는 제계(齊戒)와 지성(至誠), 철저한 자기순화가 이루어져, 정신과 물질, 주관과 객관, 인식하는 자와 인식되는 자의 이원성이 하나로 용해되어야 하며 그 때 자연스러우며 자유로운 경지가 펼쳐질 것이라고 말한다. 천지만물의 화생(化生)과 인간사회의 발전, 심지어는 인간 행동의 작위까지 모두 감통의 현상에서 비롯된다는 견해이다. 감통이 천명의 자각을 위한 구극(究極)의 근거라는 논리다.

취상법은 '감통'에 이르는 직관의 방법이다. '감통'이 사물의 이치를 깨달아 도를 터득함으로써 궁극적으로 천인합일의 경지에 이르는 것을 목적으로 하는 것이라 했을 때 단순히 지각의 과정에서 발생하는 의식의 기제에 초점을 맞추는 감산법과 같은 차원에 놓고 논의하는 것이 적절할 수는 없다. 더욱이 취상법을 근간으로 하는 동양의 직관법이 인식의 모든 요구를 충족시키는 것도 아니다. 그 점에서 김경탁이 "하나의 사물을 진정하게 요해하려면 인식과 직관이 서로 합작해야 한다. 인식은 사물의 존재적 의의를 파악하고, 직관은 사물의 생성적 의의를 파악하기 때문이다"[70]라고 말하는 것은 합당하다. 그렇지만 인식이 주로 사물의 공간적 요소의 파악에 치중하는 데 비해서 직관은 사물의 시간

69 송인창, 「선진역학에서 천명자각의 방법」, 『주역과 한국역학』, 한국주역학회 (편), 범양사출판부, 1996.

70 김경탁, 『중국철학개론』, 30쪽.

적 요소에 주목하는 방법이라는 차이가 있는 것도 사실이다. 이 사실에 비추어 볼 때 베르그손의 철학이 "시간은 실재하는 것이다"라는 명제로 요약될 수 있다는 주장[71]은 그가 방법론적으로 직관에 의거한 이유를 납득할 수 있게 해준다. 베르그손의 감산법과 동양의 취상법이 서로 다른 문화와 사상을 배경으로 하고 있고, 상이한 영역에 대한 논의 가운데서 나왔다고 할지라도 거기에 깊은 친연성이 깃들어 있는 것은 그와 관련된다고 할 수 있다. 히가끼 다츠야가 베르그손의 철학을 한마디로 '생성하는 실재의 긍정'이라고 요약하며 그것의 특징을 나타내기 위해 '분산하는 일자(一者)로서의 생명'[72]이라는 개념을 쓰고 있는 것은 그 한 예증이라고 할 수 있다. '도생일(道生一)'의 개념을 통해 유출설을 말한 노자나 음양 이기나 오행설의 태반이 되는 '태극'의 관념과 일치되는 것은 아닐지라도 발상의 유사성을 엿볼 수 있는 양상인 것이다. 또한 지각이 모든 사물에 내재하는 것으로서 정도의 차이만 있을 뿐이라는 인식도 비활성물질과 살아 있는 존재들 사이에 연속성이 있음을 말하는 노자의 입장과 연결된다. 이러한 특성을 고려해서 로널드 보그는 "살아 있는 존재들의 지각은 살아 있지 않은 실체들의 지각의 공제적 축소적 이형(異形)인데, 이것은 화이트헤드의 '파악'과 닮은 지각이다"[73]고 말하고 있다. 과정의 실재를 말함으로써 독자적으로 생성철학을 전개한 화이트헤드의 느낌이론과 베르그손의 감산법의 동질성을 말하고 있는 것이다. 화이트헤드가 현실적 존재의 합생 과정에서 객체적 여건의 긍정적 파악과 부정적 파악이 있음을 말하고 있고, 긍정적 파악을 특별히 느낌이라는 개념으로 내세우고 있는 것은 베르그손의 지각이론에서 감산법이 놓인 위상과 거의 동일하다고 할 수 있다. 질 들뢰즈의 사고 또한 취상법과 감산법의 유사성을

71 로널드 보그, 『들뢰즈와 시네마』, 정형철 옮김, 동문선, 2006, 22쪽.

72 檜垣立哉,, 『ベルクソソの哲學』, 勁草書房, 2000. 177쪽.

73 로널드 보그, 앞의 책, 54쪽.

말할 수 있게 하는 한 사례를 보여준다. 들뢰즈는 내재성의 평면은 '온전히 그대로 빛'이라는 관점을 보여주는데, 이것은 이미지와 운동의 동일성이 물질과 빛의 동일성이라는 논거를 지닐 수 있게 해준다. 이에 대해 로널드 보그는 그 의미를 다음과 같이 설명한다.

"『물질과 기억』의 그 어느 곳에서도 베르그손은 물질과 빛을 명시적으로 균등화하지 않았다. 지각에 관한 논의 전체를 통해 베르그손은 시각이미지에서 청각 이미지 또는 촉각 이미지까지 이미지의 예들을 차별 없이 다루면서, 보이는 그대로의 일반적인 사물로서의 이미지와 시각적 현상으로서의 이미지 사이의 구분을 애매하게 한다. 베르그손이 지각을 형상화하면서 예로 든 거울과 사진 스크린은 빛의 우주라는 형상을 동반하지만, 베르그손이 물질과 빛의 존재론적 동일성을 포용하는 것 같지는 않다. 왜냐하면 그러한 입장은 지각의 비시각적 양식들의 지위를 문제적인 것으로 만들기 때문이다. 그러나 물질과 빛을 균등화함으로써 들뢰즈는 시각적 이미지의 분석에 대한 베르그손의 지각이론의 관련성을 전면에 부각시키고, 시네마적 시각이미지와 물질적 세계 사이의 관계에 대한 개념화를 위한 그 이론의 발전 가능성을 드러낸다."[74]

들뢰즈가 말한 물질과 빛의 동일성은 물질=운동=이미지=빛의 관계를 축약한 것이라고 할 수 있다. 이와 같은 동일성의 인식은 동양의 사유 전통에서는 매우 익숙한 일이다. 우 조티카는 어떤 현상이 일어나고 사라짐을 천천히 지켜보면 어느 순간 움직임이 빛으로 변화하는 일이 일어난다는 것을 말하고 있고, 미술이론가인 루돌프 아른하임 역시 물체가 빠른 속도로 움직이면 빛으로 변화

---

74 앞의 책, 55-56쪽.

한다는 실험 결과를 자신의 저작에 기술하고 있다.[75] 필자 역시 『토지』에 대한 독서과정에서 똑같은 체험을 한 바 있다. 사물이 빨리 움직이면 물체는 사라지고 동작만 남게 되며 그 동작은 다시 동선으로 변하고 그 동선은 종국에는 빛으로 변환된다. 물론 들뢰즈가 말하고 있는 물질과 빛의 동일성과 앞에 제시한 사례들이 똑같은 의미만을 지니는 것은 아니다. 그렇지만 그 사례들은 감산법이나 취상법이 결코 먼 거리에 있지 않음을 말해준다. 그러나 이곳에서 감산법과 취상법의 친연관계를 거론하는 주요한 동기는 지각에 관련되는 것이라기보다는 그것들이 모두 행동학에 대한 지향을 이론 속에 내포한다는 사실에 있다. 들뢰즈는 자신의 작업을 설명하는 가운데 운동이미지를 지각이미지, 감정이미지, 행동이미지로 유형화한 분류는 상황에 따라 바뀔 수 있는 것이며 유형 분류의 의미는 그것이 '보게 하는 것에 의해서만 가치를 갖는다'고 말한 바 있다. 안 소바냐르그는 이 말을 설명하며 들뢰즈가 영화를 특별히 다룬 것은 행동학의 일환이었을 뿐이며 들뢰즈에게서 "해석한다는 것은, 생명의 평가라는 방식으로 힘들의 관계를 구성하는 것"이었음을 이렇게 말하고 있다.

"이 같은 힘들의 포용은 초월적 가치에 따른 어떠한 도덕적 판단도 함축함이 없이, 들뢰즈가 '투쟁'이라 부른 조우의 생명적 실행만을 함축한다. 이 투쟁에서는 '비유기적인 강력한 생명력이 힘으로써 힘을 보충하고, 힘이 탈취한 것을 풍요롭게 한다.' 들뢰즈는 여기서도 주체, 형태, 기능, 구성된 기관의 층위에 관심을 두지 않고 투쟁을 구성적 강도라고 생각한다. 평가한다는 것은 예술이 우리에게 생성시킨 것을 감상하는 것, 즉 감응의 지도를 그리면서, 다시 말해 물질적으로 새로운 이것임을 들추어내어 이것이 좋은 것인지 아니면 유해한 것인지

75 루돌프 아른하임, 『미술과 시지각』, 김춘일 옮김, 홍성사, 1986, 484쪽. 우 조티카, 『마음의 지도』, 박은조 옮김, 연방죽, 2008, 195쪽.

를 결정하면서, 우리가 맺은 새로운 관계들을 체험하는 것이다. 여기서 우리는 스피노자의 악 이론과 다시 만난다. 존재방식은 감응 능력에 의해 정의되며, 이 감응 능력이 스스로의 완성과 행동력을 증폭시키는 새로운 관계를 구성할 때 소위 '선'하고, 이 관계를 해체시킬 때 소위 '악'하다. 비판적 평가는 이 같은 감응의 지도를 만드는 것이다."[76]

철학자의 임무는 개념을 만드는 것이란 말은 인용문을 이해하기에 앞서 우선적으로 음미되어야 한다. 들뢰즈의 진단적 비평이 취하는 개념이나 유형은 구체적이고 실질적인 힘들의 관계에서 추출되는 것으로서 판단이나 인식을 위한 것이 아니라 생명의 분류에 도움이 되는 것이어야 한다. 그 분류는 모든 정신에 공통된 보편적 관념에 바탕을 두지 않고 공통된 관계가 있는 일부의 신체에 공통된 특징을 대상으로 하는 것으로서 힘들 사이의 관계를 구성하는 기호론을 통해 생명의 평가로 이어져야 한다. 여기에는 자연히 윤리학이 개입될 수밖에 없다. 따라서 분류는 특정한 징후를 포착하는 것이어야 하고 역량의 평가를 효과적으로 수행할 수 있게끔 만들어져야 한다. 그러나 분류에 의해 만들어진 범주는 고정불변의 것이 아니다. 그것은 여러 힘들을 포용해야 하는 것이므로 항상 열려 있어야 하고 힘들의 관계가 바뀌는 데 따라 변화해야 한다. 범주란 생성되는 현실에 대하여 우리의 신체가 맺는 관계 또는 감응의 양태에 적합한 방식으로 늘 새롭게 구성되어야 한다. 그와 같이 가변성을 지니고 새로운 규정을 수용할 수 있는 범주표는 이질적인 것들을 함께 수용할 수 있는 몽타주판과 같이 기능하게 될 것이며 거기에는 지속되는 이미지의 흐름을 주체화하거나 제거하는 주관적 감응의 다양성이 숨 쉴 수 있는 공간이 마련된다. 그렇게 만들어진 감응의 지도로서의 기호표가 진단적 비평을 가능하게 한다. 안 소바냐르그가 읽

76 안 소바냐르그, 앞의 책, 82쪽.

은 들뢰즈의 예술론은 대강 이와 같은 것이다. 이 지점에서 취상법과 감산법의 공통성과 차이점을 구분할 수 있다.

클레어 콜브룩은 "들뢰즈의 전체 철학은 이 (선악을 넘어선) 내재적 윤리학을 발견하는 데 정향되어 있다"[77]고 말하고 있다. 콜브룩이 말하는 윤리학은 특정한 관점에서 세계에 대해 판단하는 일을 가리키는 것이 아니다. 나와는 다른 입장에 있는 사람이 지각작용을 부정적이거나 악의적인 것으로 여기지 않고 "내 지각작용의 역능들을(예술, 철학 또는 영화를 통해) 연장해서 지각작용들의 다른 계열들을 포용"할 때 얻어지는 것이 '선악을 넘어선' 윤리이다. 이와 같은 관점은 '감통'을 "모든 것을 사(邪)된 표상과 논리로써 이해하려는 망념이 타파되고, 일체의 차별 대립이 파기된 진실무망한 자리"로 파악하며 "사유적인 관념지와 조작적 인위성을 넘어서"야 한다는 입장과 상통한다고 할 수 있다. 그러나 '감통'이 "진리 그 자체의 묘용의 경지를 주체적으로 깨달아서 존재의 근원적 지평에서 내가 우주와 더불어 일체가 되는 종극의 경지"를 추구하는 것과는 달리 들뢰즈의 지각이론은 "예술이 어떻게 지각작용을 닫히고 연장된 형태들을 넘어 강도들과 독특성들로 이끄는지 보여"주는 데 목적을 둔다.[78] 콜브룩은 들뢰즈의 이러한 입장이 예술을 '비인칭적 감정들의 창조'로 보는 것과 연관된 것으로서 "서사와 의미에 결부되지 않은 예술형식들과 같은 예술의 특정한 양태를 장려하고 특권화하는 것처럼 보"이고 실제로 들뢰즈가 그러한 본보기를 제시한다고 시인한다. 단어들을 뜻이 아닌 음향, 리듬, 표면효과들로 제시한다는 것이다. 그렇게 하는 이유는 작품의 의미를 묻는 순간 예술이 어떻게 작동하는지, 뜻이 어떻게 생산되고 뜻의 과잉 속에 의미가 어떻게 변하는지에 대해서는 생각하지 않게 된다는 데 있다는 것이다. 콜브룩은 이러한 생각을 차이와 반복에 대한

---

77 클레어 콜브룩, 『들뢰즈 이해하기』, 한정헌 옮김, 그린비, 2008, 327쪽.

78 앞의 책, 327쪽.

들뢰즈의 사상과 연관시켜 설명한다. "시간은 오직 차이 안에서만 반복되고 긍정"되는 것이며 "피카소를 반복한다는 것은 피카소의 원작들이 가진 것과 같은 힘으로 지각작용을 변형하는 것을 뜻"[79]하는 것이며 거기에는 윤리학이 결부된다는 것이다. 그는 이렇게 말한다.

"그런데 어째서 이것이 윤리학인가? 그것은 바로 도덕이 아니기 때문에 윤리학이다. 사유함과 지각함은 이미 주어진 힘들과 상식의 교의의 예속에서 자유롭다. 내재성의 기획은 사유함에 미리 주어지고 결정된 외부가 있다는 것을 전제하지 않는다. 왜냐 하면 '비사유' 혹은 '외부'는 그게 무엇이든 간에 사유함과 지각작용을 부단히 변형할 것이기 때문이다. 내재성은 사유와 지각작용의 해방을 긍정하고 이미 주어지지 않은 것을 향한 생성을 목표로 한다."[80]

인용문은 들뢰즈의 윤리학이 생성을 위한 실천학이라는 점을 보여준다. 지각의 감산법은 선택되지 않은 이미지들로 구성된 잠재성의 실재를 인정하지 않을 수 없다. 그 잠재성은 내재성의 기획과 사유를 통해 해방될 수 있다. 그 일을 행하는 것은 사유와 지각의 힘이고 자유의 실행이다. 이 실행은 필연적으로 윤리학의 실험대상이다. 여기서 우리는 서양의 감산법과 동양의 취상법이 갈리는 길목에 위치하게 된다. 우주와 일체가 되는 경지를 추구하는 동양의 '감통'이 생성과 무관한 것은 아니다. 낳고 낳는 것이 역(易)이고 그 생성을 이어가는 것이 선이라는 사상은 『주역』에 나타나 있다. 그렇지만 그 사상은 시각을 고정된 시점에서 해방하여 지각작용의 확장을 도모하고 세계와의 대면을 능동적으로 생산하고 긍정하는 일을 생성운동의 한 가지로 받아들이는 적극적 사유와 일정한

79 앞의 책, 331-332쪽.

80 앞의 책, 332쪽.

차이를 지닌다고 하지 않을 수 없다. 다만 사유와 지각의 해방이 어떤 방향성을 가져야 하는가 하는 근본적인 물음에 대한 대답은 아직 미해결인 채로 남아 있다. 그 문제는 감산법에서 더욱 긴절하게 해답이 모색되어야 할 과제라고 하겠지만 취상법 또한 디지털 시대라는 사회적 변화에 부응하기 위해 자신의 방법을 현대화해야 한다는 시급한 과제를 부여안고 있다.

Ⅴ. 맺음말

디지털 기술이 가져온 우리 사회의 변화는 생활의 여러 부문에 걸쳐 있고 삶의 미세한 국면에 이르기까지 심대한 파급효과를 미치고 있다는 점에서 가히 전면적이라고 할 수 있다. 특히 문화의 형식에 끼치는 디지털 기술의 영향은 종래의 척도로 잴 수 있는 한계를 넘어서고 있다. 실재보다도 더욱 실재와 같은 가상현실이 현실적 효력을 내고 있을 뿐만 아니라 사회적 소통망의 발달은 개인의 삶을 인류 공통의 문화에 직접적으로 연계시키고 있다. 이와 같은 상황에서 문학예술 분야에도 거대한 변화의 파고가 밀려들고 있다. 스마트폰과 같은 복합매체나 영화와 같은 영상장르가 디지털 기술의 매개를 통해 사람들의 일상을 지배하고 있고 하이퍼텍스트라는 새로운 텍스트 형식이 등장함으로써 기존의 예술이론에 대한 성찰을 불가피하게 만든다. 이 글은 주로 이전에 필자의『문학의 통일성 이론』에서 깊이 다루지 못한 뉴미디어 예술의 문제를 디지털 기술과 연관하여 검토하는 데 바쳐지고 있다. 작품이란 말과 텍스트라는 말의 구분에서 드러나듯이 서로 다른 개념을 함축하는 문화적 산물들을 한 데 포괄할 수 있는 이론의 가능성을 시험한 작업이라고 할 수 있다. 그 작업은 크게 세 가지 방향성을 의식하면서 시도되었다.

첫째 작품론과 매체 감성학을 통합할 수 있는 방안의 모색이다. 발터 벤야민의「기술복제시대의 예술작품」에서 수행된 매체미학적 작업의 한계를 돌파하기 위하여 로만 인가르덴의 형이상학적 특질론을 도입하였다. 이 작업은 작품론과 매체 감성학의 상보적인 역할을 도모하는 방식으로 추진되었다. 벤야민의 아우라론은 인가르덴의 형이상학적 특질론을 바탕으로 할 때 내실을 간직할 수 있다는 관점이다.

둘째 앙리 베르그손의 감산법과 동양의 취상법을 비교분석하여 통합의 가능성을 도모했다. 서양의 전통에서 베르그손의 감산법은 화이트헤드의 파악이론이나 질 들뢰즈의 영화이론에 선구가 된다. 그러나 감산법은 대부분의 서양 학자들에게서는 부수적인 사항으로 간주되어 독자적인 발전의 궤적을 보여주지 못한다. 이를 극복하는 방법은 동양의 감통(感通)의 개념이나 그에 기반한 취상법이 보완이 될 때 가능하다는 견지에서 이 글에서는 두 방법을 비교분석하고자 했다.

셋째 취상법과 감산법은 그 자체로 체계적인 방법론으로서의 독자성을 갖추지 못하고 있다. 그 원인은 두 방법이 배경으로 하고 있는 세계관과 긴밀하게 연관되지 못하고 있기 때문이라고 생각된다. 따라서 각각의 방법이 궁극적으로 지향하고 있는 것이 무엇이며 현실적 효용성을 어떻게 획득해야 하는지를 성찰할 필요가 있다. 이 글에서는 시론적으로 행동학의 관점에서 두 이론을 검토하여 그 특성이 무엇인지 규명하고자 했다. 들뢰즈의 윤리학이 생성을 위한 실천학인 데 비해 감통의 사상이 궁극적으로 천인합일에 목적을 둔다는 대비적 분석은 앞으로 보완되어야 할 잠정적 결론이라고 하겠다.

논평과 토론
디지털 시대의 문화와 지각 방식

윤민우 짧은 시간에 60페이지에 달하는 내용을 압축해서 발표해주셨는데요. 저도 따라서 읽긴 했습니다마는 제가 모르는 부분이 많아서, 질문하고 싶은 부분도 상당히 많습니다. 구체적으로는 그렇지만, 시간이 허락하지 않으니 몇 가지만 여쭤보려고 합니다. 디지털 시대의 문화 그리고 지각 방식이 그 이전의 선형적인 독서 방법에서 보다 더 접촉적이고 공감각적이고 감성적이고 또 상호작용적이고 몰입적이라고 하셨고, 이에 연관된 여러 가지 말씀을 하시면서 디지털 문화의 지각 방식을 정의해주셨는데요. 이 부분까지는 좀 쉬웠던 것 같아요, 논문의 앞부분은 따라 읽기 쉬웠습니다. 선생님께서 디지털 문화를 정의하시면서 여러 방면으로 접근하시고, '인스턴트적이다'라는 말도 하고 있긴 한데요. 이런 성격이 디지털 문화가 돌발적이고 우연적이라면, 비트겐슈타인의 "game theory"나 언어 게임 이론을 빌려서 설명을 시도해 봄직도 하다는 느낌을 받았습니다. 많은 정보량이 너무 급속하게 유입되고 변하기 때문에, 우리의 인식이라는 것이 오늘 다르고 내일 다르고, 내일은 또 다른 game theory에 따라서 게임을 해야 한다는 부분이 선생님 책에서 조금 더 강화되면 좋지 않겠나는 생각을 해봤습니다. 이에 대해 말씀해 주셔도 좋지만, 이것은 저의 요청 사항이었구요.

두 번째는 좀 작은 주제인데, 벤야민의 아우라 이야기를 많이 하시면서, 여기서 선생님의 독특한 시각이 드러납니다. 사실, 이것도 제가 따라 읽기가 쉽지는 않았습니다만, 벤야민의 아우라는 복제시대가 되기 전, 사진 기술이 나오기 전의 시대인데, 그때 우리가 통감각적으로 촉각적으로 인식한다고 하는 것이 오늘날의 맥루언이나 이런 사람들이 전자 매체에서도 촉각적으로 인식한다고 하는 것과 비슷하다고 말씀하셨지요?

최유찬 네.

윤민우 단편적인 이야기지만 이 부분에 대해서 제가 궁금해서 여쭤보는 거예요. 사진이나 영화가 발전되기 전에 비교적 초기 모던 시대 또는 그 이전 시대에 직접 전시장이나 박물관에 가서 그림을 봐야 되는 것인데, 이러한 아우라와 비슷한 현상을 오늘날의 전자 매체가 우리에게 준다고 하는 점을 조금 더 쉽게 설명해주시면 좋겠습니다.

그리고 선생님께서 가장 공을 들이신 부분이 베르그송부터 시작하여 들뢰즈까지 이르는 이 부분이라고 생각합니다. 그리고 동양의 고전『주역』에 나오는 취상법을 도입하는 이 부분은 선생님의 독창적인 생각이시죠. 저는 잘 이해하지 못합니다만, 왜 선생님께서 이 어려운 이야기를 하시는가하는 것을 좀 더 분명히 말해주시면 좋지 않을까 생각합니다. 아마도 오늘 토론에서 이 문제에 관한 질문이 다시 나올 것 같은 생각도 듭니다만. 디지털 시대의 지각 방식이라고 하는 것은 물론 텍스트도 있지만, 멀티미디어를 통해서 소리로 듣고 특히 옛날에 없었던 그림을 통해서 우리가 보게 되고, 그림도 빨리 빨리 바꿔가면서 보게 되는데요. 이게 궁극적으로 모이는 부분은 어떤 정지의 상태, 가령 현상 이면의 플라톤적인 이데아의 고착적인 세계에 대한 탐구라기보다는 니체 철학의 생성, 변화, 반복이 오히려 가능케 할 수 있는 어떤 공간이나 통일성의 공감각적인 인식을 말씀하시는 것이 아닌가 생각해 봤습니다. 그리하여 베르그송과 들뢰즈에 이르는 생성철학을 말씀하시면서, 거기서 공간이나 통일성을 갖춘 세계의 구성이 가능하다는 점을 강조하시는 것이 아닌가 생각합니다. 이 점에 관하여 이야기해 주시면 좋겠습니다.

최유찬 많이 부족한 발표인데 많이 봐주시면서 말씀해주신 것 같습니다. 문화적인 현상은 다양한데 그것들이 어떻게 쉽게 포착이 될 수 있느냐. 저는 제 체험에 많이 의지합니다. 무슨 이야기냐 하면, 디지털 기기를 사용하는 사람들의 전형적인 지각 방식은 흔히 스캐닝이라고 합니다. 쓱 한 번 훑어보죠. 그런데 이렇게 쑥 훑어보니까 사람들이 흔히 그것은 표피적이고 피상적인 것이라고 말하고, 실제로 그렇게 이해하기 쉬운데요. 저는 어떻게 판단하는가 하면, 나름대로 그런 지각 방식을 갖는 사람들이 단순히 스캐닝, 표피적인 데에서 멎지 않는다는 것입니다. 그것을 제가 구체적으로 논문에 써놓고 있는데요. 그런 피상적인 방식 속에서도 캐치할 것은 포착해내는 그런 방법들을 나름대로 계발해나가는 것이죠. 그렇기 때문에 그런 일이 반복이 되다보면 그 방법을 스스로 터득을 하는 겁니다. 자기도 모르게 터득해나간다, 하는 것으로 제가 답변드릴 수밖에 없고요.

그 질문은 바로 전자 매체에서도 아우라의 파악이 가능하냐 하는 질문으로 이어진다고 생각됩니다. 두 번째 질문인데요. 제가 박경리 연구, 채만식 연구자로서 다른 사람들과는 조금 다른 어떤 것을 가졌다고 한다면, 제가 컴퓨터 게임을 했기 때문에 그런 일이 가능했던 것입니다. 무슨 이야기냐 하면 컴퓨터 게임을 하는 사람이 단순히 하나의 기계적인 동작, 여기서 그치는 것이 아니라 그 게임을 하면서 나름으로 상상력의 작동이라고 할까, 뇌의 어떤 작용에 의해서 하나의 세계를 구성하는 작업을 수행해 간다는 그런 논리를 제가 가지고 있습니다.
세 번째 질문은 베르그송 이론 등을 말하는 이유는 어디에 있느냐 하는 물음인데, 이 글은 제가 2, 3년 전에 펴냈던『문학의 통일성 이론』의 보완입니다.『문학의 통일성 이론』에서 저는 작품의 통일성, 작품의 어떤 핵심을 포착하는 방법을 이야기했습니다. 거기서 동양과 서양의 통일성 파악 방식을 구분했어요. 동양과 서양의 차이점은 무엇이고 그것들이 어떻게 통일성 이론과 연관될 수 있는지를 규명한 것입니다. 그런데 저의 작업에서 미진한 부분이 바로 이 디지털 문화 쪽이었습니다. 새로이 대두된 디지털 문화 속에서 우리는 어떻게 통일성을 파악하는가, 하는 부분의 보완 작업이라고 할 수 있는데요. 이 발표는 거기에 목적을 두고 있습니다. 우리가 어떤 디지털 텍스트를 파악할 적에 그것이 단순히 스쳐지나가는 것이고 우연적이고 단편적이다 라고 말합니다, 물론 그렇죠. 대부분 많이 잊혀집니다, 그냥 피부에 스쳐가기는 하지만 그것의 핵심이 뚜렷이 포착되지 않고 그냥 흘러갑니다. 그런데 그러한 가운데서도 주체의 어떤 지각의 방식은 시대에 따라서, 자기의 문화가 변화되는 데 따라서 그에 대해서 적응하는 능력을 가지고, 그런 적응하는 능력들이 전체를 포착하게 하는 그런 능력으로 변화가 된다는 것이죠. 그것은 어떻게 보면 인간의 어떤 생래적이라고 할까 본원적인 측면에서의 적응이라고 저는 생각합니다. 왜 그러냐 하면 전체를 포착하지 않으면 사물 자체가 포착이 안 되는 겁니다. 그게 통일성 이론의 가장 기본인데, 거기에 비춰서 생각을 하면 디지털 시대에도, 디지털 텍스트이든지 하이퍼텍스트든지 간에 그런 일이 일어납니다. 예컨대 하나의 하이퍼텍스트를 사례로 들어 이야기 할 수가 있습니다. 하이퍼텍스트의 특성이란 것은 무엇이냐. 자기가 마음대로 어떤 노드(node)를 지정을 해가지고 선택을 해나가면서 어떤 사건을 체험하는 것이지 않습니까. 그런데 그것이 하나뿐만이 아니라, A가 있고 B가 있고, B의 선택이 있고 C의 선택이 있고 D의 선택이 있다, 그런데 이런 것들이 반복이 되다보면 거기에서 어떤 일이 일어나느냐 하면요, 아까 제가 공간에 대해서 조금 강조를 했던 적이 있습니다. 시간적으로 어떤 서사적사건들이 전개됐는데 그 개별적인 사건의 전개, 이것은 다 사라집니다. 남는 것은 무엇이냐. 그 게임이 일어났던 공간에 대한 기억이 남습니다. 이것을 설명하기 위해서 저는 다른 데서 사례를 구해가지고 디지털 시대에는 통합체보다 계열체가 우수하게 된다, 하는 얘기를 했습니다. 바로 그것입니다. 그런 일이 어떻게 일어나는가에 대해서는 저자도 정확히 모를 수 있습니다. 작가도, 소프트웨어를 만드는 사람도 잘 모를 수 있습니다. 그런데 그 프로그램을 이용하는 사람은 자기도 모르게 그 알고리즘을 재구성하고 그 데이터베이스를 자기 것으로 가지게 된다는 거예요. 그 이론으로 저는 문화적인 산물들이 지금 이 디지털 시대에 어떻게 포착되는가, 하는 문제를 설명하려고 하는 것입니다.

윤민우 선생님 설명을 들으니까요, 디지털 지각 방식이 돌발적이고 일회적이고 인스턴트적이고 생성적이지만, 그것이 계속되는 반복을 통해서 하나의 공간적인 이미지를 갖게 되고 그래서 우리가 통일된 인식을 갖게 된다는 말씀이신 것 같습니다. 말씀하신 디지털 시대의 지각 방식이 선생님만의 것은 아니지만 선생님께서 독특한 나름대로의 창의적인 주장을 하고 계신다는 것을 이해할 수 있었습니다.

최유찬 뭐 통일성 이론을 이야기할 때부터 다른 사람과는 전혀 다른 이야기를 했습니다.

최문규 두 가지 질문을 드리겠습니다. 우선 볼츠(Bolz)의 "인텐시브하게 관계되고 있을 때, 가장 자유로움을 느낀다"는 역설을 언급하고 있습니다. 선생님의 논리에서는 '몰입 속에서 최고의 자유를 누린다'로 이해될 수 있습니다. 그런데, 몰입이란 감정이입과 동일시될 수 있을 것입니다. 벤야민은 「기술복제시대의 예술작품」에서 감정이입과 정신 산만을 서로 대립시켜 놨는데, 선생님도 몰입, 감정이입보다는 정신 산만을 오히려 더 강조를 하셔야 할 것 같습니다. 왜 몰입을 강조하고 계신지요?

또 한 가지 질문은, 선생님께서 강조한 취상법이나 감산법이 혹시 일반 독자보다는 고도의 전문가에게만 가능한 것이 아닌가 하는 생각이 듭니다. 영화를 할 때 관객들은 들뢰즈가 말한 "운동이미지"를 경험하게 되는데, 어떻게 수많은 대중들이 취상법 같은 방식으로 새로운 매체와 소통할 수 있는지 구체적으로 좀 더 설명해 주셨으면 합니다.

최유찬 네, 선생님은 잘 아시겠지만, 뭐 책도 내셨고 하니 제가 (웃음) 공자 앞에서 문자 쓰는 그런 꼴이 될 가능성이 있는데요. 벤야민의 글을 자세히 읽었더니 이 사람이 어느 하나로 딱 말하지 않습니다. 이를테면 정신산만을 나쁜 것이라고 이야기하지도 않고 몰입을 무조건 좋은 것이라고 이야기하지도 않거든요. 항상 두 개가 양립하는 이율배반적인 그런 입장을 취하는 양상을 봤습니다. 그 이야기는 정신산만을 통해서도 또 어떤 효과를 얻는 것이 있다고 인식을 하고 있다는 그런 심증이 저한테 들었고요. 그렇기 때문에 저의 입장도 어느 한 가지로만 말하기는 어렵습니다. 이를테면 정신이 산만한 사람들이 건축물에 대한 익숙함을 통해서 혼란을 극복할 수 있다는 그런 이야기가 나오지 않습니까. 그것은 익숙함을 통해서 포착하는 것이 있다는 이야기입니다. 익숙함을 통해서 전체를 포착하는 것입니다. 벤야민은 그 이율배반적인 두 가지를 함께 이야기하기 때문에 본인의 입상이 어느 쪽인지 독자들을 미혹시키는 부분이 있는데 그것을 찬찬히 읽으면 그런 정신산만 또는 정신분산적인, 오락적인, 이런 것들도 연습(practice)이 많이 되면, 전체를 포착하게 될 수 있다는 이야기입니다.

최문규 그건 동의합니다. 그런데 몰입은 정신산만과 대립하는 것입니다.

최유찬 네. 연습을 통해 전체를 포착한다는 개념이 건축물에 대한 논의 속에 들어있다고 저는 판단을 했고, 그렇게 저는 쓴 것입니다. 두 번째 질문이 저한테는 굉장히 곤혹스러운 부분인데요. 저는 수업시간에 취상법에 대해서도 강의를 합니다. 그런데 어느 경우에는 학생들이 저보다 잘 포착을 하는 경우가 있어요. 이 취상법은 중국에서도 지금은 거의 이야기가 안 됩니다. 어떻게 보면 세계에서 저 혼자 이야기를 하고 있는 셈인데, 그런데 중국에 상사유(象思維)라는 것을 말하는 사람들이 있거든요. 이를테면 중국사회과학원에 있는 왕수런이라고 하는 사람이 그런 분인데, 그 분은 중국의 전통적인 사유방식을 상사유라고 총괄합니다. 이 관점이 문학에 적용되는데. 중국의 시들은 그 상(象)을 가지지 않으면 좋은 작품의 반열에 못 듭니다. 그러니까 사람들이 많은 작품을 읽으면 저절로 그것을 포착하는 기제가 생겨납니다. 그렇기 때문에 한국에서도 그런 훈련을, 가장 간단한 시에서부터 시작해가지고 그런 훈련을 하면 전체를 일거에 포착하는 일이 얼마든지 가능하다는 것이고, 더욱이 이 디지털 시대에는 그것의 유효성이 더욱 증대된다는 것입니다. 이 시대에는 이미지가 우선적으로 접근할 수 있는 대상이지 않습니까. 그 이미지에 자꾸 접촉하다보면 대상을 일거에 포착하는 지각방식을 터득하게 되는 것입니다. 제가 서술하는 과정에서 그 지각방식을 설명하기 위해 영화의 컷들 전체를 쌓아놓고 그것을 한꺼번에 꿰뚫는다는 그런 이야기를 하고 있습니다. 그런데 그 이야기는 저만의 이야기가 아닙니다.

최문규 요즘의 경우, 인간들은 태어나자마자 엄청난 이미지의 홍수 속에서 살고 있습니다. 그렇기에 그와 같은 취상법 습득이 가능한지 모르겠습니다.

최유찬 네. 교육을 하는 사람이 그 방법을 알고서 그것에 대해서 조금만 틔워주면 훨씬 더 짧은 시간 안에 좀더 많은 사람들이 터득할 수 있다고 생각합니다, 영화라는 것은 2시간이라는 시간 길이의 제한을 받지 않습니까. 그 제한 속에서 그것들이 많은 것을 포함한 듯이 포장하기 위해서 영화제작기법들이 발전하지 않습니까. 저는 마찬가지라고 생각합니다. 앞으로 많은 문화들이 계속 이렇게 되면 그 문화 속에서 어떻게 핵심을 포착할 것인가, 이런 훈련이 가능할 것이고 그런 관점들이 이미 한 세기 전에 서양에서도 감산법이라는 것으로 나왔고, 그것들이 로만 잉가르덴이라든가 발터 벤야민이라든지 들뢰즈라든지 E. M. 포스터라든지, 그쪽 분야에서는 전부 다 인정해주는 사람들이 그 방법을 선택을 했다, 특히 들뢰즈가 선택했다는 것은, 더욱 의미심장하다고 생각을 하는 겁니다.

최문규 부연하자면, 벤야민은 영화나 건축에서는 정신산만이 중요하지만 예술작품에서는 몰입을 더욱 강조한 바 있습니다.

최유찬 네. 뭐 그런 부분도 있고요.

이지연 내용면에서 이해하기에 익숙한 부분도 있고 또 어려운 이론들도 있어서 전반적으로 제가 아는 부분을 중심으로 이해하고자 하였고 다음과 같은 의견과 질문을 드리고자 합니다. 교수님께서 말씀하신 공감각, 상호작용, 다양한 디지털 기술은 기술 자체보다는 문화 또는 기존의 이론들에서 나타났던 감각, 인지, 몰입 쪽으로 진행하는 디지털 시대로 가고 있다고 이해를 했습니다. 하나의 예가 디지털 시대의 높은 관심 영역이었던 사이버스페이스 또는 가상현실(virtual reality)보다 근래에는 증강현실(augmented reality)에 관심이 높아지고 있습니다. 우리가 현실 세계에서 느끼던 상황에 있는 컴퓨터 환경이 도입되고 있기 때문에 교수님께서 말씀하신 부분들과 통한다고 생각했습니다. 그래서 증강현실 또는 하이브리드 환경에 대해 고려해보셨는지 질문을 드립니다.

최유찬 제가 좀 전에 통일성 이론이라는 책을 언급 했지 않습니까? 그것은 어떻게 보면 제가 필생의 노력을 기울여서 완성한 책입니다. 거기서 이야기를 하는 것은 좋은 작품의 경우에는 전체가 하나로 통일도 되고, 그 통일된 것이 그냥 완성도가 높다는 정도가 아니고 그 원래의 장면들, 이런 것들과 동떨어져서 전체가 스스로 새로운 무엇을 만들어낸다, 이런 이론을 전개한 것이거든요. 그렇기 때문에 지금 하이퍼텍스트가 죽는 이유는 필연적인 부분이 있습니다. 왜냐하면 선택하는 것이 힘든 겁니다. 노드들을 계속 연결하면서 어떤 사건을 자기가 만든다는 것이 처음에는 흥미있겠지만 그 일이 반복되면 어깨만 아프고 별 재미도 없고 하니까 요즘에는 게임을 어떻게 하느냐하면 관람을 합니다. 게임을 하는 것이 아니라, 게임을 틀어놓고 자기는 다른 짓을 하거든요. 이렇게 게임이 관람 형태로 변해가고 있습니다. 그런 쪽으로 가게 되면 옛날의 통일성 이론이 오히려 더 맞는 것이 됩니다. 그런데 저는 이번 논의에서 디지털의 어떤 특징적인 국면, 통일성과 관계가 없다고 하는 들뢰즈의 이론들을 비교적 자세히 다뤘습니다. 들뢰즈의 이론은 클로즈업 같은 기법의 효과를 높이 사는, 그쪽을 좋은 것으로 이야기하는 그런 이론이거든요. 그런데 그 이론을 깊이 들여다 보면 그런 충격들, 클로즈업시켜가지고 서사의 진행을 막고 그게 장애를 일으키고 하는 것들에 심층적인 목적이 있는 겁니다. 그 목적은 어느 쪽에 비중이 많이 가 있느냐 하면 하피터 선생님이 말씀하신 탈은폐성, 어떤 사물에 대한 인식, 이미지에 대한 인식 등에 쏠려 있습니다. 그러나 그런 것만 연속이 되면 작품이 성립이 안 됩니다. 그러면 결국은 어떻게 되느냐. 전체성을 가진, 통일성을 가진 그런 곳으로 갈 수밖에 없다, 하는 것이 제 판단입니다.

이경훈 "동양의 전통적인 사물 인식 방법인 취상법은 베르그손의 감산법에 견주어서 손색이 없다"고 기술하셨는데, 손색이 없다는 말씀은 비슷하다는 뜻입니까.

최유찬 더 뛰어나죠.

이경훈 …….

최유찬 더 뛰어난데 그 이론이 계발이 안 되었어요. 그래서 제가 지정 토론자인 윤민우 선생님께 드린 원고에는 그 부분이 적혀 있는데 이건 도를 통하는 문제입니다. 천지자연의 도를 통하는 어떤 그런 문제로서 취상법을 이야기를 하는데, 나는 그것을 개별 텍스트나 작품 읽기에 이용하는 겁니다. 단위가 다르지만 더 높은 경지는 취상법이고 감산법은 이제 서양에서도 그런 쪽에 눈을 띠기지고 그와 유시힌 이론들이 자꾸 발진해가고 있다. 이렇게 저는 파익을 합니다.

이경훈 취상법의 상 자가 코끼리 상인데, 불교에서 실상(實相)이라고 할 때의 상(相)과는 어떤 관계가 있는 것인지요?

최유찬 그러니까 사람 인 변의 상 자를 쓰면 그건 어떤 개별적인 이미지들입니다. 서로 상(相)은 주로 형태를 나타냅니다. 코끼리 상은 동작을 가리킵니다. 더 특수한 의미로는 순수 동작을 가리킵니다. 그것을 그쪽 전문분야에서는 사물이 지니고 있는 원기(原氣)를 말하는 것으로 인식합니다. 동양에서는 문학이론이 문기론(文氣論)이거든요. 문학이라는 것은 기를 표현한 것이다. 이런 관점입니다. 그런데 그 기 중에서도 원기, 음양으로 나눠지기 이전의 원래 있었던 힘, 이것을 표현한 것입니다. 그런데 들뢰즈가 예술의 목적을 무엇이라 했습니까. 힘의 포획이라고 했거든요. 이미지론 하고 다 통합니다. 힘의 포획. 그것은 동양의 이론하고 그냥 통하는 거죠.

한창균 질문을 뭐 할까 고민을 하고 있었는데. (웃음)

한창균 5쪽에 시대구분론에 역사시대를 구분하는 지배적인 도구, 이런 표현을 하셨는데요. 저희가 고고학에서 구석기, 신석기, 청동기, 철기 이런 용어를 쓰는데, 이 용어는 지배적인 도구라는 개념보다는 그러한 도구와 무기를 제작했던 원 재료가 무엇인가. 그리고 그러한 기술수준이 어떻게 변해왔는가에 초점을 맞춰서 구석기, 신석기, 청동기, 철기라는 용어를 사용하고 있습니다. 그걸 좀 이렇게.

최유찬 네. 바꿔야겠네요.

한창균 그 다음에 여기 역사시대라고 하는 표현이 나오는데 역사시대 하면 우리는 선사시대를 또 이렇게 대응을 해서 말하거든요. 구석기, 신석기는 선사시대에 속하고 청동기 경우에 있어서도 어느 지역은 문자가 발견이 됐는데 어떤 지역은 또 문자가 사용이 안 되니까, 역사시대라는 이런 용어를 혹시 뭐 인류의 역사라든가 이런 쪽으로 바꾸는 것도 가능하겠습니까. (웃음)

최유찬 아, 네. 알겠습니다. 좋은 지적을 해주셨습니다. 제가 그 부분까지는 미처 생각을 못 했는데요. 저는 상식적으로 그냥 역사시대란 용어를 썼을 뿐입니다. 선생님 가르쳐주신대로 제가 손을 보겠습니다. 제가 뭐 충분히 고려하지 않은 부분이 많습니다. (웃음) 저도 정신이 헷갈려가지고요.

홍길표 그냥 저도 간단한 질문 드리고 말게요. 디지털 시대를 거의 역사적인 개념처럼 사용을 하셔서, 하이데거하고 연결시켜서 묻자면 이 디지털 시대의 개인들을 이를테면 근대의 주체 개념과 연결시켜서 어떻게 보시는지요. 선생님 글 읽으면서, 아니면 선생님 말씀하시는 거 보면 디지털 시대를 개인의 삶이라든가 지각 방식에 있어서, 긍정적인 의미에서의 변화라든가 축복, 확장의 차원으로 보시는 것 같아서요.

최문규 근대적인 주체, 이미지를 주체적으로 인식하고 통찰할 수 있는 주체가 살아 있는지 반면에 디지털 시대의 핵심에서는 그와 같은 주체가 사라지는 것이라고 할 수 있습니다.

홍길표 네. 그래서 그것에 대해서 어떻게 생각하시는지 여쭤보고 싶었습니다.

최유찬 제가 하이데거까지…….(웃음)

홍길표 이를테면 디지털 시대를 부정적으로, 비판적으로 보는 사람들의 입장에서 보자면 디지털시대는 이미지가 지배하는 시대이기도 해서 인식과 행위의 주체로서의 개인 개념이 위협을 받는 것은 아닌지요, 디지털시대에 전통적인 의미에서의 근대주체로서의 개인의 삶은 계속 가능하다고 보시는 건지요.

최유찬 네. 제가 대강 하시는 말씀의 취지를 알아들었다고 생각하고 말씀을 드리면 베르그송이 제일 처음에 사진에 대해서 글을 썼지 않습니까. 베르그송 시대부터 감산법이라는 것이 서양에 등장을 하거든요. 그러니까 그 뒤에 어떻게 되겠습니까. 베르그송은 어떻게 보면 감산법을 이미지론의 하부의 하부 정도에 놓습니다. 그런데 들뢰즈가 그것을 전면적으로 자기 이론에 가져가지 않았습니까. 난 그것을 인간의 환경에 대한 적응이라고 할까요, 이런 것의 한 사례다, 라고 판단하고 있습니다. 시대가 바뀌면 그 시대의 모든 개인들은 적응을 해야 하고 적응하기 위해서는 그에 적합한 지각 방식을 획득해야지요. 지각이라는 건 단순히 뇌의 무엇이 아니라 베르그송 이론에 따르면 행위를 위한 준비거든요. 그러니까 지각 속에 그 행위에 대해서 대응을 할, 행위를 할 어떤 것들이 마련이 되고 그것을 마련하기 위해서는 지각 방식, 지각 주체가 스스로 자기를 변화시킨다, 그런 것이라고 생각합니다.

최문규 과거에는 의식 주체가 이미지를 통제했는데, 현재에는 이미지가 그와 같은 취상법을 취하는 독자(관객)에게 '저를 좀 받아주세요'라고 요구하는 것이 아닐까요?

윤민우 돌발적인 선택인데, 그땐 뭔가를 선택했지만 그건 굉장히 우연적인 선택이죠. 하이퍼텍스트는 여러 가능성 중에서 어느 걸 선택해야 할지 미리 힌트가 주어져 있지 않지요. 그 내용이나 다음 진로는 일단 들어가 봐야 알게 되거든요. 그리고 한 번은 이것을 선택했는데, 그 다음에 들어갈 때는 또 다른 것을 선택해 들어갈 수도 있구요. 그리하여 최문규 선생님이 말씀하신 대로, 주체가 먼저 선택해서 이미지를 어떻게 만드는 게 아니라, 이미지를 통해서 자기가 감각을 갖게 되는 것 같습니다. 계속적으로 이미지를 반복적으로 보다 보면 무언가 인식이 생기고, 그러한 주체는 예전에 운위되던 주체와는 다른 양상의 주체, 이를테면, 공동체적이고 공간적인 주체랄까, 그런 양상을 띠게 된다고 볼 수 있을 것 같습니다.

최유찬 이렇게 이야기할 수가 있죠. 촉각성을 강조를 하게 되면 촉각이라는 것은 근본적으로 여러 감각 기관들의 공동작업, 협력을 요구를 하는 그런 것이잖습니까. 그렇게 되면 공감각이 발전이 된다는 이야기인데, 공감각이 발전하면 이게 통각하고 거의 같은 개념을 함축하는 측면이 있습니다. 그래서 바로 통각으로 갈 수가 있는 거죠.

홍길표 그래서 어쨌건 이미지의 지배를 받을 개인들, 그러니까 위험은 없다고 보시는 거죠? 인간의 주체로서의 위치, 뭐 이런 거엔 전혀 변동이 없다, 디지털 시대에도. 그렇게 보시는 것이죠?

최유찬 크게 문제는 되지 않지 않는가, 그런 생각입니다.

발표자 및 토론자

이지연 연세대학교 (연구분야 : 문헌정보학과)

홍길표 연세대학교 (연구분야 : 독어독문학과)

윤민우 연세대학교 (연구분야 : 영어영문학과)

하피터 경희대학교 (연구분야 : 체육대학원)

한창균 연세대학교 (연구분야 : 고고학)

최유찬 연세대학교 (연구분야 : 국어국문학과)